Office 2016

Schnell zum Ziel

Philip Kiefer

Dieses Werk einschließlich aller Inhalte ist urheberrechtlich geschützt. Alle Rechte vorbehalten, auch die der Übersetzung, der fotomechanischen Wiedergabe und der Speicherung in elektronischen Medien.

Bei der Erstellung von Texten und Abbildungen wurde mit größter Sorgfalt vorgegangen. Trotzdem sind Fehler nicht völlig auszuschließen. Verlag, Herausgeber und Autoren können für fehlerhafte Angaben und deren Folgen weder eine juristische Verantwortung noch irgendeine Haftung übernehmen. Für Anregungen und Hinweise auf Fehler sind Verlag und Autoren dankbar.

Die Informationen in diesem Werk werden ohne Rücksicht auf einen eventuellen Patentschutz veröffentlicht. Warennamen werden ohne Gewährleistung der freien Verwendbarkeit benutzt. Nahezu alle Hard- und Softwarebezeichnungen sowie weitere Namen und sonstige Angaben, die in diesem Buch wiedergegeben werden, sind als eingetragene Marken geschützt. Da es nicht möglich ist, in allen Fällen zeitnah zu ermitteln, ob ein Markenschutz besteht, wird das ®-Symbol in diesem Buch nicht verwendet.

ISBN 978-3-95982-012-7

© 2016 by Markt+Technik Verlag GmbH
Espenpark 1a
90559 Burgthann

Produktmanagement Christian Braun, Burkhardt Lühr
Herstellung Jutta Brunemann, j.brunemann@mut.de
Layout Merve Zimmer
Covergestaltung David Haberkamp
Coverfotos © Monkey Business, Minerva Studio – Fotolia.com, Tanja Binder
Satz inpunkt[w]o, Haiger (www.inpunktwo.de)
Druck Media-Print Informationstechnologie GmbH, Paderborn
Printed in Germany

Inhalt

1 Ihr schneller Einstieg

Alle wichtigen Neuerungen im Überblick 14
Die Kapitel dieses Buches im Schnelldurchlauf 17

2 Die Grundlagen verständlich erklärt

Office-Programme öffnen 22
Die Office-Programme im Überblick 23
Elemente der Bedienoberfläche 25
Das Menüband 28
Mit einem Microsoft-Konto anmelden 29
Office-Design festlegen 31
Benutzernamen anpassen 33
Programmfenster anordnen 34
Darstellung vergrößern 37
Statusleiste einrichten 39
Eingabefehler rückgängig machen 40
Per Suchfeld Funktionen aufrufen 41
Eine neue Office-Datei anlegen 42
Office-Dateien lokal speichern 44
PDF-Datei erstellen 46
Office-Dateien im Internet speichern 48
Gespeicherte Datei öffnen 50
AutoWiederherstellen einrichten 52
Bearbeitungssprache hinzufügen 53
Tastaturlayout aktivieren 54
Sprache für Korrekturhilfen bestimmen 56
Dateieigenschaften bearbeiten 57

Inhalt

Persönliche Daten entfernen — 58
Office-Dateien mit einem Kennwort schützen — 60

3 Mit Word 2016 Text erfassen und ansprechend formatieren

Schnelle und effiziente Texteingabe — 64
Absätze und Zeilenwechsel festlegen — 65
Sonderzeichen einfügen — 66
Formel einfügen — 68
Text markieren — 70
Tipparbeit sparen durch Kopieren & Einfügen — 72
Inhalte in der Zwischenablage sammeln — 73
Verschiedene Ansichtsoptionen — 74
Schriftart einstellen — 76
Schriftgröße festlegen — 77
Weitere Formatierungen der Schrift — 78
Den Text mit Farben aufpeppen — 80
Design auswählen — 82
Formatvorlagen zuweisen — 83
Eigene Formatvorlagen erstellen — 85
Formate clever übertragen — 87
Absätze ausrichten — 88
Zeilen- und Absatzabstände anpassen — 90
Aufzählung erstellen — 92
Nummerierte Liste anlegen — 94
Text oder Absatz einrahmen — 95
Silbentrennung festlegen — 97
Beim Öffnen zur letzten Bearbeitung springen — 98

Inhalt

4 Tabellen, Bilder und Co. in ein Word-Dokument einbauen

Textfelder beliebig positionieren 100
Textfelder formatieren 102
Formen einfügen 104
Daten in einer Tabelle präsentieren 106
Tabelle formatieren 108
Bilder einfügen 110
Bilder beschriften 112
Onlinegrafiken einfügen 113
Onlinevideo einbetten 114
SmartArt-Grafiken verwenden 116

5 Ein Word-Dokument perfekt einrichten und ausdrucken

Darstellung in mehreren Spalten 120
Umbrüche einfügen 122
Zwischen Hochformat und Querformat wechseln 123
Papiergröße anpassen 124
Seitenränder einrichten 125
Seitenfarbe ändern 126
Dokument mit Wasserzeichen versehen 127
Dokument als Vorlage speichern 129
Word-Dokument zu Papier bringen 131
Weitere Druckoptionen 132

Inhalt

6 Querverweise, Index und weitere nützliche Word-Funktionen erkunden

Wörter und Co. zählen	134
PDF-Dateien bearbeiten	135
Innerhalb eines Dokuments suchen	136
Erweiterte Suche	137
Eingabe in Kopf- oder Fußzeile	139
Seitenzahlen einfügen	141
Zeilen nummerieren	142
Textmarke einfügen	143
Querverweis einbauen	144
Fußnoten setzen	145
Automatisches Inhaltsverzeichnis	147
Richtig zitieren	149
Literaturverzeichnis einfügen	151
Index erstellen	152
Deckblatt gestalten	153
Empfänger für Serienbrief bestimmen	155
Serienbrief erstellen	157

7 Mit Excel 2016 Daten aller Art erfassen

Eine Liste anlegen	160
Weitere Spalten oder Zeilen einfügen	161
Spaltenbreite anpassen	162
Weitere Zeilen automatisch ausfüllen lassen	163
Blitzvorschau verwenden	164

Zellinhalt formatieren	165
Zellen formatieren	167
Bedingte Formatierung	169
Nicht benötigte Zeilen oder Spalten ausblenden	171
Zeilen und Spalten fixieren	172
Daten sortieren	174
Daten filtern	176
Weitere Tabellenblätter anlegen	178
Ihre Excel-Tabelle perfekt ausdrucken	179

8 Ansprechende Diagramme erstellen und bearbeiten

Standarddiagramm erstellen	182
Wechsel zwischen Tabellenblatt und Diagrammblatt	183
Weitere Diagrammtypen	184
Diagramm anpassen	186
Diagramm formatieren	188
Sparkline-Diagramm in Zelle einfügen	190
Formen und Co. auch in Excel einfügen	191

9 Funktionen, Bezüge und weitere Excel-Features erkunden

AutoSumme bilden	194
Teilergebnisse berechnen	195
Formeln eingeben	196
Bezüge herstellen	197
Funktion einfügen	198

Inhalt

Bedingungen abgleichen	199
Weitere Funktionen	201
Zellnamen vergeben	203
Datenüberprüfung	204

10 Mit PowerPoint 2016 Präsentationen gestalten, die was hermachen

Design und Variante auswählen	208
Folien hinzufügen	210
Präsentation in Abschnitte gliedern	212
Text erstellen	213
Text formatieren	214
Textfeld formatieren	215
Formen einfügen	216
Bilder einbauen	217
Videos einbetten	218
Folien animieren	220
Übergänge festlegen	222
Weitere Ansichtsmodi	224
Folienmaster verwenden	226
Präsentation als Videodatei speichern	228
Präsentation starten	229
Handzettel drucken	231

Inhalt

Mit Outlook 2016 Ihre E-Mails, Termine und Kontakte clever managen

E-Mail-Konto anlegen	234
Outlook-Funktion wechseln	236
Die Outlook-Bedienoberfläche individuell anpassen	238
E-Mail erstellen und formatieren	240
E-Mail-Design festlegen	242
Briefpapier verwenden	243
Eigene Briefpapiere anlegen	245
Bilder einbauen	247
Dateianhang hinzufügen	249
Dateianhang speichern	250
Lesebestätigung anfordern	251
Signatur eingeben	252
iCloud integrieren	254
Erhaltene E-Mail beantworten	256
Erhaltene E-Mail weiterleiten	257
Neue E-Mail-Ordner	258
E-Mail in Ordner verschieben	259
E-Mails suchen	260
Suchordner anlegen	261
E-Mail-Regeln erstellen	262
RSS-Feeds abonnieren	264
Termine in den Kalender eintragen	266
So lassen Sie sich an Ihre Steuertermine erinnern	268
Kalender erstellen	269
Kalender verwalten	270
Kalender aus dem Internet abonnieren	271
Mit Outlook Kontakte verwalten	272

Inhalt

Kontakte in Kontaktgruppe organisieren 273
Aufgabenplanung mit Outlook 275
Notizen machen mit Outlook 276

12 Das perfekte Tool für Ihre Notizen: OneNote 2016

Notizbuch anlegen 278
Notizbuch in Abschnitte gliedern 279
Weitere Notizblätter einfügen 280
So erstellen Sie eine elektronische Notiz 280
Bilder und Co. einfügen 282
Mit OneNote Skizzen anfertigen 283
Schnelle Notizen 284

13 Alle wichtigen Funktionen rund ums Korrigieren und Kommentieren

Rechtschreibung prüfen 286
Korrekturen während der Eingabe 287
AutoKorrektur-Optionen festlegen 287
Suchen und Ersetzen 289
Änderungen nachverfolgen 290
Änderungen annehmen oder ablehnen 291
Kommentare einfügen 292

Office-Dateien austauschen und gemeinsam bearbeiten — 14

Übersetzung in andere Sprachen	294
Office-Dateien im Netzwerk freigeben	296
Office-Dateien im Internet freigeben	298
Office-Dateien online bearbeiten	299
Office-Dateien online erstellen	301
Online vorführen	302
Mehrere Dokumente zusammenfügen	304
Austausch innerhalb des Office-Pakets	305
In Word Bearbeitungen verbieten	307
In Excel Zellen schützen	309

Tolle Tipps & Tricks rund um die Office-Programme — 15

Office-Programme in die Taskleiste legen	312
Menüband einrichten	313
Symbolleiste einrichten	315
Touchmodus aktivieren	317
Eigene Word-Tastenkombinationen erstellen	319
Schnellbausteine ersparen Tipparbeit	320
Bildbearbeitung mit Office 2016	322
Bilder freistellen mit Office 2016	324
Prozesse mithilfe von Makros automatisieren	326
Sicherheitseinstellungen im Trust Center	328
Office-Apps auf Smartphone oder Tablet installieren	329
Add-ins aus dem integrierten Store beziehen	331
Externe Add-ins installieren	333
Add-ins verwalten	334

Inhalt

Anhang

Wichtige Dateiformate im Überblick — 336
Office-Tastenkombinationen zum schnellen Nachschlagen — 338

Index — 354

Das Kapitel im Überblick

▶ Alle wichtigen Neuerungen im Überblick
▶ Die Kapitel dieses Buches im Schnelldurchlauf

Ihr schneller Einstieg

Das im Herbst 2015 erschienene Office 2016 ist ein würdiger Nachfolger der Vorgängerversion Office 2013. Office 2016 bietet keine revolutionären Veränderungen, aber doch eine ganze Reihe durchdachter Verbesserungen. Hervorzuheben sind insbesondere die überarbeiteten Funktionen für die Zusammenarbeit mit anderen Personen, aber auch pfiffige neue Bedienfunktionen, die Ihnen im Office-Alltag helfen, Zeit zu sparen.

Lernen Sie im ersten Kapitel dieses Buches alle wichtigen Neuerungen von Office 2016 kennen. Sie erhalten außerdem einen Überblick über die Inhalte der weiteren Kapitel – Sie machen sich damit gleichzeitig mit der unglaublichen Funktionsvielfalt des Office-Pakets vertraut und erfahren, worauf Sie sich bei der Lektüre freuen können.

Alle wichtigen Neuerungen im Überblick

Wenn Sie von einer älteren Office-Version auf Office 2016 umsteigen oder gar neu in die Nutzung von Microsoft Office einsteigen, werden Sie viel Neues zu entdecken haben – und mithilfe dieses Buches mit viel Entdeckerfreude darangehen. Der Umstieg von Office 2013 auf Office 2016 ist hingegen recht überschaubar. Gern stelle ich Ihnen im Folgenden alle wichtigen Neuerungen in einem Überblick vor.

Neue Farben für die Bedienoberfläche

Wenn Sie von Office 2013 auf Office 2016 umsteigen, stechen Ihnen zunächst mal die farbigen Menübänder der einzelnen Office-Programme ins Auge. Diese ermöglichen Ihnen bei mehreren geöffneten Office-Programmen eine schnellere Unterscheidung. Die beiden folgenden Abbildungen zeigen als Beispiele Ausschnitte der Menübänder in den Office-Programmen Word (blau) und Excel (grün).

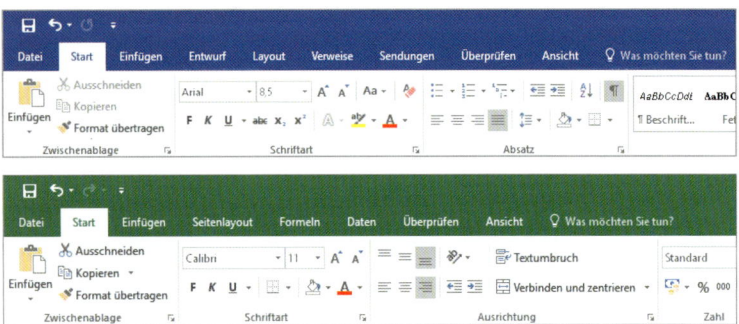

Die Office-Programme lassen sich auf den ersten Blick anhand ihrer Farben unterscheiden.

Schwarzes Design

Das Design der Bedienoberfläche lässt sich auch unter Office 2016 anpassen. Neu hinzugekommen ist das schwarze Design, das eine besonders kontrastreiche Darstellung bietet. Ideal bei starker Sonneneinstrahlung!

Kontrastreiche Darstellung dank schwarzem Design.

Nützlicher Suchassistent

Was auf der Bedienoberfläche von Office 2016 ebenfalls schnell auffällt, ist das eingebaute Suchfeld rechts neben den Reitern des Menübands. In das Suchfeld sind die Worte *Was möchten Sie tun?* eingetragen. Klicken Sie hinein, um Ihren eigenen Suchtext einzugeben, etwa um eine bestimmte Funktion aufzurufen bzw. Hilfe zu einer Funktion

Ihr schneller Einstieg

zu erhalten. Wie Sie den Suchassistenten nutzen, wird in diesem Buch noch ausführlich beschrieben.

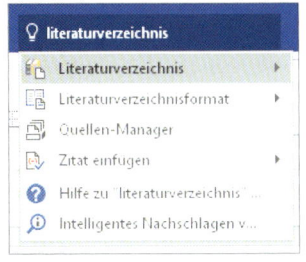

Statt eine bestimmte Funktion lange zu suchen, können Sie diese auch mithilfe des Suchassistenten aufrufen.

Intelligentes Nachschlagen

Eine Funktion, die sowohl im Suchassistenten aufgerufen werden kann als auch direkt in einem Dokument, ist das intelligente Nachschlagen. Klären Sie auf einfache Weise unbekannte Begriffe. Dazu können Sie in einem Dokument einen Begriff einfach mit der rechten Maustaste anklicken und dann im Kontextmenü *Intelligente Suche* wählen. In einer zusätzlichen Leiste wird das Suchergebnis eingeblendet.

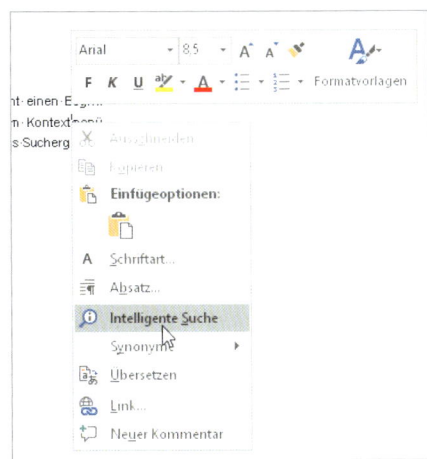

Unbekannte Begriffe lassen sich dank intelligentem Nachschlagen rasch übers Internet klären.

Neue Diagrammtypen

Schon in den Vorgängerversionen von Office 2016 stehen unzählige Diagrammtypen zur Verfügung – nicht nur im Tabellenkalkulationsprogramm Excel, sondern auch in Word sowie PowerPoint. In Office 2016 wurden nun noch einige Diagrammtypen ergänzt: *Wasserfall*, *Treemap*, *Histogramm*, *Kastengrafik*, *Sunburst*, *Trichter* sowie das Paretodiagramm. Wie Sie auf der Basis der von Ihnen eingegebenen Daten Diagramme erstellen, werde ich in diesem Buch im Zusammenhang mit dem Programm Excel noch ausführlich darstellen.

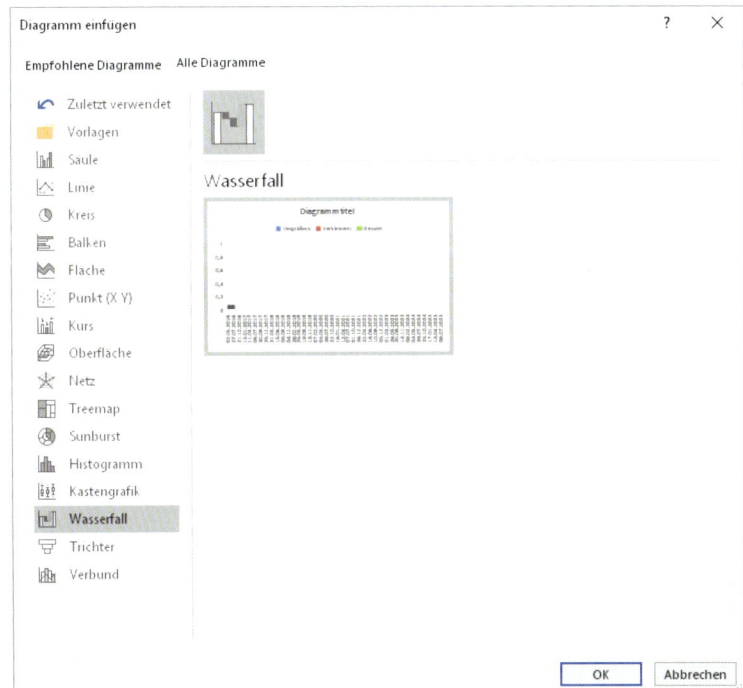

Mit Office 2016 wurde eine Reihe neuer Diagrammtypen eingeführt, z. B. das Wasserfalldiagramm.

1

Plattformübergreifende Nutzung

Office 2016 lässt sich plattformübergreifend nutzen. Dies ist besonders wichtig, da heutzutage in einem Normalhaushalt neben dem Windows-Computer häufig auch noch das eine oder andere mobile Gerät zum Einsatz kommt. So lassen sich beispielsweise auch auf einem Android-Tablet oder auf einem iPhone die Office-Apps installieren, und Dokumente und Co. lassen sich dort nicht nur anzeigen, sondern auch bearbeiten.

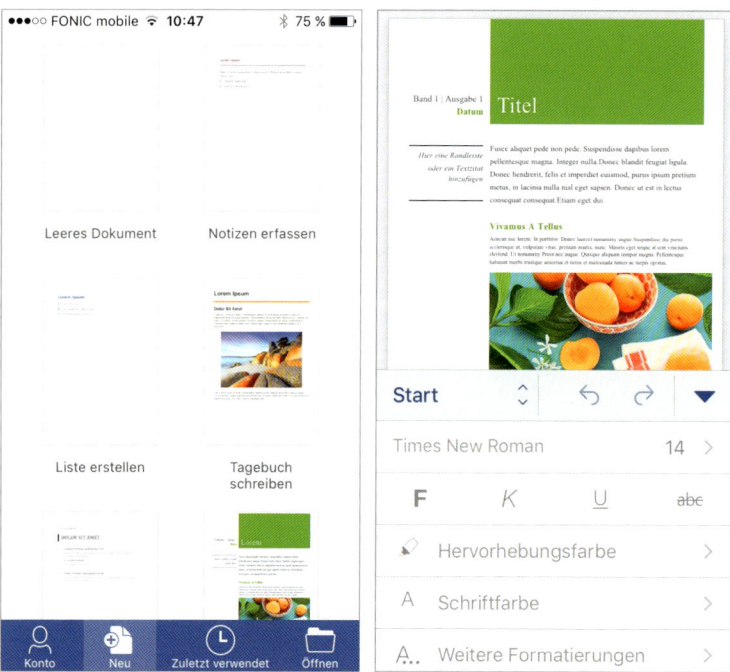

Office-Dateien lassen sich auch auf mobilen Geräten bearbeiten, hier beispielsweise in der App Word auf einem iPhone.

Einfache Freigabe per OneDrive

Microsofts Cloud-Speicherdienst OneDrive (vormals SkyDrive) stand bereits in Office 2013 zum Speichern von Office-Dateien im Internet zur Verfügung, und auch das Freigeben von online gespeicherten Office-Dateien war bereits in Office 2013 möglich. In Office 2016 ist die Freigabe nun noch einfacher geworden – eine entsprechende Schaltfläche wurde rechts in das Menüband integriert. Klicken Sie die Schaltfläche *Freigeben* an, um die Freigabeoptionen zu erhalten.

Die Freigabeoptionen lassen sich in Office 2016 direkt übers Menüband aufrufen.

Änderungen in Echtzeit teilen

Speziell Word-Dokumente lassen sich nicht nur für andere Personen freigeben, sondern auch in Echtzeit gemeinsam bearbeiten. Word 2016 erkennt die gemeinsame Bearbeitung automatisch und bietet das Über-

Ihr schneller Einstieg

nehmen von Änderungen in Echtzeit an. Bestätigen Sie dazu einfach im rechts oben in Word eingeblendeten Hinweisfenster mit der Schaltfläche *Ja*. Die Änderungen werden daraufhin im geöffneten Word-Dokument synchronisiert und können von Ihnen sofort überprüft werden.

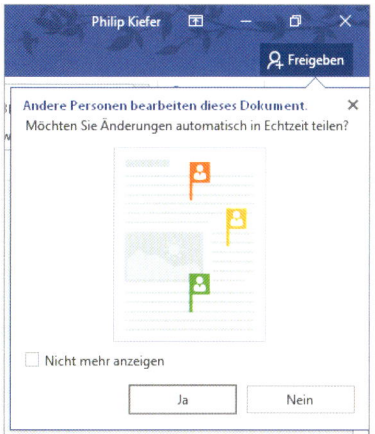

Ideal für die gemeinsame Bearbeitung: Änderungen in Echtzeit teilen.

Übrigens wird auch im Präsentationsprogramm PowerPoint eine Funktion für das gemeinsame Bearbeiten angeboten, sodass Sie überwachen können, wer gerade an einer Folie arbeitet.

Viele weitere Verbesserungen

Und Office bietet noch eine Menge weiterer Verbesserungen, durch Updates werden außerdem immer mal wieder Funktionen ergänzt: Erstellen Sie Freihandanmerkungen, geben Sie OneNote-Notizbücher frei, nutzen Sie in Excel neue Funktionen, fügen Sie in Outlook einer E-Mail einfache Dateianhänge hinzu usw. Es gibt viel Neues zu entdecken!

Die Kapitel dieses Buches im Schnelldurchlauf

Dieses Buch will Sie mit allen wichtigen Funktionen von Office 2016 vertraut machen, Sie vom Ein- oder Umsteiger zum fortgeschrittenen Nutzer machen. Dazu finden Sie in den nächsten Kapiteln jede Menge Praxisanleitungen, die Sie direkt an Ihrem Computer nachvollziehen können. Behandelt werden das Textverarbeitungsprogramm Word, die Tabellenkalkulation Excel, das Präsentationsprogramm PowerPoint, das Organizerprogramm Outlook (das allerdings nicht Bestandteil aller Office-Pakete ist) sowie das Notizenprogramm OneNote. Gern stelle ich Ihnen die einzelnen Kapitel des Buches in einem kurzen Überblick vor. Sie werden schnell sehen, dass es sich lohnt, das Buch bis zum Ende durchzuarbeiten.

In Kapitel 2 des Buches werden zunächst die Grundlagen behandelt. Sie machen sich darin mit der Bedienoberfläche vertraut und lesen außerdem, wie Sie sich mit einem Microsoft-Konto anmelden, das Office-Design festlegen, Office-Dateien speichern und öffnen, mit einem Kennwort schützen usw. Kurz: Es geht in Kapitel 2 um Inhalte, die für alle oder zumindest mehrere Office-Programme gelten.

Die nächsten vier Kapitel widmen sich dem Office-Programm Word. Lesen Sie in Kapitel 3, wie Sie mit dem weltweit meistgenutzten Textverarbeitungsprogramm Ihre Texte erfassen und diese anschließend ansprechend formatieren – egal ob individuell oder auf der Basis bereits vorhandener Formatvorlagen und Designs. Auch das Anpassen von Zeilen- und Absatzabständen sowie das Anlegen von Aufzählungen und Listen wird Thema des dritten Kapitels sein.

Wie Sie in Word neben Text weitere Elemente einfügen, erfahren Sie in Kapitel 4: Tabellen, Bilder, Onlinevideos und sogenannte SmartArt-

1

Grafiken schaffen Übersicht und sorgen für Abwechslung und Pfiff in Ihren Dokumenten.

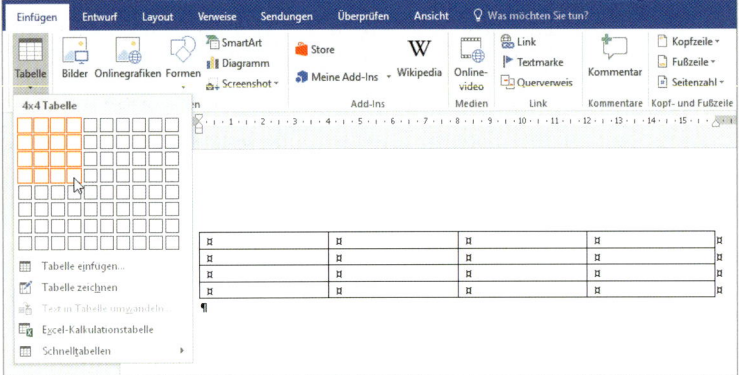

Hier wird eine aus vier Zeilen und vier Spalten bestehende Tabelle in ein Word-Dokument eingefügt.

In Kapitel 5 erhalten Sie alle Anleitungen, die Sie benötigen, um ein Word-Dokument perfekt einzurichten – etwa was das Papierformat betrifft, aber z. B. auch die Anordnung von Absätzen in Spalten – und es dann mithilfe eines Druckers zu Papier zu bringen.

Über weitere nützliche Word-Funktionen machen Sie sich in Kapitel 6 schlau: Kopf- und Fußzeilen bearbeiten, Querverweise einbauen, Fußnoten setzen, ein Inhaltsverzeichnis generieren, einen Serienbrief erstellen und, und, und.

Weiter geht es mit dem Tabellenkalkulationsprogramm Excel. In Kapitel 7 lesen Sie, wie Sie in Excel neue Arbeitsmappen anlegen und diese mit Ihren Daten füllen, wie Sie innerhalb von Arbeitsmappen neue Tabellenblätter anlegen und Tabellen gekonnt ausdrucken.

Ihre Daten in einem Diagramm darstellen – wie das mit Excel gelingt, erfahren Sie in Kapitel 8 dieses Buches. Lernen Sie darin, wie Sie unter verschiedenen Diagrammtypen den passenden auswählen, wie Sie die Daten eines Diagramms anpassen und dieses individuell formatieren. Machen Sie sich außerdem mit den Sparkline-Diagrammen vertraut, die in einzelne Zellen eingefügt werden können, und lesen Sie, wie Sie auch Bilder und Co. in Excel-Dokumente einfügen.

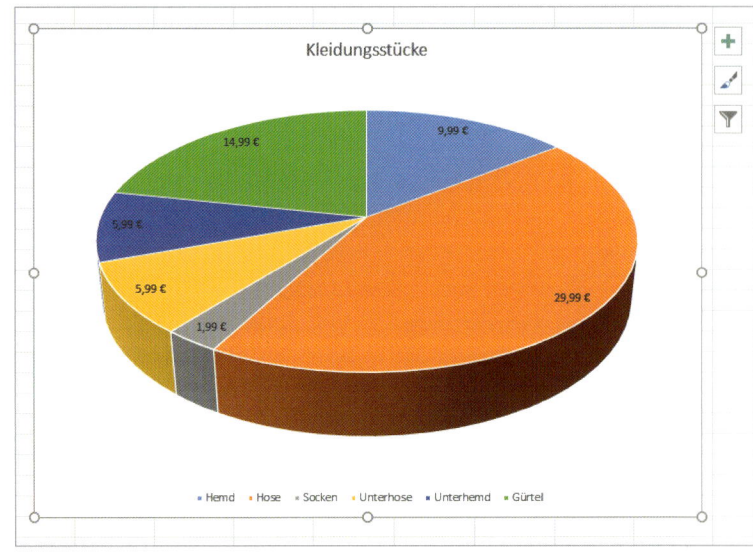

Mit Excel lassen sich ansprechende Diagramme zur Visualisierung Ihrer Daten erstellen.

In Sachen Excel noch etwas mehr in die Tiefe geht Kapitel 9. Excel ist das reinste Rechengenie und erlaubt es, unzählige Funktionen einzufügen, um automatische Berechnungen durchzuführen. Wie es gemacht wird und wie Sie Bezüge zu Zellen herstellen, erarbeiten Sie in Kapitel 9 Schritt für Schritt.

Ihr schneller Einstieg

Das dritte große Programm im Office-Paket ist das Präsentationsprogramm PowerPoint. Wie Sie damit ansprechende Präsentationen gestalten, lesen Sie in Kapitel 10, in dem es unter anderem um das Anlegen neuer Folien, das Auswählen von Foliendesigns, das Einfügen von Elementen in eine Folie sowie das Festlegen von Animationen und Übergängen geht.

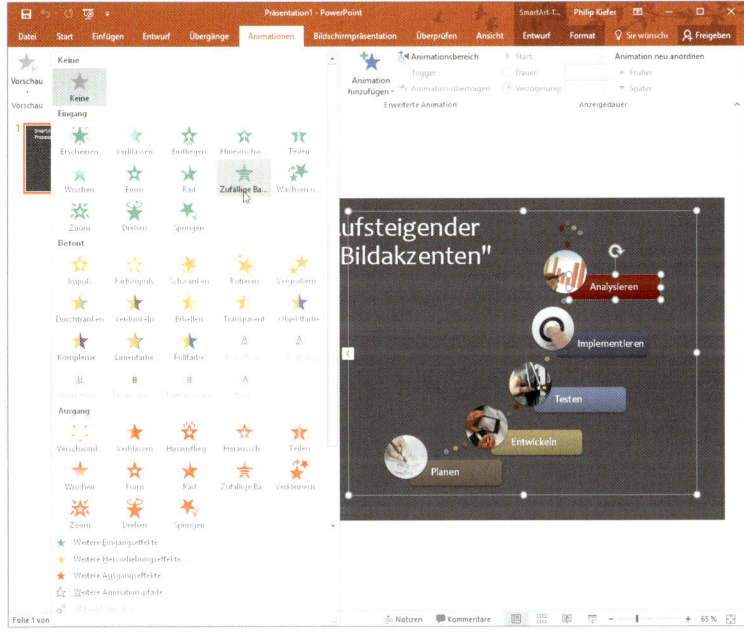

Hier wird im Programm PowerPoint eine Folie animiert.

Sofern in Ihrem Office-Paket auch das Programm Outlook enthalten ist, wird Kapitel 11 von großem Interesse für Sie sein. Outlook ist ein weitverbreitetes Organizerprogramm, ein sogenannter **P**ersonal **I**nformation **M**anager (kurz PIM). Mit diesem Programm lassen sich komfortabel E-Mails senden, empfangen und verwalten, Sie bekommen aber auch Ihre Termine, Aufgaben und Kontakte perfekt in den Griff.

Mit einem weiteren nützlichen Programm, das im Office-Paket enthalten ist, machen Sie sich in Kapitel 12 vertraut: dem Notizentool OneNote. Erfahren Sie, wie Sie elektronische Notizbücher anlegen und diese mit Texten, Bildern, Tabellen und weiteren Inhalten füllen. Auch das Anfertigen von Skizzen wird beschrieben.

In eine Office-Datei können sich auch mal Fehler einschleichen, seien es Rechtschreibfehler oder Fehler inhaltlicher Natur. Wie Sie eine Office-Datei auf Fehler überprüfen, fehlerhafte Wörter suchen und ersetzen, Änderungen nachverfolgen sowie individuelle Kommentare einfügen, lesen Sie in Kapitel 13 dieses Buches.

Kommentare lassen sich in eine Office-Datei einbauen, ohne den eigentlichen Inhalt anzutasten.

Wenn Sie eine Office-Datei gemeinsam mit anderen Personen bearbeiten möchten – sei es in einem lokalen Netzwerk oder übers Internet –, machen Sie sich in Kapitel 14 mit allen benötigten Anleitungen und Tipps zu diesem Thema vertraut. Auch der Datenaustausch zwischen mehreren Programmen des Office-Pakets kommt zur Sprache.

Viele weitere spannende Praxistipps und -tricks rund um Office 2016 liefert Ihnen das Kapitel 15: Legen Sie einzelne Office-Programme für den schnellen Zugriff in die Taskleiste, speichern Sie Schnellbausteine, um sich Tipparbeit zu ersparen, richten Sie das Menüband individuell ein, nutzen Sie Office 2016 für die Bildbearbeitung, installieren Sie mithilfe des integrierten Stores nützliche Add-ins und vieles mehr.

Schließlich bietet Ihnen der Anhang wichtige Dateiformate im Überblick sowie Office-Tastenkombinationen zum schnellen Nachschlagen – die Tastenkombinationen sind ein weiteres Mittel, um bei der alltäglichen Arbeit mit Office 2016 eine Menge Zeit zu sparen.

Nun geht es – mitten in der Praxis – richtig los! Ein lehrreiches Lesevergnügen wünscht Ihnen

Ihr Autor Philip Kiefer

Das Kapitel im Überblick

- Office-Programme öffnen
- Die Office-Programme im Überblick
- Bedienoberfläche und Menüband
- Mit einem Microsoft-Konto anmelden
- Office-Design festlegen
- Benutzernamen anpassen
- Programmfenster anordnen
- Darstellung vergrößern
- Statusleiste einrichten
- Eingabefehler rückgängig machen
- Per Suchfeld Funktionen aufrufen
- Eine neue Office-Datei anlegen
- Office-Dateien lokal speichern
- PDF-Datei erstellen
- Office-Dateien im Internet speichern
- Gespeicherte Datei öffnen
- AutoWiederherstellen einrichten
- Bearbeitungssprache hinzufügen
- Tastaturlayout aktivieren
- Sprache für Korrekturhilfen bestimmen
- Dateieigenschaften bearbeiten
- Persönliche Daten entfernen
- Office-Dateien mit einem Kennwort schützen

2

Die Grundlagen verständlich erklärt

Nachdem Sie Office 2016 – bzw. die Abo-Variante Office 365 – auf Ihrem Computer installiert haben, können Sie sofort damit loslegen, eigene Dokumente, Arbeitsmappen und Co. anzulegen und mit den von Ihnen gewünschten Inhalten zu füllen.

In diesem Kapitel lernen Sie zunächst allgemeine Grundlagen kennen. Sie machen sich mit der Bedienoberfläche von Office 2016 vertraut, melden sich mit einem Microsoft-Konto an, erfahren, wie Sie Programmfenster anordnen oder zu kleine Inhalte näher heranzoomen, außerdem, wie Sie neue Office-Dateien anlegen und diese dann entweder lokal auf dem Computer oder im Internet speichern. Auch das AutoWiederherstellen nicht gespeicherter Office-Dateien sowie das Schützen von Office-Dateien mit einem Kennwort kommt zur Sprache.

Office-Programme öffnen

Sie greifen nach der Installation im Startmenü Ihres Betriebssystems auf die Office-Programme zu. Die folgende kleine Anleitung soll den Vorgang unter Windows 10 veranschaulichen.

1 Unter Windows 10 klicken Sie ganz links unten auf das Windows-Logo, um das Startmenü des Betriebssystems zu öffnen.

2 Ziehen Sie die Bildlaufleiste rechts neben der Programmliste bei gedrückter Maustaste nach unten, um zum gewünschten Office-Programm zu scrollen.

3 Klicken Sie das Office-Programm in der Liste an, um es zu öffnen, hier beispielsweise Excel 2016.

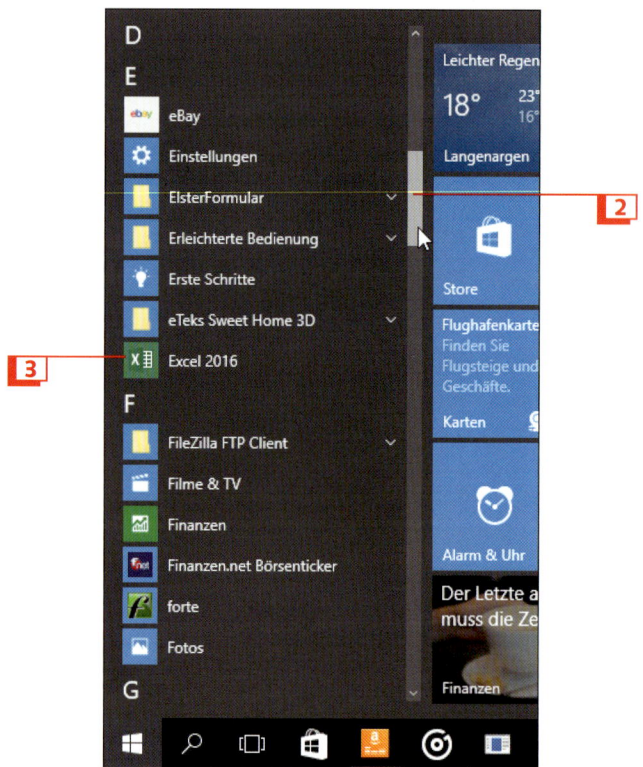

TIPP ➡ Wenn Sie eine Programmverknüpfung auf dem Desktop erstellen möchten, ziehen Sie das Programm einfach bei gedrückter Maustaste aus dem Startmenü heraus auf den Desktop.

Die Office-Programme im Überblick

In diesem Buch werden Ihnen die fünf wichtigsten Office-Programme ausführlich vorgestellt – und zwar mitten in der Praxis. Lassen Sie mich Ihnen die einzelnen Office-Programme an dieser Stelle etwas näher vorstellen.

Microsoft Word ist ein sogenanntes Textverarbeitungsprogramm – es kommt weltweit zum Einsatz und hat beispielsweise in Deutschland einen Marktanteil von über 70 % (dies gilt auch für das ganze Office-Paket). In vielen Ländern ist der Marktanteil sogar noch höher. Word wurde bereits Anfang der 1980er Jahre entwickelt und steht seit 1989 für Windows-Computer zur Verfügung.

Sie verwenden Word z. B. zum Erstellen von Briefen, aber auch von vielen weiteren Dokumenten wie Hausarbeiten, Memoiren, Broschüren – eben allen Dateien, die mit der Erfassung und Verarbeitung von Text zu tun haben. Dabei kann Word längst mehr, als nur Text zu erfassen: Es lassen sich auch Bilder, Formen und weitere Objekte einfügen.

Das zweitwichtigste Programm des Office-Pakets ist die Tabellenkalkulation Microsoft Excel. Sie dient dem Anlegen von Tabellen, die sich mit Excel aber nicht nur aufschreiben, sondern auch sortieren und berechnen lassen. Excel beherrscht zudem sehr komplexe Rechenfunktionen.

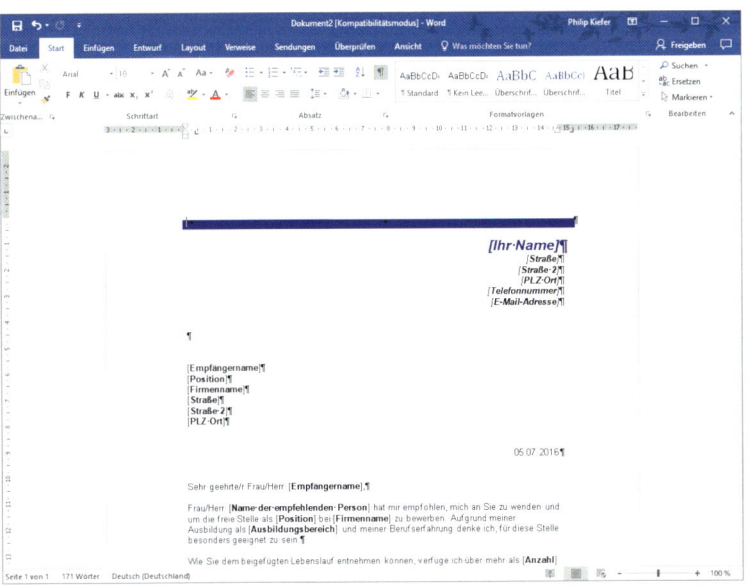

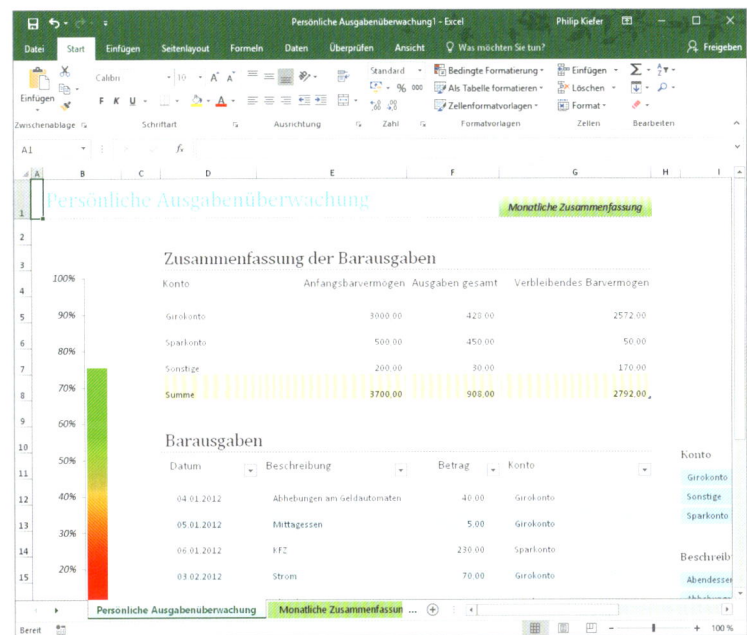

2

Das dritte unverzichtbare Office-Programm ist Microsoft PowerPoint. Es dient dem Erstellen und Vorführen von Präsentationen, egal ob an der Uni, im Verein oder im geschäftlichen Bereich. In der Regel werden die mit PowerPoint erstellten Präsentationen heutzutage mithilfe eines Beamers auf eine Leinwand projiziert.

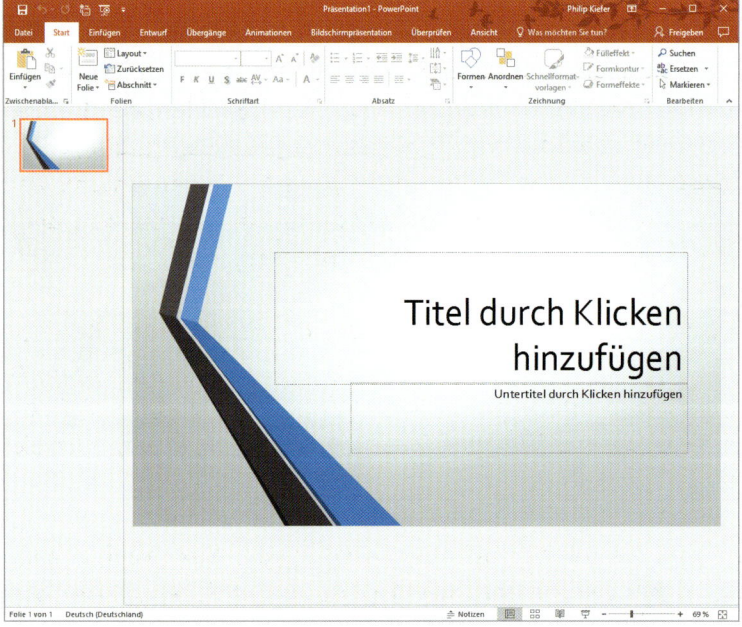

Nicht in allen Office-Paketen enthalten ist Microsoft Outlook. Dieses Programm fällt im Vergleich mit den bisher genannten drei Hauptprogrammen des Office-Pakets etwas aus der Reihe, da es nicht dem Erstellen von Office-Dateien dient, sondern der Verwaltung von E-Mails, Terminen, Kontakten, Aufgaben sowie Notizen. Während es die anderen Programme bereits seit den 1980er Jahren gibt, wurde Microsoft Outlook erst 1997 herausgebracht.

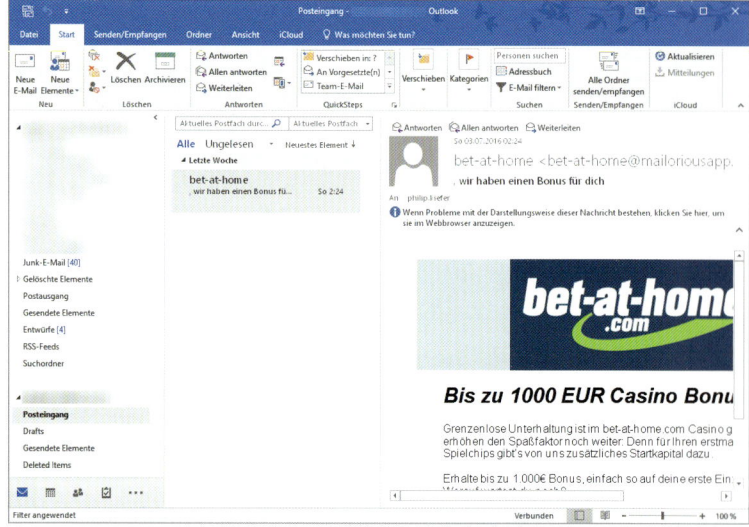

TIPP ➡ Falls Sie Office 2016 noch nicht erworben haben sollten: Ihnen bietet sich zum einen die Möglichkeit, sich für die Kaufversion zu entscheiden. Wählen Sie in diesem Fall Office 2016 Home & Business bzw. – sofern Sie Outlook nicht verwenden möchten – Office 2016 Home & Student. Alternativ nutzen Sie die Abo-Variante Office 365 – achten Sie in diesem Fall auf die im Abo enthaltenen Programme. Unter der folgenden Webadresse werden Sie fündig: www.office.com.

Das fünfte Office-Programm im Bunde ist das Notizentool Microsoft OneNote. Es kam erst im Jahr 2003 auf den Markt, hat sich inzwischen aber durch die Verfügbarkeit auch auf mobilen Plattformen durchaus etabliert. OneNote ist ein elektronisches Notizbuch, das Ihnen bei Recherchen und Co. gute Dienste leisten wird.

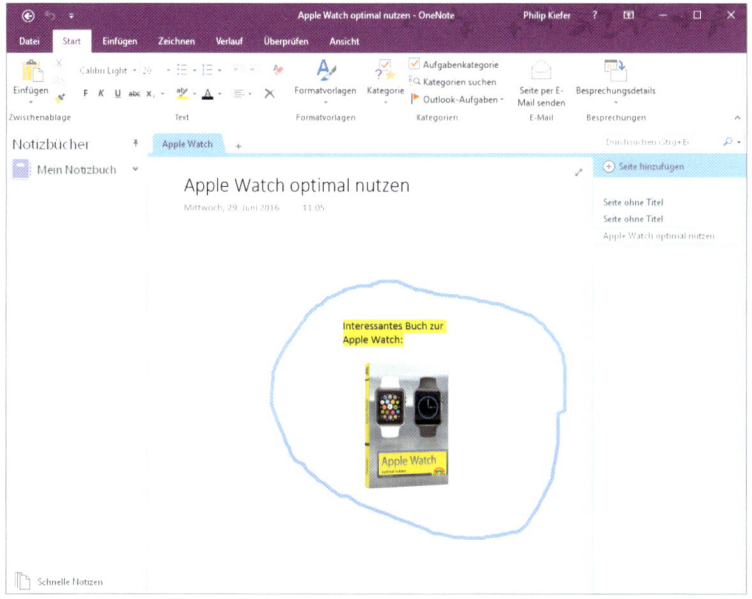

Sie werden bei der Lektüre dieses Buches viele Gemeinsamkeiten zwischen den einzelnen Office-Programmen erkennen, es gibt eine ganze Reihe von Ähnlichkeiten bei den Bedienoberflächen. Auch lassen sich verschiedene Einstellungen vornehmen, die dann für alle Office-Programme gleichzeitig gelten.

Als Einsteiger werden Sie sich mithilfe dieses Buches bereits nach kürzester Zeit in die Office-Programme eingearbeitet haben, als Umsteiger von einer älteren Office-Version werden Sie so manches Aha-Erlebnis haben und Vertrautes in neuen Zusammenhängen begreifen.

Elemente der Bedienoberfläche

Wenn Sie Word, Excel oder PowerPoint starten, wird zunächst der Startbildschirm aufgerufen, der Ihnen die Möglichkeit bietet, neue Dateien zu erstellen bzw. auf bereits vorhandene Dateien zuzugreifen. Dazu später in diesem Kapitel mehr. Machen Sie sich zunächst mit der generellen Bedienoberfläche der Office-Programme vertraut. Lassen Sie mich Ihnen diese am Beispiel PowerPoint vorstellen.

Den größten Teil der Bedienoberfläche nimmt in jedem Office-Programm der Arbeitsbereich ein. Dort werden in Word Dokumente, in Excel Tabellen und in PowerPoint Präsentationen erstellt. In Outlook verwalten Sie dort E-Mails, Termine usw. und in OneNote greifen Sie auf Ihre Notizen zu.

Oberhalb des Arbeitsbereichs befindet sich das Menüband, in dem Sie – unter verschiedenen Registerkarten – auf die Funktionen des jeweiligen Programms zugreifen.

Links oberhalb des Menübands – in der Titelleiste des Programms – sehen Sie die Symbolleiste für den Schnellzugriff. Dort greifen Sie auf besonders häufig benötigte Programmfunktionen zu.

2

Die Fensterfunktionen rechts in der Titelleiste dienen dem Umgang mit dem Programmfenster selbst, also dem Schließen, Maximieren usw.

Unterhalb des Arbeitsbereichs wird schließlich eine Statusleiste angezeigt, die mit verschiedenen Informationen zur gerade geöffneten Datei aufwartet, aber auch mit Ansichtsoptionen und einer Zoomfunktion.

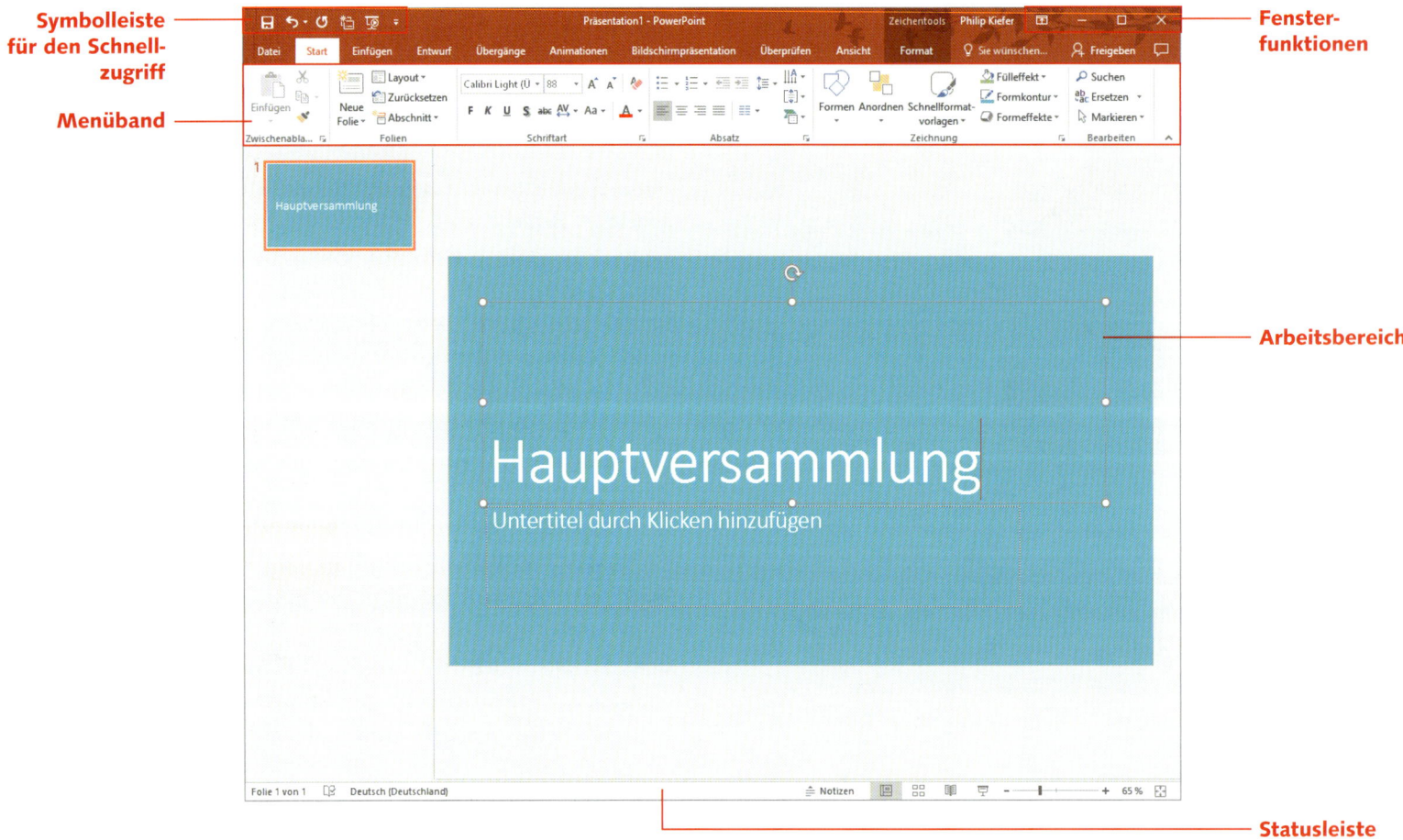

Die Grundlagen verständlich erklärt

Jedes der Office-Programme verfügt auch über einen Backstage-Bereich, also einen Bereich »hinter der Bühne«. Während Sie im Menüband in erster Linie Funktionen für die Bearbeitung von Dateien finden, erhalten Sie im Backstage-Bereich Funktionen und Informationen zur Datei selbst, beispielsweise zum Schützen der Datei, zum Aufrufen von Programmoptionen usw.

Den Backstage-Bereich öffnen Sie per Mausklick auf den Reiter *Datei* ganz links im Menüband. Im Backstage-Bereich wählen Sie dann in der Menüleiste einen Eintrag aus. Rechts erhalten Sie dann Zugriff auf die jeweiligen Funktionen und Informationen.

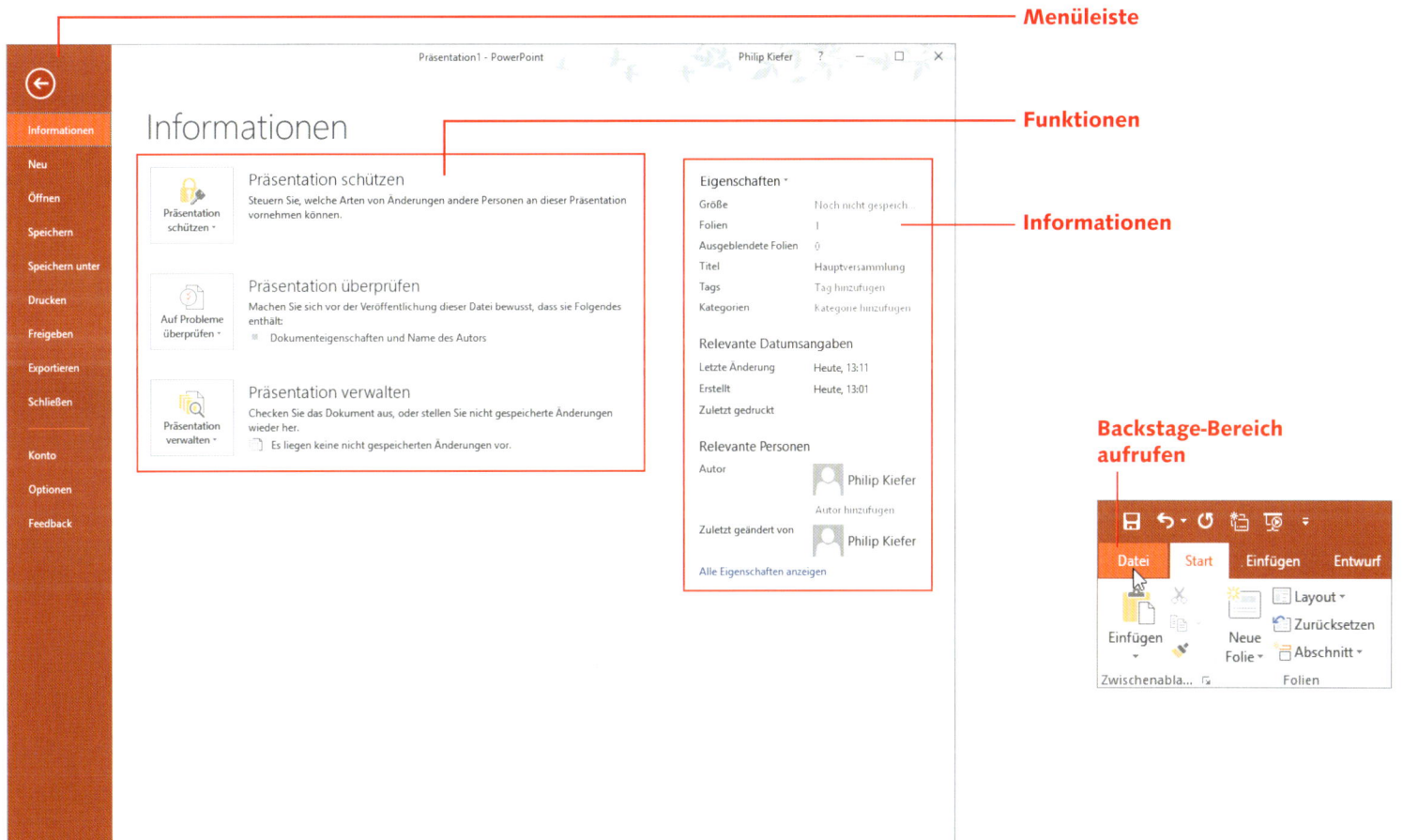

Das Menüband

Dem Menüband kommt in der alltäglichen Arbeit mit den Office-Programmen besondere Wichtigkeit zu. Lassen Sie es uns deshalb etwas genauer unter die Lupe nehmen.

Sie sehen hier die Reiter der Hauptregisterkarten. Wenn Sie einen Reiter anklicken, werden die zugehörigen Funktionen im Menüband eingeblendet. Die Auswahl einer Funktion erfolgt wiederum per Mausklick. Wenn Sie den Mauszeiger auf eine Funktion bewegen, werden jeweils Details dazu, oft auch eine verfügbare Tastenkombination, mit der eine Funktion alternativ aufgerufen werden kann, in einem kleinen Infofenster angezeigt.

Bei der Auswahl bestimmter Elemente im Arbeitsbereich werden im Menüband zusätzlich Registerkarten für Tools eingeblendet, beispielsweise die *Zeichentools*, wenn Sie eine Form auswählen. Auch in diesem Fall erfolgt die Auswahl einer Funktion per Mausklick.

WICHTIGE INFORMATION

Beachten Sie: Die Darstellung des Menübands hängt von der Fenstergröße ab. Auf kleinen Bildschirmen bzw. in verkleinerten Fenstern wird eine Schaltfläche unter Umständen nur als Symbol angezeigt.

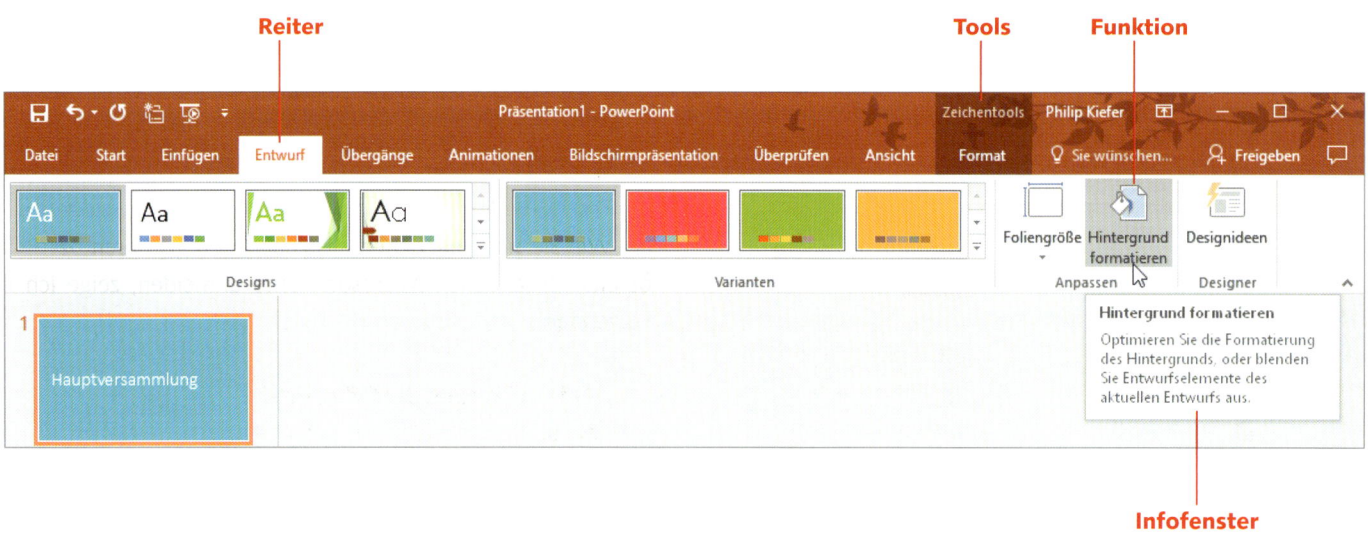

Das Menüband ist in Gruppen unterteilt. Die Bezeichnung jeder Gruppe steht unterhalb der Funktionen der Gruppe. Als Beispiel diene die Gruppe *Schriftart* mit Funktionen zur Schriftformatierung.

Es werden jedoch nicht alle Funktionen zur Schriftformatierung in dieser Gruppe angezeigt. Wenn weitere Funktionen angeboten werden, erkennen Sie dies am Symbol rechts unten in einer Gruppe. Klicken Sie auf dieses Symbol, um weitere Funktionen in einem zusätzlichen Fenster aufzurufen.

Im sich öffnenden Fenster – hier im Dialogfenster *Schriftart* – werden eine oder mehrere Funktionen ausgewählt. Anschließend wird die Auswahl bestätigt, um sie für die Office-Datei zu übernehmen.

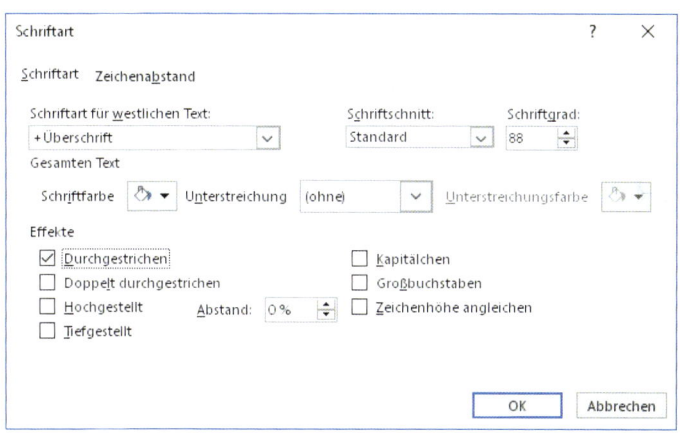

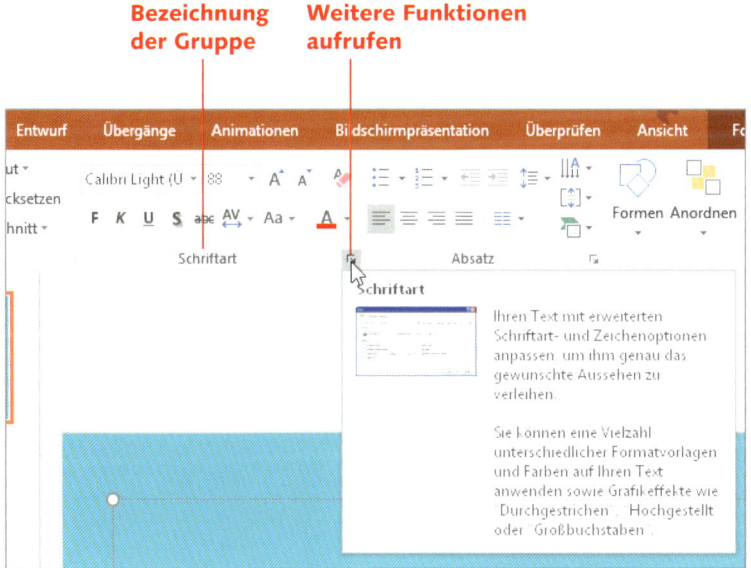

Mit einem Microsoft-Konto anmelden

Für das Speichern von Dateien im Internet und für einige weitere Funktionen melden Sie sich in Office 2016 mit einem Microsoft-Konto an. Wie Sie sich gegebenenfalls zunächst registrieren bzw. mit einem bereits vorhandenen Microsoft-Konto anmelden, zeige ich Ihnen im Folgenden.

1 Öffnen Sie eines der Office-Programme und entscheiden Sie sich im Menüband für den Reiter *Datei*.

2

> **TIPP** ➡ Ein Microsoft-Konto muss für Office 2016 oft nicht extra erstellt werden, da Sie vielleicht bereits für andere Dienste von Microsoft ein entsprechendes Konto angelegt haben, das Sie nun auch für Office 2016 verwenden können. Haben Sie beispielsweise unter Windows 10 bereits ein Microsoft-Konto erstellt, ist die Anmeldung mit diesem Konto auch bei Office 2016 möglich.

2 Wählen Sie im Backstage-Bereich den Eintrag *Konto*.

3 Klicken Sie als Nächstes auf die Schaltfläche *Anmelden*.

4 Geben Sie im sich öffnenden Fenster Ihre E-Mail-Adresse ein. Wenn Sie bereits über ein Microsoft-Konto verfügen, verwenden Sie die E-Mail-Adresse dieses Kontos.

5 Bestätigen Sie mit *Weiter*.

6 Sofern Sie noch nicht über ein Microsoft-Konto verfügen sollten, erhalten Sie die Möglichkeit, ein solches zu erstellen, indem Sie auf *Registrieren* klicken und anschließend die geforderten Eingaben tätigen.

Die Grundlagen verständlich erklärt

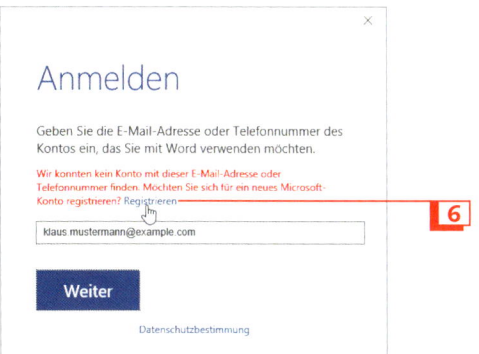

7 Verfügen Sie hingegen über ein Microsoft-Konto, wird die zugehörige E-Mail-Adresse erkannt. Geben Sie dann das zum Microsoft-Konto gehörende Passwort ein.

8 Bestätigen Sie mit der Schaltfläche *Anmelden*.

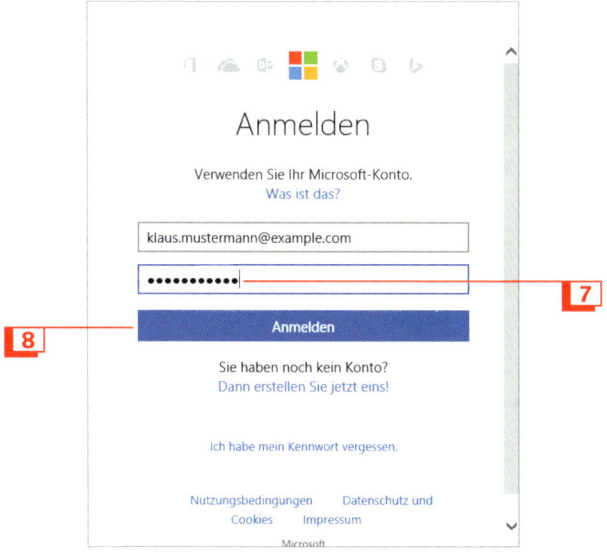

Office-Design festlegen

Das Design der Office-Programme lässt sich ein Stück weit anpassen – ganz nach Ihrem Gusto. Dazu sind nur ganz wenige Handgriffe erforderlich, wie die folgende Anleitung beweist.

1 Wählen Sie im Menüband eines Office-Programms den Reiter *Datei*.

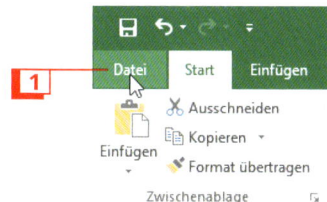

2 Entscheiden Sie sich im Backstage-Bereich für den Eintrag *Konto*.

3 Wenn Sie mit einem Microsoft-Konto angemeldet sind, werden Ihnen die Kontoinformationen angezeigt. Unabhängig vom Microsoft-Konto lässt sich das *Office-Design* festlegen, dazu klicken Sie auf das entsprechende Menü.

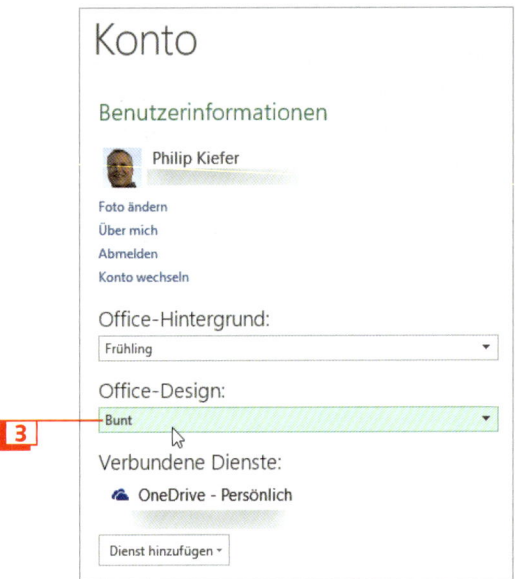

5 Die Farben der Bedienoberfläche werden sofort dem gewählten Design angepasst.

4 Wählen Sie ein Design aus, das Ihnen zusagt, hier entscheide ich mich beispielsweise für das dunkelgraue Design statt des »bunten« Standarddesigns. Die Auswahl gilt übrigens für alle Office-Programme.

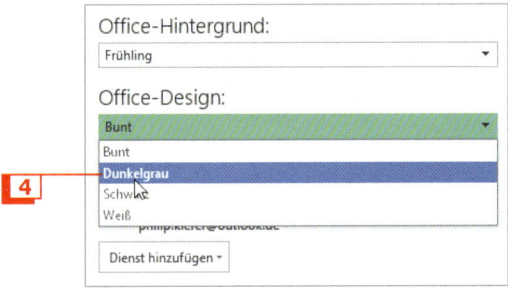

6 Wenn Sie mit einem Microsoft-Konto angemeldet sind, lässt sich außerdem ein anderer Office-Hintergrund festlegen. Auch dazu öffnen Sie das entsprechende Menü.

Die Grundlagen verständlich erklärt

7 Treffen Sie im Menü per Mausklick Ihre Auswahl.

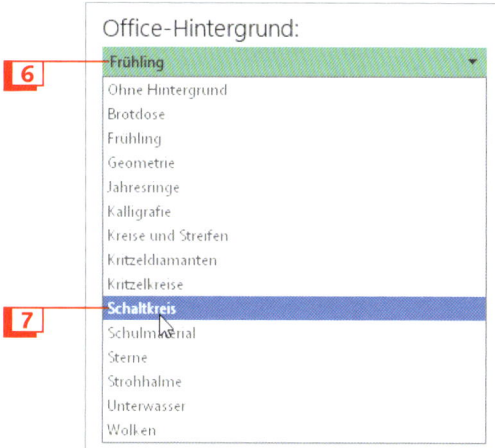

8 Der Office-Hintergrund wird rechts oben in den Office-Programmen dargestellt.

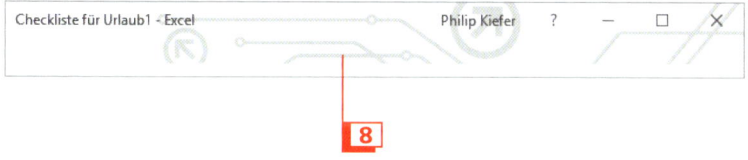

Benutzernamen anpassen

Sie arbeiten in den Office-Programmen mit einem Benutzernamen, der z. B. bei eingefügten Kommentaren angezeigt wird. Diesen Benutzernamen können Sie bei Bedarf anpassen. Die Änderungen gelten für alle Office-Programme.

1 Wählen Sie im Menüband eines Office-Programms, hier Excel, den Reiter *Datei*.

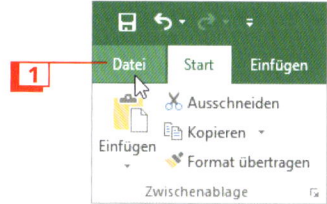

2 Entscheiden Sie sich im Backstage-Bereich für den Eintrag *Optionen*.

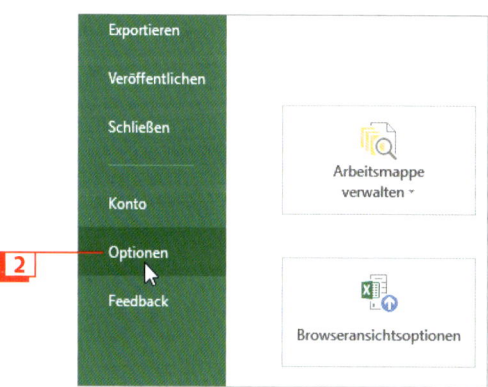

3 Klicken Sie unter *Allgemein* (wird automatisch angezeigt) in das Feld *Benutzername* und geben Sie den gewünschten Benutzernamen ein.

4 Bestätigen Sie Ihre Einstellungen mit *OK*.

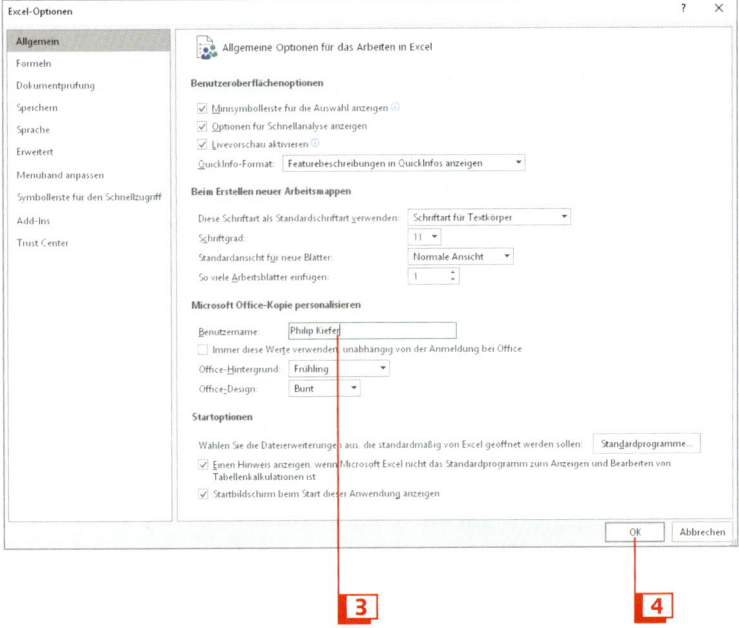

TIPP ➡ In den Optionen der anderen Office-Programme können Sie auch noch Initialen eingeben, die dann ebenfalls bei der Bearbeitung eingesetzt werden können. Als Benutzer Klaus Mustermann könnten die Initialen beispielsweise KM lauten, das Kürzel kann aber bis zu neun Zeichen lang sein.

TIPP ➡ Soll der Benutzername unabhängig von der Anmeldung mit einem Microsoft-Konto verwendet werden? Dann aktivieren Sie unterhalb des Feldes *Benutzername* das Kontrollkästchen *Immer diese Werte verwenden, unabhängig von der Anmeldung bei Office*.

Programmfenster anordnen

Möchten Sie mehrere Office-Dateien gleichzeitig oder eine Office-Datei an mehreren Stellen bearbeiten, ist es gut, die entsprechenden Funktionen zum Anordnen der Programmfenster zu kennen. Lassen Sie mich Ihnen die Funktionen hier am Beispiel von Word 2016 vorstellen.

1 Klicken Sie im Menüband auf den Reiter *Ansicht*.

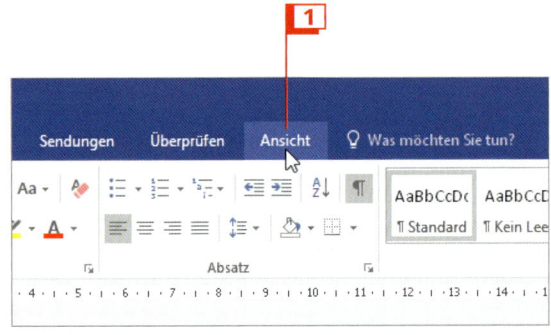

2 Möchten Sie ein bereits geöffnetes Dokument noch einmal in einem weiteren Fenster öffnen, entscheiden Sie sich in der Gruppe *Fenster* für die Schaltfläche *Neues Fenster*.

Die Grundlagen verständlich erklärt

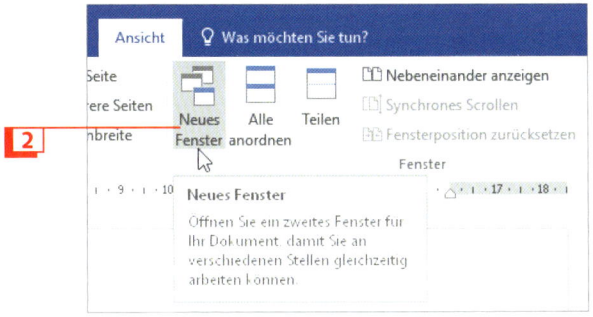

3 Für den Wechsel zwischen den geöffneten Programmfenstern verwenden Sie das Programmsymbol in der Taskleiste. (Alternativ treffen Sie in der Gruppe *Fenster* unter der Schaltfläche *Fenster wechseln* Ihre Fensterauswahl.)

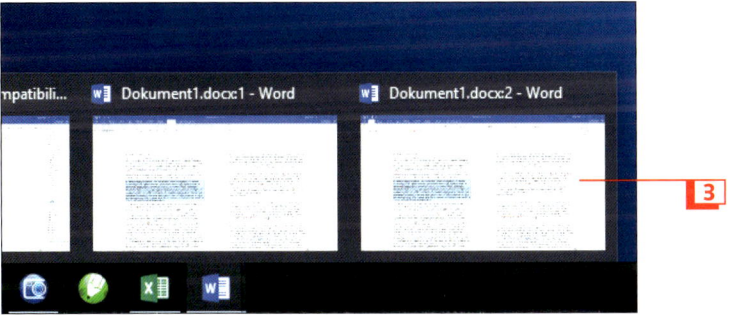

4 Sie können ein Dokument auch im selben Fenster zweimal erhalten. Dazu wählen Sie in der Gruppe *Fenster* die Schaltfläche *Teilen*.

5 Das Dokument wird nun im Arbeitsbereich in zwei Abschnitten dargestellt. Änderungen, die Sie im oberen Abschnitt durchführen, werden auch im unteren Abschnitt übernommen; genauso werden Änderungen, die Sie im unteren Abschnitt durchführen, im oberen Abschnitt übernommen.

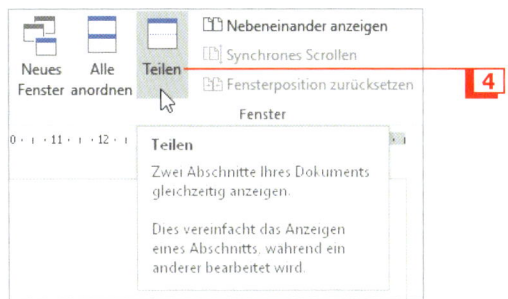

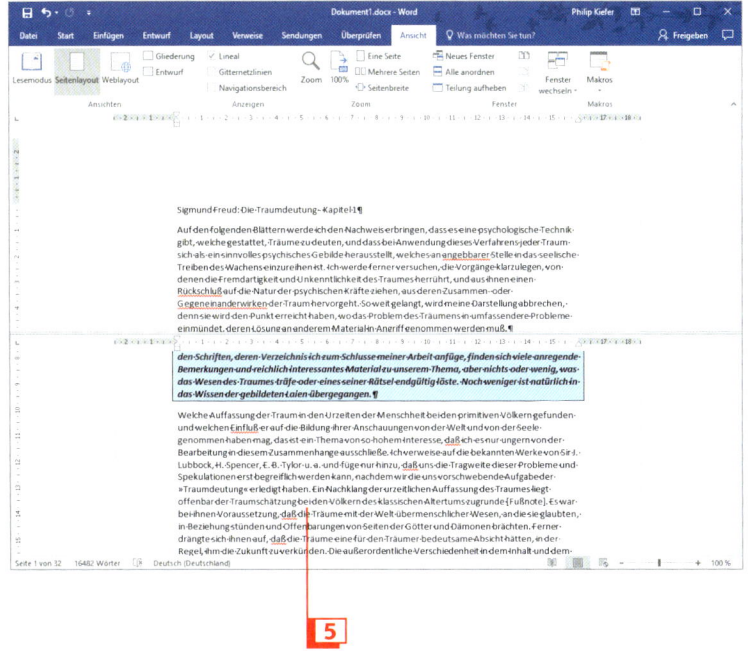

35

6 Um die geteilte Ansicht wieder zu beenden, klicken Sie in der Gruppe *Fenster* auf die Schaltfläche *Teilung aufheben*.

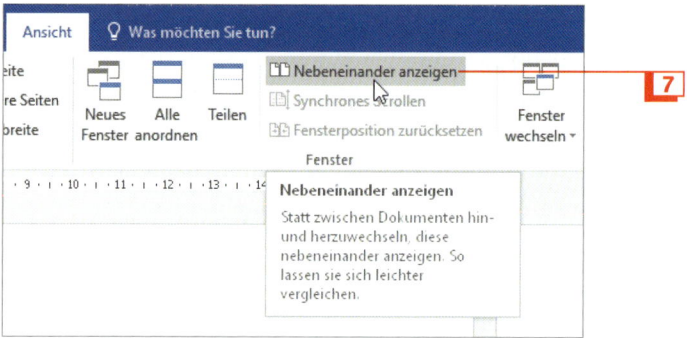

7 Haben Sie mehrere Dokumente geöffnet, die Sie gleichzeitig bearbeiten möchten, ordnen Sie die Programmfenster nebeneinander an. Hierzu wählen Sie in der Gruppe *Fenster* die Schaltfläche *Nebeneinander anzeigen*.

8 Die geöffneten Dokumente werden nebeneinander positioniert. Sollten Sie mehr als zwei Dokumente geöffnet haben, werden Sie in einem Fenster gefragt, welches Dokument neben dem aktiven dargestellt werden soll.

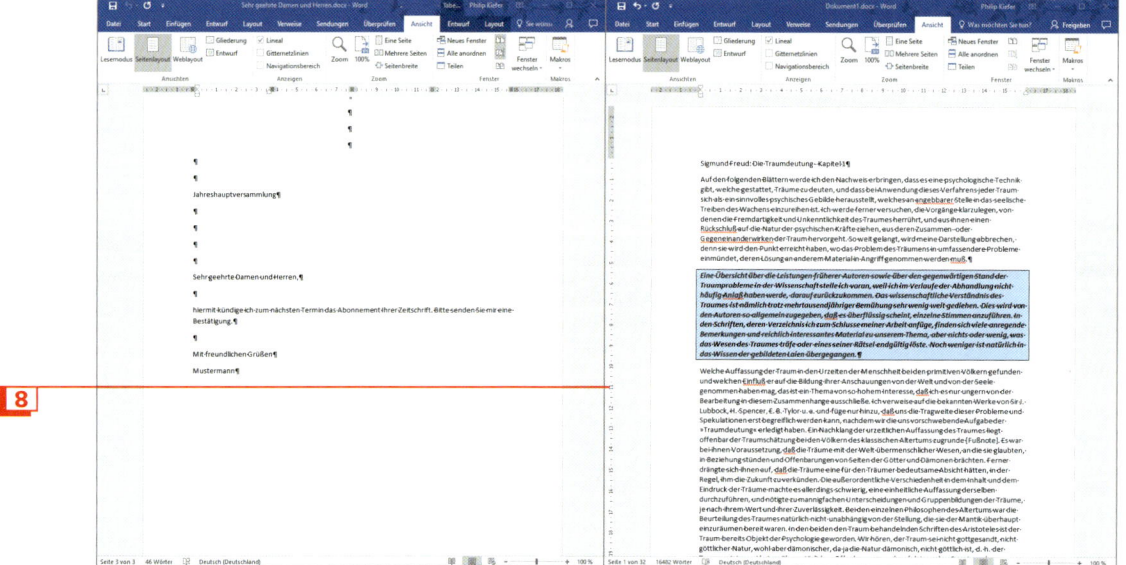

Darstellung vergrößern

Manchmal möchten Sie mehrere Seiten einer Office-Datei auf einmal darstellen oder einfach das Kleingedruckte in einer Werbe-E-Mail lesen. Die Office-Programme bieten Ihnen eine einfach zu nutzende Zoomfunktion, die hier erneut am Beispiel von Word 2016 vorgestellt wird.

1 Sie finden rechts in der Statusleiste jedes Office-Programms einen Zoomregler. Klicken Sie dort auf das Plus- bzw. Minuszeichen, um die Zoomstufe um jeweils zehn Prozent zu erhöhen bzw. zu verringern.

2 Wenn Sie eine Feinabstufung wünschen, klicken Sie auf den Schieberegler und ziehen diesen bei gedrückter Maustaste nach rechts (zum Vergrößern der Darstellung) bzw. nach links (zum Verkleinern der Darstellung).

3 Für weitere Optionen, beispielsweise das Darstellen mehrerer Seiten gleichzeitig, klicken Sie auf die Zoomstufe, die rechts neben dem Schieberegler angezeigt wird.

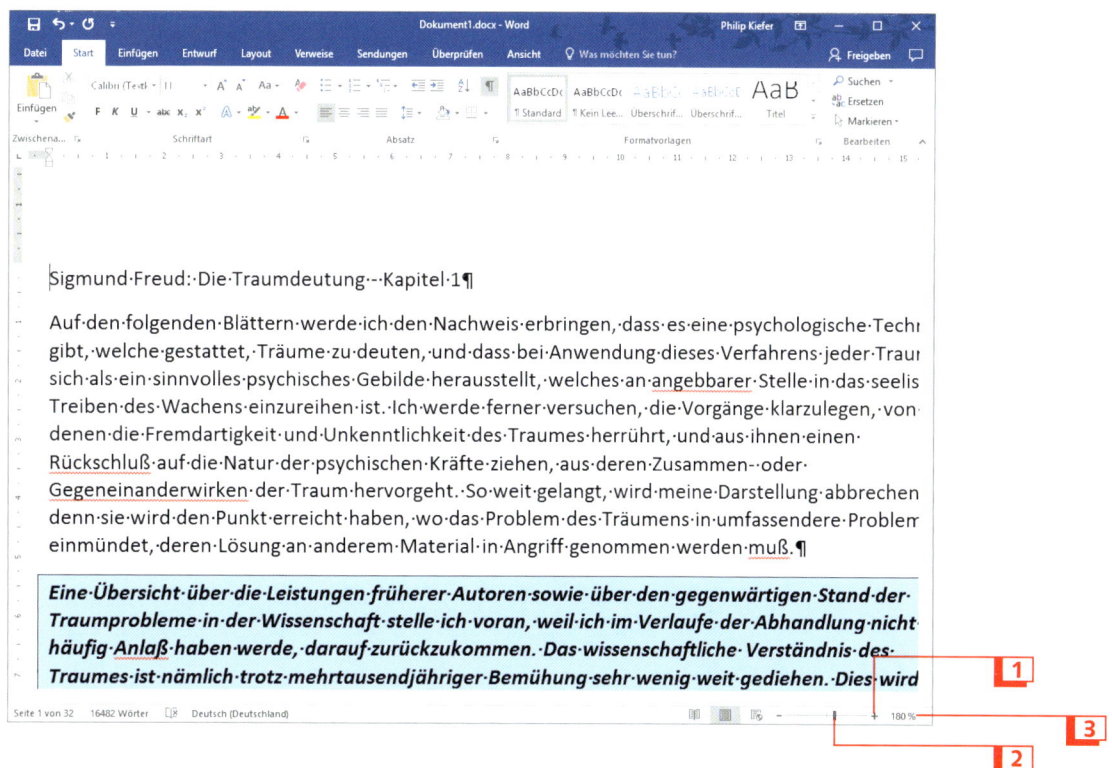

4 Wählen Sie im folgenden Fenster eine Zoomoption aus. In diesem Fall entscheide ich mich für die Schaltfläche *Mehrere Seiten*.

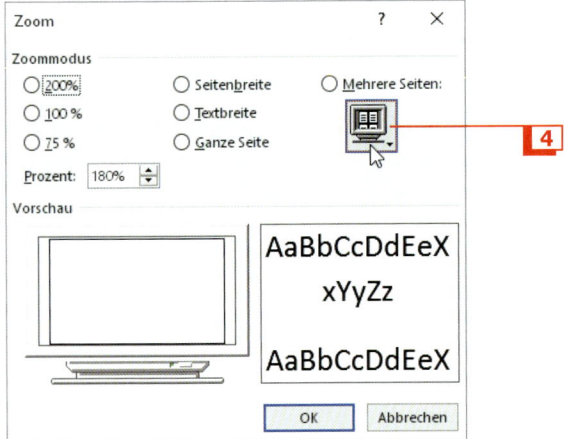

5 Wählen Sie im sich öffnenden Menü aus, wie viele Seiten gleichzeitig dargestellt werden sollen.

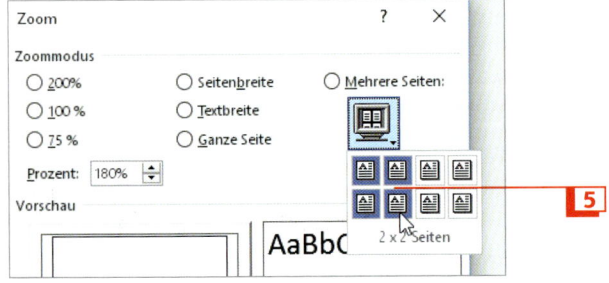

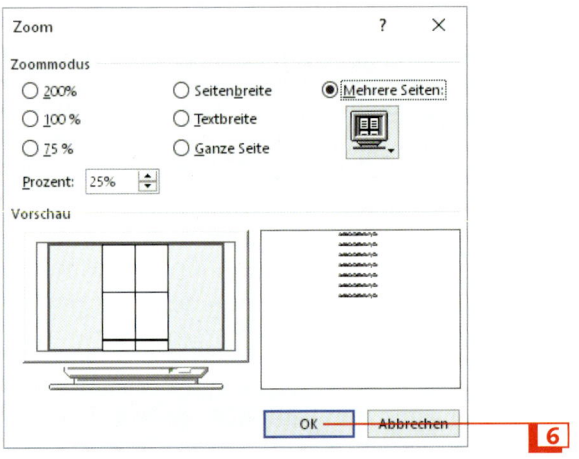

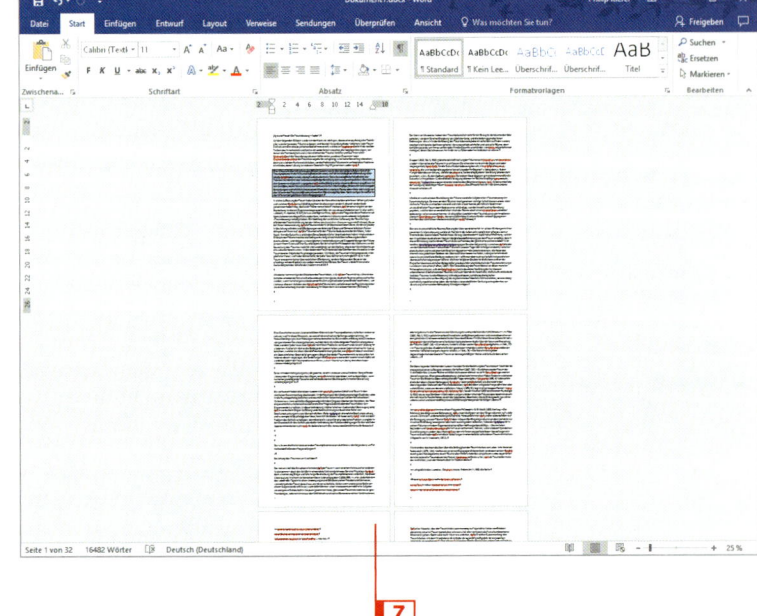

6 Bestätigen Sie Ihre Auswahl mit *OK*.

7 Die Darstellung wird im Arbeitsbereich prompt angepasst.

Die Grundlagen verständlich erklärt

TIPP ➡ Weitere Zoomoptionen, unter anderem das Zurücksetzen auf die Zoomstufe *100%* per Mausklick auf die gleichlautende Schaltfläche, finden Sie im Menüband unter *Ansicht* und dort in der Gruppe *Zoom*.

TIPP ➡ Statt der programminternen Zoomfunktion können Sie auch die Zoomfunktion unter Windows nutzen. Aktivieren Sie mit der Tastenkombination ⊞+➕ die Bildschirmlupe, die sich dann in verschiedenen Varianten nutzen lässt. Mit der Tastenkombination ⊞+Esc deaktivieren Sie die Bildschirmlupe wieder.

Statusleiste einrichten

Was die Statusleiste in den Office-Programmen angeht: Bestimmen Sie selbst, welche Informationen und Funktionen dort angezeigt werden sollen. Das Einrichten ist das reinste Kinderspiel:

1 Klicken Sie mit der rechten Maustaste in die Statusleiste, hier beispielsweise klicke ich in die Statusleiste von Excel 2016.

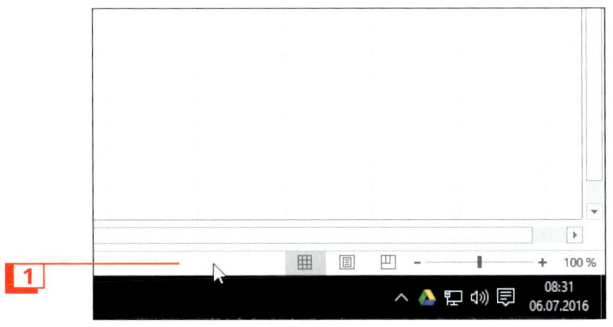

2 Im sich öffnenden Kontextmenü entscheiden Sie nun einfach per Mausklick auf einen Eintrag, ob eine Information oder Funktion in der Statusleiste verwendet werden soll oder nicht. Am Häkchen links neben einem Eintrag erkennen Sie jeweils, dass dieser aktiv ist.

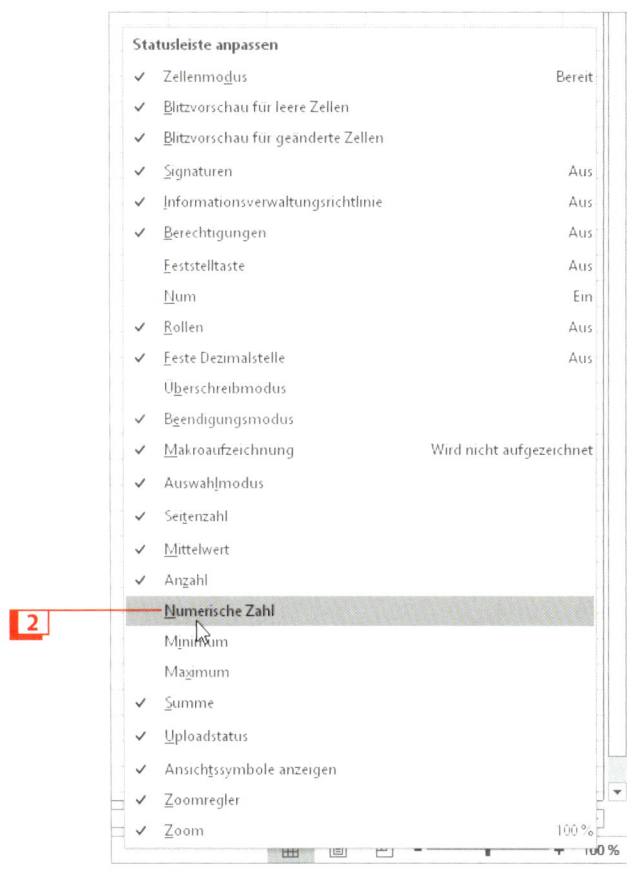

Eingabefehler rückgängig machen

Das elektronische Erstellen von Dokumenten und Co. bietet den unschlagbaren Vorteil, dass sich Eingaben ganz ohne Tipp-Ex korrigieren lassen. Gern stelle ich Ihnen die entsprechenden Funktionen vor.

1 Wenn Sie die letzte in einem Office-Programm durchgeführte Aktion rückgängig machen, klicken Sie in der Symbolleiste für den Schnellzugriff auf das Symbol. Alternativ drücken Sie die Tastenkombination [Strg]+[Z].

TIPP → Sie können eine rückgängig gemachte Aktion wiederherstellen. Hierzu klicken Sie in der Symbolleiste für den Schnellzugriff auf das Symbol.

2 Möchten Sie mehrere Aktionen gleichzeitig rückgängig machen, klicken Sie auf den zum Symbol gehörenden Pfeil.

3 Wählen Sie im sich öffnenden Menü die Aktion aus, bis zu der alles rückgängig gemacht werden soll. Sie können auch einfach mehrfach das Symbol drücken.

4 Texteingaben lassen sich am leichtesten über die Tastatur korrigieren. Drücken Sie die [←]-Taste, um ein Zeichen links vom Cursor (der Eingabemarkierung) zu löschen. Auch das Löschen eines markierten Objekts oder des Inhalts einer markierten Zelle kann mit dieser Taste erfolgen.

5 Mithilfe der [Entf]-Taste löschen Sie Zeichen rechts vom Cursor. Die Taste lässt sich ebenfalls auf markierte Objekte oder Zellinhalte anwenden.

TIPP → Möchten Sie ein ganzes Wort löschen? Drücken Sie [Strg]+[←] zum Löschen eines Wortes links vom Cursor und [Strg]+[Entf] zum Löschen eines Wortes rechts vom Cursor.

Die Grundlagen verständlich erklärt

Per Suchfeld Funktionen aufrufen

In das Menüband der einzelnen Office-Programme wurde mit Office 2016 ein nützlicher Suchassistent integriert, der es Ihnen ermöglicht, auf die Schnelle Funktionen zu suchen und zu öffnen, ohne lange im Menüband danach stöbern zu müssen. Die Funktionsweise ist denkbar einfach.

1 Klicken Sie in das Suchfeld – Sie erkennen es an der darin eingetragenen Frage *Was möchten Sie tun?*.

TIPP ➡ Das Suchfeld lässt sich alternativ mit der Tastenkombination Alt + M aktivieren.

2 Ihnen werden einige Suchbegriffe vorgeschlagen bzw. später die zuletzt gesuchten Begriffe für die erneute Suche angeboten. Treffen Sie, wenn der passende Eintrag dabei ist, per Mausklick Ihre Auswahl.

3 Falls der passende Suchbegriff nicht angezeigt wird, tippen Sie diesen in das Suchfeld.

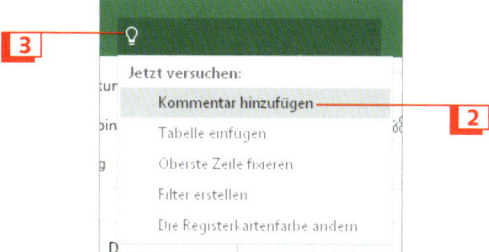

4 Bereits während der Eingabe wird die Suche gestartet.

5 Klicken Sie einen Treffer an, um die Funktion aufzurufen.

6 Ebenfalls im Angebot: Hilfe zur gesuchten Funktion.

7 Auch zum intelligenten Nachschlagen von beliebigen Begriffen kann das Suchfeld eingesetzt werden.

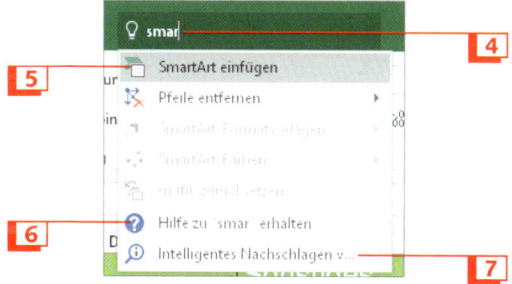

2

Eine neue Office-Datei anlegen

Wenn Sie in Word, Excel oder PowerPoint eine neue Datei anlegen möchten, haben Sie jeweils die Möglichkeit, entweder eine leere Datei zu erstellen oder aber eine Vorlage zu verwenden. Gern stelle ich Ihnen beide Varianten am Beispiel von PowerPoint vor.

1 Nachdem Sie das Programm geöffnet haben, wird Ihnen automatisch das Erstellen einer neuen Datei angeboten. Um eine leere Datei zu erstellen, klicken Sie auf das Miniaturbild links oben in der Übersicht (hier: *Leere Präsentation*).

2 Alternativ wählen Sie eine der empfohlenen Vorlagen aus.

3 Nichts dabei? Dann klicken Sie oberhalb der Vorlagen in das Suchfeld.

> **TIPP** ➡ Wenn Sie den Ausdruck einer Office-Datei auf dem eigenen Drucker planen, sollte diese nicht allzu farbenfroh gestaltet sein. Bunte Ausdrucke kommen deutlich teurer als Schwarz-Weiß-Ausdrucke bzw. Ausdrucke mit nur wenig Farbe.

4 Geben Sie ein Thema ein, wonach Sie suchen, und bestätigen Sie mit der ⏎-Taste.

5 Bei vielen Treffern verwenden Sie die Leiste rechts zum Filtern der Ergebnisse.

6 Um eine Vorlage auszuwählen, klicken Sie diese an.

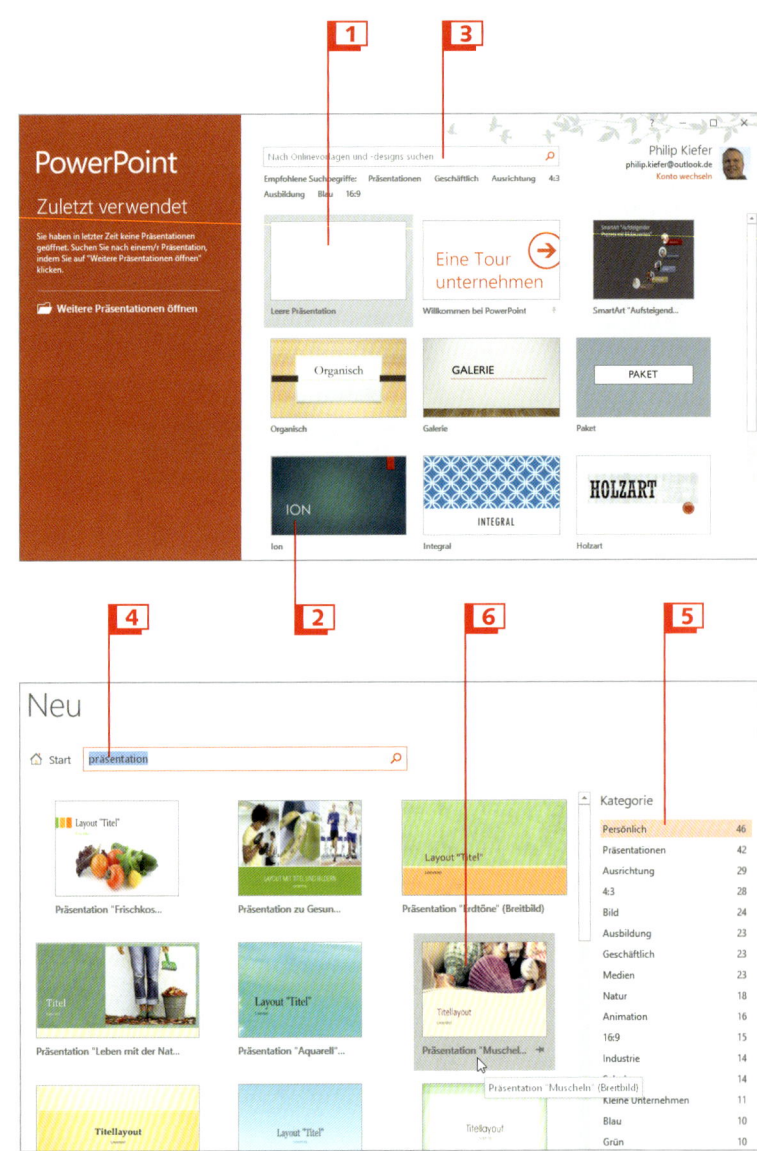

42

Die Grundlagen verständlich erklärt

7 Bestätigen Sie im nächsten Fenster mit *Erstellen*.

8 Die Vorlage wird aus dem Internet heruntergeladen und kann anschließend individuell angepasst werden.

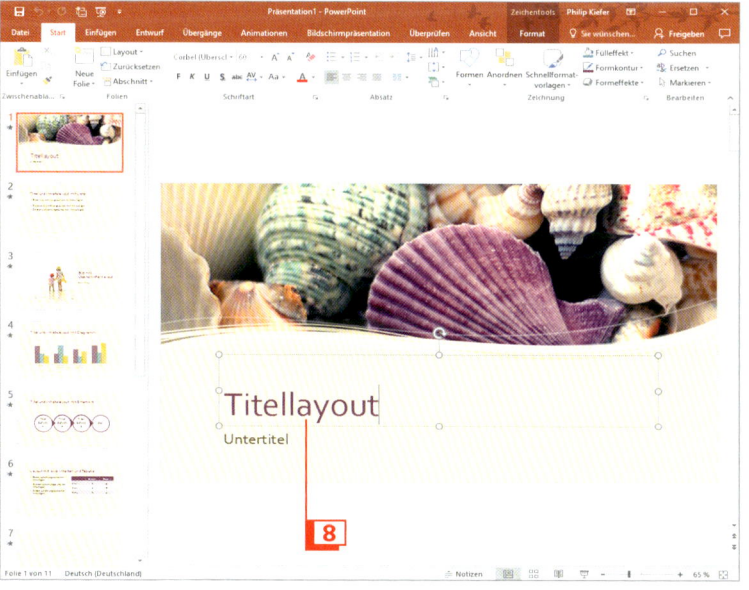

9 Wenn Sie bereits eine Office-Datei geöffnet haben, können Sie noch weitere Dateien anlegen. Dazu klicken Sie links oben im Programm auf den Reiter *Datei*.

10 Wählen Sie im Backstage-Bereich den Eintrag *Neu*.

11 Gehen Sie anschließend wie gehabt auf die *Leere Präsentation* oder eine andere Vorlage.

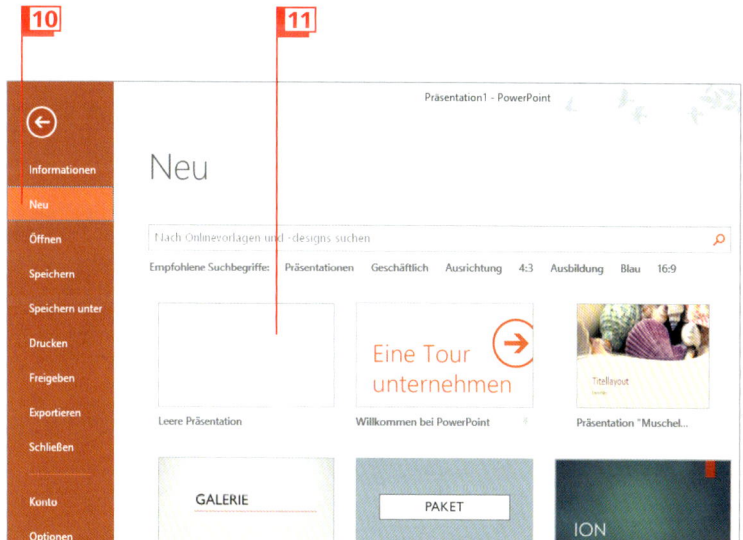

43

2

Office-Dateien lokal speichern

Nachdem Sie eine Office-Datei erstellt haben, möchten Sie diese abspeichern, um später jederzeit erneut darauf zugreifen zu können. Zum Speichern können Sie entweder Ihren Computer verwenden oder das Internet. Zunächst stelle ich Ihnen das lokale Speichern auf dem eigenen Computer vor.

1 Klicken Sie links oben im Programm – in der Symbolleiste für den Schnellzugriff – auf das Diskettensymbol 🖫. Alternativ wählen Sie *Datei/Speichern* oder drücken die Tastenkombination ⟨Strg⟩+⟨S⟩.

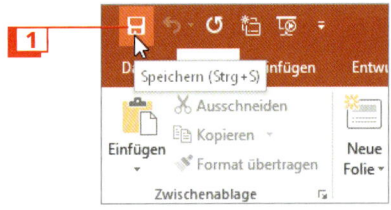

TIPP ➜ Wenn Sie das Symbol 🖫 nach der Bearbeitung einer Datei erneut anklicken, werden die Änderungen in derselben Datei gespeichert. Sie können die geöffnete Datei aber auch unter einem anderen Namen, in einem anderen Format und an einem anderen Ort abspeichern. Dazu wählen Sie *Datei/Speichern unter* oder drücken die Taste ⟨F12⟩.

2 Nun möchten Sie zunächst einen lokalen Speicherort für die Datei auswählen. Klicken Sie dazu auf *Durchsuchen*.

3 Wählen Sie im folgenden Fenster den Speicherort aus. Einen Ordner öffnen Sie per Doppelklick darauf.

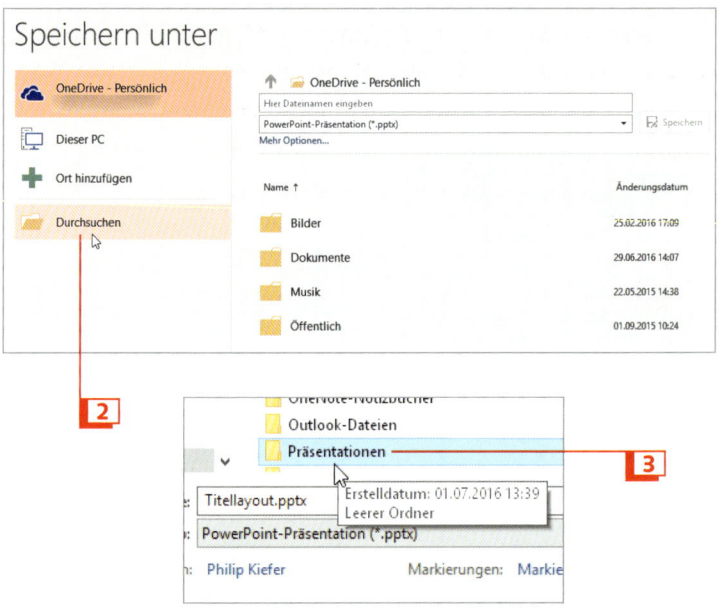

4 Vergeben Sie einen sinnvollen Dateinamen.

5 Wenn Sie die Datei im Standardformat speichern möchten, müssen Sie in den Schritten 5 und 6 gar nichts tun. Falls Sie ein anderes Format auswählen wollen, öffnen Sie per Mausklick das Menü *Dateityp*.

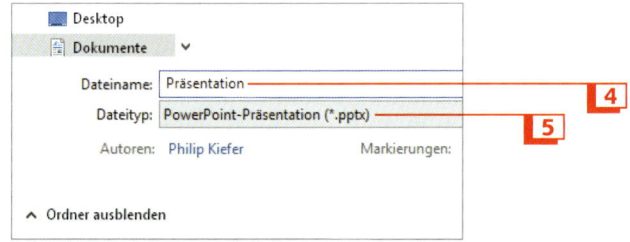

Die Grundlagen verständlich erklärt

6 Entscheiden Sie sich im sich öffnenden Menü für das gewünschte Format. Hier wähle ich das Format *.ppt*, das es auch Nutzern älterer Programmversionen ermöglicht, die Datei zu bearbeiten.

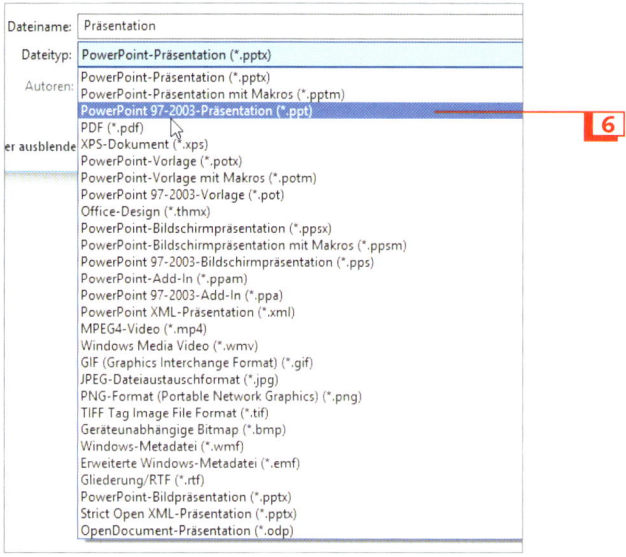

7 Jetzt können Sie noch den Autorennamen anpassen, wenn Sie dies wünschen.

8 Oder fügen Sie Markierungen hinzu, um die Datei auf dem Computer leichter auffindbar zu machen.

9 Bestätigen Sie zum Schluss mit *Speichern*.

10 Die Datei steht nach dem Speichern am gewählten Speicherort zur Verfügung. Das direkte Öffnen erfolgt per Doppelklick auf die Datei.

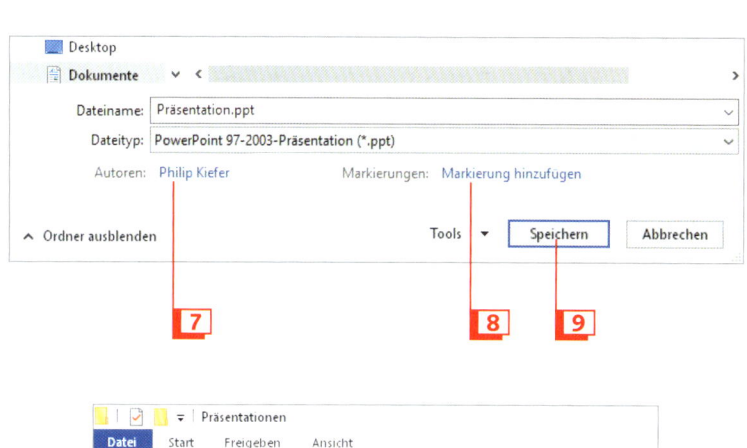

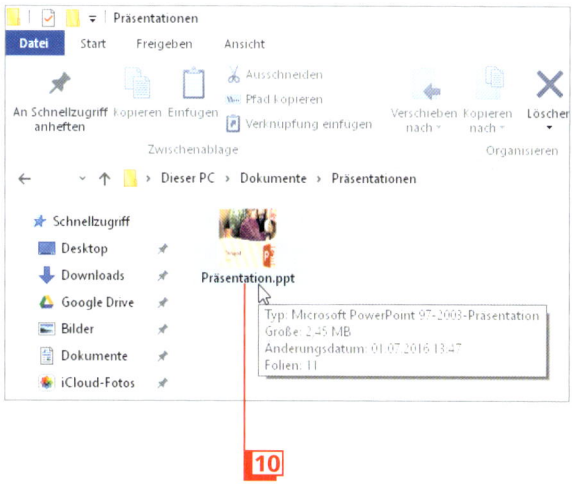

45

PDF-Datei erstellen

Damit eine Office-Datei auf unterschiedlichen Plattformen auf gleiche Weise angezeigt werden kann, ist das PDF (**P**ortable **D**ocument **F**ormat) das Format der Wahl. Das Format lässt sich ebenfalls im Menü *Dateityp* auswählen, das Sie in der vorherigen Anleitung kennengelernt haben. Doch es gibt noch eine etwas einfachere Methode.

1 Klicken Sie links oben im Office-Programm auf den Reiter *Datei*.

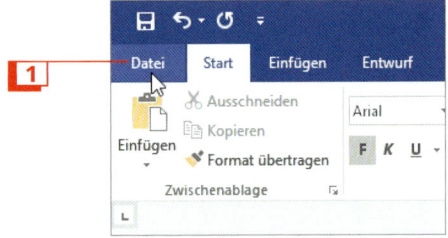

2 Wählen Sie im Backstage-Bereich den Eintrag *Exportieren*.

3 Klicken Sie als Nächstes auf die Schaltfläche *PDF/XPS-Dokument erstellen*.

> **TIPP** ➡ **Das Format XPS (XML Paper Specification) wurde von Microsoft als Konkurrenzformat zum PDF entwickelt. Allerdings konnte es sich nie wirklich durchsetzen. Setzen Sie also lieber auf das Original!**

4 Bestimmen Sie im folgenden Fenster den Speicherort für die PDF-Datei.

5 Vergeben Sie einen sinnvollen Dateinamen.

6 Bestimmen Sie per Kontrollkästchen, ob die PDF-Datei nach dem Erstellen automatisch geöffnet werden soll oder nicht.

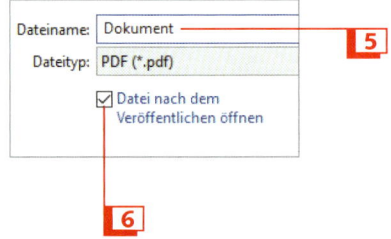

Die Grundlagen verständlich erklärt

7 Entscheiden Sie per Radio-Button über die Ausgabequalität. Die *Standard*-Qualität eignet sich auch für den Ausdruck, während die Option *Minimale Größe* sich dann anbietet, wenn Sie ein umfangreicheres Dokument z. B. per E-Mail versenden möchten.

8 Für weitere Einstellungen zur PDF-Datei klicken Sie auf die Schaltfläche *Optionen*.

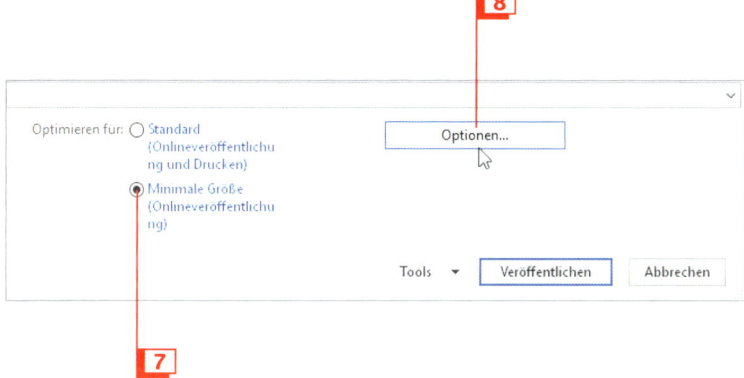

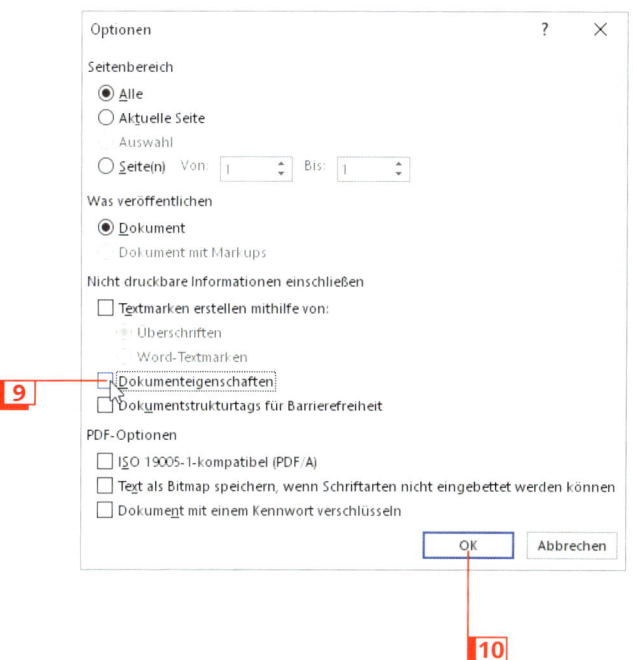

9 Im folgenden Fenster können Sie den Seitenbereich ändern, Dokumenteigenschaften ausschließen usw.

10 Bestätigen Sie Ihre Einstellungen mit *OK*.

11 Klicken Sie auf die Schaltfläche *Veröffentlichen*, um die PDF-Datei am gewählten Speicherort abzulegen.

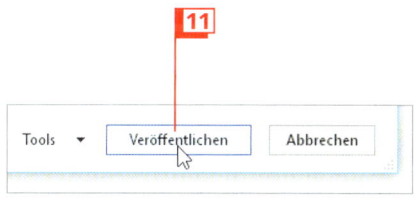

47

Office-Dateien im Internet speichern

Wenn Sie es bevorzugen, Ihre Office-Dateien im Internet zu speichern, nutzen Sie den von Microsoft angebotenen Cloud-Speicherdienst OneDrive. Der Vorteil des Speicherns im Internet besteht darin, dass Sie von überall her auf die Dateien zugreifen und diese auch komfortabel mit anderen Personen gemeinsam bearbeiten können (mehr dazu in Kapitel 14). So geht das Speichern im Internet:

1 Wie beim lokalen Speichern: Klicken Sie im ersten Schritt auf das Diskettensymbol links oben im Office-Programm (bzw. wählen Sie *Datei/Speichern unter*).

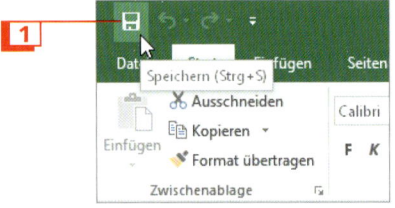

2 OneDrive ist als Speicherort bereits vorausgewählt. Sofern Sie noch nicht bei OneDrive angemeldet sind, holen Sie das an dieser Stelle nach.

3 Wählen Sie gegebenenfalls einen Ordner auf OneDrive aus.

4 Geben Sie der Datei einen sinnvollen Namen.

5 Möchten Sie die Datei in einem anderen als dem Standardformat speichern? Dann öffnen Sie das Menü mit dem angezeigten Format.

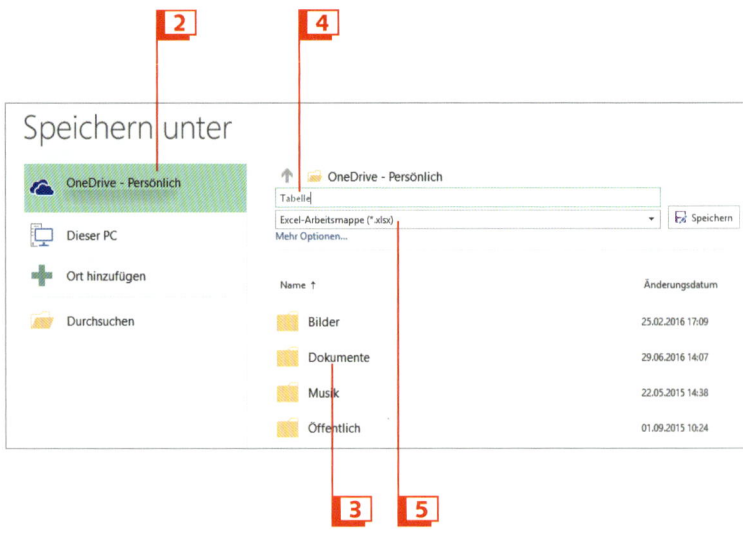

TIPP ➡ Autorennamen ändern, Markierungen hinzufügen … – um das normale Fenster zum Speichern von Dateien zu öffnen, klicken Sie unterhalb des Menüs mit dem angezeigten Format auf *Mehr Optionen*.

TIPP ➡ Seit dem Juli 2016 stellt Microsoft den OneDrive-Nutzern nur noch 5 GByte Speicherplatz kostenlos zur Verfügung (nach zuvor 15 GByte). Zum Speichern von Dokumenten sollten Sie damit klarkommen. Achten Sie darauf, nicht mehr benötigte Dateien zeitnah wieder vom OneDrive zu löschen.

Die Grundlagen verständlich erklärt

6 Wählen Sie im sich öffnenden Menü das gewünschte Format aus. Hier wähle ich das Format *.xls*, damit auch Nutzer älterer Excel-Versionen die Datei bearbeiten können.

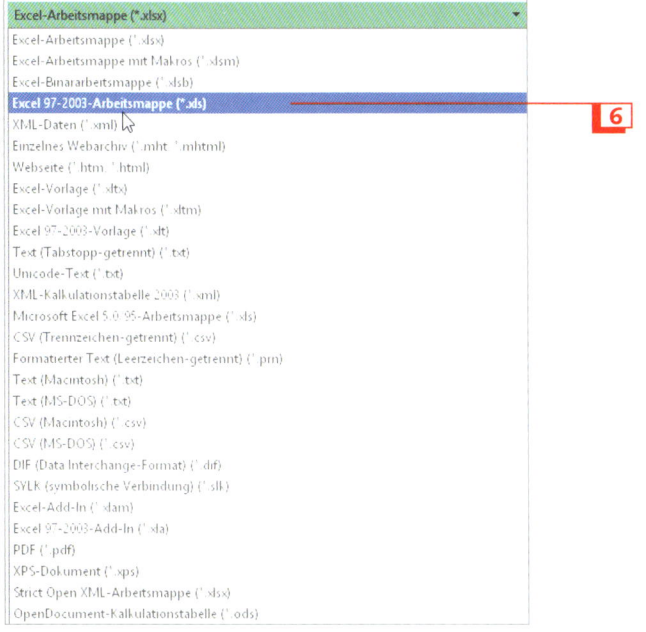

7 Bestätigen Sie mit der Schaltfläche *Speichern*, um die Datei ins Internet hochzuladen.

8 Unter Windows 10 ist OneDrive auch in den Datei-Explorer integriert. Klicken Sie dort im Navigationsbereich auf den Eintrag *OneDrive*, um – nach einer kurzen Einrichtung – auf die im Internet gespeicherten Dateien zuzugreifen.

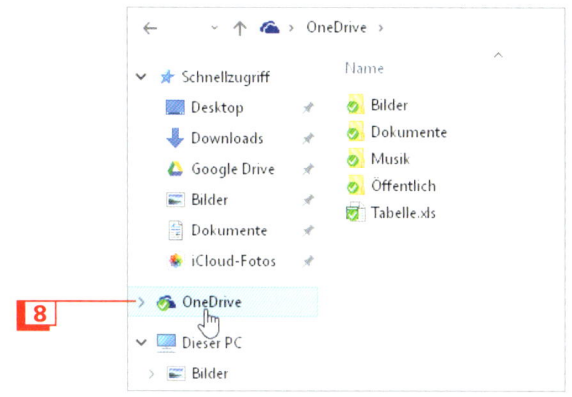

TIPP ➡ Wenn Sie mehr Speicherplatz wünschen, können Sie auf einen Anbieter wie Google Drive (*drive.google.com*) ausweichen, der 15 GByte kostenlosen Speicher anbietet. Auch dieser Anbieter stellt Programme und Apps für verschiedene Plattformen zur Verfügung. Unter Windows können Sie so ebenfalls im Datei-Explorer auf die im Internet gespeicherten Dokumente zugreifen.

Gespeicherte Datei öffnen

Gespeicherte Dateien lassen sich jederzeit erneut öffnen und bearbeiten, aber natürlich auch an andere Personen weiterreichen. Gern zeige ich Ihnen die drei besten Methoden, wie Sie auf Dateien zugreifen, die Sie mit den Office-Programmen Word, Excel oder PowerPoint erstellt haben.

1 Die erste Methode: Doppelklicken Sie im Datei-Explorer (oder auf dem Desktop) auf eine Office-Datei bzw. auf eine Dateiverknüpfung. Die Datei wird automatisch im dafür vorgesehenen Standardprogramm geöffnet.

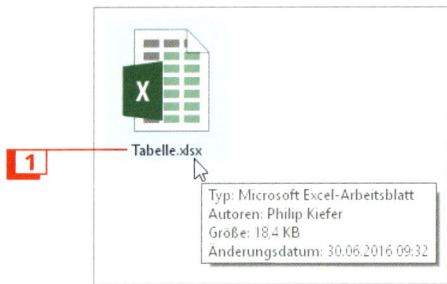

2 Die zweite Methode: Klicken Sie das Symbol des Office-Programms in der Taskleiste mit der rechten Maustaste an.

3 Wählen Sie im sich öffnenden Kontextmenü eine der zuletzt verwendeten Dateien aus. Wie Sie Office-Programme an die Taskleiste anheften, zeige ich Ihnen ausführlich in Kapitel 15.

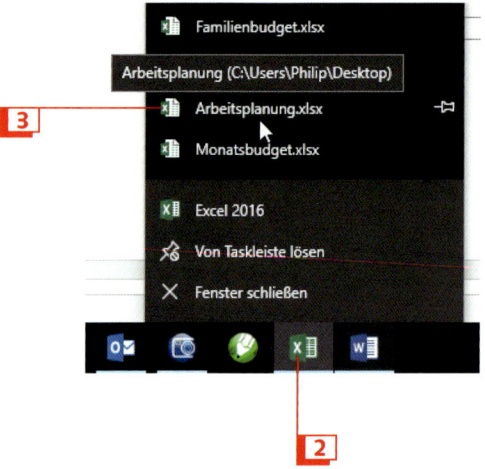

4 Bei der dritten Methode öffnen Sie das Office-Programm. Sie erhalten, wie bereits beim Erstellen neuer Dateien beschrieben, eine Auswahl von Vorlagen. In der Leiste links greifen Sie ebenfalls auf eine Liste mit den zuletzt verwendeten Dateien zu. Wählen Sie hier eine Datei per Mausklick aus, um sie zu öffnen.

5 Wird die gewünschte Datei nicht aufgelistet, klicken Sie auf *Weitere Arbeitsmappen öffnen*.

Die Grundlagen verständlich erklärt

> **TIPP** ➡ Ist bereits eine Office-Datei geöffnet, wählen Sie *Datei/Öffnen* bzw. drücken Sie die Tastenkombination [Strg]+[O], um eine weitere Datei zum Öffnen auswählen zu können. Diese wird dann in einem neuen Programmfenster angezeigt.

> **TIPP** ➡ Wenn Sie eine zuletzt verwendete Datei aus der Liste entfernen möchten – dies gilt sowohl für Methode 2 als auch für Methode 3 –, klicken Sie diese mit der rechten Maustaste an und wählen im Kontextmenü *Aus Liste entfernen*. Sie können eine Datei per Kontextmenü aber auch an eine Liste anheften, um sie dort dauerhaft verfügbar zu machen.

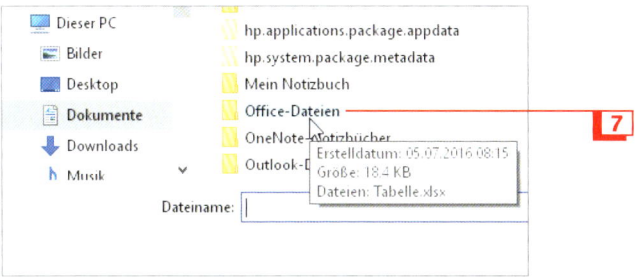

8 Wählen Sie die Datei aus.

9 Bestätigen Sie mit *Öffnen*.

6 Um den Speicherort für die Datei anzugeben, wählen Sie *Durchsuchen*.

7 Öffnen Sie im folgenden Fenster den Speicherort, der die Datei enthält. Einen Ordner öffnen Sie per Doppelklick darauf.

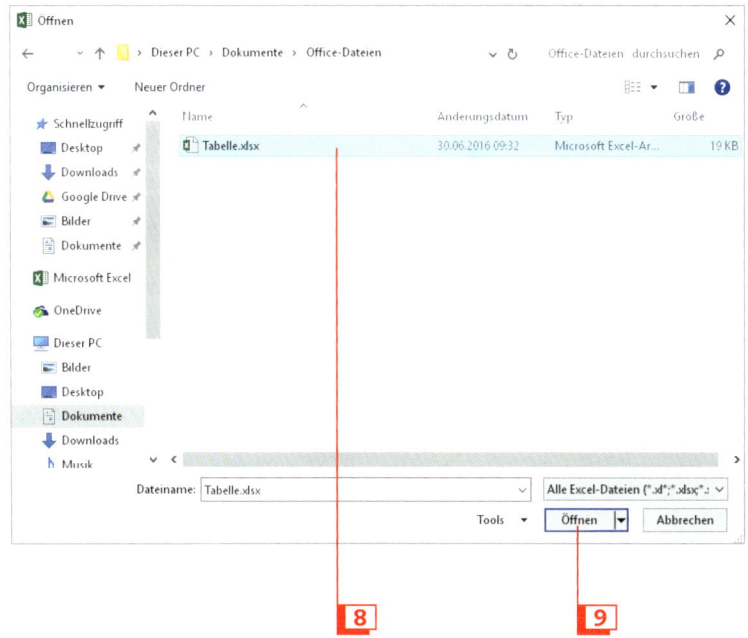

AutoWiederherstellen einrichten

Falls plötzlich mal der Strom ausfallen sollte, gehen Ihre Daten nicht verloren – zumindest nicht alle. Die Office-Programme speichern die Daten automatisch, standardmäßig alle zehn Minuten. Wie Sie die Einstellungen zum AutoWiederherstellen ändern, zeige ich Ihnen an dieser Stelle.

1 Klicken Sie im Menüband auf den Reiter *Datei*.

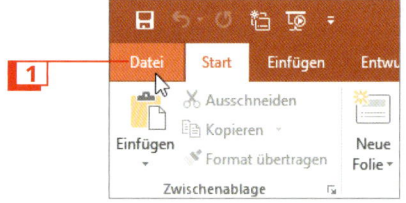

2 Entscheiden Sie sich im Backstage-Bereich für den Eintrag *Optionen*.

3 Wählen Sie links in den *Optionen* den Eintrag *Speichern*.

4 Bestimmen Sie im Abschnitt *Präsentationen speichern* (bzw. *Dokumente speichern* usw.) das Intervall für das automatische Speichern.

5 Bestätigen Sie Ihre Einstellungen mit *OK*.

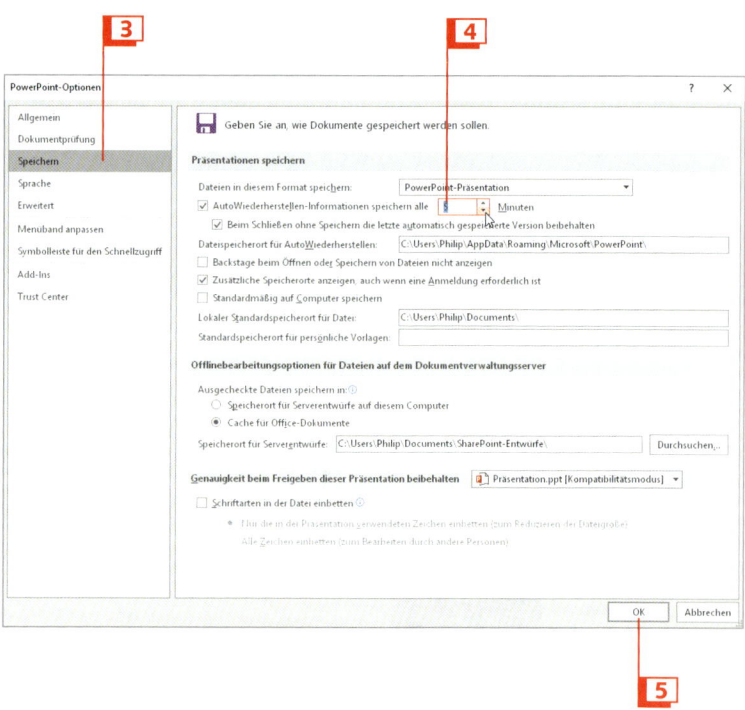

WICHTIGE INFORMATION

Wenn das Office-Programm abrupt beendet wurde, ohne zuvor die Änderungen zu speichern, wird Ihnen beim nächsten Programmstart die AutoWiederherstellen-Datei zum Öffnen angeboten.

Die Grundlagen verständlich erklärt

Bearbeitungssprache hinzufügen

Eventuell bearbeiten Sie Ihre Texte nicht nur auf Deutsch, sondern auch in anderen Sprachen? Das ist für die Office-Programme gar kein Problem. Es lassen sich mit wenigen Handgriffen weitere Bearbeitungssprachen hinzufügen, und zwar auf diese Weise:

1 Wählen Sie im Menüband eines Office-Programms, hier Word, den Reiter *Datei*.

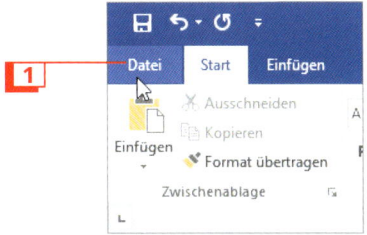

2 Entscheiden Sie sich im Backstage-Bereich für das Öffnen der *Optionen*.

3 Entscheiden Sie sich in den Optionen links für den Eintrag *Sprache*.

4 Rechts öffnen Sie das Menü *Weitere Bearbeitungssprachen hinzufügen*.

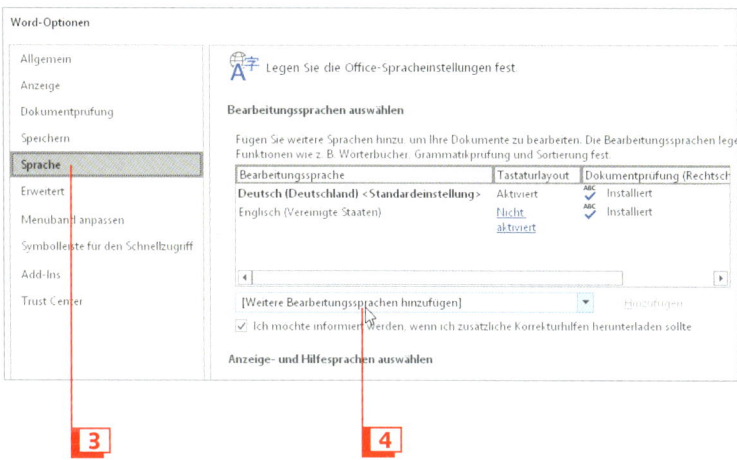

5 Wählen Sie im Menü eine Bearbeitungssprache aus, hier z. B. *Französisch*.

6 Bestätigen Sie Ihre Auswahl mit der Schaltfläche *Hinzufügen*.

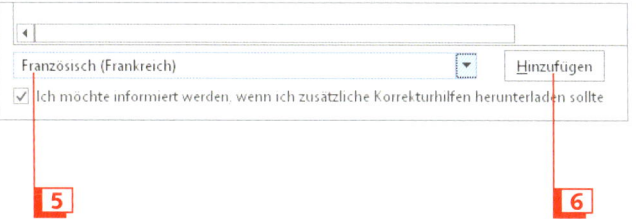

Tastaturlayout aktivieren

Nachdem Sie wie zuvor beschrieben eine Bearbeitungssprache hinzugefügt haben, wollen Sie nun vielleicht noch das entsprechende Tastaturlayout aktivieren, um Texte in dieser Sprache zu verfassen. So geht es Schritt für Schritt:

1 Klicken Sie bei der hinzugefügten Bearbeitungssprache in der Spalte *Tastaturlayout* auf *Nicht aktiviert*.

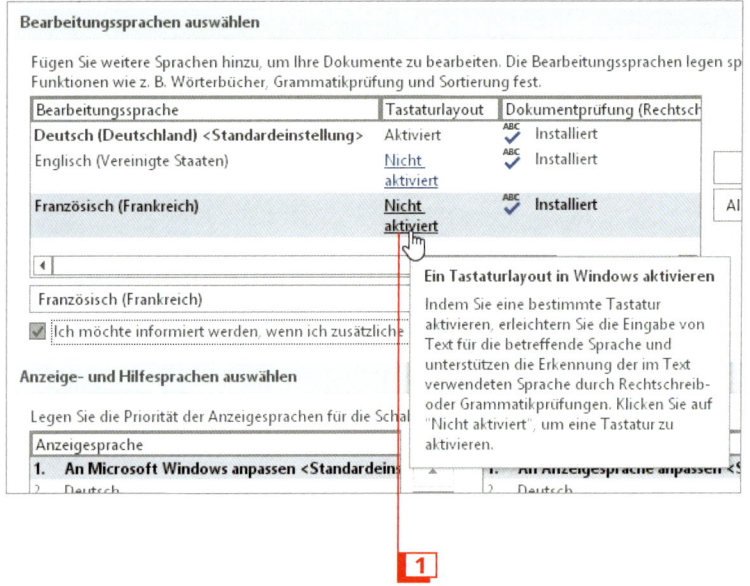

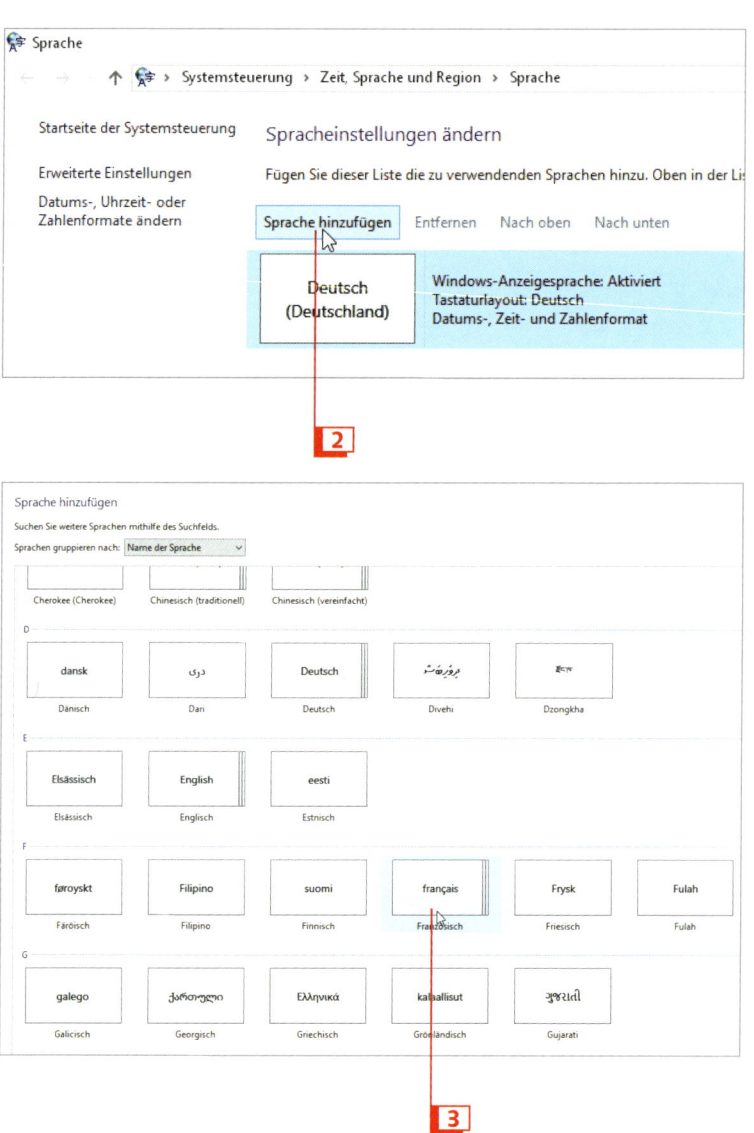

2 Die entsprechende Windows-Funktion wird in der Systemsteuerung aufgerufen. Klicken Sie dort auf *Sprache hinzufügen*.

3 Doppelklicken Sie im nächsten Schritt auf die Sprache, die Sie hinzufügen möchten.

Die Grundlagen verständlich erklärt

4 In diesem Fall sind verschiedene regionale Varianten der Sprache verfügbar. Doppelklicken Sie auf die gewünschte Sprachvariante, um das entsprechende Tastaturlayout zu aktivieren.

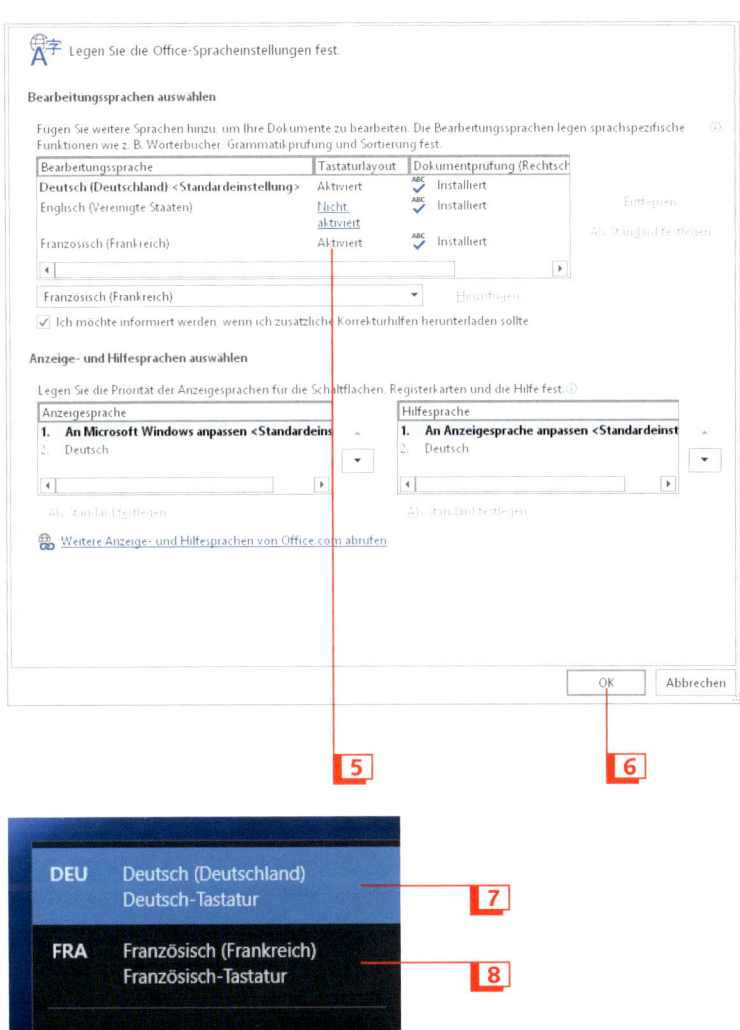

5 Zurück in den Optionen: Sie sehen, dass die Bearbeitungssprache nun mit dem Vermerk *Aktiviert* versehen ist.

6 Schließen Sie das Fenster der Optionen mit *OK*.

7 Im Infobereich wird das jeweils verwendete Tastaturlayout angezeigt. Um das Tastaturlayout zu wechseln, klicken Sie auf die angezeigte Sprache.

8 Wählen Sie im sich öffnenden Menü das gewünschte Tastaturlayout aus.

> **TIPP ➡** Zwischen den verfügbaren Tastaturlayouts können Sie auch per Tastenkombination umschalten, nämlich mit [Alt]+[⇧]. Aufgepasst: Dies kann manchmal auch aus Versehen passieren.

55

Sprache für Korrekturhilfen bestimmen

Angenommen, Sie geben in Word einen Text in einer fremden Sprache ein. Wenn Sie die entsprechende Bearbeitungssprache nicht hinzugefügt haben, wird unter Umständen der komplette Text als Fehler angestrichen. Dieses Problem lässt sich allerdings schnell beheben.

1 Sie sehen: Hier wurde spanischer Text in ein Dokument eingegeben. Mehrere Wörter des Textes werden von Word als Fehler dargestellt.

2 Klicken Sie nun im Menüband auf den Reiter *Überprüfen*.

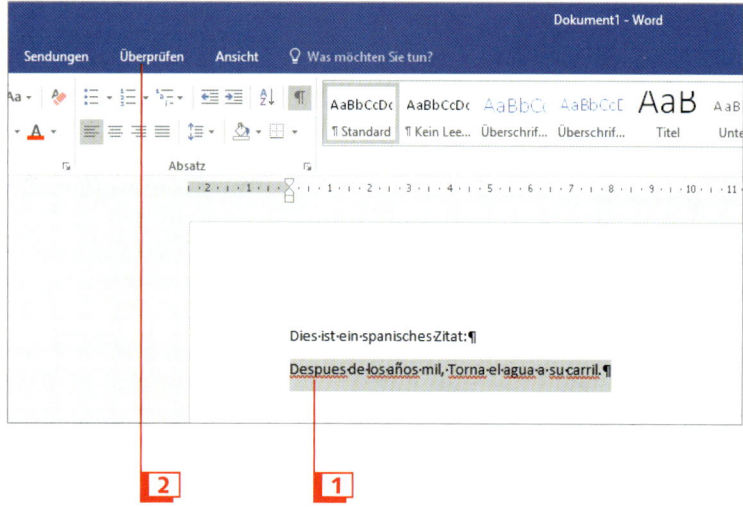

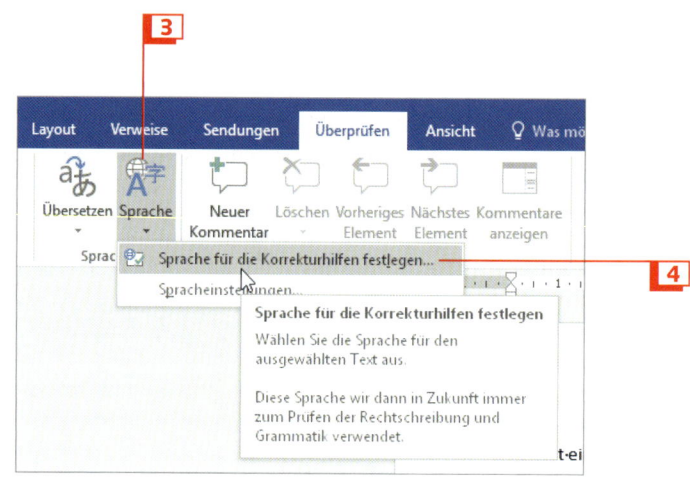

3 Klicken Sie in der Gruppe *Sprache* auf die Schaltfläche *Sprache*.

4 Wählen Sie im sich öffnenden Menü den Eintrag *Sprache für die Korrekturhilfen festlegen*.

5 Wählen Sie im folgenden Fenster die Sprache aus.

6 Bestätigen Sie mit *OK*.

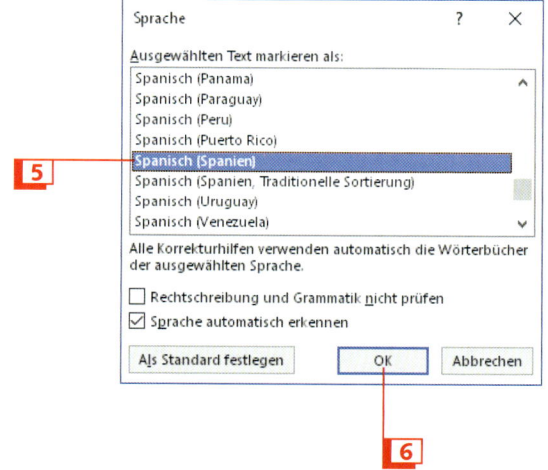

Dateieigenschaften bearbeiten

Jede Office-Datei enthält Metadaten, die Dateieigenschaften, die beispielsweise den Autorennamen, aber auch Markierungen, Kommentare und Co. beinhalten können. Diese Dateieigenschaften können Sie nach Ihren Wünschen bearbeiten.

1 Wählen Sie im Menüband – hier beispielsweise in Excel – den Reiter *Datei*.

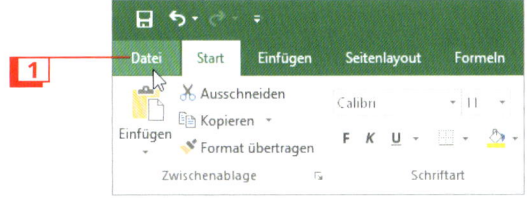

2 Unter *Informationen* (wird automatisch angezeigt) sehen Sie rechts die Dateieigenschaften. Wählen Sie unten *Alle Eigenschaften anzeigen*.

3 Klicken Sie eine Eigenschaft, die Sie hinzufügen bzw. (sofern möglich) ändern möchten, mit der Maus an.

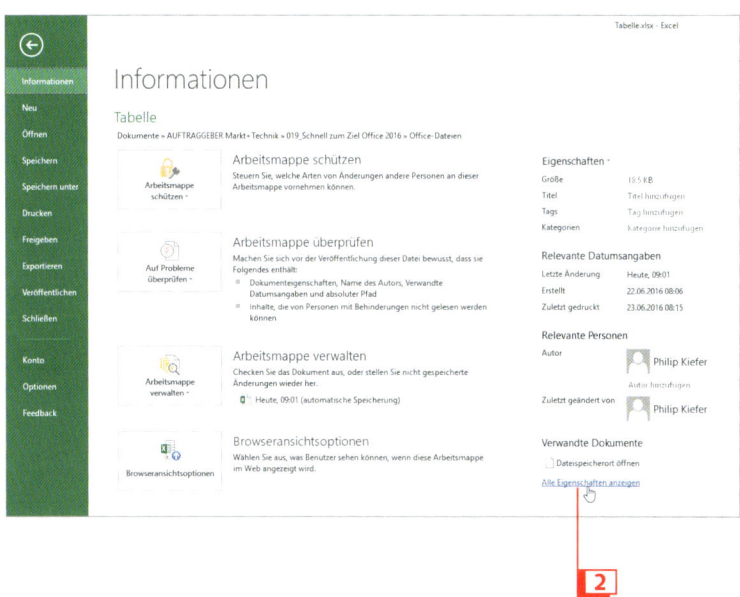

4 Machen Sie anschließend die gewünschten Angaben, hier beispielsweise füge ich einen Tag, eine Markierung, hinzu.

Persönliche Daten entfernen

Besonders dann, wenn Sie eine Office-Datei an andere Personen weiterreichen möchten, werden Sie vielleicht die persönlichen Daten daraus entfernen wollen. Wie Sie dazu vorgehen, zeigt Ihnen die folgende Anleitung, und zwar erneut am Beispiel einer Excel-Datei:

1 Klicken Sie im Menüband auf den Reiter *Datei*.

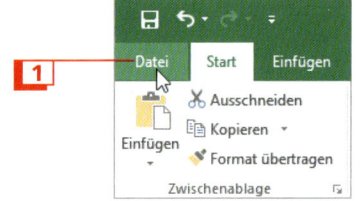

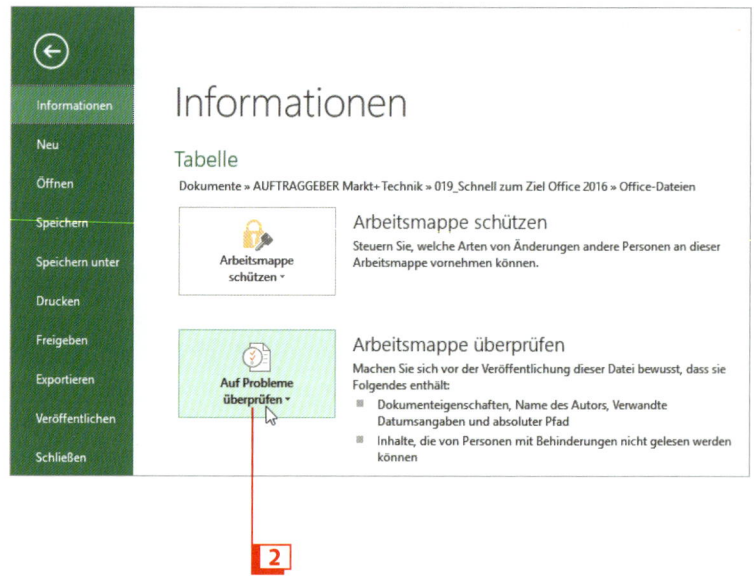

2 Unter *Informationen* (wird automatisch angezeigt) wählen Sie nun die Schaltfläche *Auf Probleme überprüfen*.

3 Im daraufhin erscheinenden Menü wählen Sie den Eintrag *Dokument prüfen*.

4 Im sich öffnenden Fenster können Sie die Prüfung der Office-Datei per Kontrollkästchen im Hinblick auf die zu überprüfenden Sachverhalte eingrenzen. Sie können aber auch einfach alle Kontrollkästchen aktiviert lassen.

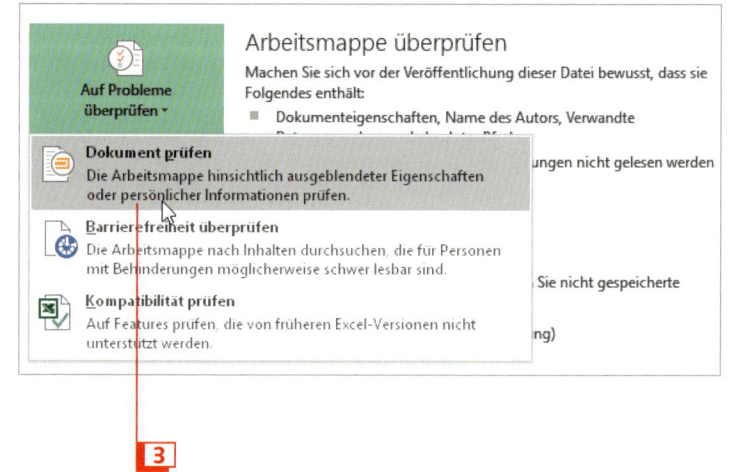

5 Klicken Sie unten im Fenster auf die Schaltfläche *Prüfen*.

6 Um die Dateieigenschaften zu entfernen, klicken Sie beim Eintrag *Dokumenteigenschaften und persönliche Informationen* auf die Schaltfläche *Alle entfernen*.

Die Grundlagen verständlich erklärt

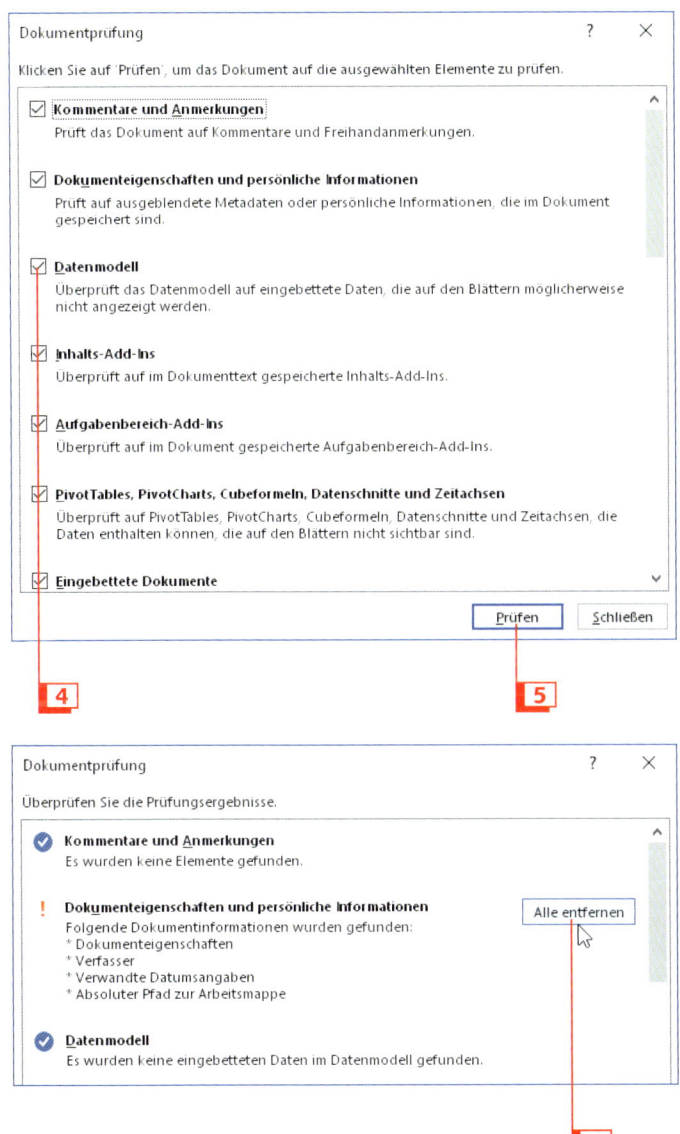

4 **5** **6**

7 Ihnen wird nun angezeigt, dass keine Dokumenteigenschaften und persönlichen Informationen mehr gefunden wurden.

8 Bestätigen Sie mit *Schließen*.

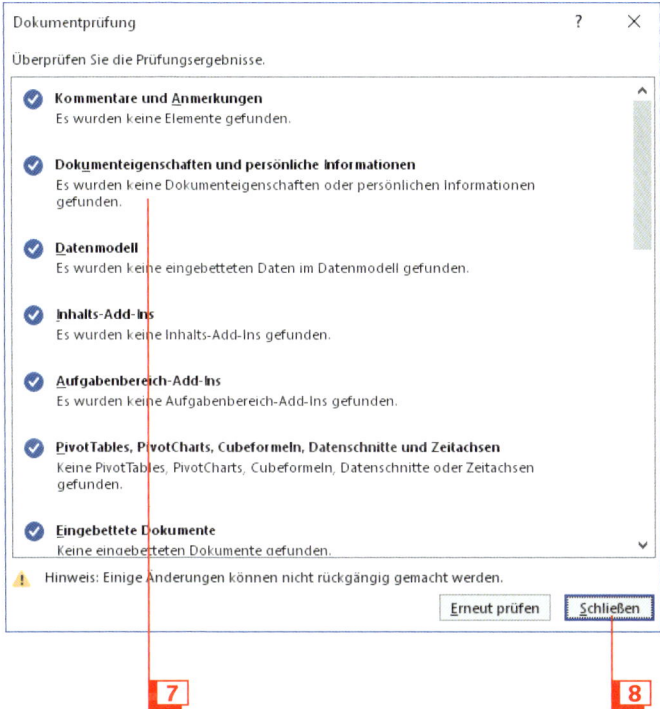

7 **8**

TIPP ➡ Eine Funktion zum Entfernen von Dateieigenschaften finden Sie auch im Datei-Explorer von Windows. Klicken Sie eine Datei mit der rechten Maustaste an und wählen Sie *Eigenschaften*. Nun entscheiden Sie sich für den Reiter *Details* und dort für *Eigenschaften und persönliche Informationen entfernen*.

Office-Dateien mit einem Kennwort schützen

Nicht jeder soll auf eine Office-Datei zugreifen können, sondern lediglich Personen, die über das passende Kennwort verfügen? So leicht lässt sich ein Kennwortschutz für eine Office-Datei einrichten:

1 Öffnen Sie die Office-Datei und wählen Sie im Menüband den Reiter *Datei*.

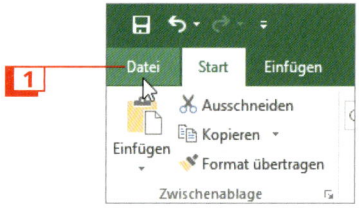

2 Wählen Sie im Backstage-Bereich unter *Informationen* (wird automatisch angezeigt) die Schaltfläche *Arbeitsmappe schützen* (bzw. *Dokument schützen* usw.).

3 Entscheiden Sie sich im nächsten Schritt für den Eintrag *Mit Kennwort verschlüsseln*.

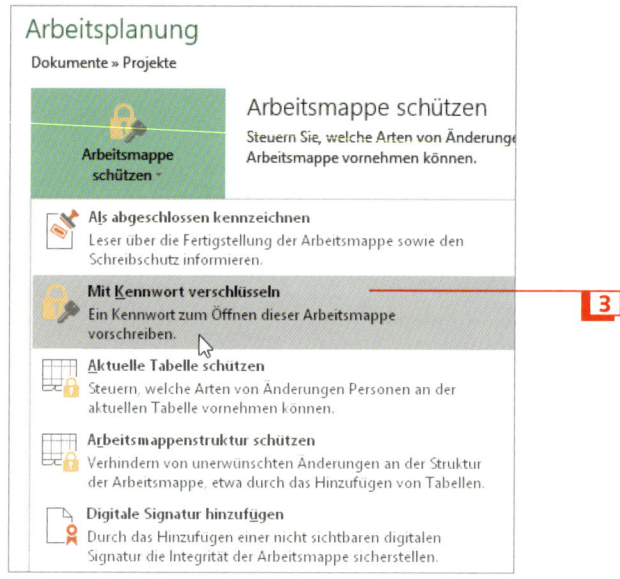

4 Es öffnet sich ein Fenster, in das Sie das gewünschte Kennwort eingeben. Sehr sicher ist beispielsweise eine willkürliche Kombination aus Groß- und Kleinbuchstaben sowie Ziffern, für den Hausgebrauch mag aber auch ein einzelnes Wort genügen.

5 Bestätigen Sie mit *OK*.

6 Sie werden zur Wiederholung des Kennworts aufgefordert. Geben Sie es also erneut ein.

Die Grundlagen verständlich erklärt

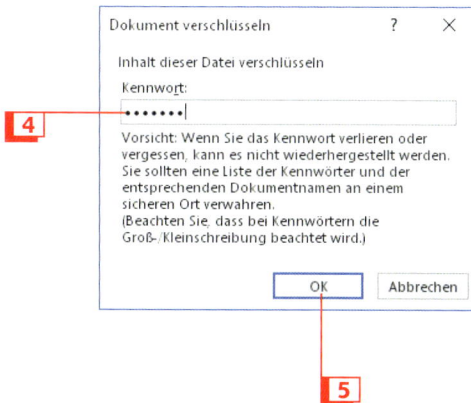

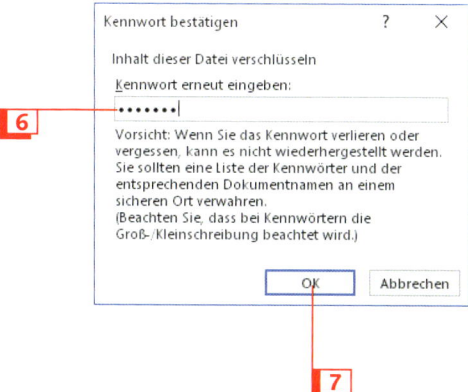

7 Bestätigen Sie wieder mit *OK*.

8 Sie stellen fest, dass die Office-Datei jetzt als geschützt dargestellt wird.

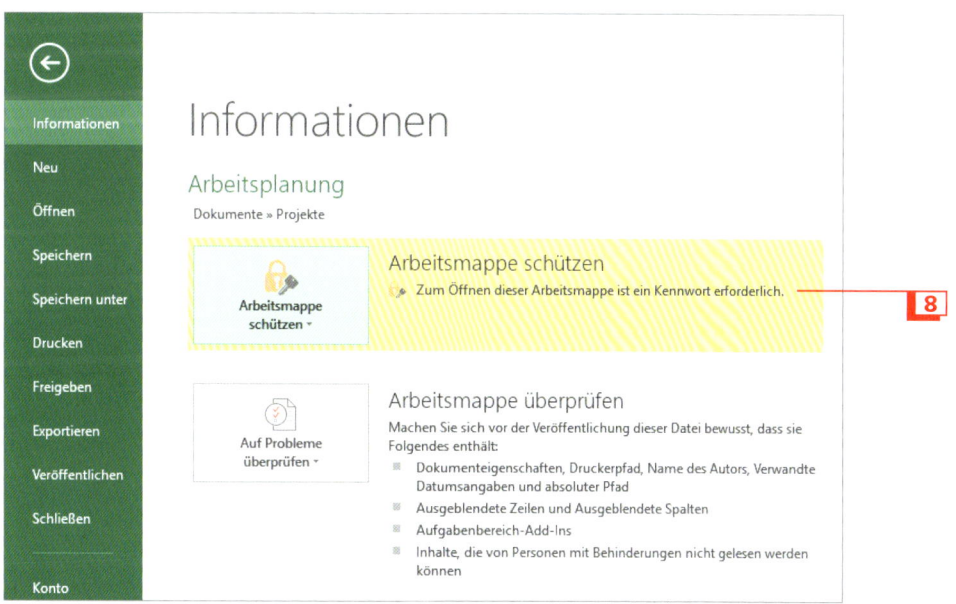

9 Beim erneuten Öffnen der Datei wird ab sofort das Kennwort abgefragt. Geben Sie dieses ein.

10 Bestätigen Sie mit *OK*.

WICHTIGE INFORMATION

Um das Kennwort wieder zu entfernen, wiederholen Sie die Schritte dieser Anleitung, wobei Sie dann einfach das vorhandene Kennwort aus dem Eingabefeld entfernen und mit *OK* bestätigen.

Das Kapitel im Überblick

▶ Schnelle und effiziente Texteingabe
▶ Absätze und Zeilenwechsel festlegen
▶ Sonderzeichen einfügen
▶ Formel einfügen
▶ Text markieren
▶ Tipparbeit sparen durch Kopieren & Einfügen
▶ Inhalte in der Zwischenablage sammeln
▶ Verschiedene Ansichtsoptionen
▶ Schriftart einstellen
▶ Schriftgröße festlegen
▶ Weitere Formatierungen der Schrift
▶ Den Text mit Farben aufpeppen
▶ Design auswählen
▶ Formatvorlagen zuweisen
▶ Eigene Formatvorlagen erstellen
▶ Formate clever übertragen
▶ Absätze ausrichten
▶ Zeilen- und Absatzabstände anpassen
▶ Aufzählung erstellen
▶ Nummerierte Liste anlegen
▶ Text oder Absatz einrahmen
▶ Beim Öffnen zur letzten Bearbeitung springen

3

Mit Word 2016 Text erfassen und ansprechend formatieren

Word 2016 ist ein sehr leistungsstarkes Programm für das Erfassen von Texten aller Art und für die Gestaltung anspruchsvoller Dokumente. Verwenden Sie Word beispielsweise, um Briefe zu verfassen, um eine Seminararbeit zu schreiben oder endlich ein lange gehegtes Buchprojekt in Angriff zu nehmen.

In diesem Kapitel geht es darum, Text erst mal gekonnt einzugeben und diesen anschließend ideal auszurichten und ansprechend zu formatieren. Beim Formatieren können Sie auf zahlreiche bereits vorhandene Formatvorlagen zugreifen, wie in diesem Kapitel ebenfalls gezeigt wird.

3

Schnelle und effiziente Texteingabe

Nachdem Sie, wie in Kapitel 2 beschrieben, eine neue Word-Datei angelegt haben, wird Ihnen im Programmfenster das entsprechende Dokument angezeigt. Die Texteingabe erfolgt in der Regel über die Tastatur.

1 Sie sehen im Dokument einen blinkenden senkrechten Strich. Hierbei handelt es sich um den sogenannten Cursor, eine Eingabemarkierung, die Ihnen angezeigt, an welcher Stelle jeweils die Texteingabe erfolgt.

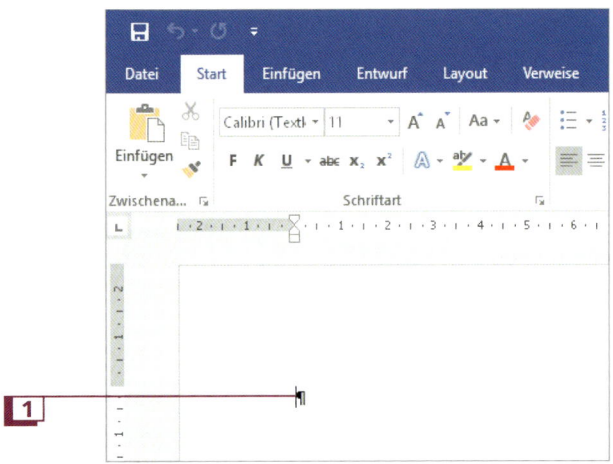

3 Die Zeichen werden in das Dokument übernommen.

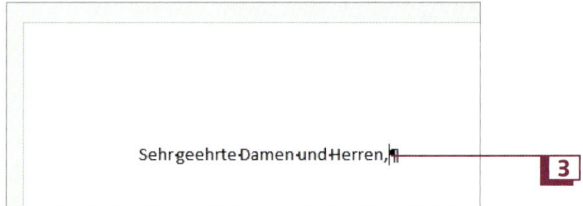

4 Einige Tasten bieten eine Drittbelegung an. Um diese aufzurufen, drücken Sie die Taste [AltGr]. Sie erzeugen beispielsweise mit der Tastenkombination [AltGr]+[Q] das Zeichen @ und mit der Tastenkombination [AltGr]+[E] das Zeichen €.

2 Tippen Sie auf der Tastatur auf die Tasten mit den Zeichen, die Sie eingeben möchten. Um die Zweitbelegung aufzurufen – etwa Groß- statt Kleinbuchstaben – drücken Sie zuvor die [⇧]-Taste.

Mit Word 2016 Text erfassen und ansprechend formatieren

> **TIPP** ➡ Unter Windows 10 lassen sich zwei verschiedene Bildschirmtastaturen aufrufen. Die eine finden Sie in den Einstellungen für die Bedienungshilfen, die Sie mit der Tastenkombination ⊞+U öffnen. Die andere rufen Sie im Infobereich rechts unten auf der Windows-Bedienoberfläche auf, indem Sie mit der rechten Maustaste auf eine freie Fläche der Taskleiste klicken und im Kontextmenü *Bildschirmtastatur anzeigen* wählen.

3 Schon wird der Absatz eingefügt.

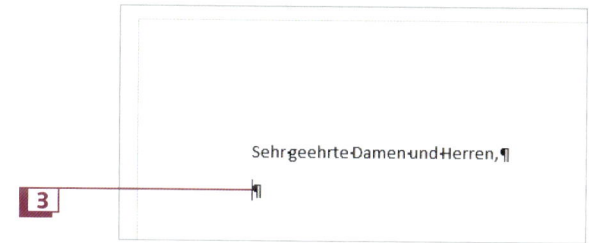

Absätze und Zeilenwechsel festlegen

Um ein Dokument übersichtlich zu gestalten, nutzen Sie Absätze und Zeilenwechsel. Wie Sie später noch sehen werden, lassen sich einzelne Absätze auch als Einheit formatieren. Zunächst möchte ich Ihnen an dieser Stelle aber zeigen, wie einfach Sie Absätze und Zeilenwechsel in ein Dokument einfügen.

1 Setzen Sie den Cursor, z. B. per Mausklick, an die Stelle, an der Sie einen Absatz erzeugen möchten.

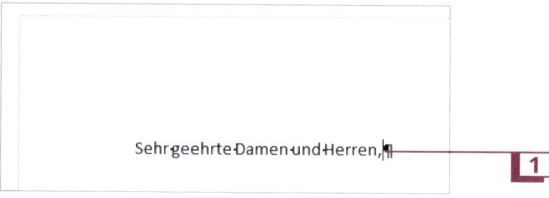

2 Drücken Sie auf der Tastatur die ⏎-Taste.

4 Möchten Sie lediglich die Zeile wechseln, drücken Sie auf der Tastatur die Tastenkombination ⇧+⏎.

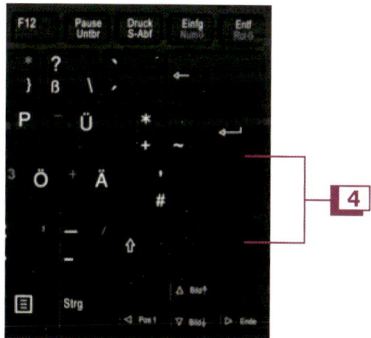

3

TIPP ➡ Absätze werden durch eine Markierung ¶ dargestellt. Diese Markierung lässt sich mithilfe der Tastenkombination ⌃Strg+⇧+⊞ aus- und auch wieder einblenden.

TIPP ➡ Zeit sparen durch schnelleres Tippen: Zum Üben empfehle ich Ihnen die Software Tipp-Trainer Pro aus dem Hause Markt+Technik (ISBN 978-3-945384-84-8).

Sonderzeichen einfügen

Bestimmte Sonderzeichen lassen sich nicht so einfach über die Tastatur eingeben. Office 2016 bietet dafür eine extra Funktion an. Gern stelle ich dar, wie Sie Sonderzeichen aller Art in ein Dokument einfügen:

1 Klicken Sie im Menüband auf den Reiter *Einfügen*.

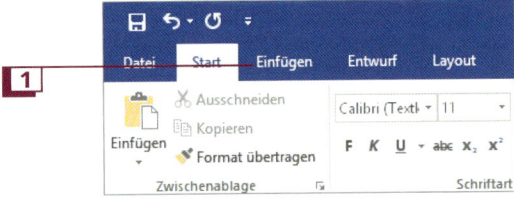

2 Wählen Sie in der Gruppe *Symbole* die Schaltfläche *Symbol*.

3 Im sich öffnenden Menü können Sie eines der vorgeschlagenen Zeichen auswählen.

4 Wird das gewünschte Zeichen nicht angezeigt, klicken Sie auf *Weitere Symbole*.

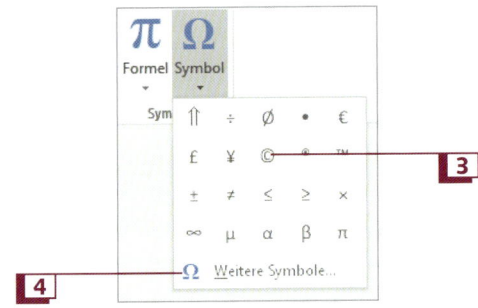

5 Es öffnet sich ein Fenster, in dem Ihnen weitere Symbole angezeigt werden. Wählen Sie gegebenenfalls zunächst per Menü eine andere Schriftart aus.

TIPP ➡ Auch kleine Icons lassen sich auf diese Weise ins Dokument einfügen. Wenn Sie in Schritt 5 die Schriftarten *Webdings* oder *Wingdings* auswählen, werden Sie ganz schnell fündig.

6 Ziehen Sie die Bildlaufleiste nach unten, um das gewünschte Symbol anzuzeigen.

7 Um ein Symbol in Ihr Dokument einzufügen – jeweils an der Cursorposition – doppelklicken Sie darauf.

Mit Word 2016 Text erfassen und ansprechend formatieren

[9] Auch in diesem Fall verwenden Sie gegebenenfalls zunächst die Bildlaufleiste, um das gewünschte Sonderzeichen anzuzeigen. Doppelklicken Sie auf ein Sonderzeichen, um dieses an der Cursorposition in Ihr Dokument einzufügen.

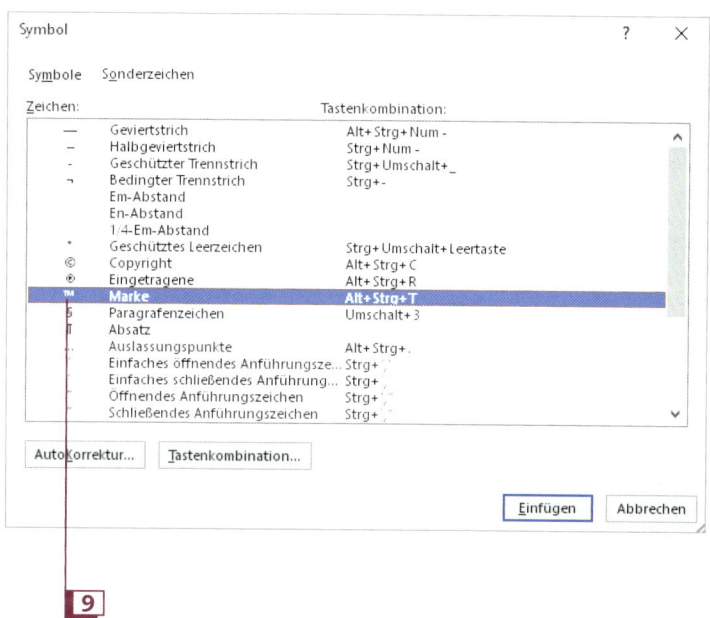

[8] Möchten Sie zu den Sonderzeichen wechseln, klicken Sie oben im Fenster auf den Reiter *Sonderzeichen*.

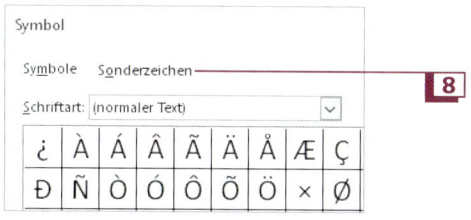

TIPP ➡ Wenn für ein Zeichen eine Tastenkombination zur Verfügung steht, wird Ihnen diese im Fenster *Symbol* angezeigt. Zu beachten ist hierbei, dass in Kombination mit der [Alt]-Taste ein Zifferncode auf der numerischen Tastatur eingegeben werden muss.

67

3

> **TIPP** ➡ Auch eigene Tastenkombinationen lassen sich erstellen: Hierzu wählen Sie im Fenster *Symbol* zunächst ein Zeichen aus. Klicken Sie anschließend auf die Schaltfläche *Tastenkombination* und drücken Sie die gewünschte Tastenkombination, also z. B. [Alt]+[U]. Bestätigen Sie die Tastenkombination mit der Schaltfläche *Zuordnen*, wobei Sie darauf achten, dass die Tastenkombination noch nicht anderweitig zugeordnet wurde (dies wird jeweils angezeigt).

Formel einfügen

Manchmal werden Sie Formeln in einem Dokument darstellen wollen. Auch für diesen Zweck bietet Word (aber auch die anderen Office-Programme) die passende Funktion an. Wie Sie eine Formel auswählen oder selbst erstellen, zeige ich Ihnen hier.

1 Setzen Sie den Cursor an die Stelle, auf deren Höhe Sie die Formel einfügen möchten. (Die Ausrichtung lässt sich anpassen.)

2 Entscheiden Sie sich im Menüband für den Reiter *Einfügen*.

3 Wenn Sie eine Standardformel auswählen möchten, klicken Sie in der Gruppe *Symbole* auf den unteren Teil der Schaltfläche *Formel*.

4 Wählen Sie im sich öffnenden Menü die gewünschte Formel aus, um diese ins Dokument einzufügen.

5 Um die Formel selbst zu erstellen, klicken Sie hingegen auf den oberen Teil der Schaltfläche *Formel*.

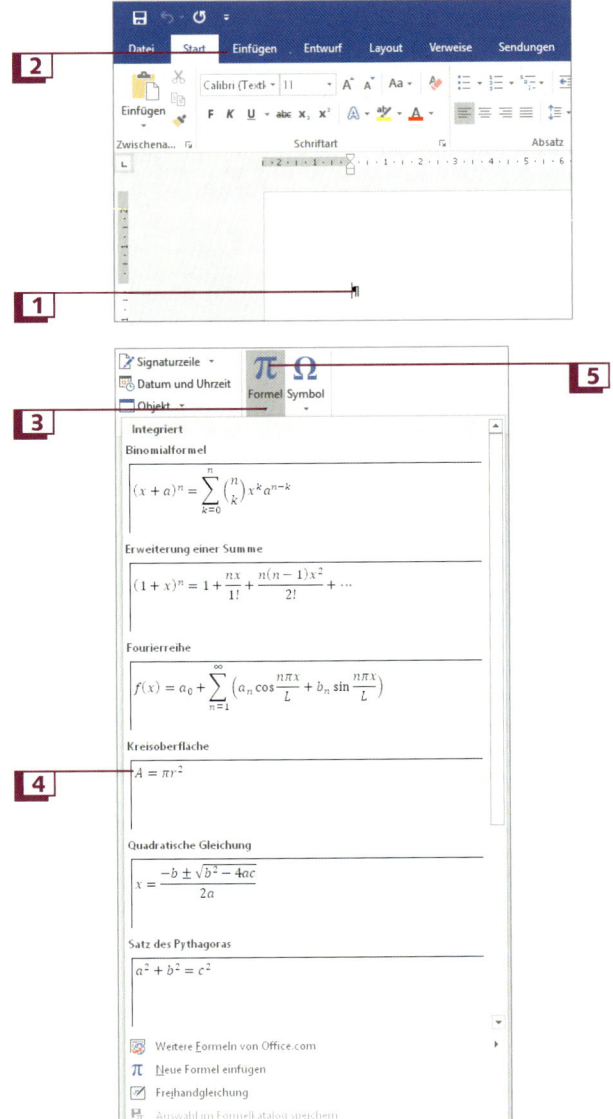

6 Verwenden Sie die im Menüband eingeblendeten *Formeltools*, um Ihre Formel zu erstellen. Zahlen, Buchstaben usw. lassen sich ganz normal über die Tastatur hinzufügen.

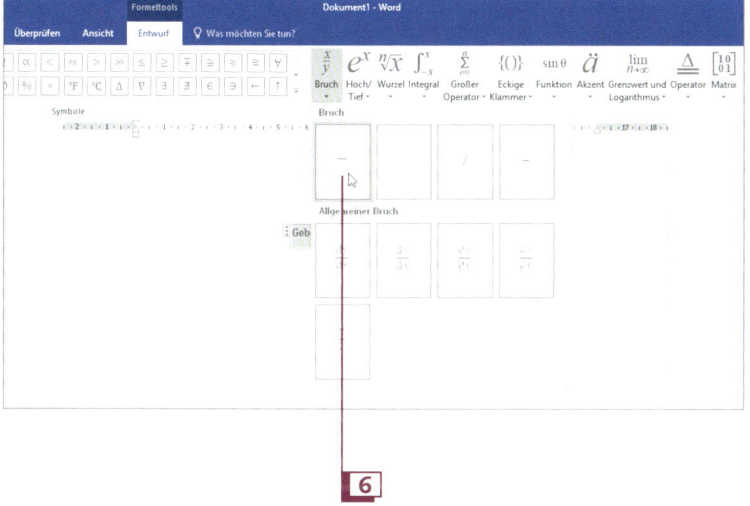

7 Falls Ihnen das Auswählen von Formelsymbolen und das Eintippen zu umständlich sein sollte, entscheiden Sie sich in den *Formeltools* und dort in der Gruppe *Tools* für die Schaltfläche *Freihandgleichung*.

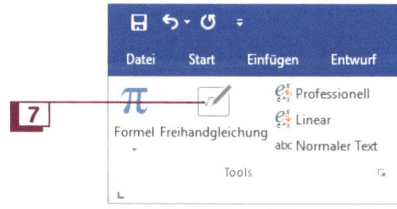

8 Schreiben Sie mit der Maus die Formel in das gelbe Feld.

9 Die Eingabe wird erkannt und im kleineren Feld oberhalb des gelben Feldes angezeigt.

10 Falls ein Zeichen nicht erkannt wird, wählen Sie ein Korrekturwerkzeug unterhalb des gelben Feldes.

11 Bestätigen Sie mit *Einfügen*, um die Formel ins Dokument einzufügen.

12 Die Formel wurde ins Dokument eingefügt.

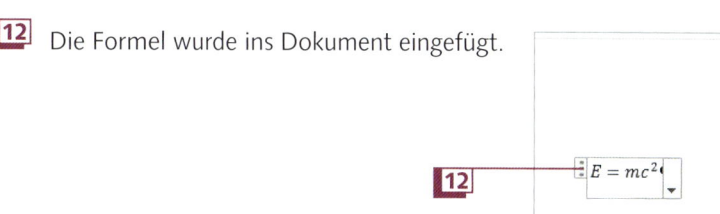

3

Text markieren

Nachdem Sie mit Word Ihre Texte erfasst haben, möchten Sie diese wahrscheinlich noch bearbeiten, etwa um eine bestimmte Schriftart zu verwenden oder um die Schriftgröße anzupassen. Um Word mitzuteilen, welche Texte Sie bearbeiten möchten, markieren Sie diese mit der Maus.

1 Um eine beliebige Zeichenfolge zu markieren, klicken Sie links oder rechts neben die Zeichenfolge und ziehen dann bei gedrückter Maustaste über die zu markierenden Zeichen.

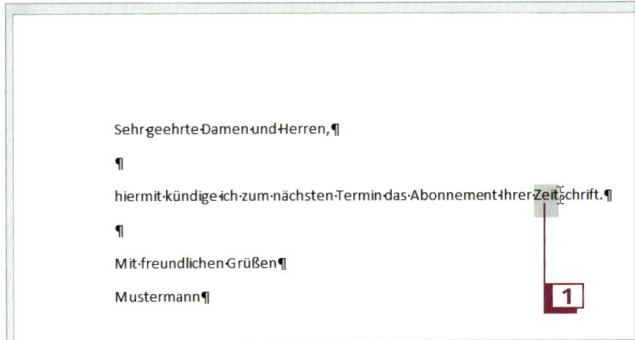

2 Ein einzelnes Wort in einem Dokument markieren Sie, indem Sie darauf doppelklicken.

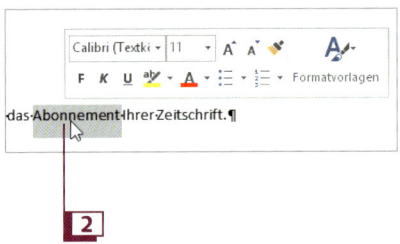

3 Soll ein ganzer Satz markiert werden, klicken Sie diesen bei gedrückter Strg-Taste an. Achtung: Satzzeichen innerhalb eines Satzes, etwa Punkte in Abkürzungen wie *usw.* werden von Word ebenfalls als Satzende erkannt, es wird in diesem Fall nur bis zum Satzzeichen markiert.

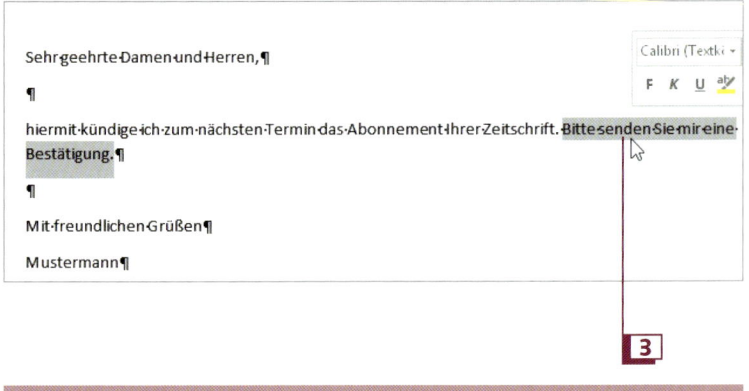

WICHTIGE INFORMATION

Zeichen links oder rechts vom Cursor markieren: Dazu setzen Sie zunächst den Cursor an die gewünschte Stelle. Halten Sie dann die ⇧-Taste gedrückt und verwenden Sie zum Markieren die Taste ← (zum Markieren von Zeichen links vom Cursor) bzw. → (zum Markieren von Zeichen rechts vom Cursor).

Auch ein Wort links oder rechts vom Cursor lässt sich über die Tastatur markieren: Drücken Sie dazu die Tastenkombination Strg+⇧+← (Markieren des Wortes links vom Cursor) bzw. Strg+⇧+→ (Markieren des Wortes rechts vom Cursor).

Eine weitere nützliche Funktion zum Markieren: Halten Sie beim Anklicken die ⇧-Taste gedrückt, um von der Position des Cursors bis zur Position des Mauspfeils zu markieren.

Mit Word 2016 Text erfassen und ansprechend formatieren

4 Um eine Zeile innerhalb des Dokuments zu markieren, klicken Sie mit der Maus links neben die Zeile.

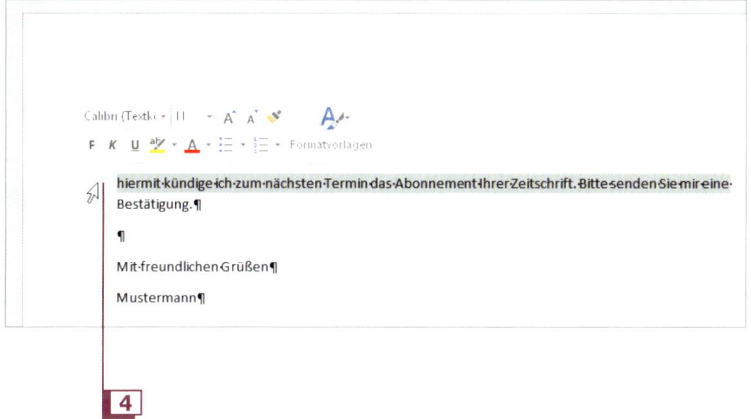

5 Möchten Sie mehrere Zeilen markieren, klicken Sie mit der Maus links neben die oberste Zeile und ziehen dann bei gedrückter Maustaste nach unten.

6 Um schließlich einen ganzen Absatz im gerade geöffneten Dokument zu markieren, klicken Sie dreimal schnell hintereinander in den Absatz hinein.

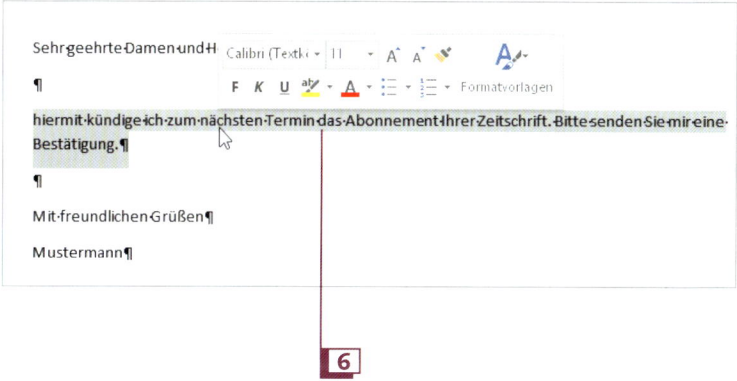

WICHTIGE INFORMATION

Eine Zeile unter- oder oberhalb des Cursors markieren: Dazu verwenden Sie die Tastenkombination ⇧+↓ (Zeile unterhalb markieren) bzw. ⇧+↑ (Zeile oberhalb markieren).

Zum Markieren ganzer Absätze mithilfe der Tastatur verwenden Sie die Tastenkombination Strg+⇧+↓ (Absatz unterhalb des Cursors markieren) bzw. Strg+⇧+↑ (Absatz oberhalb des Cursors markieren).

So markieren Sie vom Cursor bis zum Ende des Dokuments: Drücken Sie die Tastenkombination Strg+⇧+Ende. Um vom Cursor bis zum Anfang des Dokuments zu markieren, wählen Sie die Tastenkombination Strg+⇧+Pos 1.

Wenn Sie schlichtweg das ganze geöffnete Dokument markieren möchten: Drücken Sie hierzu die Tastenkombination Strg+A.

3

Tipparbeit sparen durch Kopieren & Einfügen

Vielleicht möchten Sie in ein Dokument Text oder auch andere Elemente einfügen, die bereits woanders zur Verfügung stehen, etwa in einem anderen Dokument. Den Text müssen Sie in diesem Fall nicht abtippen, sondern Sie können ihn einfach in die Zwischenablage kopieren und dann ins Word-Dokument einfügen. Wie es gemacht wird, erfahren Sie hier.

1 Markieren Sie den Text, den Sie in die Zwischenablage kopieren möchten. Das Markieren kann unter anderem durch Ziehen bei gedrückter Maustaste erfolgen.

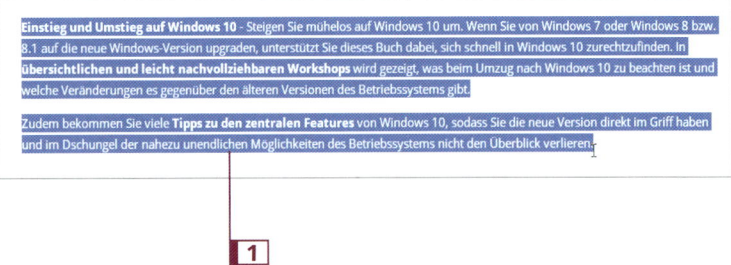

2 Klicken Sie den markierten Text mit der rechten Maustaste an.

3 Entscheiden Sie sich im dadurch geöffneten Kontextmenü für den Eintrag *Kopieren*.

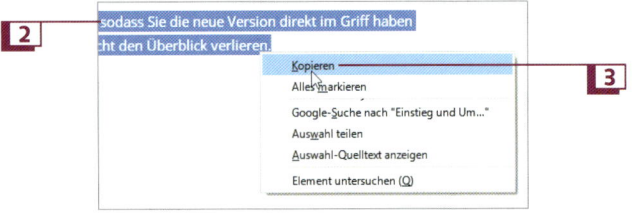

TIPP ➡ Zum Kopieren des markierten Textes in die Zwischenablage kann alternativ auch die Tastenkombination ⌨Strg+C verwendet werden. Um Text auszuschneiden (auf einer Webseite ist dies nicht möglich, aber z. B. in einem anderen Word-Dokument), verwenden Sie die Tastenkombination ⌨Strg+X.

4 Der kopierte Text befindet sich jetzt in der Zwischenablage. Klicken Sie mit der rechten Maustaste ins Word-Dokument.

5 Wählen Sie im Kontextmenü eine Einfügeoption aus – der Text wird daraufhin an der Cursorposition eingefügt:

📋 fügt mit Quellformatierung ein.

📋 führt Formatierungen zusammen.

📋 übernimmt nur den Text.

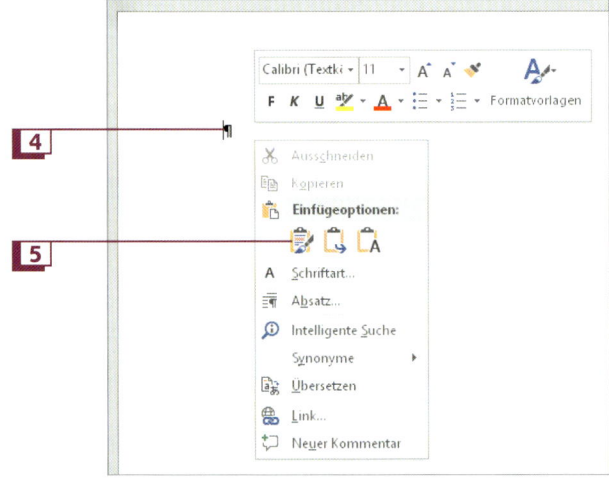

Inhalte in der Zwischenablage sammeln

Statt lediglich einzelne Inhalte zu kopieren und einzufügen, lassen sich auch bis zu 24 Inhalte in der Zwischenablage sammeln. Die Vorgehensweise ist ganz einfach.

1 Klicken Sie im Menüband unter *Start* und dort in der Gruppe *Zwischenablage* auf das kleine Symbol, um die Zwischenablage einzublenden.

2 Kopieren Sie wie zuvor gezeigt Inhalte in die Zwischenablage. Hier wird beispielsweise ein Bild kopiert.

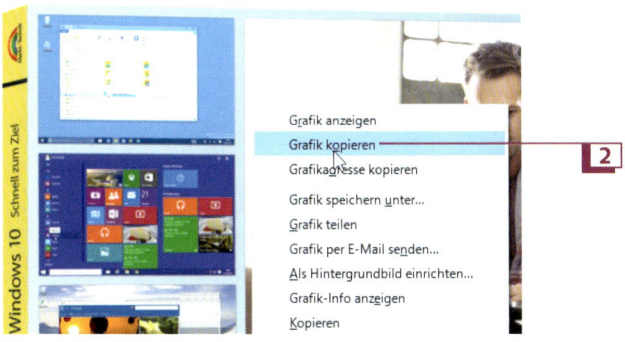

3 Um einen Inhalt aus der Zwischenablage an der Cursorposition ins Dokument einzufügen, klicken Sie einfach darauf.

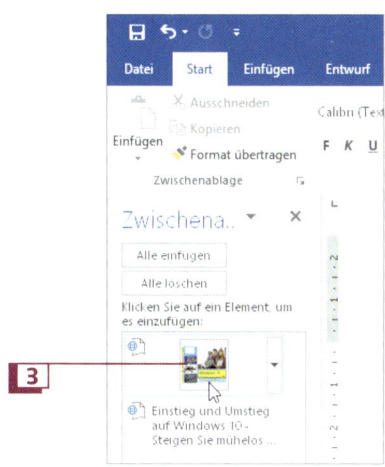

4 Um nachträglich die Einfügeoption festlegen zu können, klicken Sie auf die angezeigte *Strg*-Schaltfläche.

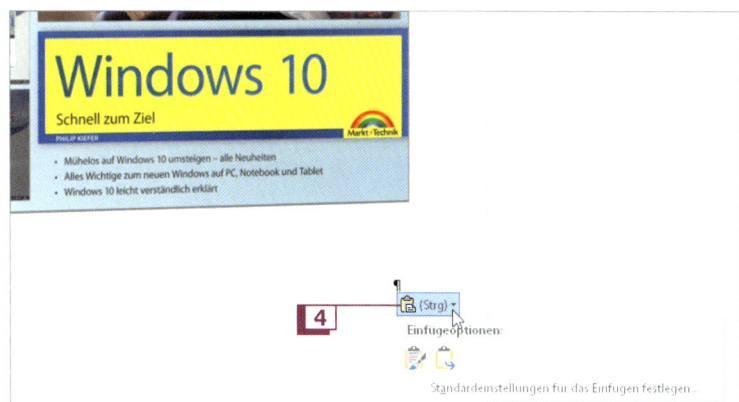

3

Verschiedene Ansichtsoptionen

Word bietet neben dem standardmäßig angebotenen Ansichtsmodus *Seitenlayout* noch weitere Ansichtsmodi, die für bestimmte Bearbeitungsschritte praktischer sein können. Lernen Sie die Ansichtsoptionen an dieser Stelle kennen.

1 Beim Seitenlayout wird Ihnen das Word-Dokument so angezeigt, wie es auch beim Ausdruck erscheinen wird. Möchten Sie statt des Seitenlayouts den Lesemodus wählen, wechseln Sie in der Statusleiste vom Symbol 🗏 zum Symbol 📖.

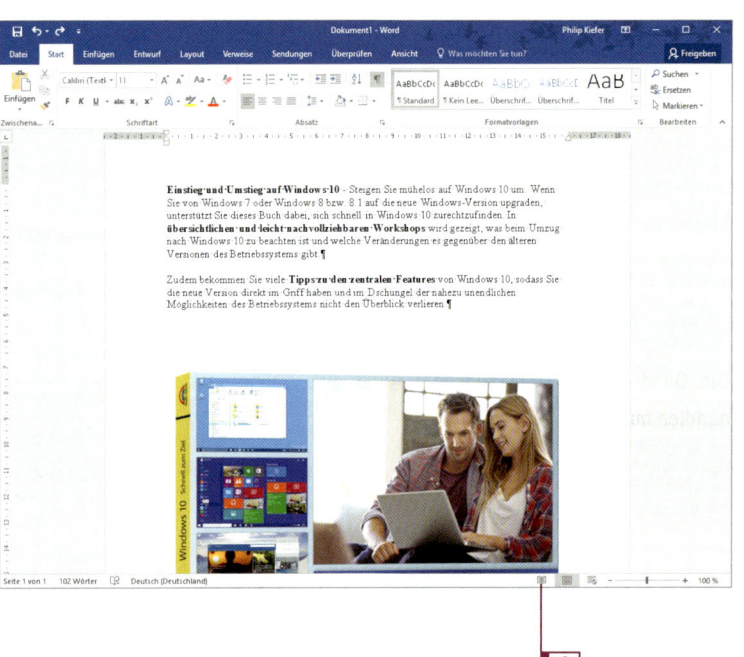

2 Der Lesemodus zeichnet sich dadurch aus, dass das Menüband ausgeblendet wird und Sie bequem durch die Seiten des Dokuments blättern können. Er ist besonders gut dafür geeignet, fertige Dokumente am Bildschirm zu lesen. Bevorzugen Sie den Ansichtsmodus *Weblayout*, klicken Sie in der Statusleiste auf das Symbol 📑.

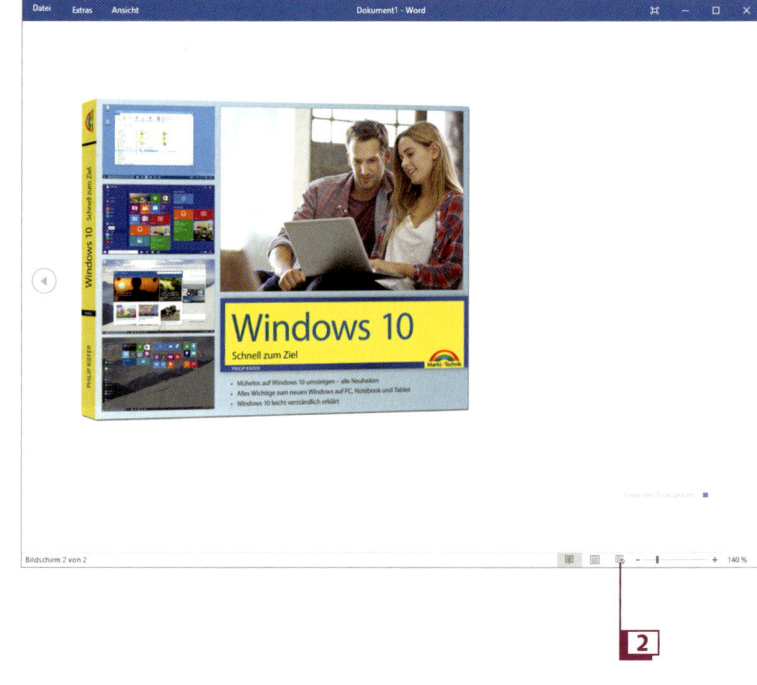

TIPP ➡ **Um vom Lesemodus zurück zum Seitenlayout zu wechseln, können Sie auch die [ESC]-Taste drücken.**

3 Beim Weblayout wird das Dokument auf der gesamten Breite des Arbeitsbereichs dargestellt; Seitenumbrüche werden nur durch entsprechende Markierungen angezeigt. Die Ansicht entspricht gewissermaßen der Darstellung in einem Webbrowser – daher auch die Bezeichnung für diesen Ansichtsmodus. Für noch zwei weitere Ansichtsmodi klicken Sie im Menüband auf den Reiter *Ansicht*.

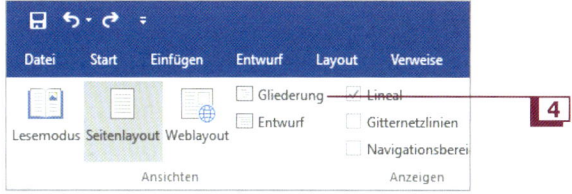

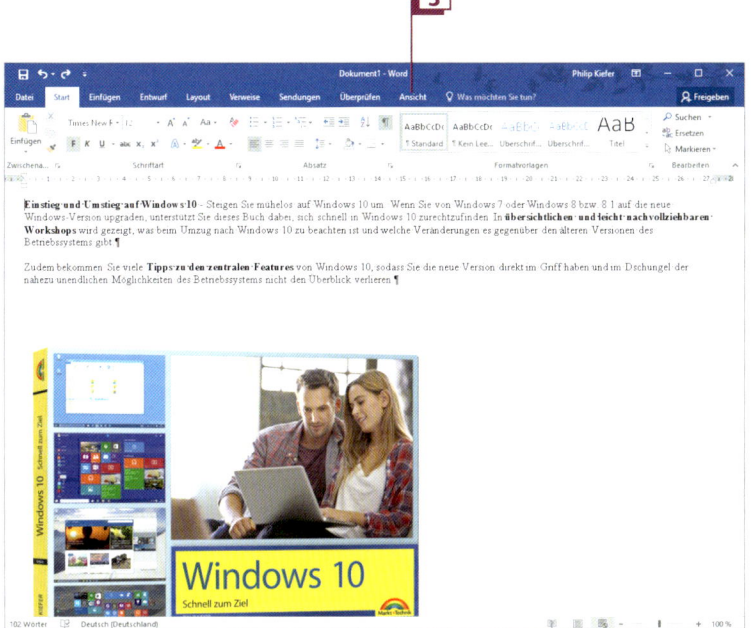

5 Oder Sie wählen den Ansichtsmodus *Entwurf*, in dem auf Layout-Elemente verzichtet wird. Sie können sich so besser auf die Erfassung Ihrer Texte konzentrieren.

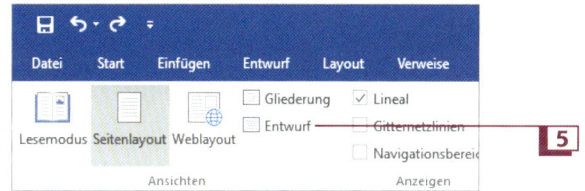

4 Um die Ansicht *Gliederung* anzuzeigen, klicken Sie entsprechend in der Gruppe *Ansichten* auf die Schaltfläche *Gliederung*. In der Gliederungsansicht wird das Dokument in mehrere Gliederungsebenen aufgeteilt, die auf den von Ihnen gewählten Formatvorlagen – unterschiedliche Überschriften usw. – beruhen. Zum Thema Formatvorlagen finden Sie später in diesem Kapitel noch alle benötigten Informationen.

WICHTIGE INFORMATION

Sie können jederzeit zurück zum Seitenlayout wechseln, indem Sie die Tastenkombination Strg+Alt+L drücken.

Die Gliederungsansicht aufrufen: Auch dies gelingt per Tastenkombination, nämlich mit Strg+Alt+G.

Um zum Ansichtsmodus *Entwurf* zu wechseln, können Sie auch die Tastenkombination Strg+Alt+N drücken. (In früheren Word-Versionen hieß die Entwurfsansicht »Normalansicht«, so erklärt sich der Buchstabe N in der Tastenkombination.)

3

Schriftart einstellen

Die Standardschriftart in Office 2016 ist Calibri. Doch es stehen noch jede Menge weiterer Schriftarten zur Auswahl. Wie einfach Sie eine andere Schriftart einstellen, zeigt Ihnen die folgende Anleitung.

1 Markieren Sie den Text, den Sie formatieren möchten.

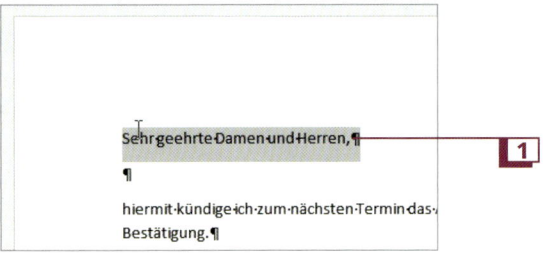

2 Im Menüband unter *Start* und dort in der Gruppe *Schriftart* wird Ihnen die momentan ausgewählte Schriftart angezeigt. Klicken Sie rechts neben der angezeigten Schriftart auf den kleinen Pfeil, um das Schriftartmenü zu öffnen.

3 Ziehen Sie die Bildlaufleiste im Schriftartmenü bei gedrückter Maustaste nach unten, um die Schriftarten »durchzublättern«.

4 Bewegen Sie den Mauszeiger auf eine Schriftart, die Sie interessiert. Der markierte Text wird zunächst in einer Vorschau angepasst. Um eine Schriftart auszuwählen, klicken Sie diese im Schriftartmenü an.

5 Die Schriftart wird für den markierten Text übernommen.

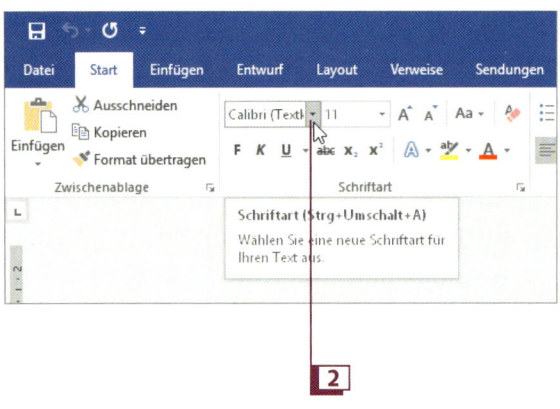

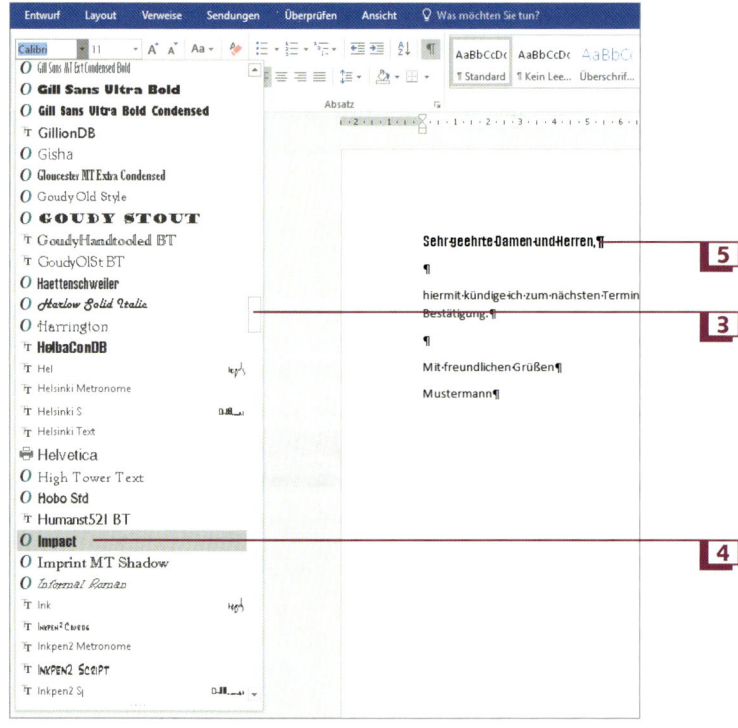

Schriftgröße festlegen

Die Standardschriftgröße ist Ihnen zu groß oder zu klein? Auch eine andere Schriftgröße lässt sich selbstverständlich festlegen. Die Vorgehensweise ist ganz ähnlich wie beim Einstellen der Schriftart.

1 Markieren Sie den zu formatierenden Text.

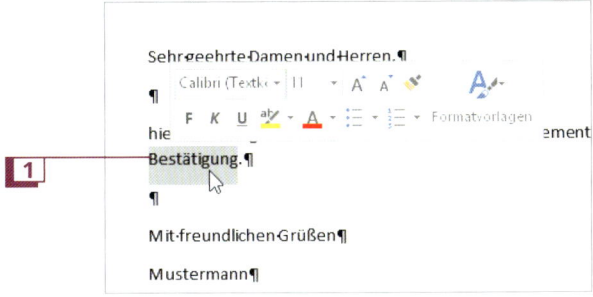

2 Im Menüband unter *Start* und dort in der Gruppe *Schriftart* wird die momentane Schriftgröße (in Punkt) angezeigt. Sie können in das Feld klicken und die Schriftgröße über die Tastatur eintragen.

3 Oder Sie klicken auf den kleinen Pfeil rechts neben der angezeigten Schriftgröße.

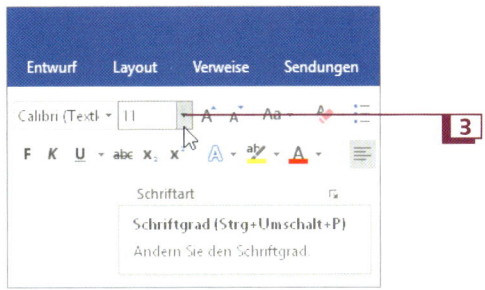

4 Wählen Sie dann im sich öffnenden Menü die gewünschte Schriftgröße aus.

5 Die Schriftgröße wird für den markierten Text übernommen.

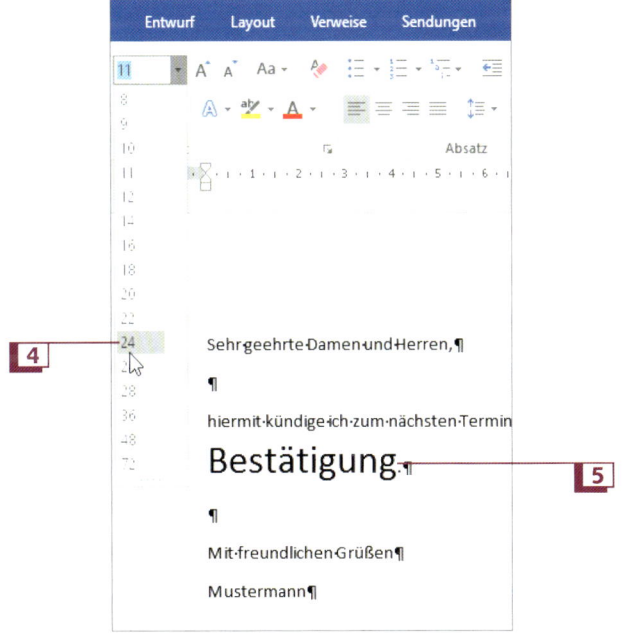

3

> **TIPP** ➡ Zum Vergrößern bzw. Verkleinern des markierten Textes lassen sich in der Gruppe *Schriftart* auch die Symbole A (*Schriftgrad vergrößern*) bzw. A (*Schriftgrad verkleinern*) einsetzen.

Weitere Formatierungen der Schrift

Sie finden im Menüband unter *Start* und dort in der Gruppe *Schriftart* noch eine ganze Reihe weiterer Optionen für die Formatierung der Schrift. Die folgende Anleitung wird Ihnen bei den weiteren Formatierungen hilfreich sein.

1 Wieder wird zunächst der Text markiert, den Sie formatieren möchten.

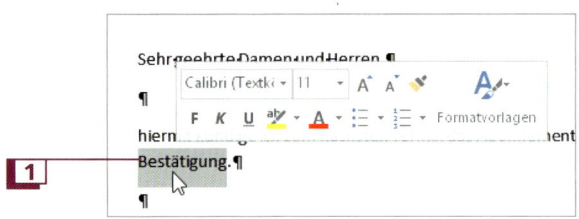

> **TIPP** ➡ Einige der Formatierungsoptionen erhalten Sie übrigens auch in einer Minisymbolleiste, die beim Markieren des Textes angezeigt wird.

2 Klicken Sie nun im Menüband unter *Start* und dort in der Gruppe *Schriftart* auf ein Formatierungssymbol. **F** steht für die Formatierung *Fett*, *K* für die Formatierung *Kursiv*, **U** für die Formatierung *Unterstreichen*, abc für die Formatierung *Durchstreichen*, x₂ für die Formatierung *Tiefgestellt* und x² für die Formatierung *Hochgestellt*.

> **TIPP** ➡ Wenn Sie den Mauszeiger auf eines der Symbole bewegen, wird Ihnen in einem kleinen Infofenster die zugehörige Tastenkombination angezeigt.

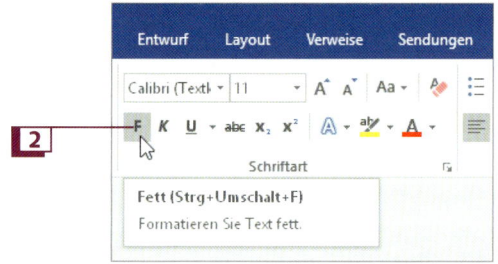

3 Beim Symbol **U** sehen Sie einen Pfeil. Wenn Sie diesen anklicken, können Sie noch die Unterstreichungsweise festlegen.

4 Spezielle Formatierungen, z. B. die Darstellung des Textes nur in Großbuchstaben, erhalten Sie mit dem Symbol Aa.

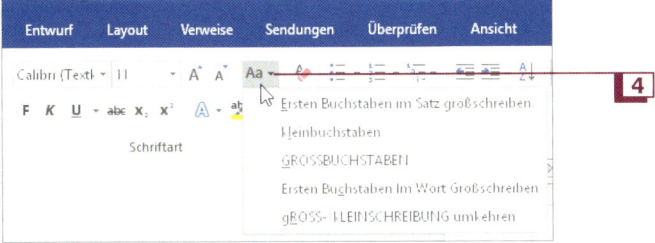

5 Noch mehr Formatierungsoptionen für die Schrift gewünscht? Dann klicken Sie rechts unten in der Gruppe *Schriftart* auf das kleine Symbol.

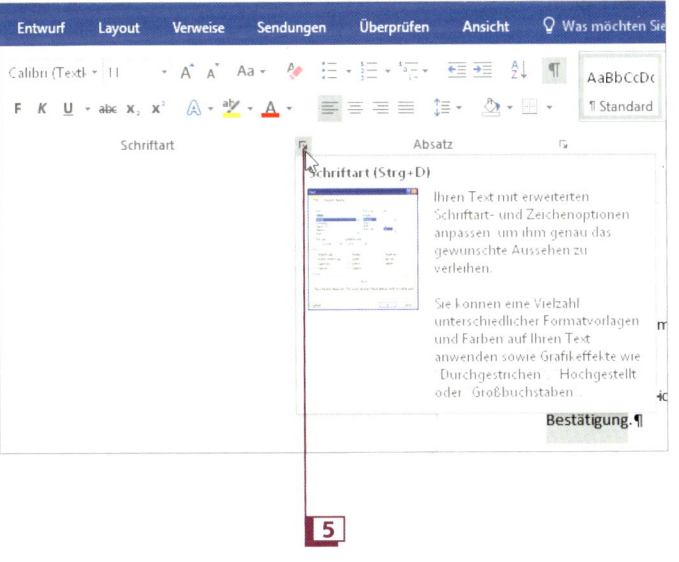

TIPP ➡ Das Fenster *Schriftart* lässt sich – unabhängig von der im Menüband geöffneten Registerkarte – auch mit der Tastenkombination [Strg]+[D] aufrufen.

6 Wählen Sie im Fenster *Schriftart* eine oder mehrere Formatierungsoptionen aus.

7 Bestätigen Sie Ihre Auswahl mit *OK*, um die Änderungen im Dokument zu übernehmen.

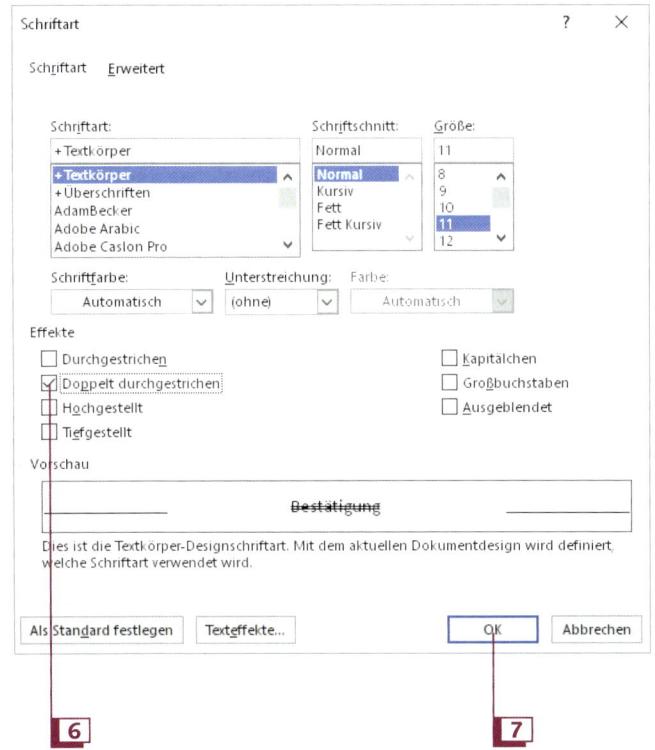

TIPP ➡ Sie möchten im Gegenteil alle Formatierungen aus dem markierten Text entfernen? Diesem Zweck dient im Menüband unter *Start* und dort in der Gruppe *Schriftart* das Symbol.

Den Text mit Farben aufpeppen

Auch die Farben von Texten lassen sich anpassen, Schwarz auf Weiß ist selbstverständlich kein Muss. Die folgende Anleitung zeigt Ihnen, wie Sie eine ganz individuelle, auf einem RGB-Wert basierende Schriftfarbe festlegen.

1 Wieder beginnt es damit, dass Sie den zu formatierenden Text markieren.

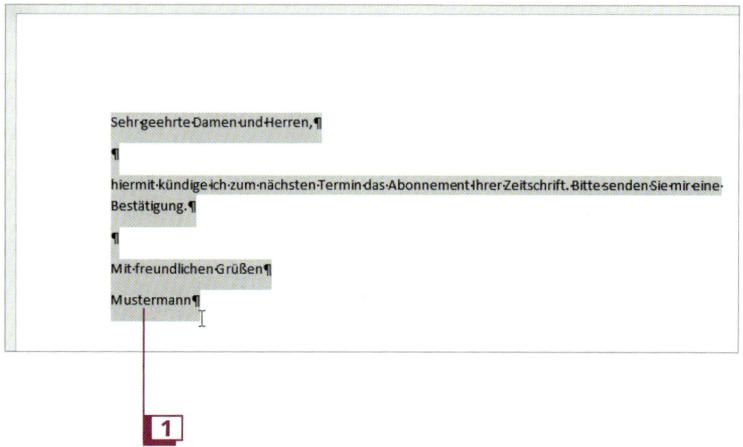

2 Klicken Sie im Menüband unter *Start* und dort in der Gruppe *Schriftart* auf den zum Symbol gehörenden Pfeil. (Wenn Sie das Symbol direkt anklicken, wird der markierte Text in der jeweils angezeigten Farbe formatiert.)

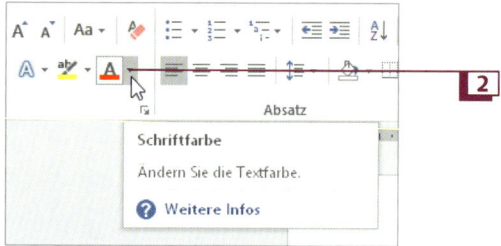

TIPP ➡ Der markierte Text in einem Dokument lässt sich auch markern, also mit einer Hintergrundfarbe versehen. Die Farbauswahl treffen Sie, indem Sie im Menüband unter *Start* und dort in der Gruppe *Schriftart* auf den zum Symbol gehörenden Pfeil klicken.

3 Sie können nun einfach im Menü eine zum Design passende Farbe auswählen.

4 Um eine individuelle Schriftfarbe festlegen zu können, wählen Sie den Menüeintrag *Weitere Farben*.

5 Im sich öffnenden Fenster *Farben* können Sie in einer umfangreicheren Farbpalette Ihre Farbwahl vornehmen.

6 Um eine auf Ihren RGB-Werten basierende Schriftfarbe festzulegen, klicken Sie auf den Reiter *Benutzerdefiniert*.

Mit Word 2016 Text erfassen und ansprechend formatieren

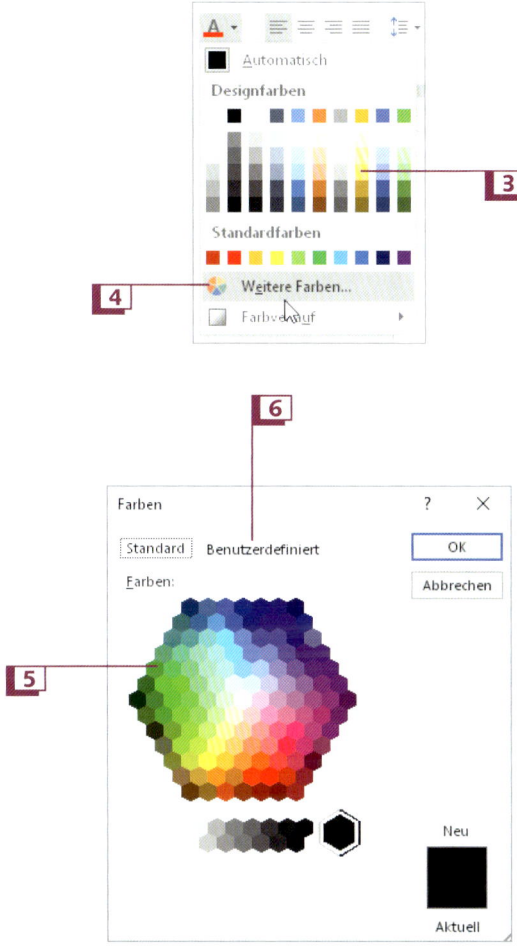

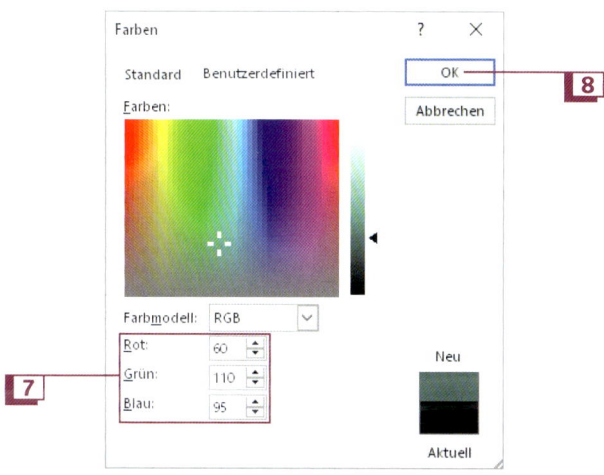

7 Geben Sie die gewünschten RGB-Werte ein (also den Rot-, Grün- und Blau-Wert einer Farbe).

8 Bestätigen Sie Ihre Eingabe mit *OK*, um die Farbe für den markierten Text zu verwenden.

TIPP ➡ Im Fenster *Farben* lassen sich statt der RGB-Werte auch HSL-Werte eingeben, indem Sie im Menü *Farbmodell* die entsprechende Auswahl treffen. In diesem Fall werden Farbwert (Hue), Farbsättigung (Saturation) sowie relative Helligkeit (Lightness) eingegeben.

TIPP ➡ Um attraktive Texteffekte auf den markierten Text anzuwenden, entscheiden Sie sich im Menüband unter *Start* und dort in der Gruppe *Schriftart* für das Symbol A.

3

Design auswählen

In Word 2016 stehen verschiedene Designs zur Auswahl, die mit unterschiedlichen Formatvorlagen für die markierten Texte aufwarten. Lassen Sie mich Ihnen zunächst zeigen, wie einfach Sie ein Design auswählen.

1 Entscheiden Sie sich im Menüband von Word 2016 für den Reiter *Entwurf*.

2 Klicken Sie nun ganz links im Menüband auf die Schaltfläche *Designs*.

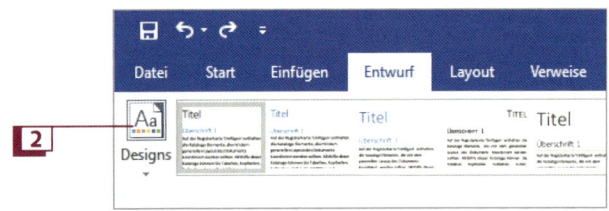

3 Verwenden Sie die Bildlaufleiste, um durch die verfügbaren Designs zu »blättern«.

4 Klicken Sie schließlich ein Design an, um es auszuwählen. Bereits zugewiesene Formatvorlagen werden im Dokument dem Design entsprechend angepasst.

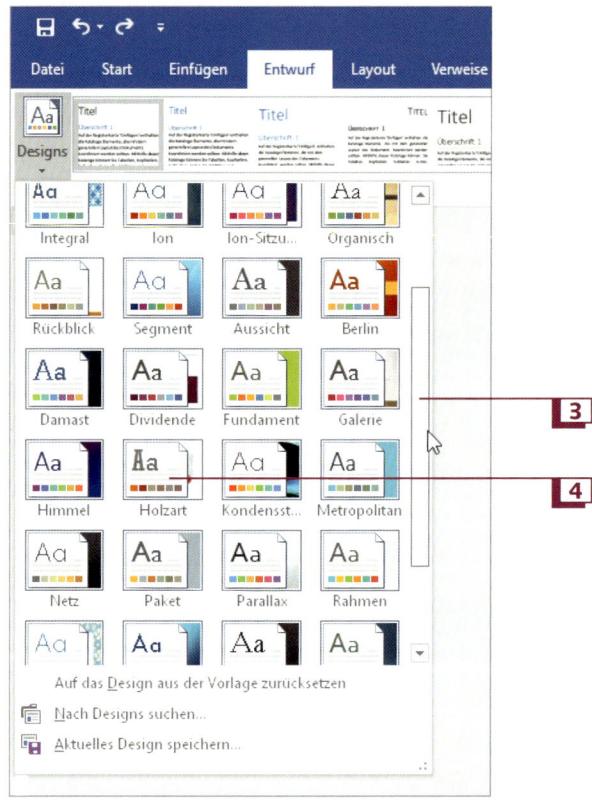

> **TIPP** ➡ Im Menüband unter *Entwurf* finden Sie verschiedene Schaltflächen zum Anpassen des Designs, etwa die Schaltflächen *Farben* und *Schriftart*. Um ein angepasstes Design zu speichern, wählen Sie im Menü aus den Schritten 3 und 4 den Eintrag *Aktuelles Design speichern*.

Formatvorlagen zuweisen

Das Zuweisen von Formatvorlagen ermöglicht es nicht nur, markierte Texte schnell auf ansprechende Weise zu formatieren. Die Formatierung als Überschrift kann später auch dem Erstellen eines automatischen Inhaltsverzeichnisses dienen. So weisen Sie dem markierten Text eine Formatvorlage zu:

1 Markieren Sie den Text, dem Sie eine Formatvorlage zuweisen möchten.

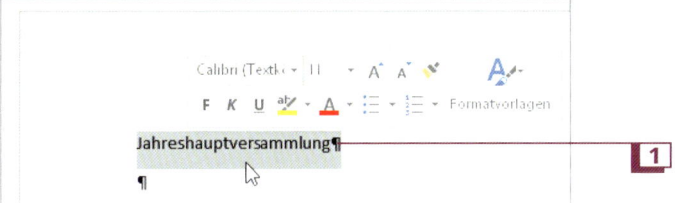

2 Sie finden im Menüband unter *Start* und dort in der Gruppe *Formatvorlagen* einen Kasten mit Formatvorlagen. Wählen Sie dort eine Formatvorlage aus.

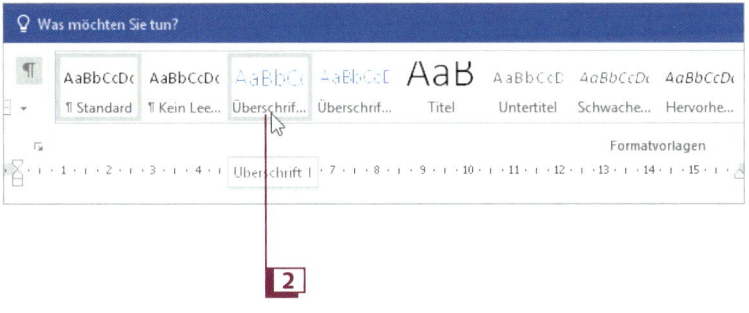

3 Die Formatvorlagen lassen sich auch in einer extra Leiste einblenden. Dazu klicken Sie rechts unten in der Gruppe *Formatvorlagen* auf das kleine Symbol.

WICHTIGE INFORMATION

Die Leiste mit den Formatvorlagen lässt sich alternativ auch mit der Tastenkombination [Alt]+[Strg]+[⇧]+[S] einblenden.

3

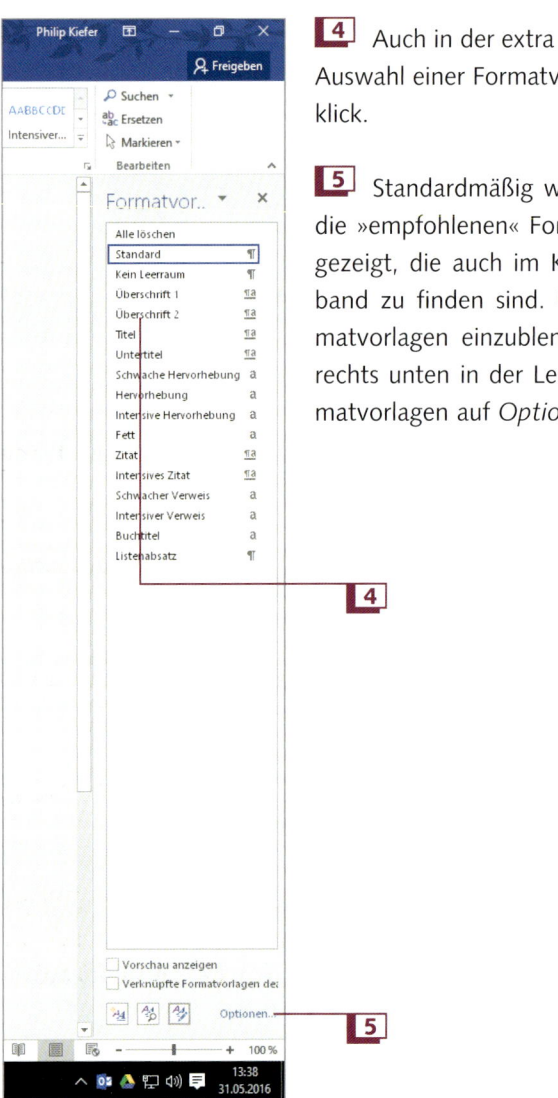

4 Auch in der extra Leiste erfolgt die Auswahl einer Formatvorlage per Mausklick.

5 Standardmäßig werden Ihnen nur die »empfohlenen« Formatvorlagen angezeigt, die auch im Kasten im Menüband zu finden sind. Um weitere Formatvorlagen einzublenden, klicken Sie rechts unten in der Leiste mit den Formatvorlagen auf *Optionen*.

6 Bestimmen Sie im Menü *Anzuzeigende Formatvorlagen auswählen*, welche Formatvorlagen in der Leiste eingeblendet werden sollen.

7 Bestätigen Sie Ihre Auswahl mit *OK*.

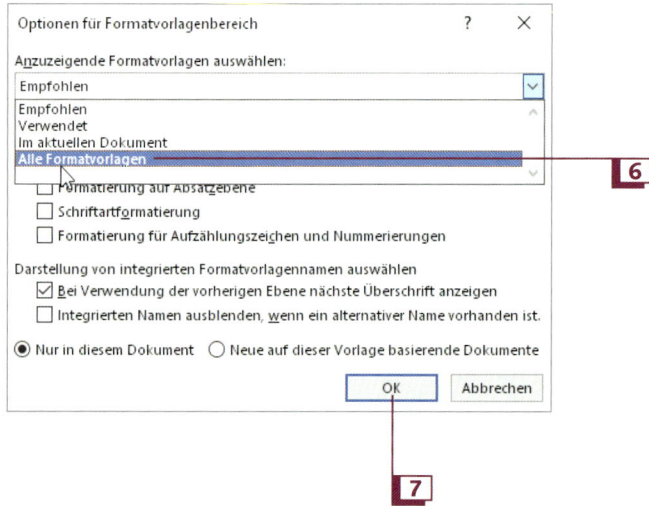

> **TIPP** ➡ Wenn Sie sofort sehen möchten, wie eine Formatvorlage im Dokument dargestellt wird, aktivieren Sie unten in der Leiste mit den Formatvorlagen das Kontrollkästchen *Vorschau anzeigen*.

> **TIPP** ➡ Die Leiste lässt sich in ein frei verschiebbares Fenster verwandeln und umgekehrt. Klicken Sie dazu in die Titelleiste und ziehen Sie die Leiste bei gedrückter Maustaste an die gewünschte Position.

Eigene Formatvorlagen erstellen

Wenn Ihnen die in Word bereits vorhandenen Formatvorlagen nicht ausreichen, erstellen Sie mit wenigen Handgriffen eigene Formatvorlagen. Die Anleitung dazu erhalten Sie hier:

1 Klicken Sie im Menüband unter *Start* und dort in der Gruppe *Formatvorlagen* auf das Pfeilsymbol rechts unten im Kasten mit den Formatvorlagen.

2 Entscheiden Sie sich im sich öffnenden Menü für den Eintrag *Formatvorlage erstellen*.

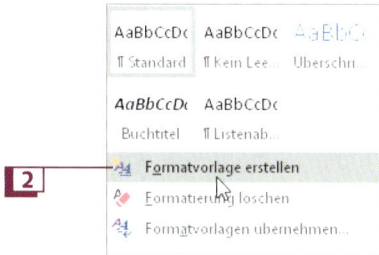

3 Geben Sie der eigenen Formatvorlage im folgenden Fenster eine sinnvolle Bezeichnung.

4 Klicken Sie anschließend auf die Schaltfläche *Ändern*.

5 Nun wählen Sie eine bestehende Formatvorlage als Basis für die neue Formatvorlage aus.

6 Bestimmen Sie im Menü *Formatvorlagentyp*, worauf die Formatvorlage angewendet werden soll.

7 Legen Sie anschließend die gewünschten Textformatierungen für die Formatvorlage fest.

8 Auch Absatzformatierungen lassen sich für die Formatvorlage vornehmen, etwa das Ausrichten des Absatzes.

9 Weitere Formatierungsoptionen – beispielsweise das Einfügen eines Rahmens oder das Verwenden von Texteffekten – erhalten Sie, wenn Sie links unten im Fenster *Neue Formatvorlage erstellen* auf die Schaltfläche *Format* klicken.

3

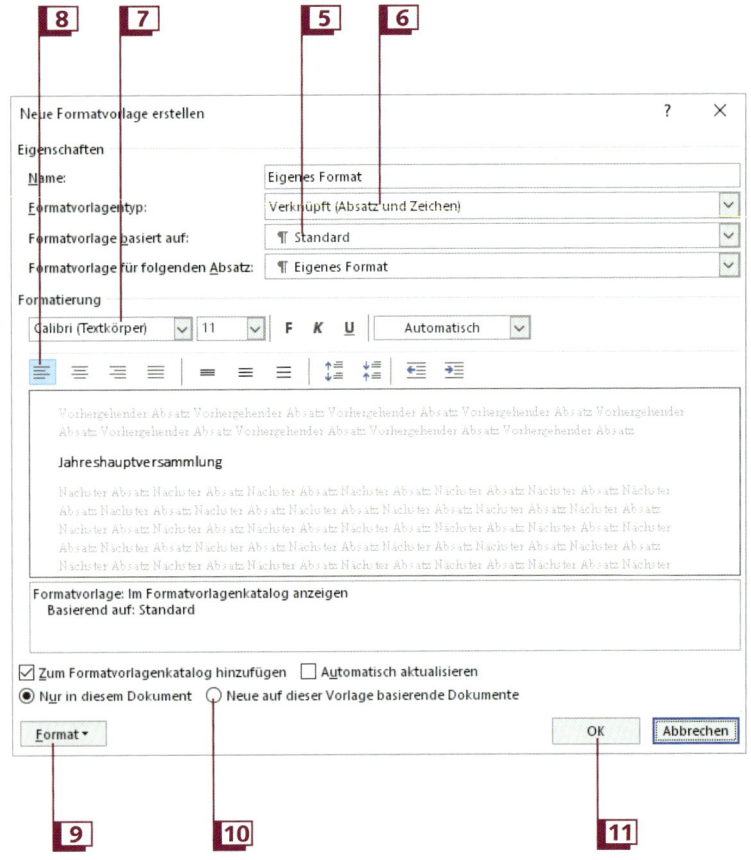

11 Bestätigen Sie Ihre Einstellungen mit *OK*.

12 Die eigene Formatvorlage lässt sich ab sofort im Kasten mit den Formatvorlagen auswählen.

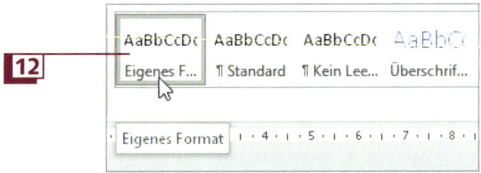

> **TIPP** ➡ Um Ihre Formatvorlagen zu verwalten, klicken Sie im Menüband unter *Start* und dort in der Gruppe *Formatvorlagen* rechts unten auf das kleine Symbol. Wählen Sie unten in der eingeblendeten Leiste das Symbol, um das Fenster *Formatvorlagen verwalten* einzublenden.

> **TIPP** ➡ Um die Formatierungen einer Formatvorlage im Überblick zu erhalten, klicken Sie unten in der Leiste mit den Formatvorlagen auf das Symbol, um den Formatinspektor aufzurufen.

10 Standardmäßig wird die Formatvorlage nur für das aktuelle Dokument erstellt. Um die Formatvorlage auch in neuen Dokumenten anzuwenden, aktivieren Sie unten im Fenster *Neue Formatvorlage erstellen* die Option *Neue auf dieser Vorlage basierende Dokumente*.

WICHTIGE INFORMATION

Mithilfe der Tastenkombination [Strg]+[⇧]+[S] lässt sich ein mit dem Cursor markiertes Format als Basis für eine neue Formatvorlage auswählen.

Formate clever übertragen

Formatierungen lassen sich von einer Stelle in einem Dokument auf eine Stelle im gleichen oder in einem anderen Dokument übertragen. Das Übertragen von Formaten gelingt mit wenigen Mausklicks.

1 Setzen Sie per Mausklick den Cursor in den Text, der die gewünschten Formatierungen enthält.

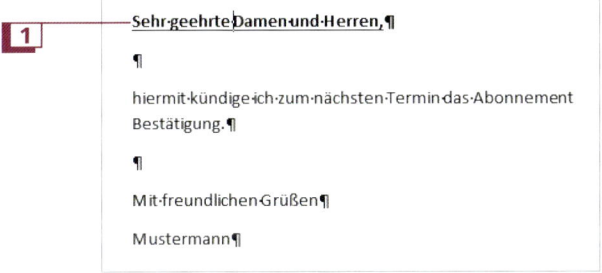

2 Nun klicken Sie im Menüband unter *Start* und dort in der Gruppe *Zwischenablage* auf die Schaltfläche *Format übertragen*.

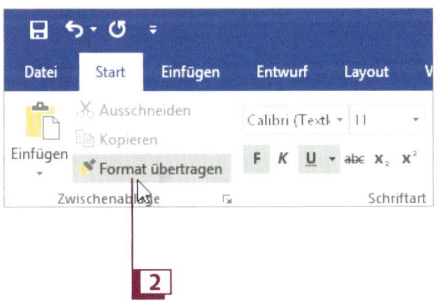

3 Markieren Sie den Text, auf den die Formatierungen übertragen werden sollen.

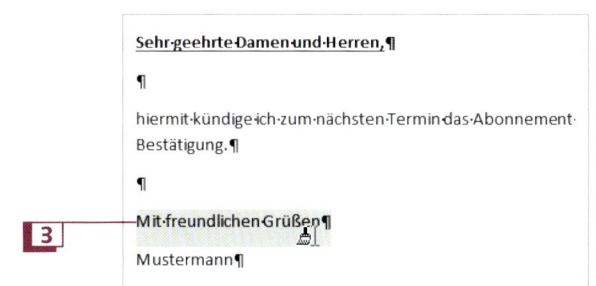

4 Sie stellen fest, dass die Formatierung prompt übernommen wird.

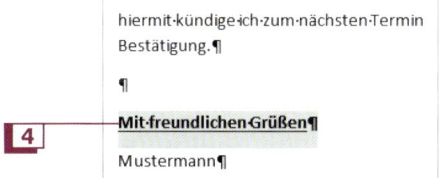

WICHTIGE INFORMATION

Formatierungen per Tastenkombination übertragen: Drücken Sie [Strg]+[⇧]+[C], um eine Formatierung zu kopieren, und [Strg]+[⇧]+[V], um sie einzufügen.

TIPP ➡ Möchten Sie die Formatierungen mehrfach übertragen, doppelklicken Sie in Schritt 2 auf die Schaltfläche *Format übertragen*.

3

Absätze ausrichten

Bisher war von Textformatierungen die Rede. Es gibt aber auch eine Reihe von Formatierungen, die auf ganze Absätze angewendet werden, die Sie durch Drücken der ⏎-Taste am Ende eines Absatzes erzeugt haben. Lassen Sie mich Ihnen zunächst zeigen, wie Sie einen Absatz im Dokument ausrichten.

1 Setzen Sie den Cursor in den Absatz, den Sie formatieren möchten. Standardmäßig sind die Absätze in einem Dokument linksbündig, also am linken Rand des Dokuments ausgerichtet.

2 Um sich für die zentrierte Ausrichtung eines Dokuments zu entscheiden, klicken Sie im Menüband unter *Start* und dort in der Gruppe *Absatz* auf das Symbol ≡.

3 Der Absatz wird prompt zentriert ausgerichtet.

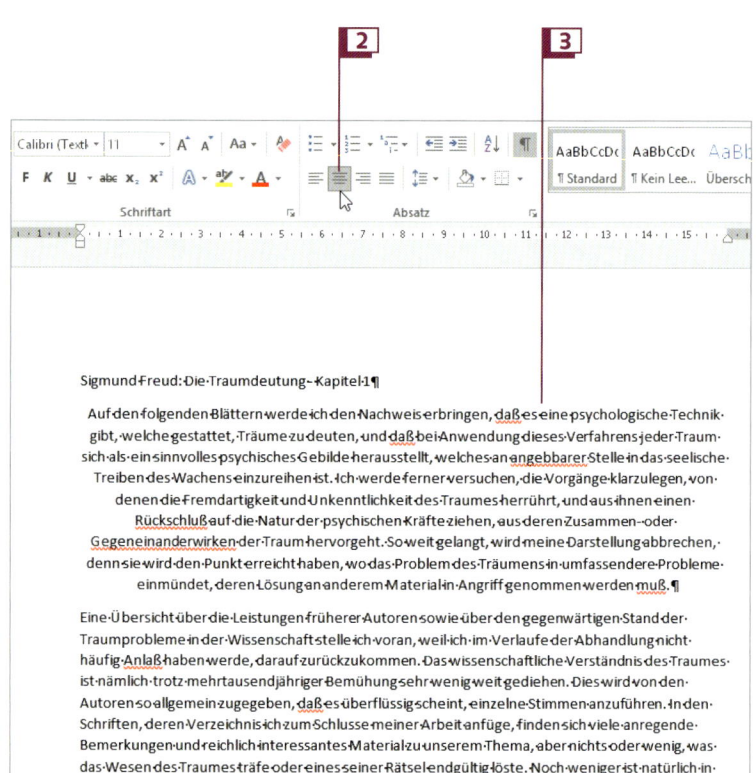

WICHTIGE INFORMATION

Absätze per Tastenkombination ausrichten: Drücken Sie Strg+L für die linksbündige Ausrichtung, Strg+E für die zentrierte Ausrichtung, Strg+R für die rechtsbündige Ausrichtung und Strg+B für die Ausrichtung im Blocksatz.

Mit Word 2016 Text erfassen und ansprechend formatieren

4 Oder möchten Sie den Absatz rechtsbündig ausrichten? Hierzu klicken Sie in der Gruppe *Absatz* auf das Symbol ≡.

5 Wieder wird die Änderung sofort im Dokument sichtbar: Der Absatz wird am rechten Rand des Dokuments ausgerichtet.

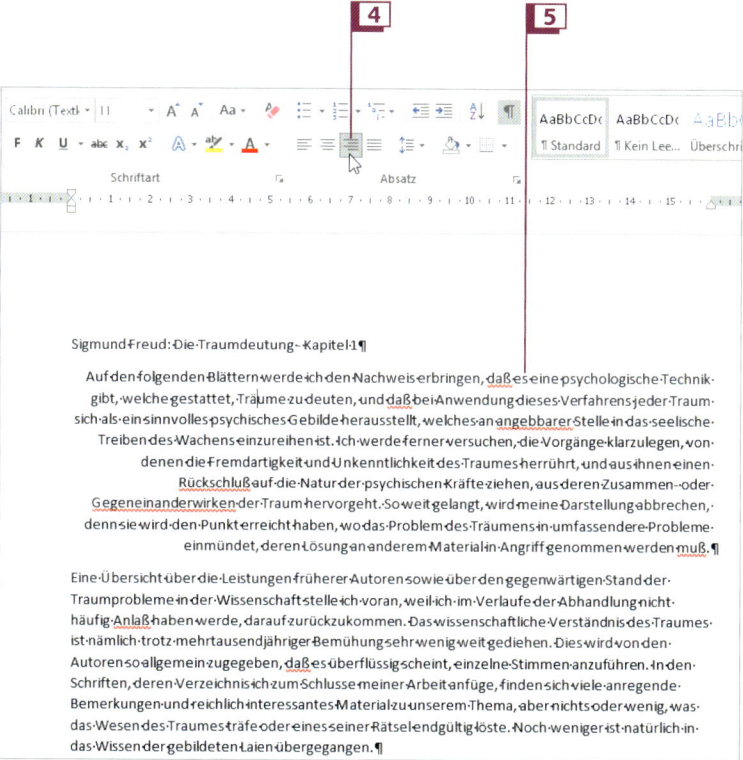

6 Um einen Absatz sowohl am linken als auch am rechten Rand des Dokuments auszurichten, wählen Sie per Mausklick auf das Symbol ≡ den Blocksatz.

7 Auch in diesem Fall wird die Änderung sofort im Dokument umgesetzt.

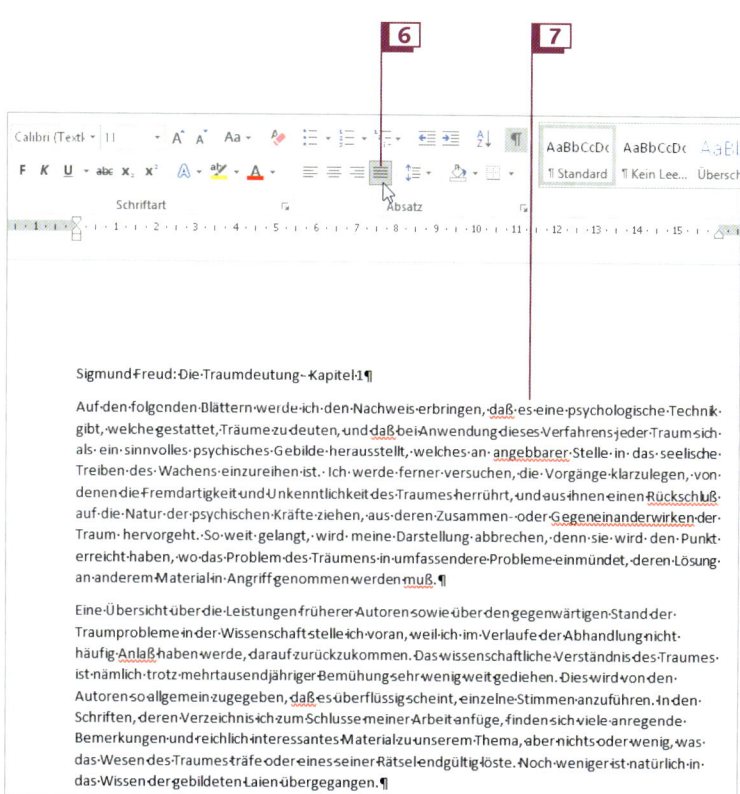

TIPP ➡ Den Einzug eines Absatzes erhöhen: Diesem Zweck dienen in der Gruppe *Absatz* die Symbole ⮕ (*Einzug vergrößern*) und ⬅ (*Einzug verkleinern*).

> **TIPP** ➡ Die erneute linksbündige Ausrichtung des ausgewählten Absatzes wird im Menüband unter *Start* und dort in der Gruppe *Absatz* per Mausklick auf das Symbol ▤ festgelegt.

Zeilen- und Absatzabstände anpassen

Sowohl die Abstände zwischen den Zeilen in einem Absatz als auch die Abstände zwischen mehreren Absätzen lassen sich individuell festlegen. Wie Sie dazu vorgehen, erfahren Sie in der folgenden Schrittanleitung.

1 Markieren Sie zunächst den Absatz bzw. die Absätze, für die Sie die Zeilen- und Absatzabstände festlegen möchten. Sie erinnern sich: Mit der Tastenkombination [Strg]+[A] können Sie ganz einfach auch das gesamte Dokument markieren.

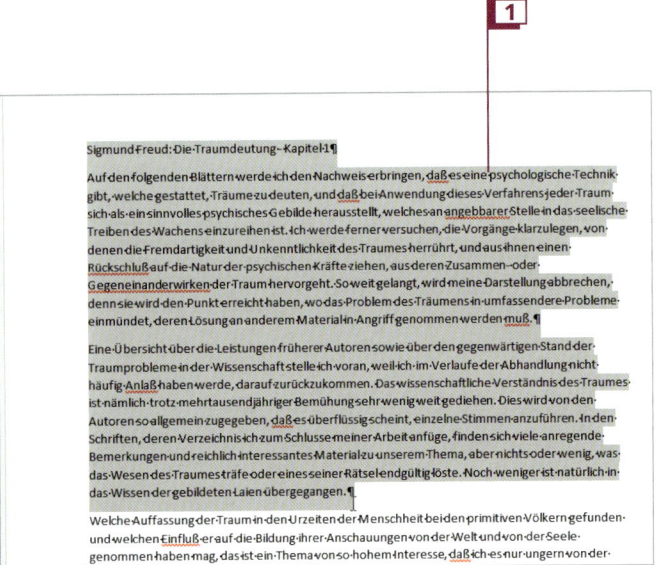

2 Klicken Sie als Nächstes im Menüband unter *Start* und dort in der Gruppe *Absatz* auf das Symbol ‡≡ ▾.

3 Wählen Sie im sich öffnenden Menü den gewünschten Abstand aus. Hier entscheide ich mich z. B. für einen doppelten Zeilenabstand, der für eine übersichtlichere Darstellung des Textes im Dokument sorgt.

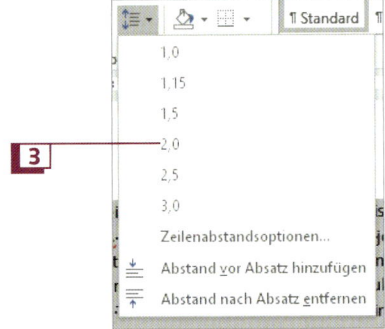

4 Die Änderung wird im Dokument sofort umgesetzt.

5 Für weitere Abstandsoptionen klicken Sie rechts unten in der Gruppe *Absatz* auf das kleine Symbol ⌐.

Mit Word 2016 Text erfassen und ansprechend formatieren

6 Im sich öffnenden Fenster legen Sie die gewünschten Abstände im Abschnitt *Abstand* fest.

7 Bestätigen Sie Ihre Änderungen mit *OK*.

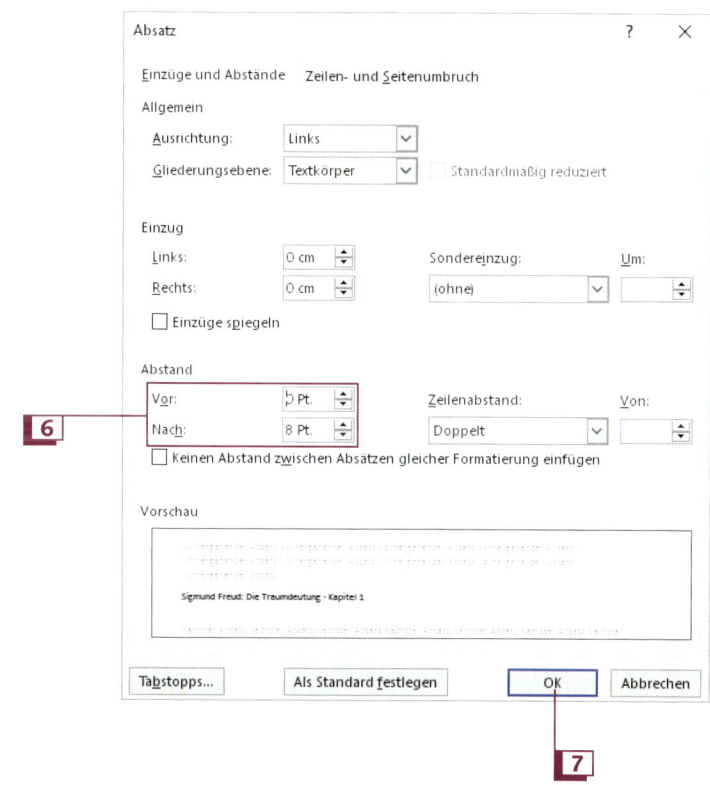

TIPP → Um die festgelegten Zeilen- und Absatzabstände auch in neuen Dokumenten zu verwenden, wählen Sie im Fenster aus den Schritten 6 und 7 die Schaltfläche *Als Standard festlegen*.

Aufzählung erstellen

Um in einem Dokument Fakten verschiedener Art zu präsentieren oder um ein Dokument grafisch aufzulockern, bietet sich das Erstellen von Aufzählungsabsätzen an. Wie Sie eine Aufzählung erstellen und diese mit einem von Ihnen ausgewählten Aufzählungszeichen versehen, erkläre ich im Folgenden:

1 Zunächst mal erstellen Sie in einem Dokument die einzelnen Aufzählungspunkte und trennen diese jeweils durch das Drücken der ⏎-Taste.

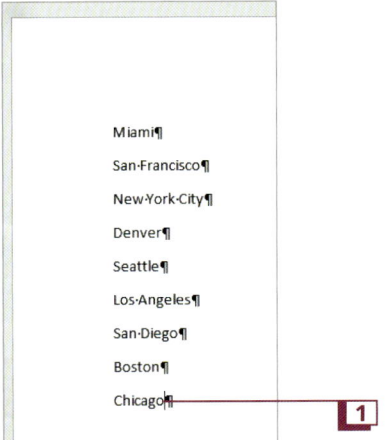

2 Nun markieren Sie mit der Maus die Absätze, die als Aufzählung formatiert werden sollen.

> **TIPP** ➡ Wenn Sie das Symbol ▤ direkt anklicken, wird das jeweils angezeigte Aufzählungssymbol für die markierten Absätze verwendet.

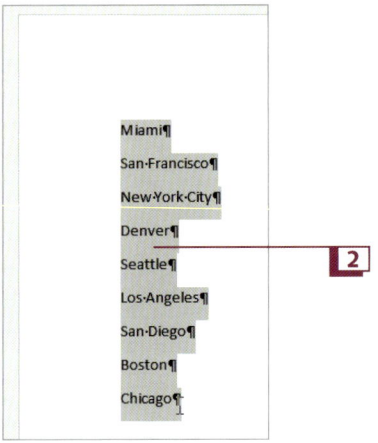

3 Klicken Sie im Menüband unter *Start* und dort in der Gruppe *Absatz* auf den zum Symbol ▤ ▼ gehörenden Pfeil.

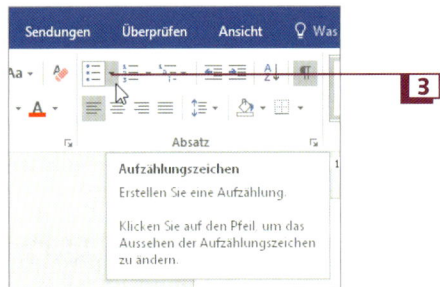

4 Wählen Sie im sich öffnenden Menü ein Symbol für die Aufzählung aus.

5 Die markierten Absätze werden unter Verwendung des ausgewählten Symbols als Aufzählung formatiert.

6 Drücken Sie am Ende eines Aufzählungsabsatzes die ⏎-Taste, wird ein weiterer Aufzählungsabsatz eingefügt. Würden Sie die ⏎-Taste ein weiteres Mal drücken, würde der neue Aufzählungsabsatz in einen Standardabsatz umgewandelt werden.

TIPP ➡ Möchten Sie das Aufzählungssymbol nachträglich ändern? Kein Problem: Dazu setzen Sie den Cursor in die Aufzählung und wählen dann unter dem Symbol ein anderes Aufzählungssymbol aus.

TIPP ➡ Reichen Ihnen die angebotenen Aufzählungssymbole nicht aus? Dann klicken Sie im Menü aus Schritt 4 auf den Eintrag *Neues Aufzählungszeichen definieren*. Sie erhalten anschließend die Möglichkeit, weitere Symbole und sogar eigene Bilder auszuwählen.

TIPP ➡ Den Einzug der Aufzählung anpassen: Klicken Sie die Aufzählung mit der rechten Maustaste an und wählen Sie im Kontextmenü *Listeneinzug anpassen*.

3

Nummerierte Liste anlegen

Statt einer einfachen Aufzählung, wie zuvor beschrieben, lässt sich auch kinderleicht eine Liste anlegen, die von Word 2016 automatisch nummeriert wird. So gehen Sie dazu vor:

1 Erstellen Sie – wie bei einer herkömmlichen Aufzählung – die einzelnen Absätze für Ihre nummerierte Liste.

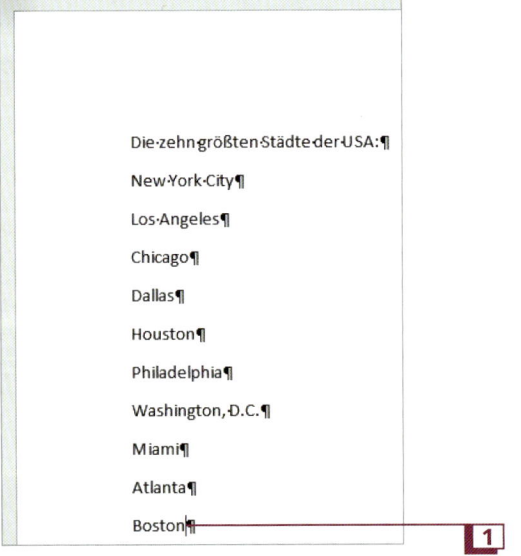

2 Markieren Sie die Absätze mit der Maus.

3 Als Nächstes klicken Sie im Menüband unter *Start* und dort in der Gruppe *Absatz* auf den zum Symbol gehörenden Pfeil.

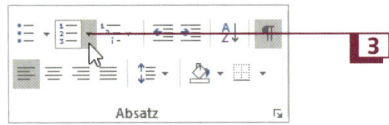

4 Legen Sie im sich öffnenden Menü einen passenden Nummerierungstyp fest.

> **TIPP** ➡ Sie können auch eigene Nummerierungstypen definieren: Hierzu klicken Sie im Menü aus Schritt 4 auf den Eintrag *Neues Zahlenformat definieren* und machen anschließend Ihre Angaben.

> **TIPP** ➡ Einen anderen Wert für einen nummerierten Absatz festlegen: Dazu setzen Sie den Cursor in den Absatz, wählen im Menü aus Schritt 4 den Eintrag *Nummerierungswert festlegen* und machen anschließend Angaben zum gewünschten Wert.

Mit Word 2016 Text erfassen und ansprechend formatieren

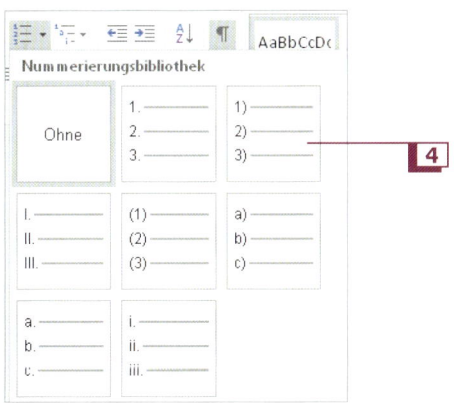

TIPP ➡ Möchten Sie eine aus mehreren Ebenen bestehende Liste anlegen? Dies erfolgt im Menüband unter *Start* und dort in der Gruppe *Absatz* unter dem Symbol.

Text oder Absatz einrahmen

Sowohl Texte als auch Absätze lassen sich mit einem Rahmen versehen. Diese Funktion bietet eine gute Möglichkeit, besonders wichtige Textstellen im Dokument hervorzuheben. Die Vorgehensweise ist ganz einfach.

5 Die Nummerierung der Absätze wird prompt durchgeführt.

6 Wenn Sie am Ende eines nummerierten Absatzes die ⏎-Taste drücken, wird ein Absatz mit der nächsten fortlaufenden Nummer erstellt. Würden Sie die ⏎-Taste ein weiteres Mal drücken, würde der neue nummerierte Absatz in einen Standardabsatz umgewandelt werden.

1 Setzen Sie den Cursor in den Absatz, den Sie einrahmen möchten (bzw. markieren Sie den einzurahmenden Text).

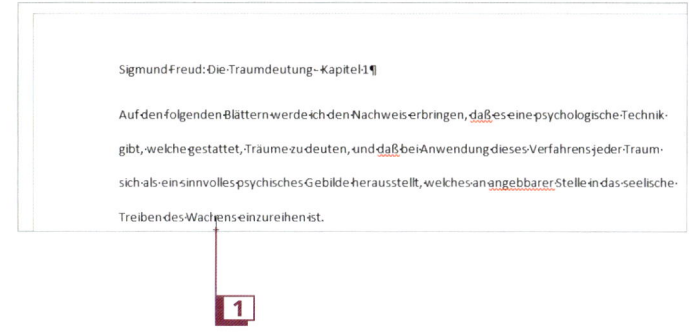

2 Klicken Sie im Menüband unter *Start* und dort in der Gruppe *Absatz* auf den zum Symbol gehörenden Pfeil. (Wenn Sie das Symbol direkt anklicken, wird der jeweils angezeigte Rahmen eingefügt.)

3 Wählen Sie im sich öffnenden Menü einen Standardrahmen aus.

95

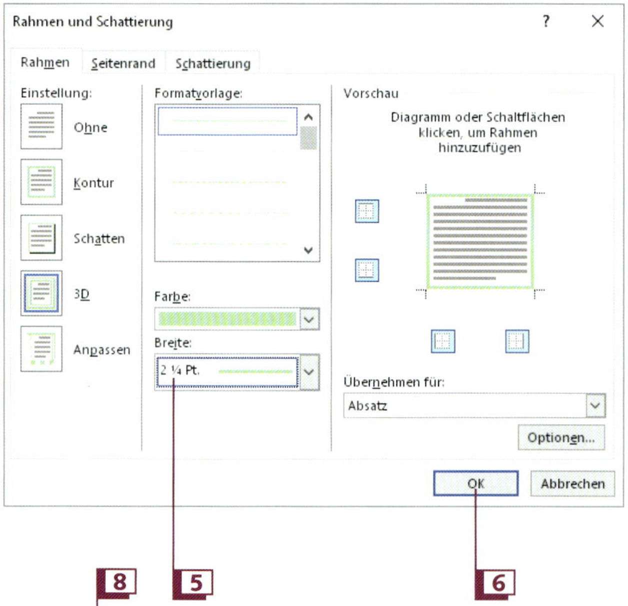

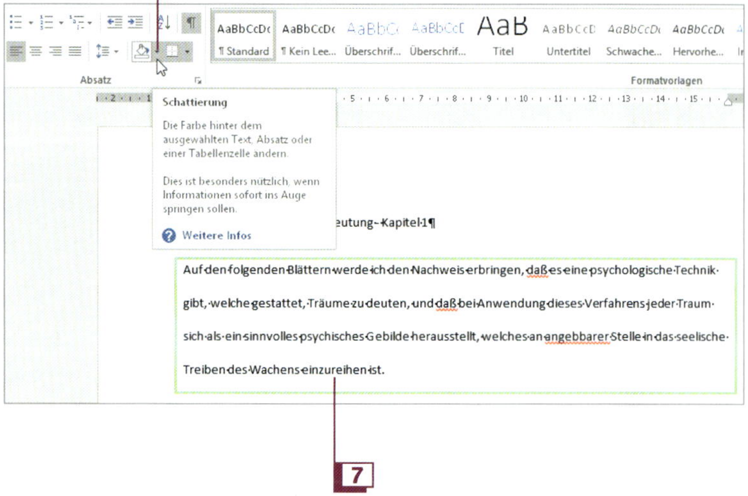

3

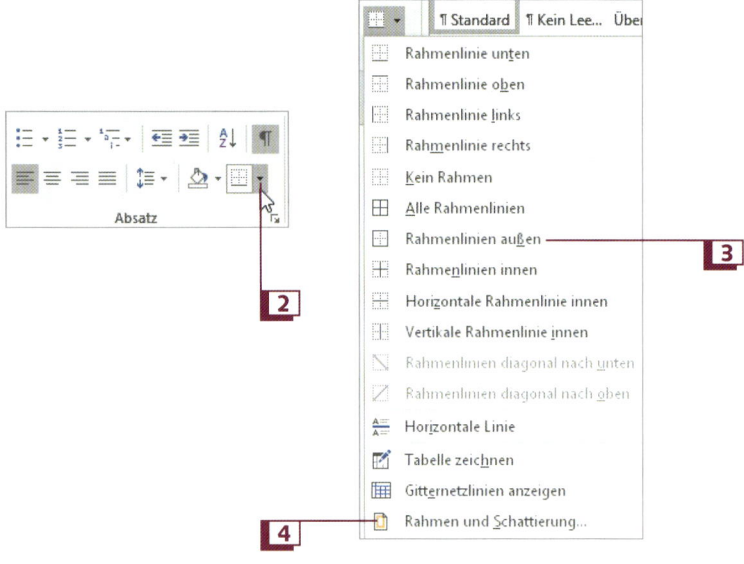

4 Oder klicken Sie, wie ich es hier tue, auf den Eintrag *Rahmen und Schattierung*.

5 Nehmen Sie im folgenden Fenster Ihre Einstellungen zum Rahmen vor, etwa was die Art des Rahmens oder dessen Farbe betrifft. Schauen Sie sich das Ergebnis Ihrer Auswahl jeweils in der Vorschau rechts im Fenster an.

6 Bestätigen Sie Ihre Einstellungen mit *OK*.

7 Der Rahmen wird Ihren Vorgaben entsprechend in das Dokument eingefügt.

Mit Word 2016 Text erfassen und ansprechend formatieren

8 Wollen Sie den eingefügten Rahmen nun noch mit einer Schattierung, also einer Hintergrundfarbe, versehen? Hierzu klicken Sie im Menüband unter *Start/Absatz* auf den zum Symbol gehörenden Pfeil.

9 Wählen Sie im sich öffnenden Menü die gewünschte Schattierungsfarbe aus.

Silbentrennung festlegen

Word 2016 kann auch die Silbentrennung automatisch übernehmen – damit passt mehr Text in weniger Zeilen. Die automatische Silbentrennung können Sie ganz einfach aktivieren.

1 Klicken Sie im Menüband auf den Reiter *Layout*.

2 Wählen Sie in der Gruppe *Seite einrichten* die Schaltfläche *Silbentrennung*.

3 Klicken Sie im sich öffnenden Menü auf den Eintrag *Automatisch*. Die Silbentrennung wird im gesamten Dokument durchgeführt.

TIPP ➡ Um per Tastatur einen bedingten Trennstrich einzufügen, drücken Sie [Strg]+[-].

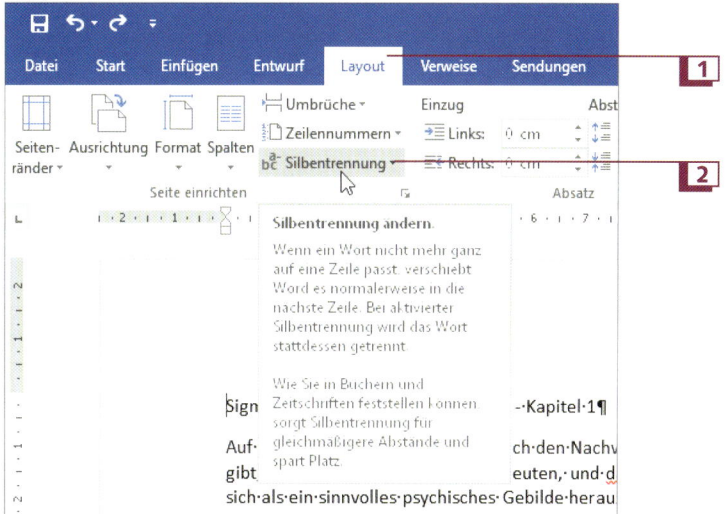

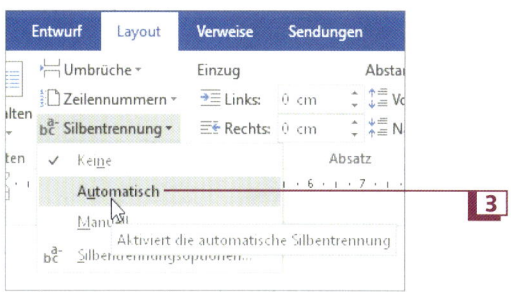

TIPP ➡ Für weitere Einstellungen zur Silbentrennung wählen Sie im Menü aus Schritt 3 den Eintrag *Silbentrennungsoptionen*.

97

3

Beim Öffnen zur letzten Bearbeitung springen

Eine Funktion, die Ihnen besonders bei umfangreicheren Dokumenten nützliche Dienste erweisen wird: Word merkt sich die Stelle, die Sie zuletzt bearbeitet haben, und bietet Ihnen beim nächsten Öffnen an, wieder zu dieser Stelle zu springen. So einfach geht's:

1 Schließen Sie ein Dokument, beispielsweise mithilfe der entsprechenden Fensterfunktion.

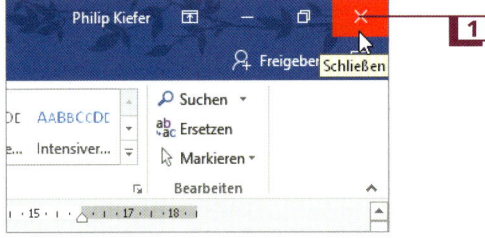

2 Öffnen Sie die Datei wieder.

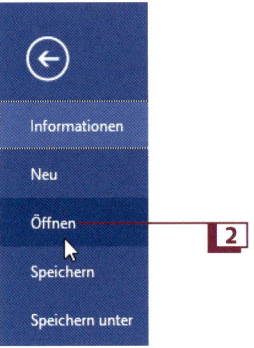

3 Ihnen wird nun in einer Sprechblase angeboten, zur zuletzt bearbeiteten Stelle zu springen.

4 Wenn die Sprechblase minimiert wird, bewegen Sie einfach den Mauszeiger darauf, um sie wieder zu maximieren.

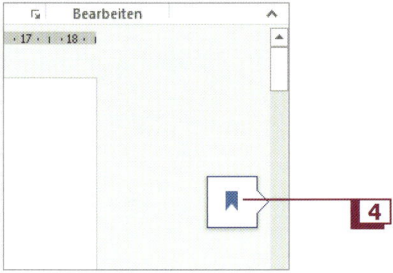

Das Kapitel im Überblick

- Textfelder beliebig positionieren
- Textfelder formatieren
- Formen einfügen
- Daten in einer Tabelle präsentieren
- Tabelle formatieren
- Bilder einfügen
- Bilder beschriften
- Onlinegrafiken einfügen
- Onlinevideo einbetten
- SmartArt-Grafiken verwenden

Tabellen, Bilder und Co. in ein Word-Dokument einbauen

Neben Text kann ein Word-Dokument auch weitere Objekte beinhalten, beispielsweise Tabellen, Bilder und sogar Onlinevideos. In diesem Kapitel werden Sie ausführlich erfahren, wie Sie solche Objekte in das Word-Dokument einbauen und Ihren Wünschen entsprechend formatieren. Gerade Tabellen und Bilder sind ein perfektes Mittel, um Dokumente aufzulockern und ihnen den perfekten Pep zu geben!

Auch die Verwendung von Formen und SmartArt-Grafiken wird dargestellt. SmartArt-Grafiken sind eine Zusammenstellung mehrerer Formen zu einem Diagramm, das in einem Dokument die übersichtliche Darstellung von Zahlen, Daten und Fakten ermöglicht.

Textfelder beliebig positionieren

Um Text in einem Dokument beliebig positionieren zu können, fügen Sie diesen in ein Textfeld ein. Die folgende Anleitung erklärt Ihnen, wie Sie dazu vorgehen.

1 Entscheiden Sie sich im Menüband von Word 2016 für den Reiter *Einfügen*.

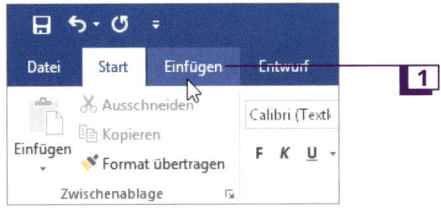

2 Klicken Sie nun in der Gruppe *Text* auf die Schaltfläche *Textfeld*.

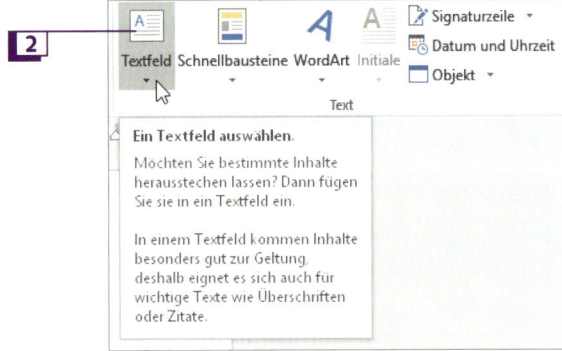

3 Wählen Sie im sich öffnenden Menü – wie hier – das einfache Textfeld aus oder entscheiden Sie sich für eine der angebotenen Textfeldvorlagen.

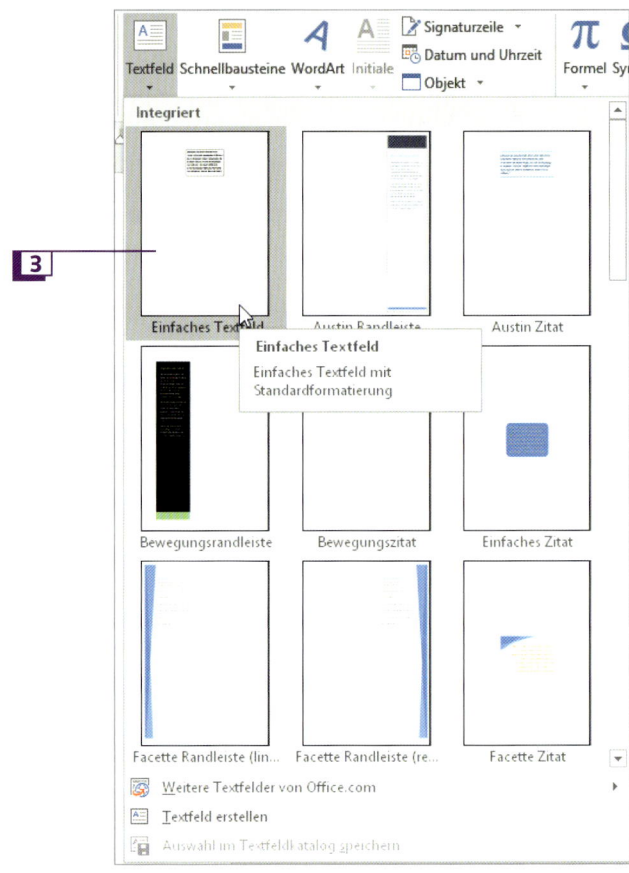

WICHTIGE INFORMATION

Textfelder eignen sich unter anderem für das Einfügen von Adressfeldern in Briefe. Bei Geschäftsbriefen richten Sie sich dabei nach der Norm DIN 5008. Infos zu dieser Norm finden Sie unter anderem unter https://de.wikipedia.org/wiki/DIN_5008.

Tabellen, Bilder und Co. in ein Word-Dokument einbauen

4 Das Textfeld wird in das Dokument eingefügt und ist automatisch aktiviert. Sie können also einfach drauflostippen, um Ihren Text in das Textfeld einzugeben.

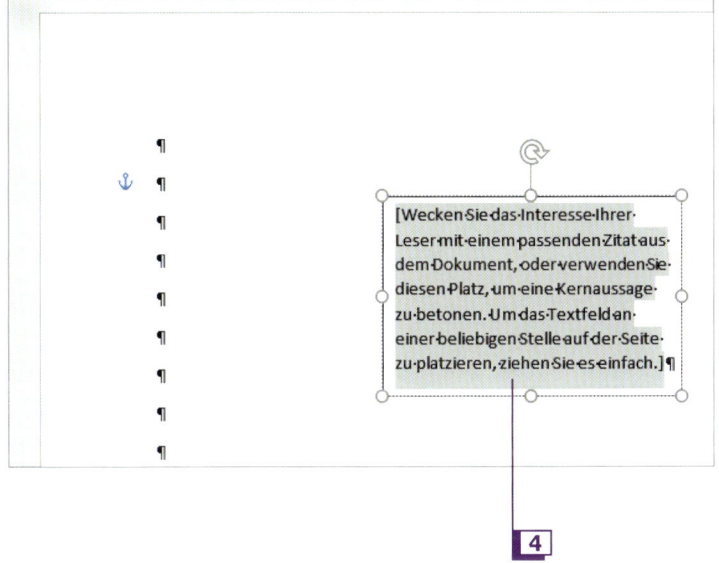

5 Fügen Sie per ⏎-Taste Absätze ein. Sie können sogar weitere Elemente, etwa Bilder oder Tabellen, in ein Textfeld einbauen.

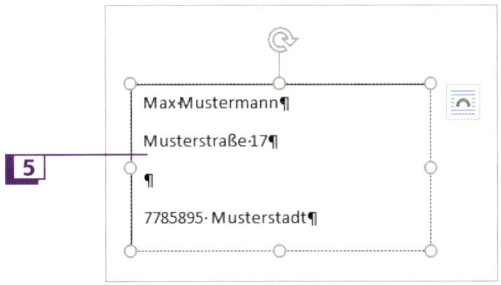

6 Um das Textfeld im Dokument zu positionieren, klicken Sie auf den Rand des Textfeldes und ziehen es dann bei gedrückter Maustaste in die gewünschte Position.

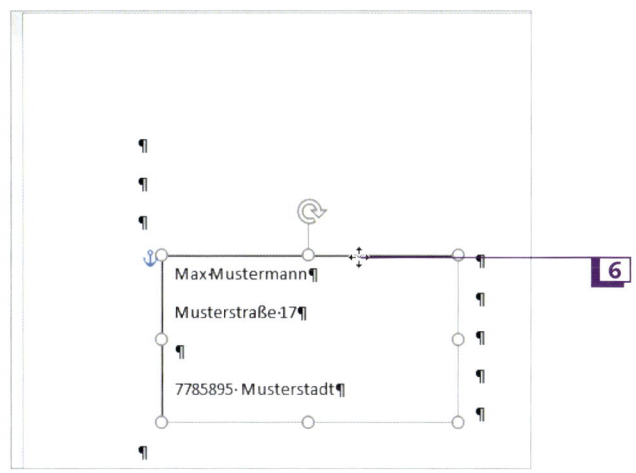

7 Um die Größe des Textfeldes anzupassen, klicken Sie auf den Rand bzw. in eine Ecke des Textfeldes. Ziehen Sie das Textfeld dann bei gedrückter Maustaste in die gewünschte Größe.

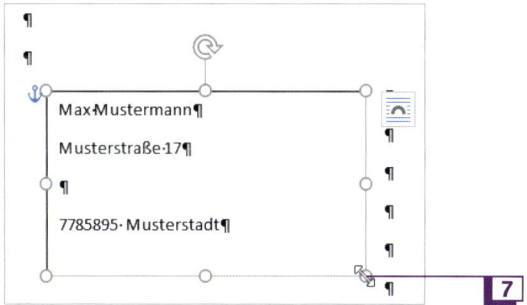

Textfelder formatieren

Das Textfeld muss kein weißer Kasten mit einem schwarzen Rahmen bleiben. Gestalten Sie ein Textfeld attraktiver, indem Sie es beispielsweise mit einer Hintergrundfarbe versehen. Hier zeige ich Ihnen, wie sich Textfelder formatieren lassen:

1 Klicken Sie, sofern das Textfeld nicht mehr aktiviert ist, in das Textfeld hinein, um es wieder zu aktivieren.

2 Um die Layoutoptionen für das Textfeld festzulegen, klicken Sie auf das rechts neben dem Textfeld eingeblendete Symbol.

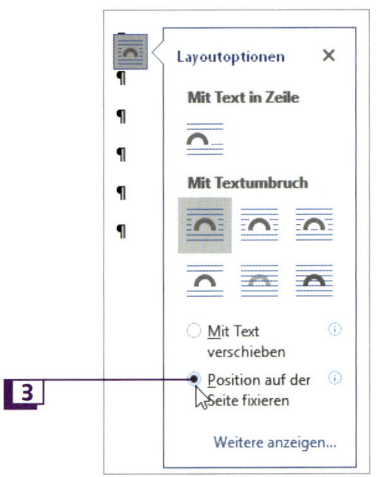

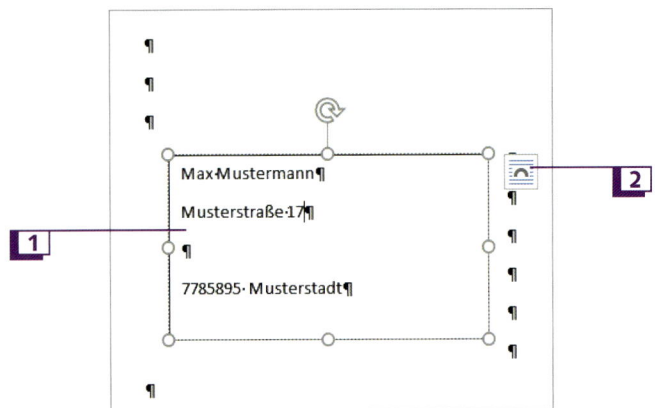

3 Im sich öffnenden Menü bestimmen Sie unter anderem, wie sich der Text im Dokument zum Textfeld verhalten soll und ob das Textfeld in der von Ihnen festgelegten Position fixiert werden soll oder nicht.

4 Bei aktiviertem Textfeld werden im Menüband die *Zeichentools* eingeblendet. Klicken Sie dort auf den Reiter *Format*.

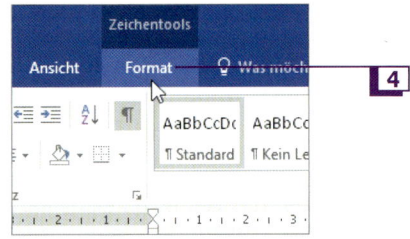

5 Im Menüband finden Sie nun eine ganze Reihe von Formatierungsoptionen für das Textfeld. Wählen Sie in der Gruppe *Formenarten* beispielsweise eine Formatvorlage aus.

6 Oder klicken Sie, wenn Sie beispielsweise nur die Hintergrundfarbe anpassen möchten, auf die Schaltfläche *Fülleffekt*.

Tabellen, Bilder und Co. in ein Word-Dokument einbauen

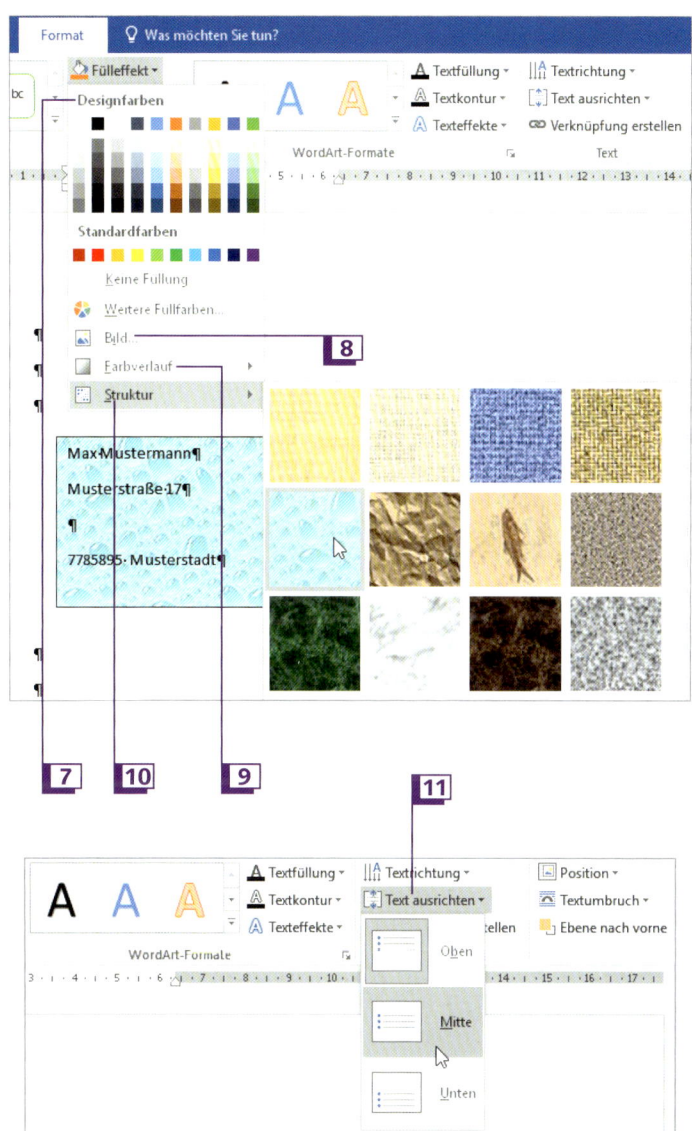

TIPP ➡ Einige Formatierungsoptionen erhalten Sie direkt beim Textfeld, wenn Sie das Textfeld mit der rechten Maustaste anklicken.

7 Bestimmen Sie im sich öffnenden Menü den Hintergrund für das Textfeld. Dieser kann aus einer einfachen Farbe bestehen, die Sie per Mausklick auswählen.

8 Oder wählen Sie unter dem Menüeintrag *Bild* eine Bilddatei aus, die Sie als Hintergrund für das Textfeld verwenden möchten.

9 Ebenfalls attraktiv: das Festlegen eines Farbverlaufs, den Sie unter dem Menüeintrag *Farbverlauf* bestimmen.

10 Schließlich werden verschiedene Strukturen als Hintergrund angeboten, die Sie unter dem Menüeintrag *Struktur* auswählen.

11 Die *Zeichentools* bieten noch weitere Formatierungsoptionen. Hier wird exemplarisch das Ausrichten des Textes gezeigt.

103

4

Formen einfügen

Ganz ähnlich wie das Einfügen von Textfeldern erfolgt das Einfügen der verschiedensten Formen – und viele der Formen lassen sich ebenfalls als Textfeld einsetzen. Wie es gemacht wird, erfahren Sie hier anhand eines Blockpfeils.

1 Wählen Sie im Menüband erneut den Reiter *Einfügen*.

2 Klicken Sie in der Gruppe *Illustrationen* auf die Schaltfläche *Formen*.

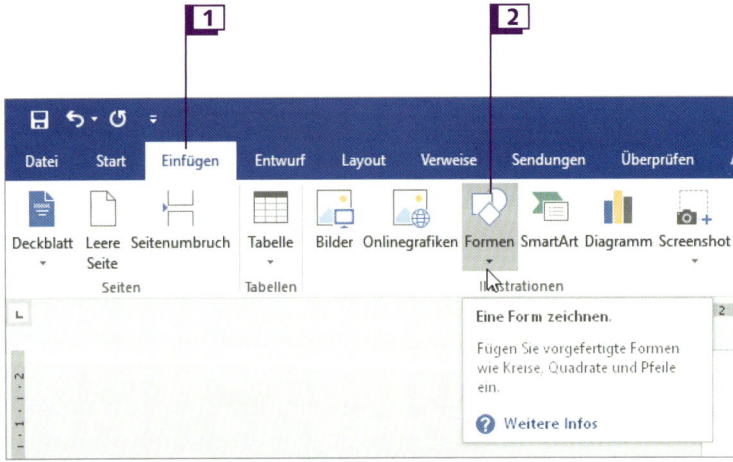

> **TIPP** ➡ **Die Form eines bereits eingefügten Textfeldes ändern:** Klicken Sie das Textfeld an und wählen Sie im Menüband den Reiter *Format*. Klicken Sie sodann in der Gruppe *Formen einfügen* auf die Schaltfläche *Form bearbeiten*. Legen Sie im sich öffnenden Menü unter *Form ändern* die gewünschte Form fest.

3 Wählen Sie im sich öffnenden Menü die Form aus, die Sie verwenden möchten.

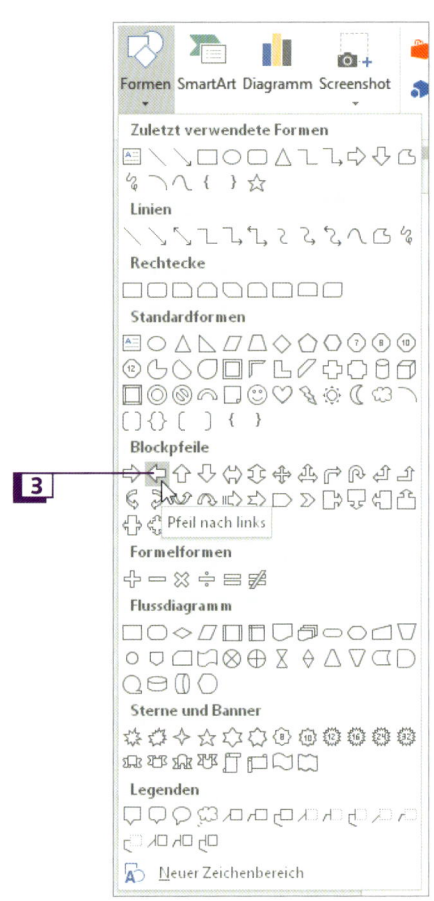

4 Klicken Sie an die Stelle, an der Sie die Form einfügen möchten, und ziehen Sie diese bei gedrückter Maustaste in die gewünschte Größe.

Tabellen, Bilder und Co. in ein Word-Dokument einbauen

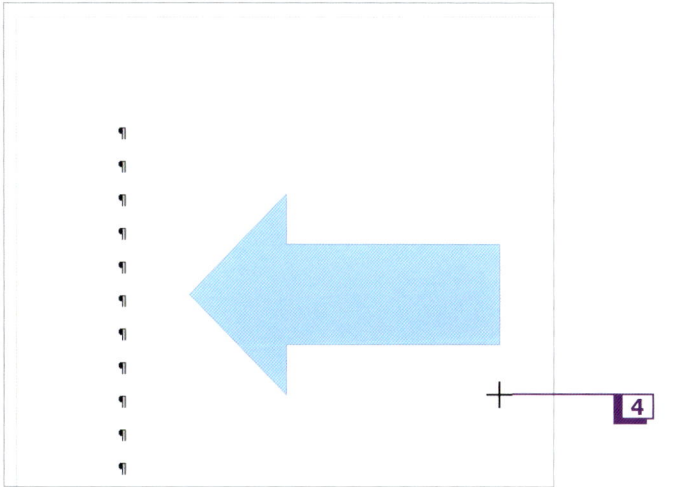

5 Die Formatierung einer Form entspricht der Formatierung eines Textfeldes: Klicken Sie in eine Form, um diese zu aktivieren.

6 Klicken Sie rechts neben der Form auf das Symbol, um die Layoutoptionen festzulegen.

7 Bei aktivierter Form werden im Menüband die *Zeichentools* eingeblendet. Wählen Sie unter dem Reiter *Format* die gewünschten Formatierungen für die eingefügte Form aus, etwa eine Formatvorlage, die Ihnen zusagt.

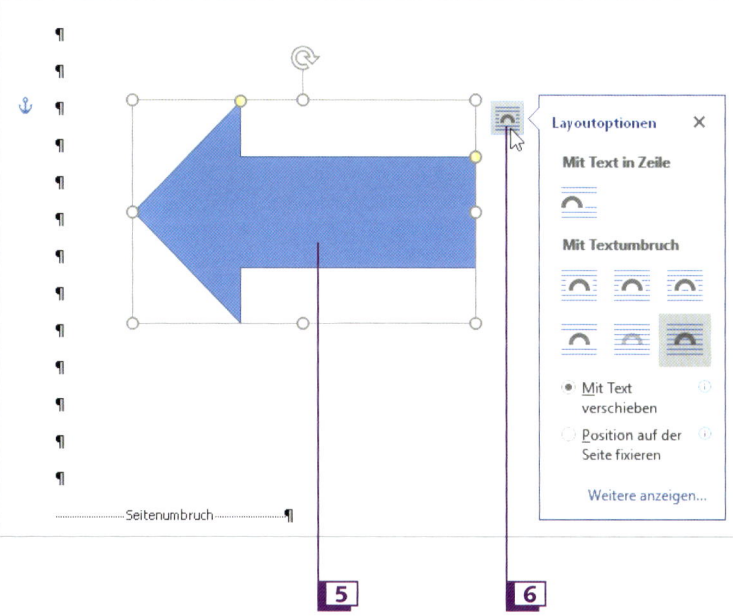

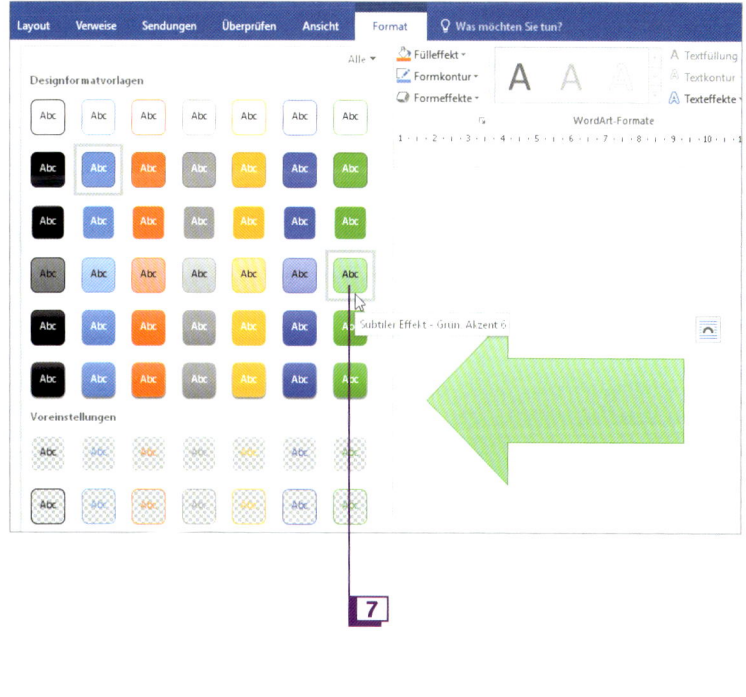

105

8 Um eine entsprechende Form mit Text zu versehen, aktivieren Sie diese zunächst durch Anklicken. Geben Sie dann einfach Ihren Text ein.

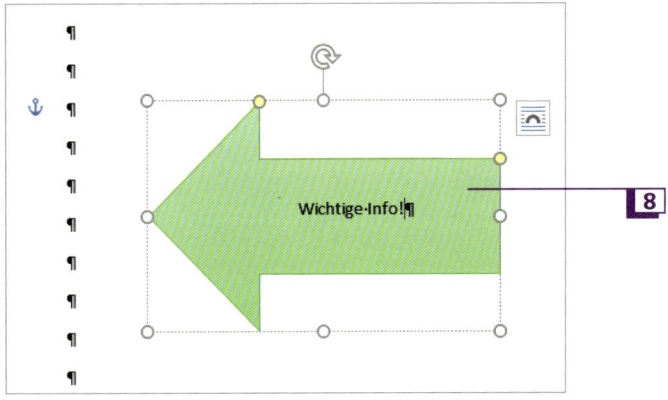

Daten in einer Tabelle präsentieren

Wenn Sie in einem Dokument eine größere Menge Daten übersichtlich präsentieren möchten, sind Tabellen das Mittel der Wahl. Gern zeige ich Ihnen, wie Sie in Word 2016 eine Tabelle einfügen und anpassen.

1 Setzen Sie den Cursor an die Stelle, an der Sie die Tabelle einfügen möchten.

2 Klicken Sie im Menüband von Word 2016 auf den Reiter *Einfügen*.

3 Wählen Sie die Schaltfläche *Tabelle*.

4 Bestimmen Sie mithilfe der im sich öffnenden Menü angezeigten Kästchen die Anzahl der Zeilen und Spalten der neuen Tabelle.

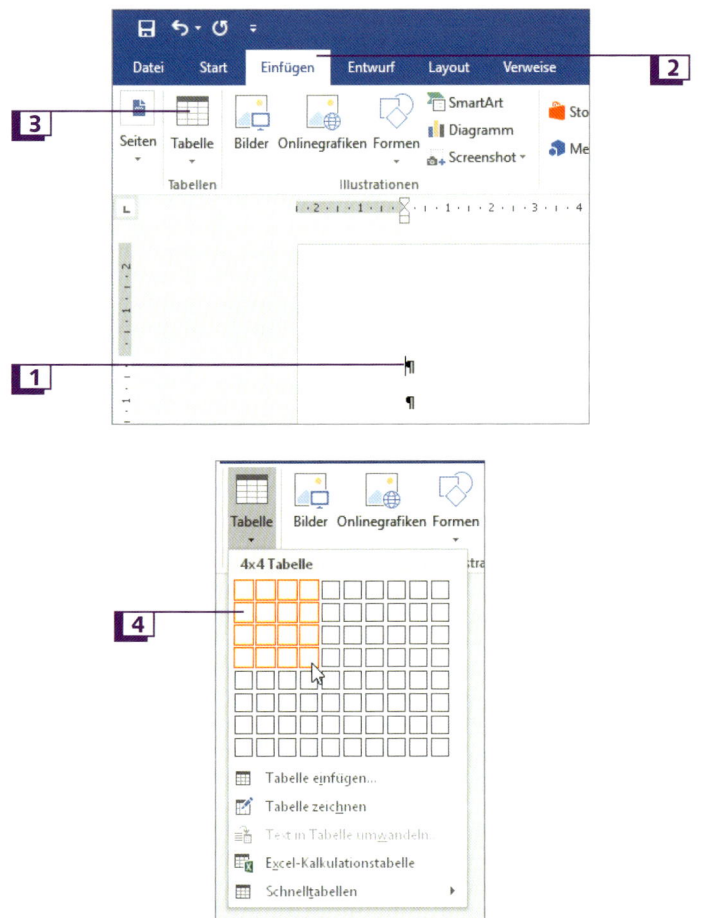

TIPP ➡ Reichen die angezeigten Kästchen für die gewünschte Tabellengröße nicht aus, wählen Sie in Schritt 4 den Menüeintrag *Tabelle einfügen* und geben die Anzahl der Zeilen und Spalten im folgenden Fenster von Hand ein.

Tabellen, Bilder und Co. in ein Word-Dokument einbauen

5 Die Tabelle wird ins Dokument eingefügt. Geben Sie die Inhalte in die einzelnen Zellen der Tabelle ein. Klicken Sie jeweils in eine Zelle, um diese zu aktivieren. Sie können auch mithilfe der ⇥-Taste zur nächsten Zelle wechseln.

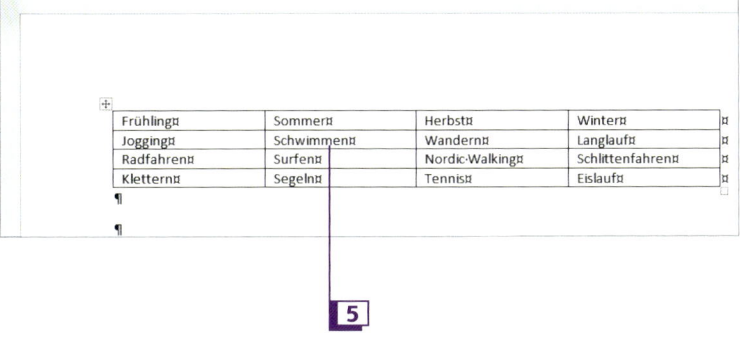

> **TIPP** ➡ **Eine neue Tabelle auf der Basis einer ansprechenden Tabellenformatvorlage:** Treffen Sie im Menü aus Schritt 4 unter *Schnelltabellen* Ihre Auswahl.

6 Um der Tabelle nachträglich eine neue Zeile hinzuzufügen, bewegen Sie den Mauszeiger in die linke untere Ecke der Tabelle und klicken auf das eingeblendete Plussymbol ⊕; zum Hinzufügen einer neuen Spalte bewegen Sie den Mauszeiger in die rechte obere Ecke der Tabelle und klicken ebenfalls auf das eingeblendete Plussymbol ⊕.

7 Möchten Sie eine nicht mehr benötigte Zeile oder Spalte wieder aus der Tabelle entfernen, klicken Sie mit der rechten Maustaste hinein.

8 Wählen Sie im Kontextmenü den Eintrag *Zellen löschen*.

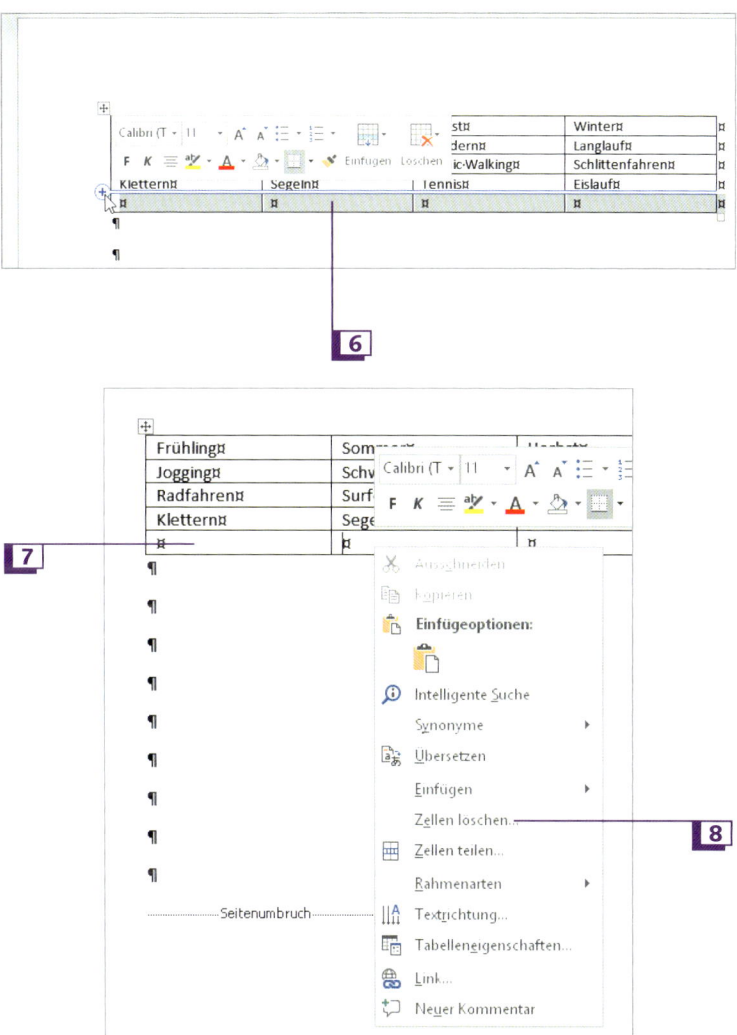

TIPP ➡ **Individuelle Tabellen mit der Maus zeichnen:** Wenn Sie das vorhaben, wählen Sie im Menü aus Schritt 4 den Eintrag *Tabelle zeichnen*.

9 Wählen Sie eine Löschoption aus.

10 Bestätigen Sie mit *OK*.

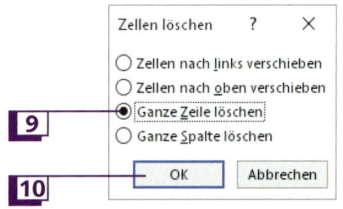

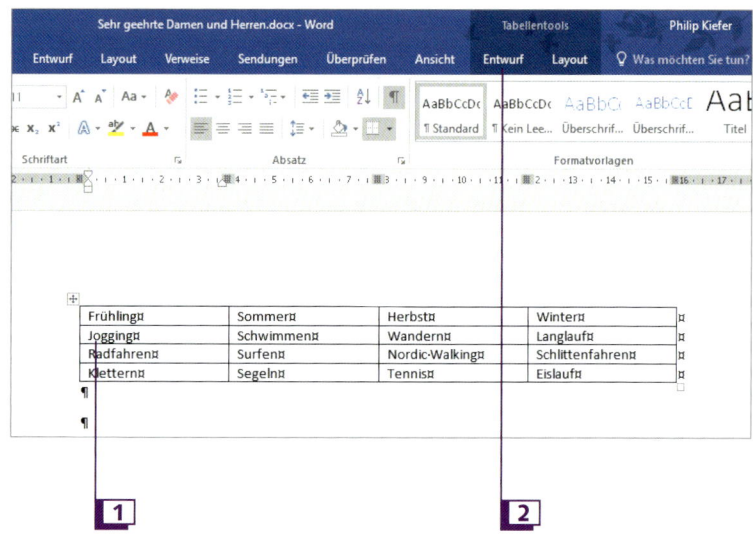

TIPP ➡ **Gut zu wissen:** Wenn Sie in der letzten Zelle der letzten Zeile einer Tabelle die ⇥-Taste betätigen, wird automatisch eine neue Zeile erstellt.

Tabelle formatieren

Auch für Tabellen gilt, dass diese keineswegs simple Kästen mit schwarzen Rahmen sein müssen. Sie können eine in ein Word-Dokument eingefügte Tabelle ansprechend formatieren.

1 Um eine Tabelle zu formatieren, setzen Sie den Cursor hinein, um diese zu aktivieren.

2 Im Menüband werden daraufhin die *Tabellentools* eingeblendet. Entscheiden Sie sich für den Reiter *Entwurf*.

3 Bestimmen Sie in der Gruppe *Tabellenformatoptionen*, ob eine Kopfzeile oder erste Spalte eingefügt werden soll oder nicht (bzw. ob eine Ergebniszeile oder letzte Spalte eingefügt werden soll) und ob Zeilen und/oder Spalten gebändert, also in wechselnder Form dargestellt werden sollen.

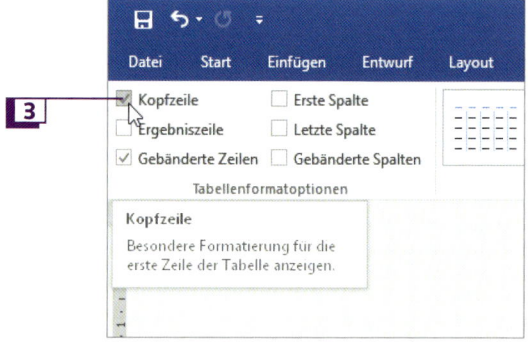

Tabellen, Bilder und Co. in ein Word-Dokument einbauen

TIPP ➡ Möchten Sie statt oder zusätzlich zu einer Tabelle ein Diagramm in das Word-Dokument einfügen? Dazu wählen Sie im Menüband unter *Einfügen* und dort in der Gruppe *Illustrationen* die Schaltfläche *Diagramm*. Wählen Sie im folgenden Fenster einen Diagrammtyp aus und passen Sie die zugehörigen Daten an. Es sei Ihnen empfohlen, zuvor die Anleitungen zum Office-Programm Excel durchzuarbeiten.

4 Wählen Sie anschließend in der Gruppe *Tabellenformatvorlagen* eine Formatvorlage für die Tabelle aus, die Ihnen zusagt.

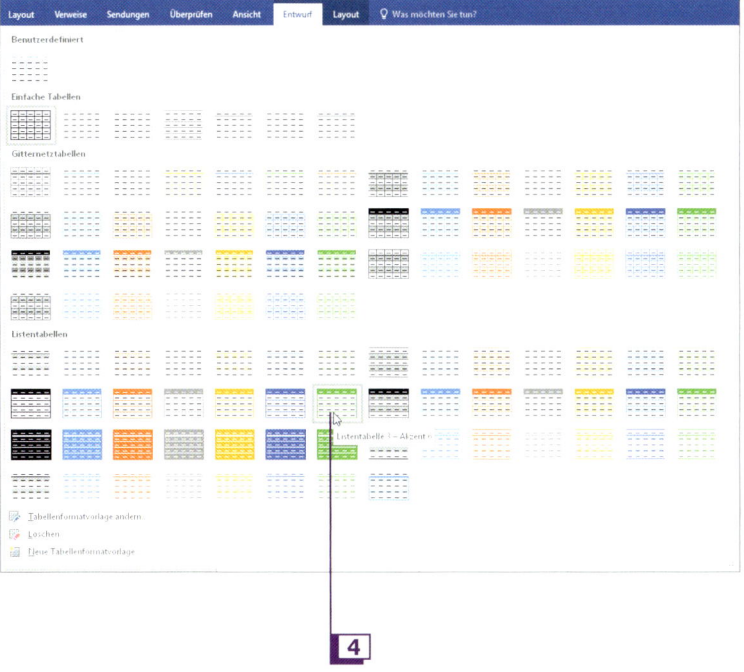

5 Die Tabellenformatvorlage wird sofort verwendet.

6 Für weitere Optionen klicken Sie auf den Reiter *Layout*.

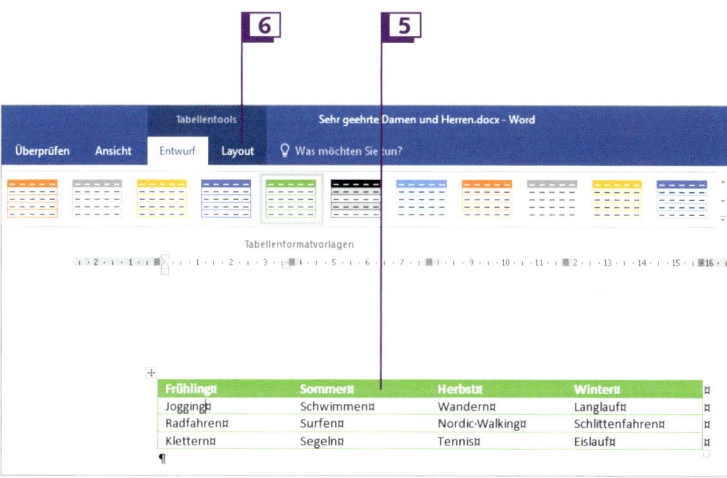

7 Markieren Sie die Zellen, deren Layout Sie anpassen möchten.

109

8 Entscheiden Sie sich im Menüband etwa dafür, die Inhalte in den markierten Zellen zentriert auszurichten.

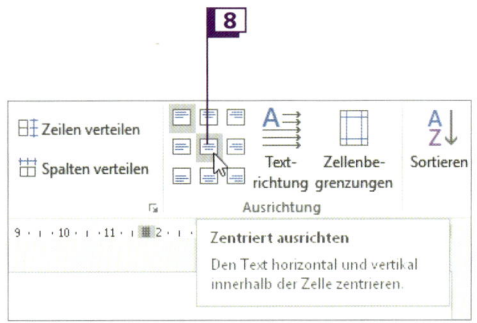

TIPP ➡ **Eine ganze Tabelle wieder löschen:** Klicken Sie dazu im Menüband unter *Layout* auf die Schaltfläche *Löschen* und wählen Sie *Tabelle löschen*.

TIPP ➡ Sie möchten Text, der durch entsprechende Zeichen – z. B. Tabstopps – getrennt ist, in eine Tabelle umwandeln? Dazu markieren Sie den Text und klicken dann im Menüband unter *Einfügen* auf die Schaltfläche *Tabelle*. Wählen Sie im sich öffnenden Menü den Eintrag *Text in Tabelle umwandeln*. Machen Sie im folgenden Fenster Ihre Angaben zur Tabelle und bestätigen Sie mit *OK*.

Bilder einfügen

Wenn Sie ein Bild in ein Word-Dokument einfügen möchten, das Sie als Datei auf dem Computer gespeichert haben, ist das selbstverständlich problemlos möglich. So gehen Sie dazu vor:

1 Setzen Sie den Cursor an die Stelle, an der Sie das Bild einfügen möchten.

2 Klicken Sie im Menüband auf den Reiter *Einfügen*.

3 Wählen Sie in der Gruppe *Illustrationen* die Schaltfläche *Bilder*.

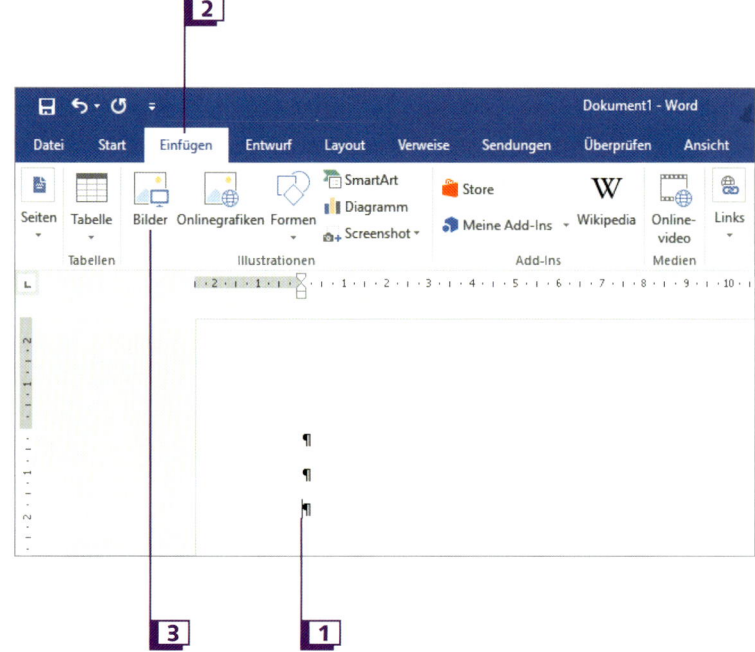

Tabellen, Bilder und Co. in ein Word-Dokument einbauen

4 Klicken Sie im folgenden Fenster das Bild an, das Sie in das Word-Dokument einfügen wollen.

5 Bestätigen Sie Ihre Auswahl mit der Schaltfläche *Einfügen*.

WICHTIGE INFORMATION

Damit das Word-Dokument nicht zu groß wird, lassen sich Bilder auch verknüpfen statt einfügen. Dazu klicken Sie in Schritt 5 statt direkt auf die Schaltfläche *Einfügen* auf den zugehörigen Pfeil und wählen im Menü den Eintrag *Mit Datei verknüpfen*. Die mit dem Word-Dokument verknüpften Bilddateien müssen dann mit der Word-Datei mitgeliefert werden, wenn Sie diese weiterreichen.

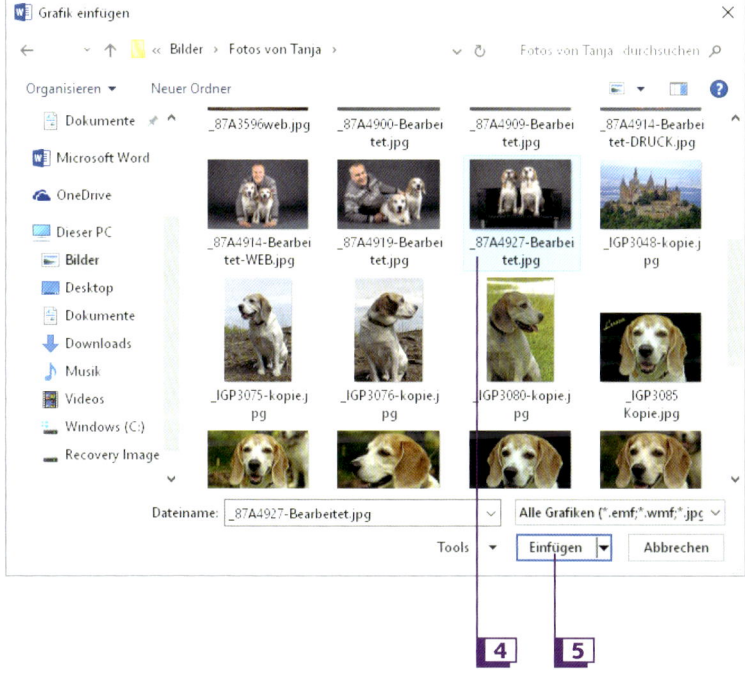

6 Ist das eingefügte Bild zu groß? Dann klicken Sie in eine Ecke des Bildes und ziehen es bei gedrückter Maustaste kleiner.

7 Um die Layoutoptionen festzulegen – Sie kennen diesen Vorgang bereits von anderen eingefügten Elementen –, klicken Sie rechts neben dem Bild auf das Symbol.

8 Nehmen Sie im sich öffnenden Menü die gewünschte Einstellung vor.

TIPP ➡ **Ein eingefügtes Bild drehen:** Klicken Sie oberhalb des Bildes auf das Symbol und ziehen Sie mit der Maus in die Richtung, in der Sie das Bild drehen möchten.

TIPP ➡ Wenn Sie in einem Word-Dokument ein Bild auswählen, werden im Menüband die *Bildtools* eingeblendet. Dort finden Sie verschiedene Bildformatvorlagen (Rahmen, Effekte usw.) sowie eine Reihe von Bildbearbeitungsfunktionen. Darauf werde ich dann in Kapitel 15 näher eingehen.

Bilder beschriften

Möchten Sie ein eingefügtes Bild mit einer Beschriftung versehen, auch um später ein automatisches Abbildungsverzeichnis erstellen zu können? Gehen Sie dazu folgendermaßen vor:

1 Klicken Sie das Bild mit der rechten Maustaste an.

2 Entscheiden Sie sich im Kontextmenü für den Eintrag *Beschriftung einfügen*.

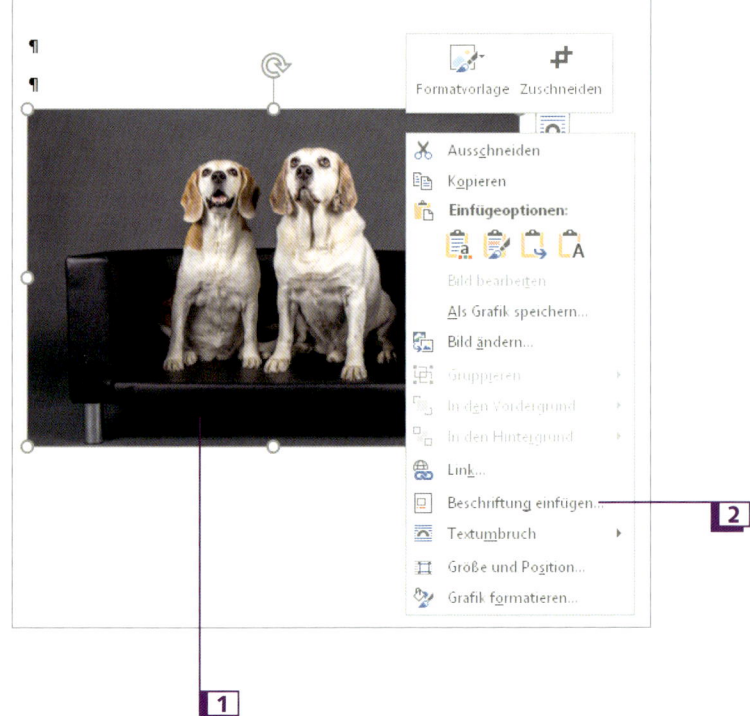

Tabellen, Bilder und Co. in ein Word-Dokument einbauen

3 Legen Sie im sich öffnenden Fenster die gewünschten Beschriftungsoptionen fest.

4 Geben Sie die Bildbeschriftung ein.

5 Bestätigen Sie mit *OK*.

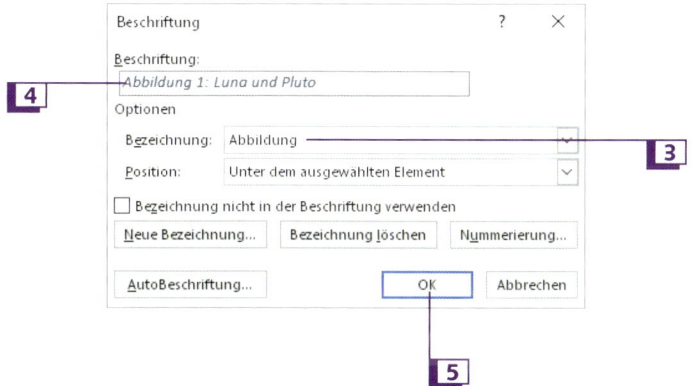

6 Die Beschriftung wird nach Ihren Vorgaben beim Bild eingefügt.

Onlinegrafiken einfügen

Falls Sie keine passenden Bilder auf dem Computer gespeichert haben, lassen sich solche auch aus dem Internet laden. Beachten Sie bei der Verwendung über den persönlichen Gebrauch hinaus aber unbedingt das Urheberrecht, ansonsten drohen drakonische Abmahnungen. Hier eine kleine Anleitung zum Einfügen von Onlinegrafiken:

1 Setzen Sie den Cursor an die Stelle, an der Sie eine Onlinegrafik einfügen möchten.

2 Wählen Sie im Menüband den Reiter *Einfügen*.

3 Klicken Sie in der Gruppe *Illustrationen* auf die Schaltfläche *Onlinegrafiken*.

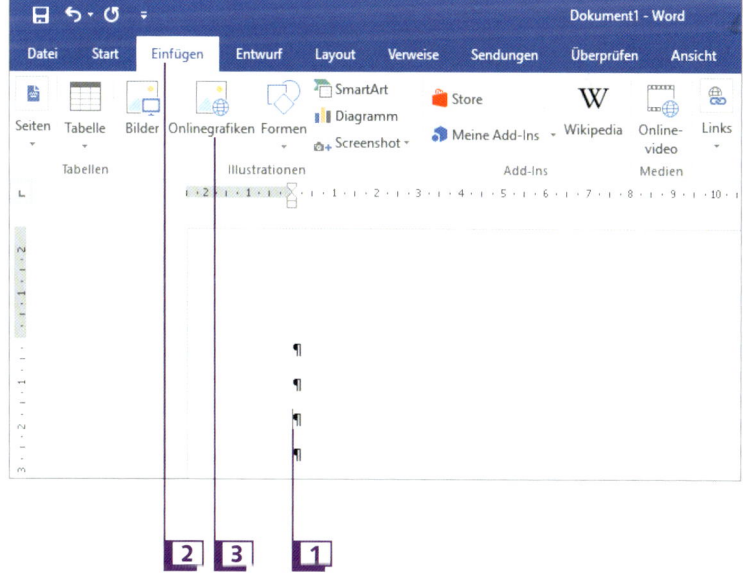

113

4 Als Bildquelle bietet sich Microsofts Suchmaschine Bing an. Geben Sie in das Feld ein, nach welchem Motiv Sie suchen, und bestätigen Sie mit der ⏎-Taste.

5 Wählen Sie das Bild aus, das Sie einfügen möchten.

6 Bestätigen Sie mit der Schaltfläche *Einfügen*.

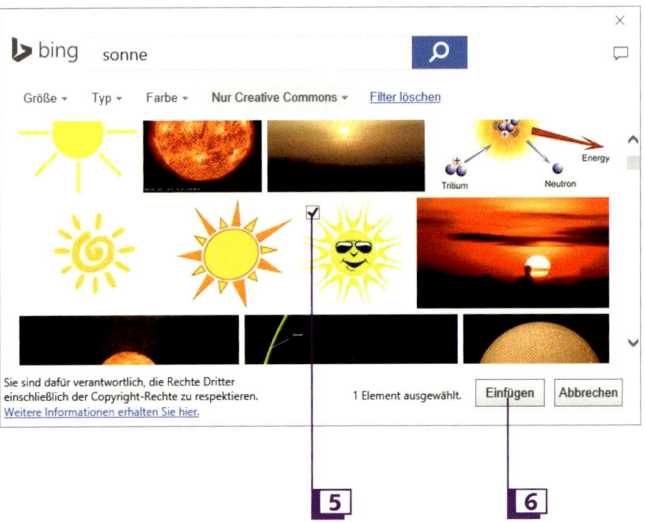

Onlinevideo einbetten

Sogar Onlinevideos – etwa von der Videoplattform YouTube – lassen sich in ein Word-Dokument einbetten und dort auch mithilfe eines integrierten Plug-ins betrachten. In anderen Programmen lässt sich das Video per Link auf einer Webseite aufrufen.

1 Wieder setzen Sie den Cursor zunächst an die Stelle, an der Sie das Onlinevideo einfügen möchten.

2 Wählen Sie dann im Menüband den Reiter *Einfügen*.

3 Klicken Sie auf die Schaltfläche *Onlinevideo*.

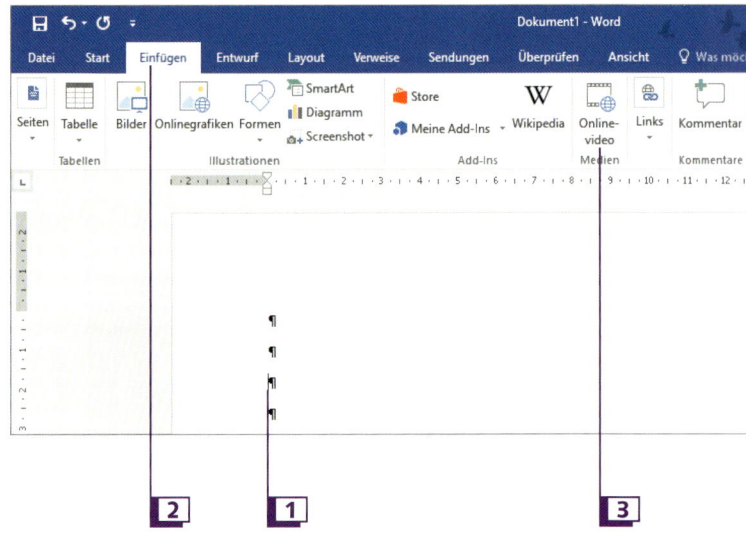

4 Geben Sie bei der gewünschten Videoquelle – hier YouTube – Ihren Suchbegriff ein und bestätigen Sie mit der ⏎-Taste.

Tabellen, Bilder und Co. in ein Word-Dokument einbauen

5 Doppelklicken Sie auf das Video, das Sie einfügen möchten.

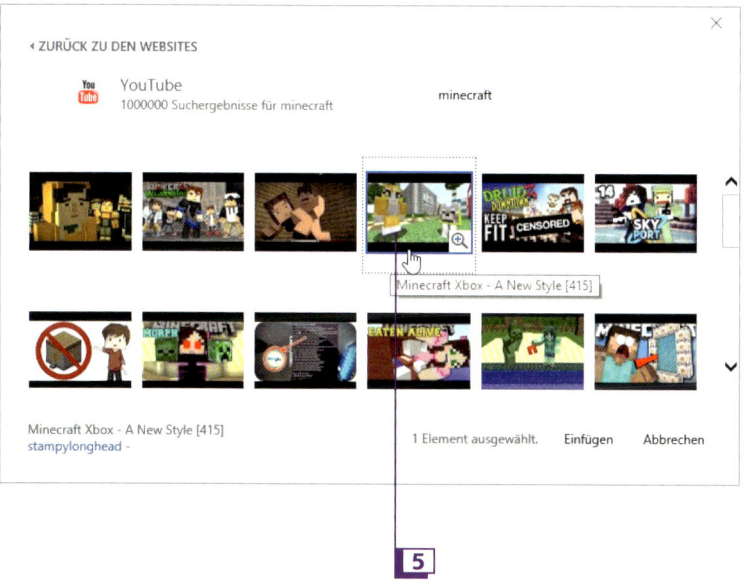

6 Das Onlinevideo wird in Form eines Bildes in das Dokument eingefügt. Ziehen Sie dieses Bild bei gedrückter Maustaste in die gewünschte Größe.

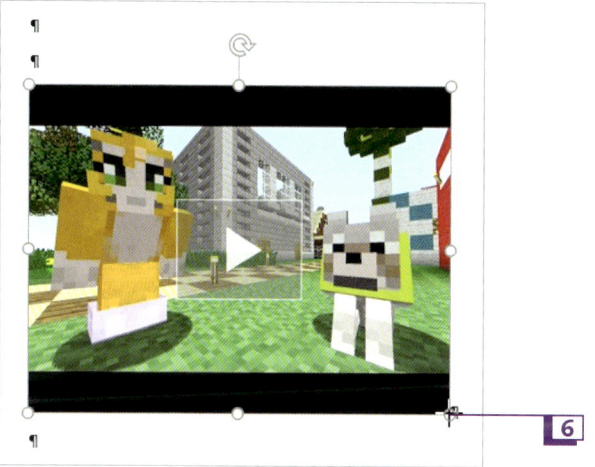

7 Um das Video direkt in Word wiederzugeben, klicken Sie auf den Play-Button in der Mitte des Bildes.

TIPP ➡ Um die Wiedergabe des Onlinevideos zu beenden, drücken Sie die `Esc`-Taste oder klicken mit der Maus außerhalb des Plug-ins in das Word-Dokument.

8 Klicken Sie auch im sich öffnenden Plug-in auf den Play-Button, um die Wiedergabe des Onlinevideos zu starten.

1 Setzen Sie den Cursor an die Stelle, an der Sie die SmartArt-Grafik einfügen möchten.

2 Entscheiden Sie sich im Menüband für den Reiter *Einfügen*.

3 Klicken Sie in der Gruppe *Illustrationen* auf die Schaltfläche *SmartArt*.

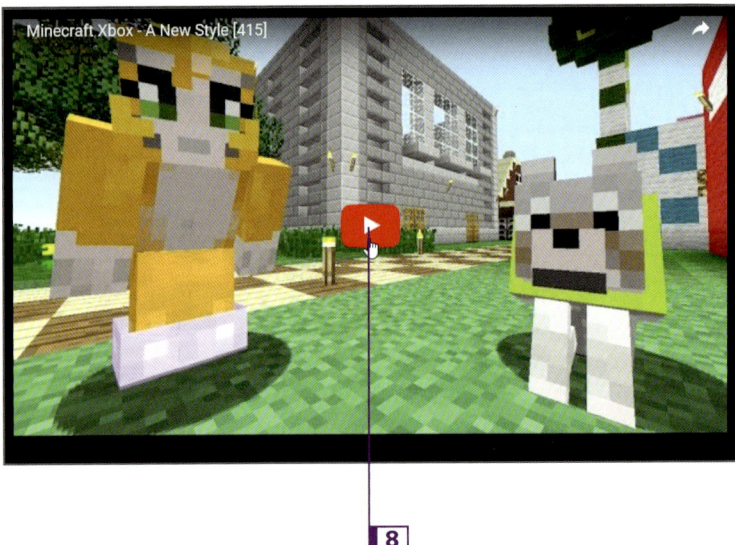

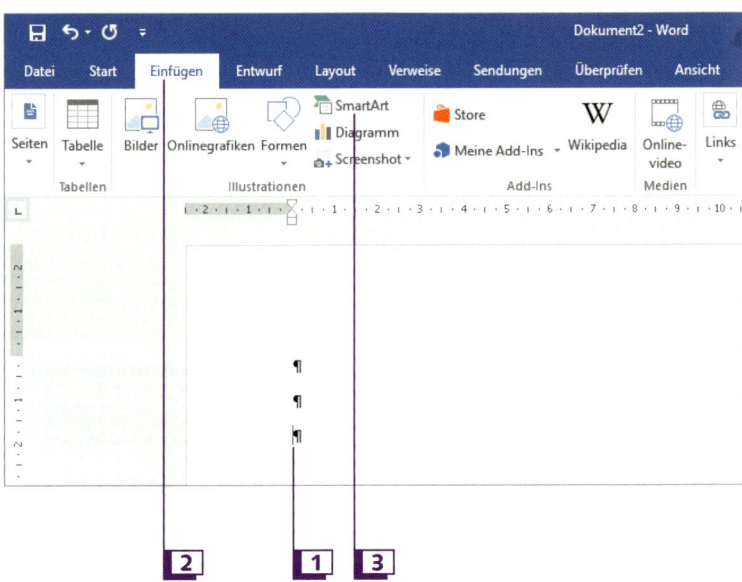

SmartArt-Grafiken verwenden

SmartArt-Grafiken dienen der übersichtlichen Darstellung von Prozessen, Hierarchien, Zyklen usw. Hierfür werden mehrere Formen zusammengefasst und mit passenden Textinhalten versehen. Und so wird es gemacht:

4 Wählen Sie im folgenden Fenster eine SmartArt-Kategorie aus.

5 Doppelklicken Sie auf einen SmartArt-Typ, um eine entsprechende SmartArt-Grafik ins Dokument einzufügen.

Tabellen, Bilder und Co. in ein Word-Dokument einbauen

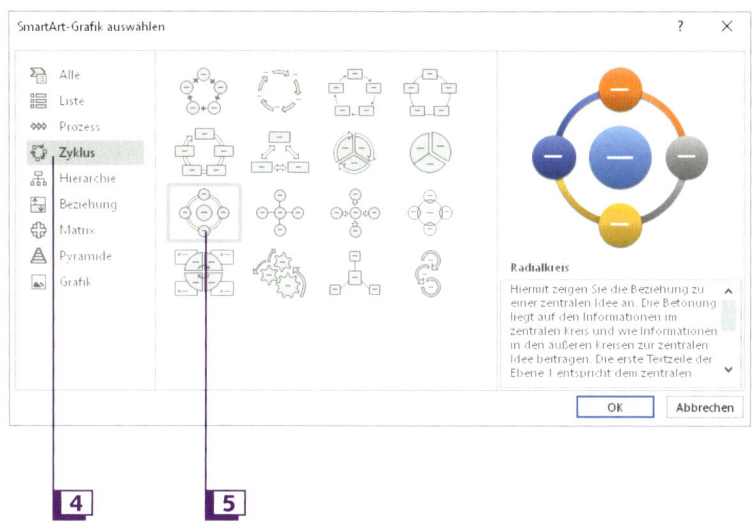

7 Klicken Sie jeweils auf einen Textplatzhalter und geben Sie Ihren eigenen Text ein.

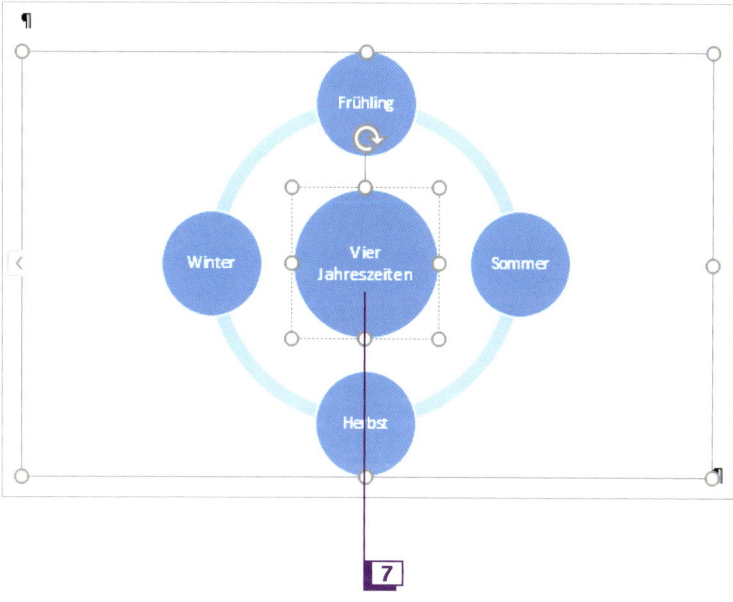

6 Wie bei einem Bild passen Sie die Größe der SmartArt-Grafik durch Ziehen bei gedrückter Maustaste an.

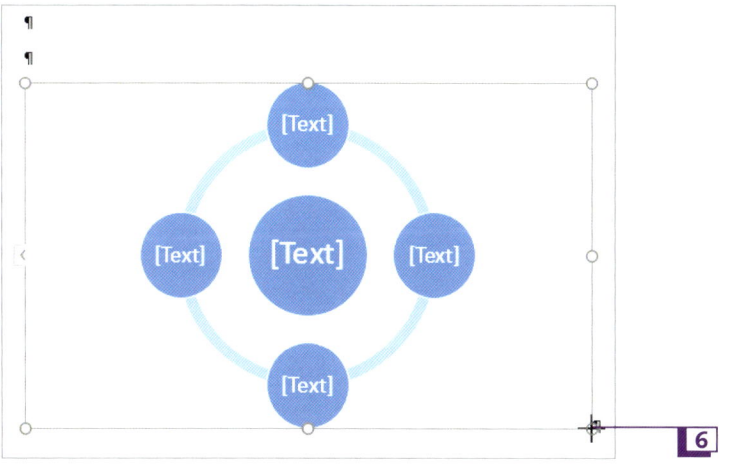

TIPP ➡ Wenn eine SmartArt-Grafik ausgewählt ist, werden im Menüband die *SmartArt-Tools* eingeblendet, die SmartArt-Formatvorlagen, Optionen zum Ändern der Formen sowie zahlreiche weitere Formatierungsoptionen bieten.

8 Möchten Sie die SmartArt-Grafik erweitern, klicken Sie sie mit der rechten Maustaste an.

9 Bewegen Sie den Mauszeiger auf den Eintrag *Form hinzufügen*.

10 Wählen Sie anschließend die gewünschte Erweiterungsoption aus, beispielsweise *Form davor hinzufügen*.

11 Die zusätzliche Form wird an der entsprechenden Stelle in die SmartArt-Grafik eingefügt und lässt sich ebenfalls mit individuellen Textinhalten füllen.

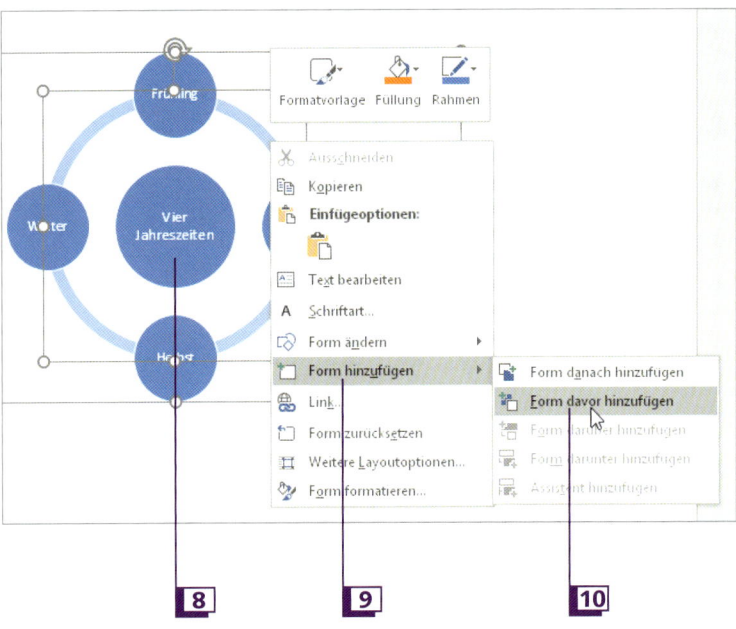

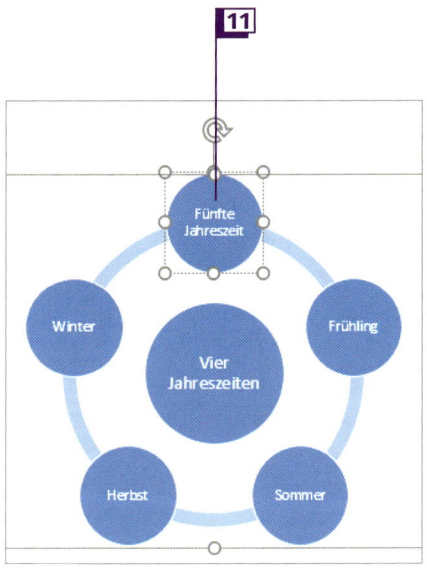

Das Kapitel im Überblick

▶ Darstellung in mehreren Spalten
▶ Umbrüche einfügen
▶ Zwischen Hochformat und Querformat wechseln
▶ Papiergröße anpassen
▶ Seitenränder einrichten
▶ Seitenfarbe ändern
▶ Dokument mit Wasserzeichen versehen
▶ Dokument als Vorlage speichern
▶ Word-Dokument zu Papier bringen
▶ Weitere Druckoptionen

Ein Word-Dokument perfekt einrichten und ausdrucken

Bisher haben Sie innerhalb eines Word-Dokuments gearbeitet. Nun machen Sie sich daran, das Dokument selbst perfekt einzurichten. Fügen Sie Umbrüche ein, richten Sie die Seitenränder ein oder passen Sie das Papierformat an. Sie können ein Dokument sogar mit einem individuellen Wasserzeichen versehen.

Erfahren Sie außerdem, wie Sie Ihr Word-Dokument – mithilfe eines an den Computer angeschlossenen Druckers – gekonnt zu Papier bringen. Auch in diesem Zusammenhang gibt es einige Einstellungsmöglichkeiten, die Sie in diesem Kapitel ausführlich kennenlernen werden.

5

Darstellung in mehreren Spalten

Bei umfangreicheren Dokumenten kann es sich anbieten, diese in Spalten darzustellen, um für mehr Übersicht zu sorgen, aber auch, um dem Dokument ein noch professionelleres Aussehen zu geben. Wie Sie Spalten in einem Dokument einrichten, zeigt Ihnen die folgende Anleitung.

1 Wählen Sie im Menüband den Reiter *Layout*.

2 Klicken Sie in der Gruppe *Seite einrichten* auf die Schaltfläche *Spalten*.

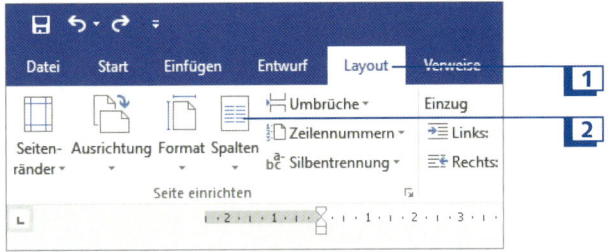

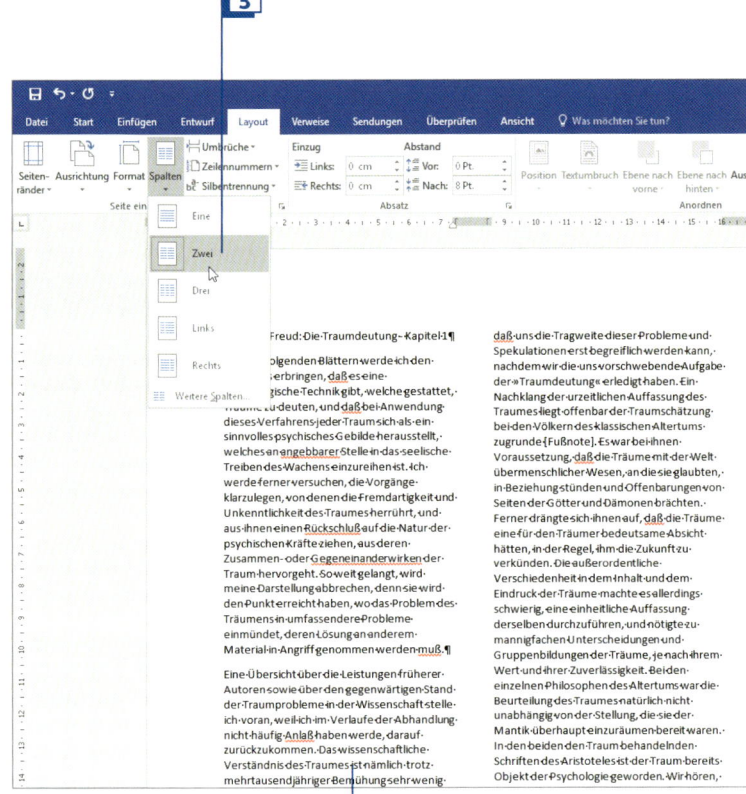

3 Entscheiden Sie sich im sich öffnenden Menü für die gewünschte Spaltenzahl.

4 Das Dokument wird anschließend in Spalten dargestellt. (Dazu der Hinweis, dass die Spalten jeweils im aktuellen Abschnitt dargestellt werden, ein Dokument kann auch aus mehreren Abschnitten bestehen.)

> **TIPP** ➡ Das geht auch: Markieren Sie beliebige Textpassagen mit der Maus und erstellen Sie dann Spalten nur für den markierten Text.

> **TIPP** ➡ Um im Dokument wieder eine einspaltige Darstellung zu erhalten, wählen Sie im Menü aus Schritt 3 die Spaltenzahl *Eine* aus.

120

Ein Word-Dokument perfekt einrichten und ausdrucken

5 Möchten Sie die Spalten durch eine Linie trennen oder den Spaltenabstand anpassen? Dazu klicken Sie erneut auf die Schaltfläche *Spalten*.

6 Wählen Sie im sich öffnenden Menü diesmal den Eintrag *Weitere Spalten*.

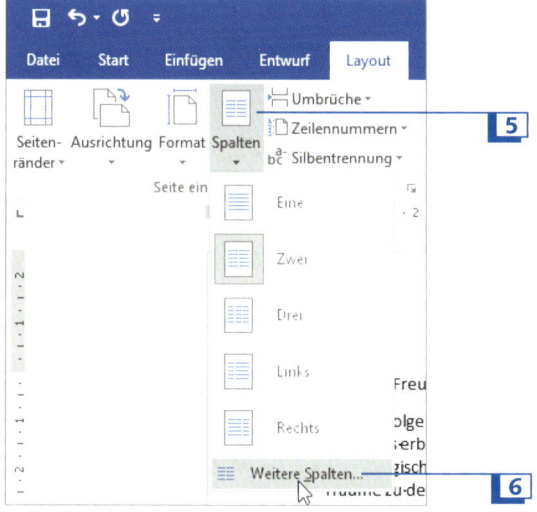

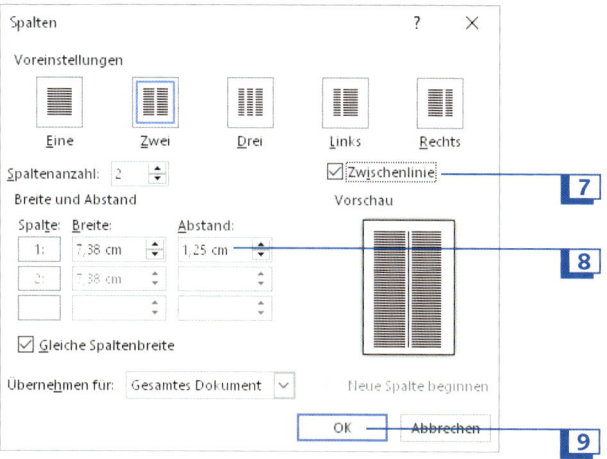

7 Aktivieren Sie im sich öffnenden Fenster das Kontrollkästchen *Zwischenlinie*, wenn Sie eine Trennlinie zwischen den Spalten wünschen.

8 Passen Sie außerdem die Breite der Spalten und den Abstand dazwischen entsprechend Ihren individuellen Anforderungen an.

9 Bestätigen Sie Ihre Einstellungen mit *OK*.

10 Diese Abbildung zeigt eine zwischen den Spalten eingefügte Trennlinie.

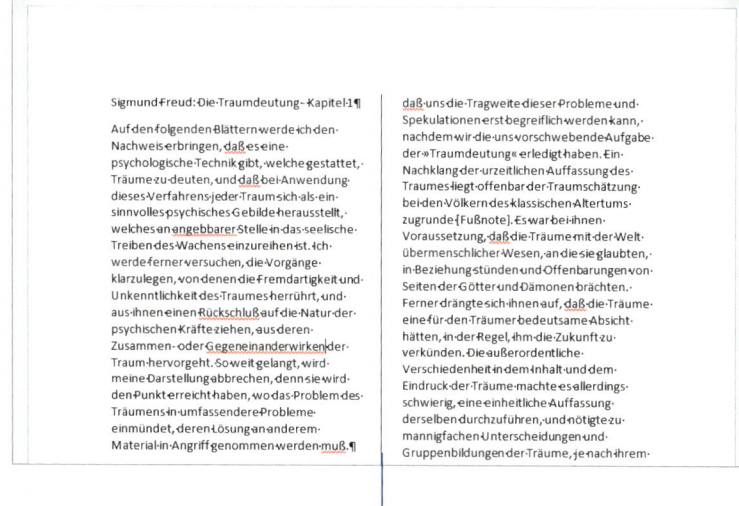

121

5

Umbrüche einfügen

Mithilfe von Umbrüchen teilen Sie Word mit, dass eine neue Seite, eine neue Spalte oder ein neuer Abschnitt beginnen soll. Umbrüche können Sie ganz einfach erstellen.

1 Setzen Sie im ersten Schritt den Cursor an die Stelle, an der Sie den Umbruch einfügen möchten.

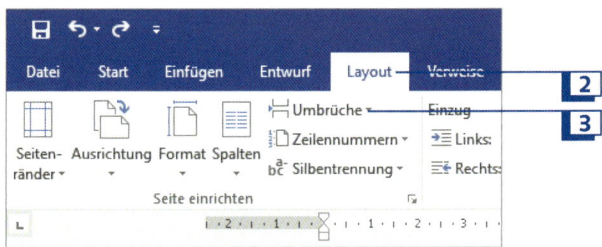

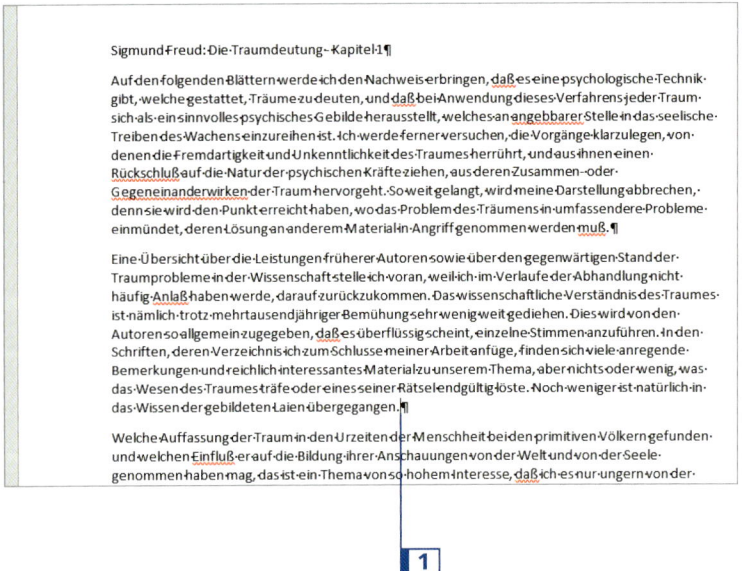

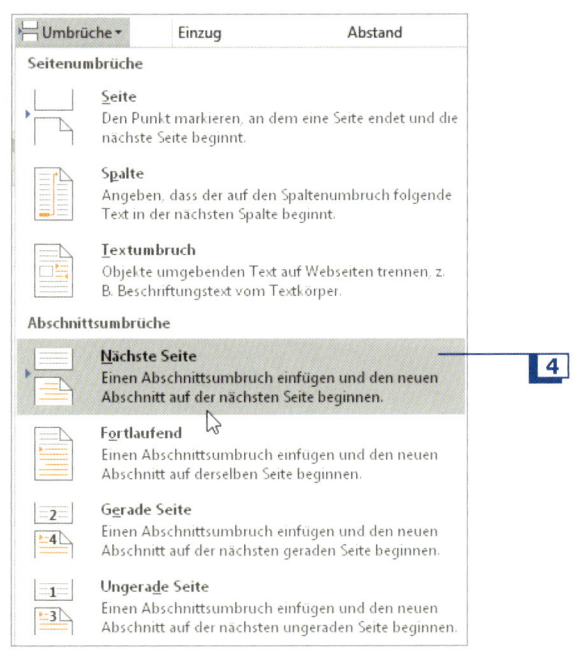

4 Wählen Sie im sich öffnenden Menü den gewünschten Umbruch aus.

2 Entscheiden Sie sich im Menüband für den Reiter *Layout*.

3 Klicken Sie in der Gruppe *Seite einrichten* auf die Schaltfläche *Umbrüche*.

TIPP ➡ Ein Seitenumbruch lässt sich am schnellsten mit der Tastenkombination [Strg]+[↵] erzeugen.

Ein Word-Dokument perfekt einrichten und ausdrucken

Zwischen Hochformat und Querformat wechseln

Manchmal kann es sich für eine übersichtlichere Darstellung anbieten, ein Dokument im Querformat statt im standardmäßigen Hochformat zu verwenden. Der Wechsel zwischen Hoch- und Querformat ist in Word 2016 eine Sache nur weniger Mausklicks.

1 Klicken Sie im Menüband auf den Reiter *Layout*.

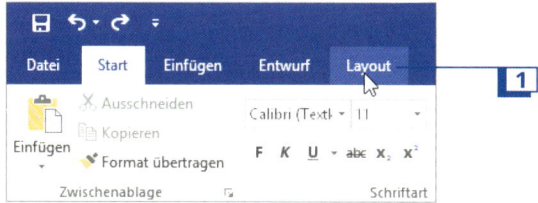

2 Entscheiden Sie sich in der Gruppe *Seite einrichten* für die Schaltfläche *Ausrichtung*.

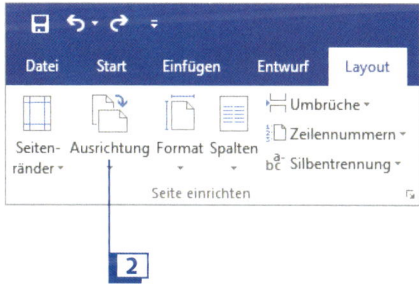

3 Wählen Sie im sich öffnenden Menu eine Ausrichtungsoption aus, in diesem Fall *Querformat*.

4 Das Dokument wird prompt Ihrer Auswahl entsprechend ausgerichtet.

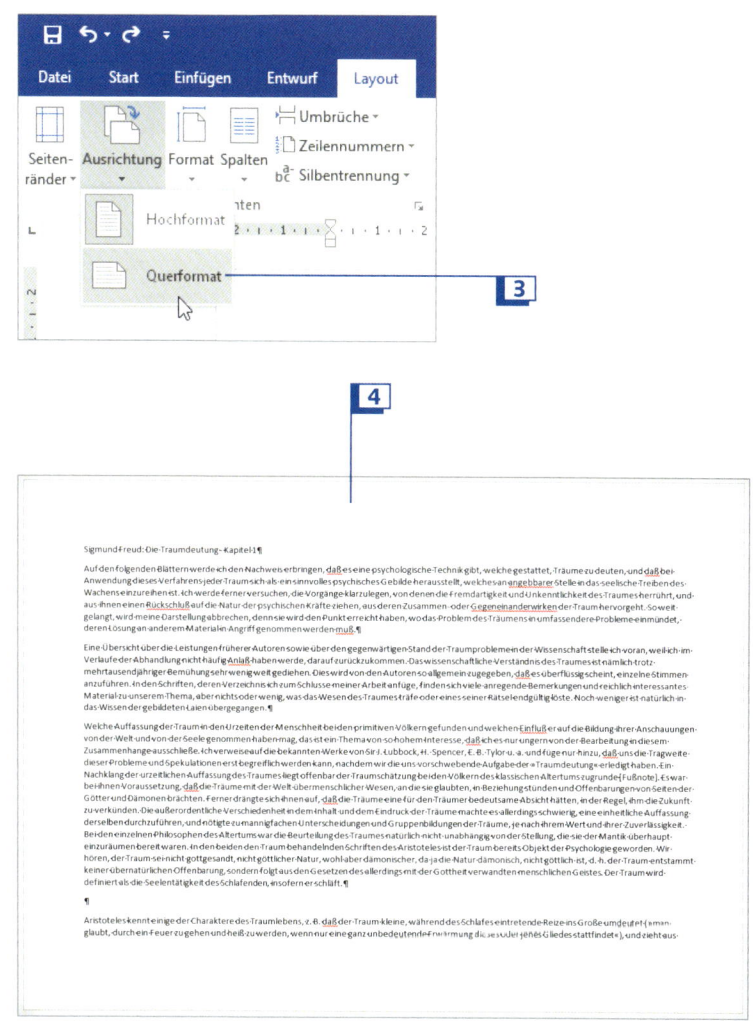

5

Papiergröße anpassen

Standardmäßig werden Dokumente im Format DIN A4 erstellt, dies entspricht auch dem Standardformat herkömmlicher Drucker. Doch Sie sind selbstverständlich nicht an dieses Papierformat gebunden. So stellen Sie eine andere Papiergröße ein:

1 Wählen Sie im Menüband erneut den Reiter *Layout*.

2 Klicken Sie in der Gruppe *Seite einrichten* auf die Schaltfläche *Format*.

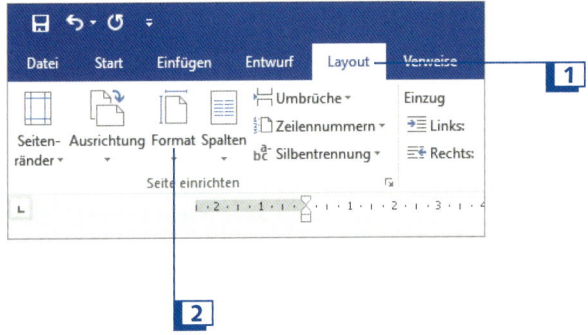

3 Wählen Sie im sich öffnenden Menü ein Papierformat aus, um das Dokument dieser Vorgabe entsprechend anzupassen.

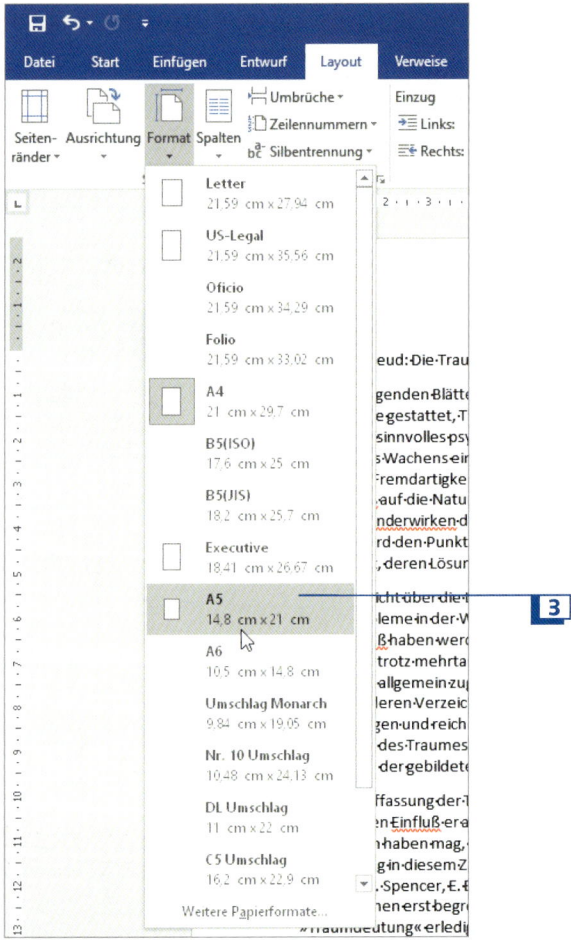

> **TIPP** ➡ Im Menü aus Schritt 3 finden Sie übrigens auch verschiedene Umschlagformate – falls Sie zu den von Ihnen erstellten Briefen auch gleich noch die Umschläge passend bedrucken möchten.

> **TIPP** ➡ Wenn Sie ein Dokument ausdrucken, das nicht dem DIN-A4-Format entspricht, müssen Sie unter Umständen den Einzelblatteinzug Ihres Druckers nutzen, um einen perfekten Ausdruck zu gewährleisten.

Ein Word-Dokument perfekt einrichten und ausdrucken

Seitenränder einrichten

Sie möchten am rechten Seitenrand mehr Platz lassen, etwa für Korrekturen? Oder die Seitenränder verkleinern, damit auf einer Seite mehr Platz für Text ist? Passen Sie die Seitenränder in einem Dokument Ihren Bedürfnissen an.

1 Klicken Sie im Menüband auf den Reiter *Layout*.

2 Entscheiden Sie sich in der Gruppe *Seite einrichten* für die Schaltfläche *Seitenränder*.

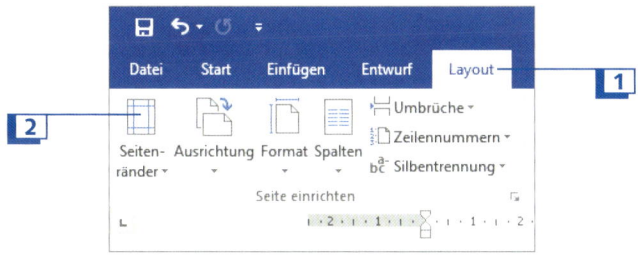

3 Nun können Sie per Mausklick eine der vorgeschlagenen Seitenrandoptionen auswählen.

4 Möchten Sie die Seitenränder individuell festlegen, klicken Sie unten im Menü auf den Eintrag *Benutzerdefinierte Seitenränder*.

5 Machen Sie im sich öffnenden Fenster Ihre Angaben zu den Seitenrändern.

6 Bestätigen Sie mit *OK*.

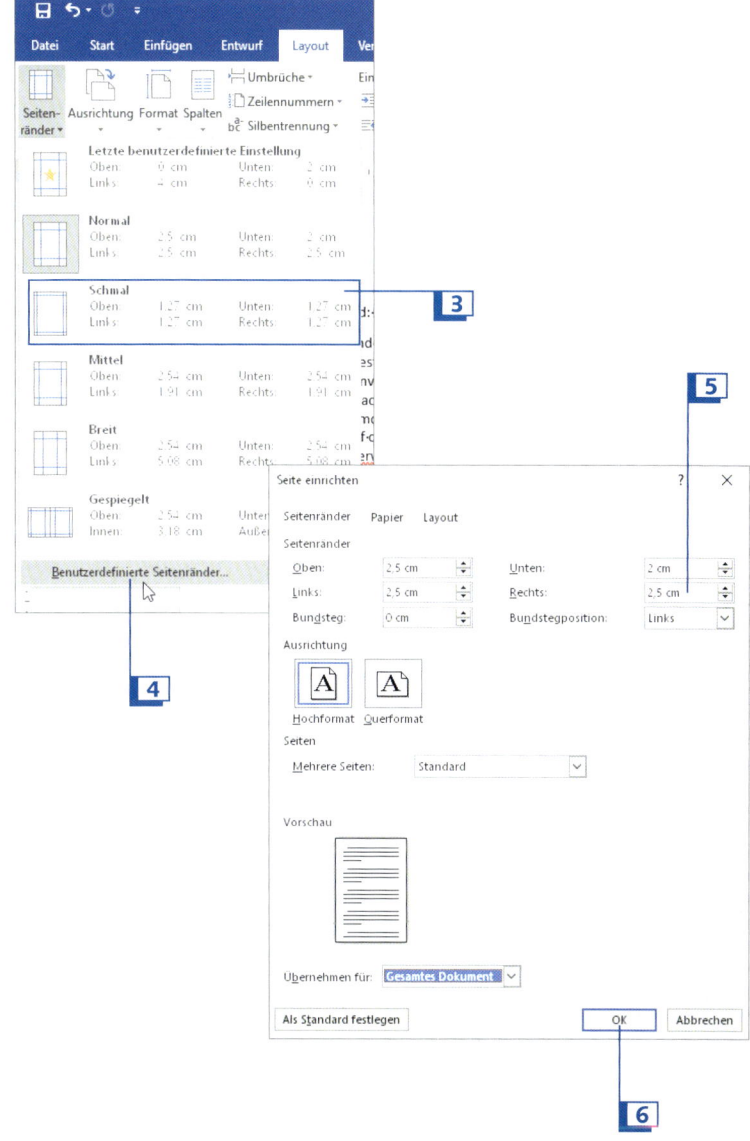

5

Seitenfarbe ändern

Besonders dann, wenn ein Dokument nur für die Betrachtung am Computer und nicht für den Ausdruck gedacht ist, bietet sich die zusätzliche Aufwertung durch eine Hintergrundfarbe an. Die Anpassung der Seitenfarbe erfolgt mit wenigen Klicks.

1 Klicken Sie im Menüband auf den Reiter *Entwurf*.

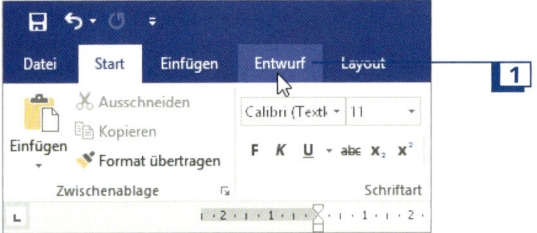

2 Wählen Sie in der Gruppe *Seitenhintergrund* die Schaltfläche *Seitenfarbe*.

> **TIPP** ➡ **Um die Seitenfarbe wieder zu löschen, wählen Sie im Menü aus Schritt 3 den Eintrag *Keine Farbe* aus.**

> **TIPP** ➡ **Beim Ausdruck wird die Seitenfarbe normalerweise nicht berücksichtigt. Dies lässt sich jedoch ändern, indem Sie in den Word-Optionen *Anzeige* wählen und dann das Kontrollkästchen *Hintergrundfarben und -bilder drucken* aktivieren.**

3 Suchen Sie im sich öffnenden Menü die gewünschte Farbe aus.

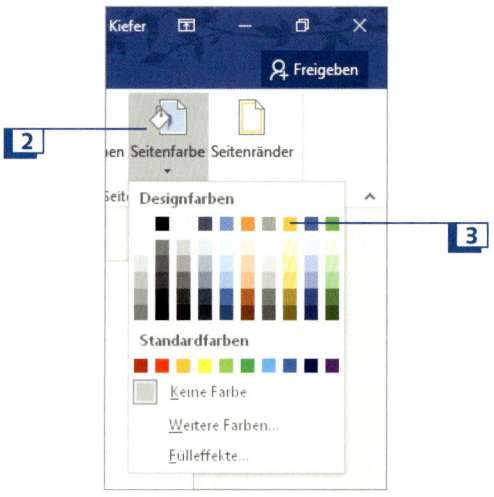

4 Das Dokument wird nun mit der von Ihnen gewählten Seitenfarbe als Hintergrund dargestellt.

Dokument mit Wasserzeichen versehen

Mit einem Wasserzeichen geben Sie Ihrem Dokument eine ganz persönliche Note. Sogar ein eigenes Foto lässt sich als Wasserzeichen einsetzen. Wie genau das geht, erfahren Sie hier:

1 Klicken Sie im Menüband auf den Reiter *Entwurf*.

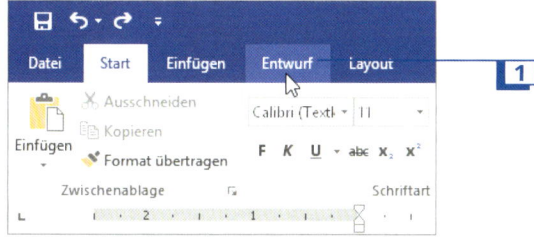

2 Wählen Sie in der Gruppe *Seitenhintergrund* die Schaltfläche *Wasserzeichen*.

3 Sie können im folgenden Menü eines der fertigen Wasserzeichen aussuchen.

4 Um ein Bildwasserzeichen einzufügen, klicken Sie im Menü auf den Eintrag *Benutzerdefiniertes Wasserzeichen*.

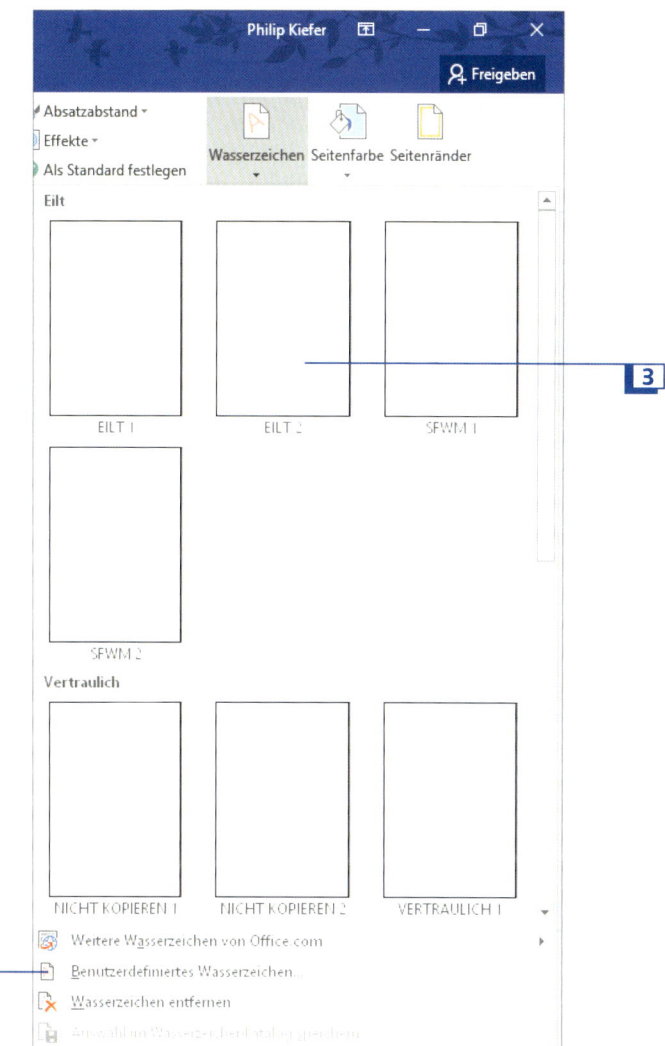

5

5 Aktivieren Sie im folgenden Fenster die Option *Bildwasserzeichen*.

6 Klicken Sie auf die Schaltfläche *Bild auswählen*.

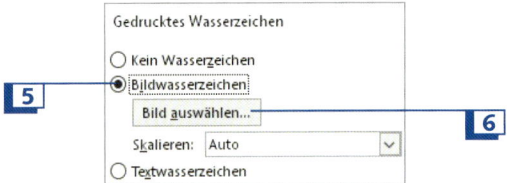

7 Um ein auf dem Computer gespeichertes Bild zu verwenden, klicken Sie im nächsten Schritt auf *Durchsuchen*.

8 Wählen Sie das Bild aus.

9 Bestätigen Sie mit *Einfügen*.

10 Nehmen Sie, wenn Sie es wünschen, noch weitere Einstellungen zum Bildwasserzeichen vor.

11 Bestätigen Sie mit *OK*.

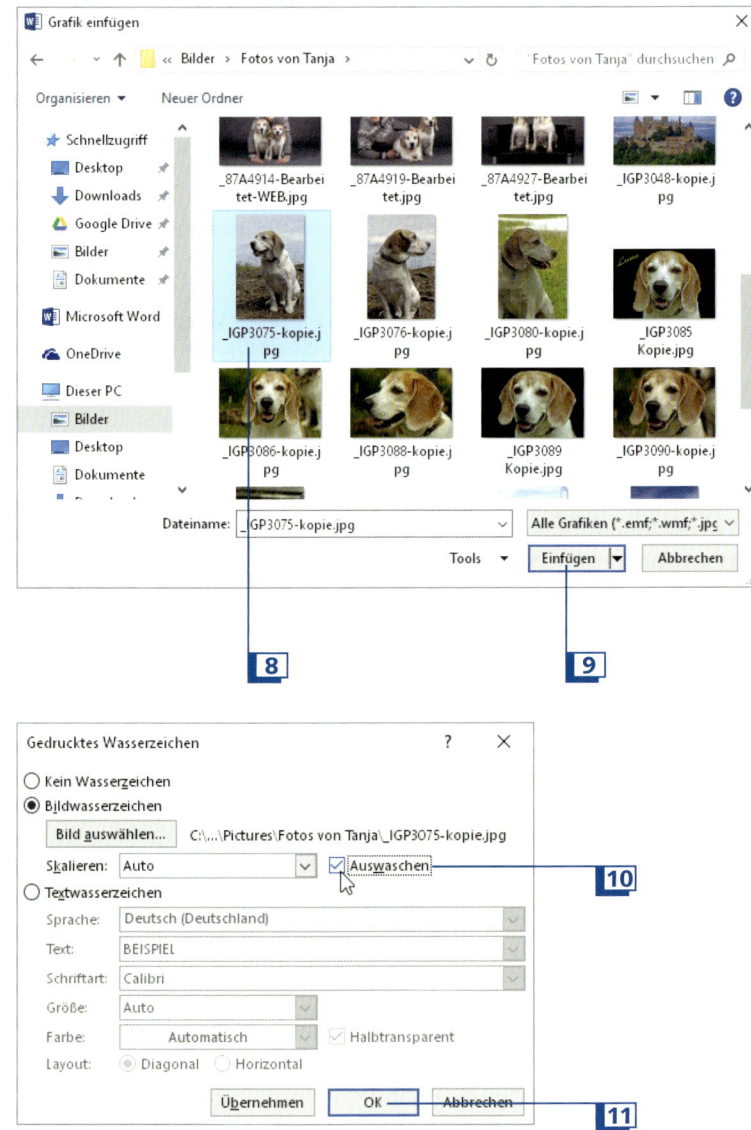

Ein Word-Dokument perfekt einrichten und ausdrucken

TIPP ➡ Um ein Wasserzeichen wieder aus dem Dokument zu löschen, wählen Sie im Menü aus den Schritten 3 und 4 den Eintrag *Wasserzeichen entfernen*.

Dokument als Vorlage speichern

Wenn Ihnen das Formatieren eines Dokuments gut gelungen ist, möchten Sie dieses eventuell als Vorlage speichern, um es dann auf bequeme Weise für die Erstellung weiterer Dokumente nutzen zu können.

1 Klicken Sie links oben in Word auf *Datei*, um den Backstage-Bereich aufzurufen.

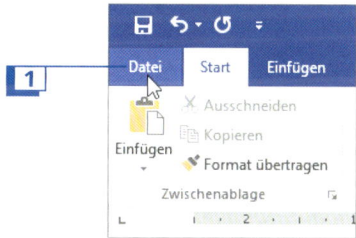

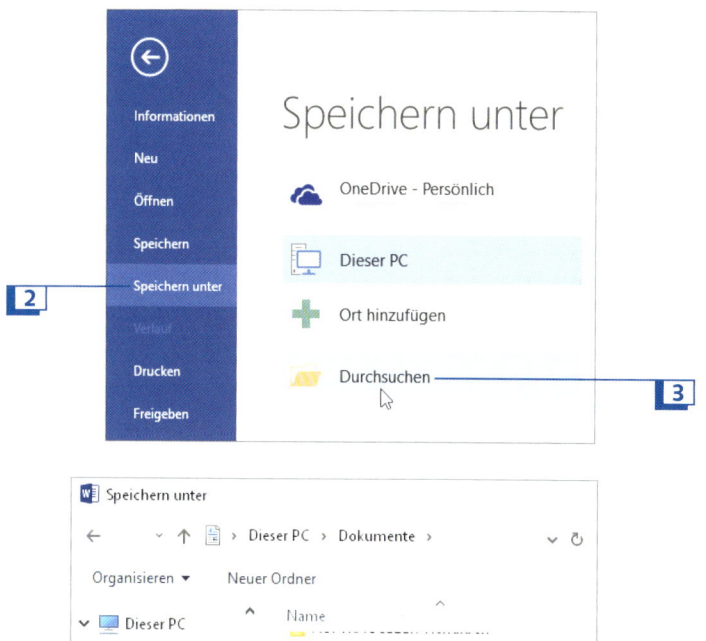

2 Wählen Sie den Eintrag *Speichern unter*.

3 Klicken Sie auf *Durchsuchen*.

4 Nun öffnen Sie im Ordner *Dokumente* per Doppelklick den bereits vorhandenen Unterordner *Benutzerdefinierte Office-Vorlagen*.

5 Geben Sie der Vorlage im Feld *Dateiname* eine sinnvolle Bezeichnung.

6 Entscheiden Sie sich im Menü *Dateityp* für den Dateityp *Word-Vorlage*.

7 Bestätigen Sie schließlich mit *Speichern*.

5

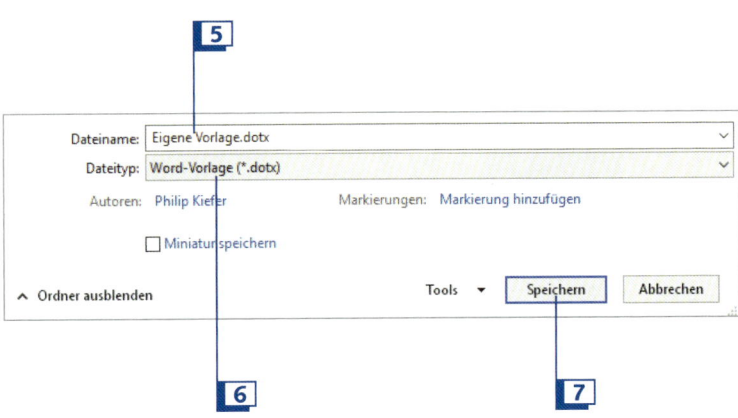

TIPP ➡ Erstellen Sie auf diese Weise Ihre ganz persönlichen Vorlagen für Geschäftspapiere, Etiketten, Hausarbeiten usw. und greifen Sie darauf jederzeit wieder zu.

10 Klicken Sie auf *Persönlich*.

11 Wählen Sie die erstellte Vorlage per Mausklick aus.

8 Um ein auf der Vorlage basierendes Dokument zu erstellen, klicken Sie erneut auf *Datei*, um den Backstage-Bereich aufzurufen.

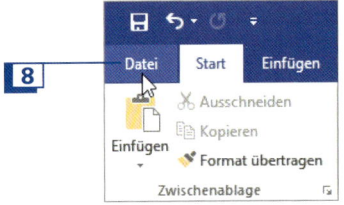

9 Wählen Sie im Backstage-Bereich den Eintrag *Neu*.

TIPP ➡ Um sich einen Mausklick zu ersparen, machen Sie Ihre Vorlage direkt bei den empfohlenen Vorlagen verfügbar: Hierzu klicken Sie die Vorlage im Fenster aus Schritt 11 mit der rechten Maustaste an. Entscheiden Sie sich im Kontextmenü für den Eintrag *An Liste anheften*.

Word-Dokument zu Papier bringen

Ein Drucker ist an den Computer angeschlossen, das Papier ist eingelegt. Dann können Sie ein Dokument mit wenigen Handgriffen ausdrucken. So klappt's in Word 2016:

1 Klicken Sie links im Menüband auf den Reiter *Datei*.

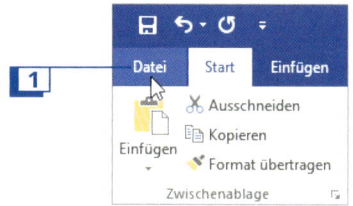

2 Wählen Sie im Backstage-Bereich den Eintrag *Drucken*.

> **TIPP** ➡ Alternativ drücken Sie die Tastenkombination [Strg]+[P].

3 Normalerweise wird für den Ausdruck der Standarddrucker verwendet. Wenn Sie einen anderen Drucker nutzen möchten, wählen Sie diesen im Menü *Drucker* aus.

4 Klicken Sie auf die Schaltfläche *Drucken*, um das Dokument zu Papier zu bringen.

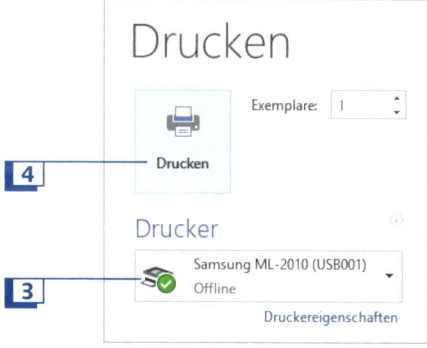

> **TIPP** ➡ Soll das Dokument mehrfach ausgedruckt werden? Dann bestimmen Sie im Menü *Exemplare* die Anzahl; im Menü *Sortiert* können Sie gegebenenfalls auch noch die Sortierung bei mehreren ausgedruckten Seiten anpassen.

5

Weitere Druckoptionen

Manchmal möchten Sie nicht das gesamte Dokument ausdrucken, sondern nur einige Seiten davon. Und es lassen sich auch mehrere Seiten auf ein einzelnes Blatt bringen. Lassen Sie mich Ihnen diese Druckoptionen kurz vorstellen.

1 Sie wählen im Backstage-Bereich wiederum den Eintrag *Drucken*.

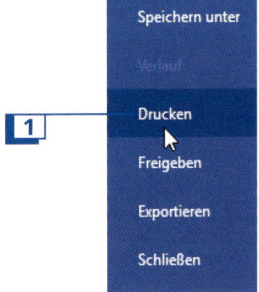

2 Klicken Sie in das Feld *Seiten*.

3 Geben Sie die Seiten ein, die ausgedruckt werden sollen (einzelne Seiten durch Kommata getrennt, zusammenhängende Seiten mit einem Trennzeichen verbunden).

4 Zum Ausdruck mehrerer Seiten auf einem Blatt öffnen Sie das Menü *1 Seite pro Blatt*.

5 Bestimmen Sie anschließend, wie viele Seiten auf ein Blatt gedruckt werden sollen.

Das Kapitel im Überblick

- Wörter und Co. zählen
- PDF-Dateien bearbeiten
- Innerhalb eines Dokuments suchen
- Erweiterte Suche
- Eingabe in Kopf- oder Fußzeile
- Seitenzahlen einfügen
- Zeilen nummerieren
- Textmarke einfügen
- Querverweis einbauen
- Fußnoten setzen
- Automatisches Inhaltsverzeichnis
- Richtig zitieren
- Literaturverzeichnis einfügen
- Index erstellen
- Deckblatt gestalten
- Empfänger für Serienbrief bestimmen
- Serienbrief erstellen

Querverweise, Index und weitere nützliche Word-Funktionen erkunden

Auch dieses Kapitel befasst sich mit Word 2016. Sie machen sich darin mit einer ganzen Reihe nützlicher Funktionen vertraut, die Sie zu einem Fortgeschrittenen im Umgang mit dem Programm erheben: Lernen Sie unter anderem, wie Sie mit Word PDF-Dateien bearbeiten, Text in die Kopf- oder Fußzeile eingeben, Querverweise in ein Dokument einbauen und darauf verweisen, Fußnoten setzen oder ein automatisches Inhaltsverzeichnis generieren.

Vielleicht möchten Sie auch einen Serienbrief erstellen, der an mehrere Empfänger gehen soll, etwa die Mitglieder Ihres Vereins? Auch dazu gibt es in diesem Kapitel eine klar verständliche Schritt-für-Schritt-Anleitung.

Wörter und Co. zählen

Word zählt die Seiten, Absätze, Zeilen, Wörter und einzelnen Zeichen im ganzen Dokument oder in einer von Ihnen markierten Textpassage. So schauen Sie sich die automatisch ermittelten Werte an:

1 Um sich die Anzahl der Wörter usw. für eine bestimmte Textpassage einblenden zu lassen, markieren Sie diese zunächst.

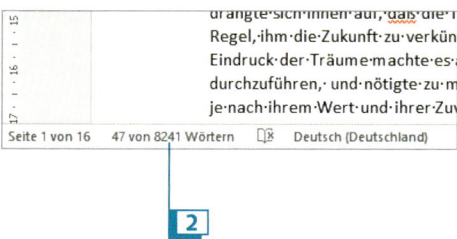

2 In der Statusleiste wird Ihnen die Anzahl der Seiten und die Anzahl der Wörter angezeigt. Klicken Sie auf die angezeigte Wörterzahl.

TIPP ➡ Wenn Sie in der Statusleiste auf die angezeigte Anzahl der Seiten klicken, werden die Seiten des Dokuments in einem Miniformat in einer Navigationsleiste eingeblendet, was Ihnen dabei helfen kann, eine bestimmte Seite schneller aufzufinden.

3 Im folgenden Fenster bestimmen Sie per Kontrollkästchen, ob auch Textfelder sowie Fuß- und Endnoten in die Statistik einfließen sollen oder nicht.

4 Schauen Sie sich dann die ermittelten Werte an.

5 Um das Dokument weiterbearbeiten zu können, klicken Sie auf die Schaltfläche *Schließen*.

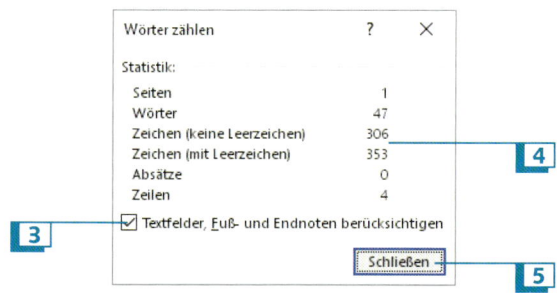

WICHTIGE INFORMATION

Möchten Sie zu einer bestimmten Seite in einem Dokument springen? Drücken Sie dazu die Tastenkombination [Strg]+[G], geben Sie im folgenden Fenster die Seitenzahl ein und bestätigen Sie mit der [↵]-Taste.

PDF-Dateien bearbeiten

Mit Word 2016 lassen sich nicht nur PDF-Dateien erstellen, sondern PDF-Dokumente lassen sich auch öffnen und bearbeiten. Hier erfahren Sie die Vorgehensweise.

1 Wählen Sie im Backstage-Bereich den Eintrag *Öffnen*.

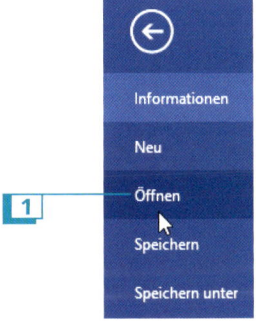

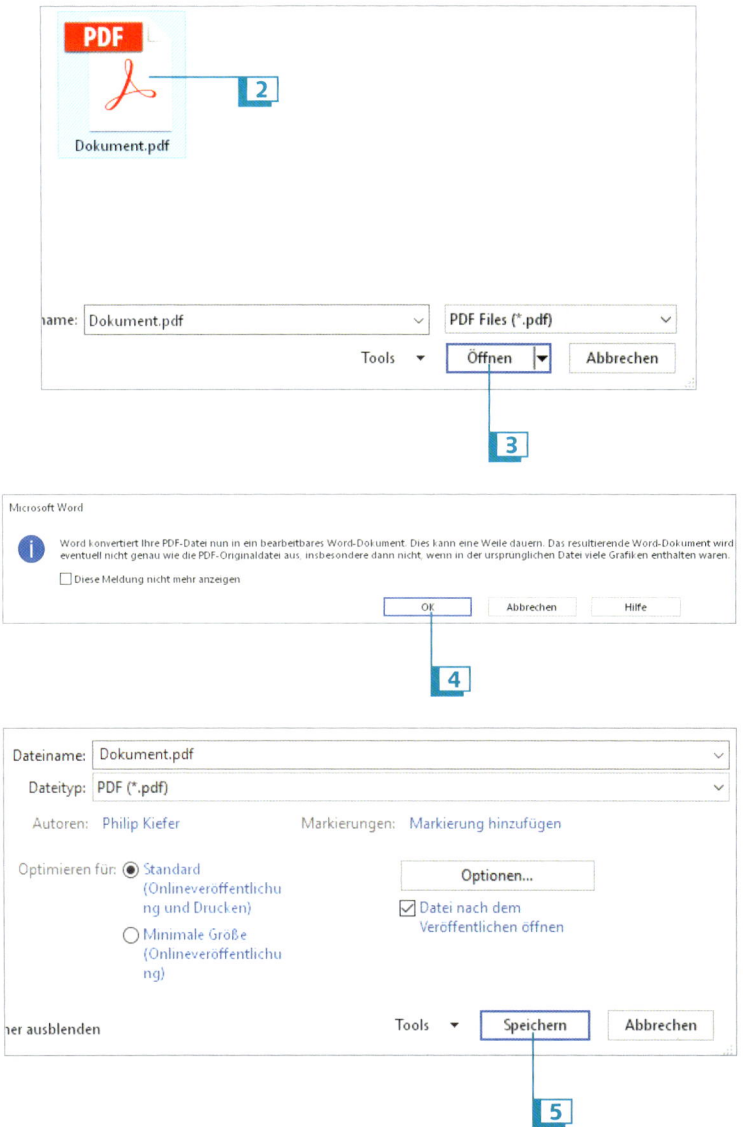

2 Entscheiden Sie sich für die PDF-Datei, die Sie bearbeiten möchten.

3 Bestätigen Sie mit *Öffnen*.

4 Bestätigen Sie das Konvertieren der PDF-Datei ins Word-Format mit *OK*.

5 Bearbeiten Sie das Dokument nach Ihren Vorstellungen. Speichern Sie die Datei – wie bereits in Kapitel 2 kennengelernt – wieder als PDF-Datei ab. Achtung: Durch das Konvertieren kann es zu Verschiebungen kommen, deshalb sollten Sie das Dokument vor dem Speichern gründlich überprüfen!

WICHTIGE INFORMATION

PDF-Dateien bieten den großen Vorteil, dass Dokumente auf unterschiedlichen Plattformen auf einheitliche Weise dargestellt werden. Die Abkürzung PDF steht übrigens für **P**ortable **D**ocument **F**ormat – übersetzt etwa »transportables Dokumentformat«.

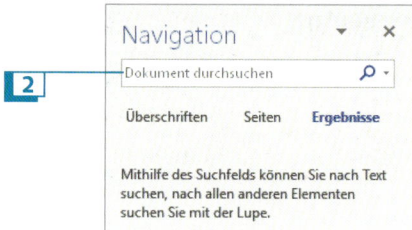

Innerhalb eines Dokuments suchen

Wenn Sie in einem Dokument nach einem bestimmten Begriff suchen möchten, bietet Word 2016 selbstverständlich auch hierfür die passende Funktion an.

1 Klicken Sie im Menüband unter *Start* und dort in der Gruppe *Bearbeiten* auf die Schaltfläche *Suchen*.

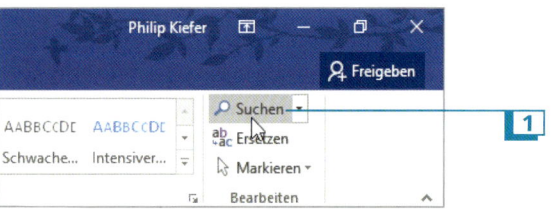

TIPP ➡ Die Navigationsleiste für die Suche innerhalb eines Dokuments können Sie auch jederzeit mit der Tastenkombination [Strg]+[F] aufrufen.

2 Geben Sie in der links eingeblendeten Navigationsleiste Ihren Suchbegriff ein. Die Suche wird bereits während der Eingabe gestartet.

3 Klicken Sie ein Suchergebnis an, um zur entsprechenden Stelle im Dokument zu springen. Die Suchergebnisse werden im Dokument gelb gemarkert.

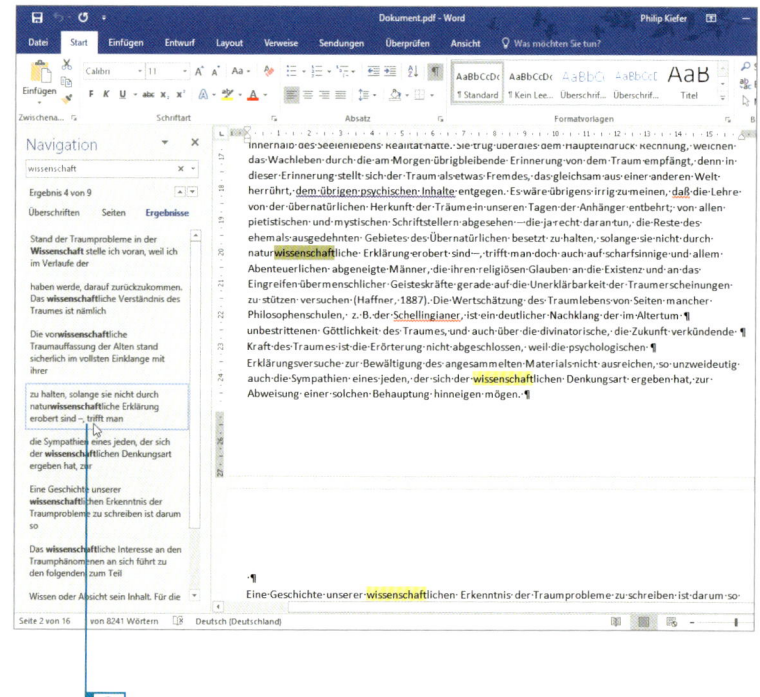

Querverweise, Index und weitere nützliche Word-Funktionen erkunden

TIPP ➡ Um eine Gliederung nach Überschriften anzuzeigen, klicken Sie im Navigationsbereich unterhalb des Suchfeldes auf *Überschriften*; für die Seitendarstellung im Miniformat wählen Sie entsprechend *Seiten*.

TIPP ➡ Sie können übrigens auch bei geschlossenem Navigationsbereich nach dem zuletzt in das Suchfeld eingegebenen Begriff weitersuchen, und zwar, indem Sie die Tastenkombination ⇧+F4 drücken.

Erweiterte Suche

Word bietet noch eine Reihe von Suchoptionen für die detailliertere Suche innerhalb des Dokuments an. Die folgende Anleitung gibt Ihnen dazu einen Überblick.

1 Klicken Sie auch in diesem Fall im Menüband unter *Start* und dort in der Gruppe *Bearbeiten* auf die Schaltfläche *Suchen*.

2 Klicken Sie auf den kleinen Pfeil rechts neben dem Suchfeld.

TIPP ➡ Auch so lässt sich die erweiterte Suche aufrufen: Klicken Sie auf den zur Schaltfläche *Suchen* gehörenden Pfeil und wählen Sie im sich öffnenden Menü den Eintrag *Erweiterte Suche*.

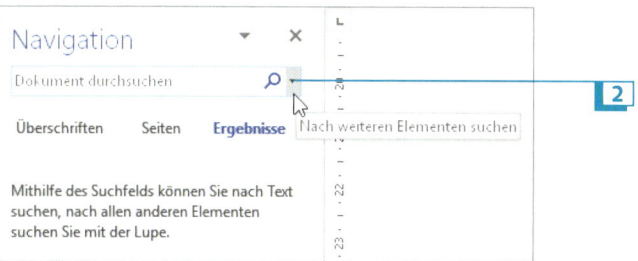

3 Entscheiden Sie sich im Menü beispielsweise für die Suche nach bestimmten Elementen, etwa Tabellen.

4 Für weitere Suchoptionen klicken Sie auf den Eintrag *Erweiterte Suche*.

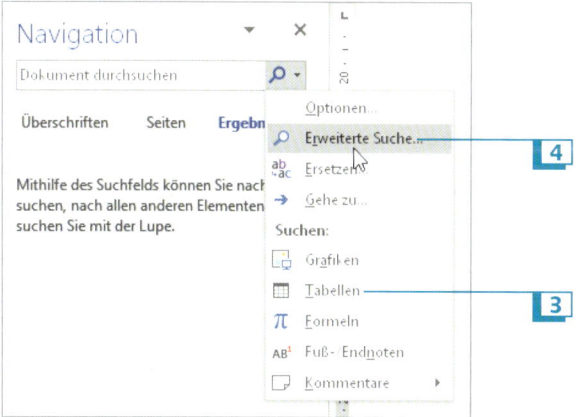

> **TIPP** ➡ Wenn Sie sich im Menü aus Schritt 4 für den Eintrag *Optionen* entscheiden, können Sie im sich öffnenden Fenster Ihre individuellen Standardsuchoptionen festlegen.

5 Klicken Sie im folgenden Fenster gegebenenfalls zunächst auf die Schaltfläche *Erweitern*.

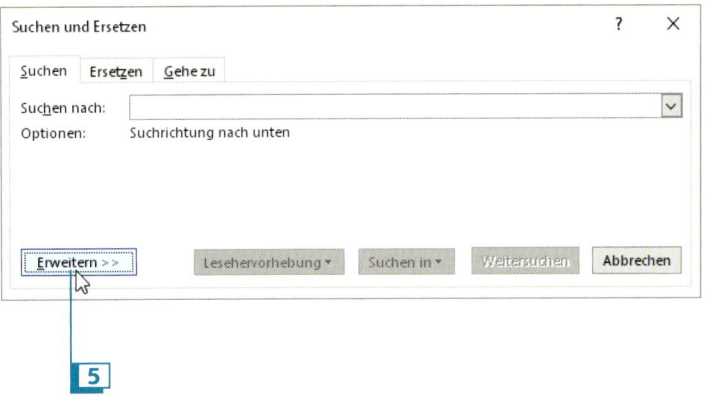

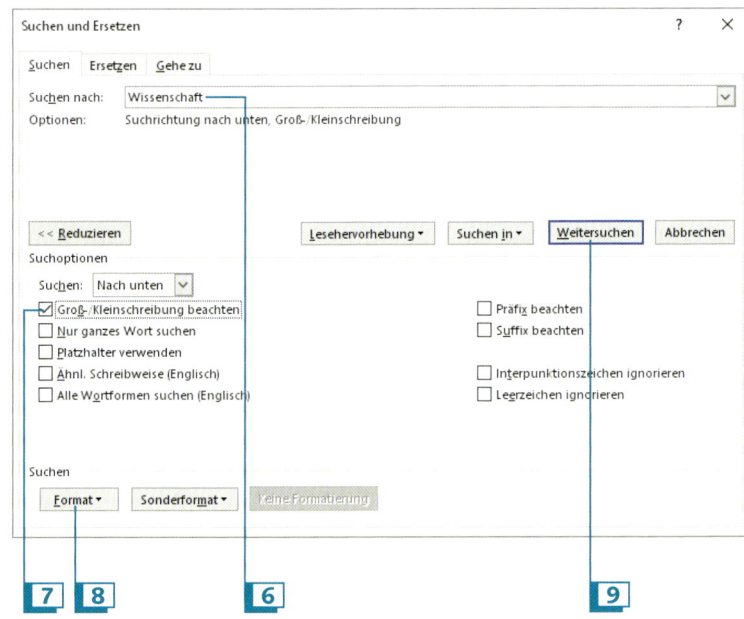

6 Geben Sie in das Feld *Suchen nach* Ihren Suchbegriff ein.

7 Legen Sie die gewünschten Suchoptionen für den gesuchten Text fest.

8 Die Suche lässt sich auch im Hinblick auf Formate durchführen, indem Sie unter der Schaltfläche *Format* Ihre Sucheinstellungen vornehmen.

9 Starten Sie die Suche per Schaltfläche *Weitersuchen* oder alternativ per ⏎-Taste.

10 Word zeigt Ihnen die Suchergebnisse in diesem Fall direkt im Dokument an.

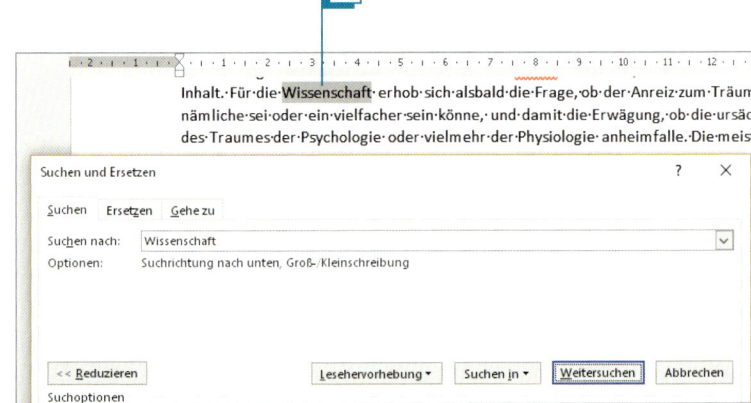

Querverweise, Index und weitere nützliche Word-Funktionen erkunden

WICHTIGE INFORMATION

Auch eine Suche nach bestimmten Zeichen, etwa Gedankenstrichen, ist für Word kein Problem. Dazu klicken Sie unten im Fenster für die erweiterte Suche auf die Schaltfläche *Sonderformat* und wählen im sich öffnenden Menü das zu suchende Zeichen aus.

TIPP ➡ Wenn Sie rechts im Suchfeld für die erweiterte Suche auf das Pfeilsymbol klicken, greifen Sie auf einen Suchverlauf zu und können sich so das erneute Eintippen eines bereits gesuchten Begriffs sparen.

Eingabe in Kopf- oder Fußzeile

Um in einem Dokument zusätzliche Informationen zu präsentieren, etwa den Titel eines Dokuments oder das aktuelle Datum, bietet sich die Eingabe in die Kopf- oder Fußzeile ein. Auch hierzu eine erhellende Anleitung am Beispiel einer Kopfzeile:

1 Klicken Sie im Menüband auf den Reiter *Einfügen*.

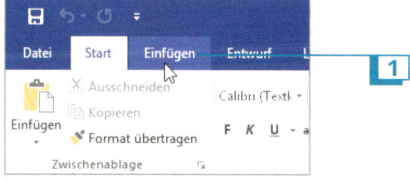

2 Wählen Sie in der Gruppe *Kopf- und Fußzeile* die Schaltfläche *Kopfzeile* (zum Bearbeiten der Fußzeile klicken Sie entsprechend auf die Schaltfläche *Fußzeile*).

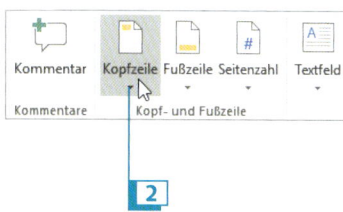

3 Treffen Sie im sich öffnenden Menü eine Vorlagenauswahl.

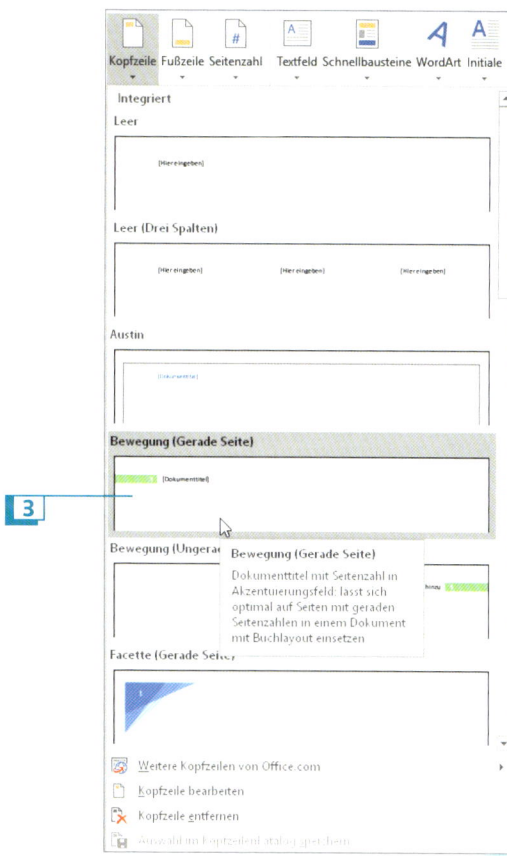

6

> **TIPP** ➡ Um die Kopf- oder Fußzeile ohne die Auswahl einer Vorlage zu bearbeiten, doppelklicken Sie einfach auf den oberen bzw. unteren Rand des Dokuments.

4 Klicken Sie den in der Vorlage enthaltenen Platzhalter mit der Maus an.

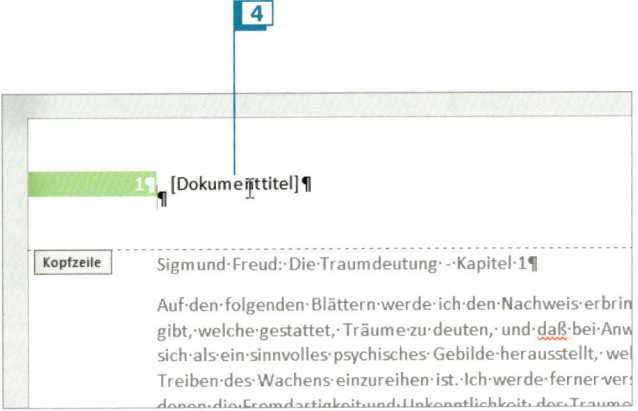

5 Tippen Sie den gewünschten Kopfzeilentext ein.

6 Um anschließend wieder zum Dokument zu wechseln, doppelklicken Sie einfach in das Dokument hinein.

7 Sie können nun wieder den Text im Dokument bearbeiten.

8 Um erneut die Kopfzeile zu bearbeiten, doppelklicken Sie dort hinein.

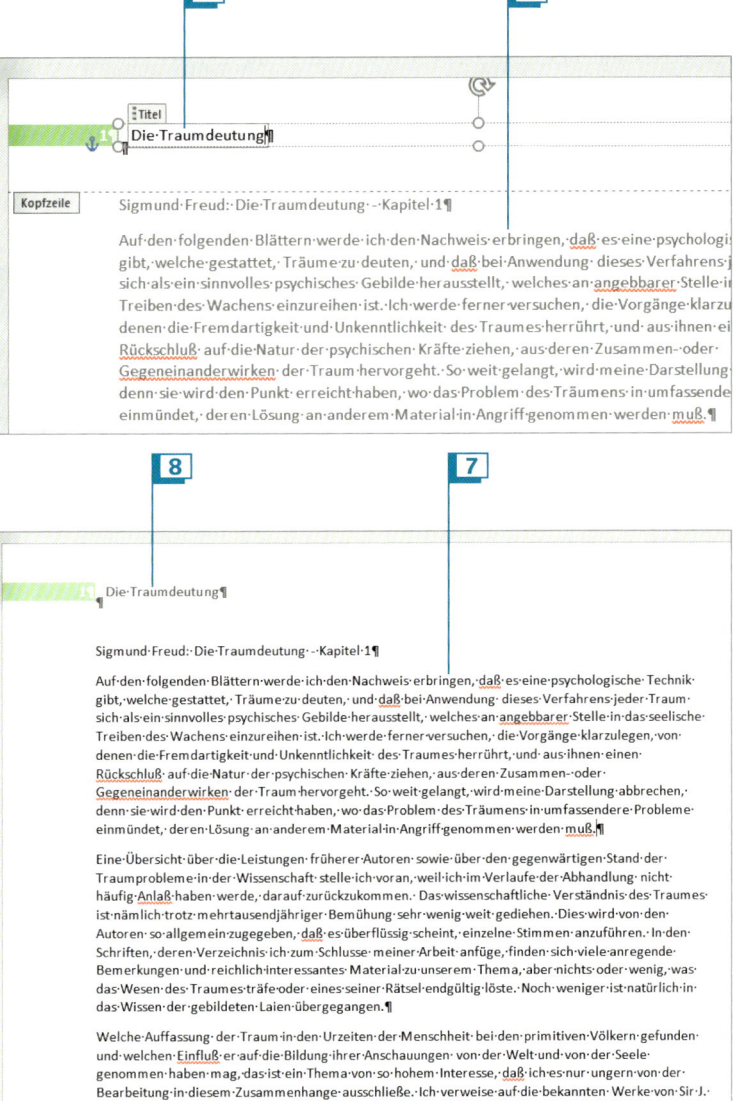

Querverweise, Index und weitere nützliche Word-Funktionen erkunden

WICHTIGE INFORMATION

Für weitere Optionen rund um Kopf- und Fußzeile stehen Ihnen im Menüband bei aktivierter Kopf- oder Fußzeile die *Kopf- und Fußzeilentools* zur Verfügung. Sie finden dort unter anderem Optionen zum Einfügen von Inhalten, aber auch zum Anpassen der Position von Kopf- bzw. Fußzeile. Übrigens lassen sich in die Kopf- oder Fußzeile auch Bilder einfügen – auch diese Option wird Ihnen in den *Kopf- und Fußzeilentools* angeboten.

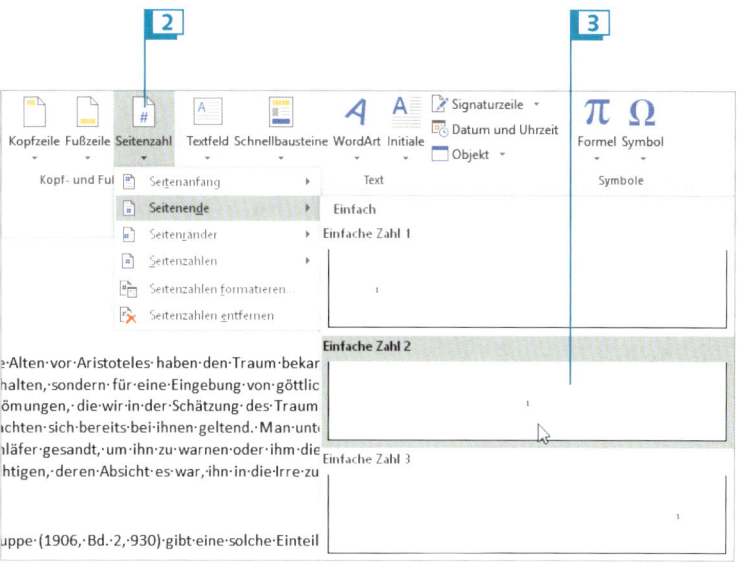

Seitenzahlen einfügen

Besonders bei umfangreicheren Dokumenten sind Seitenzahlen hilfreich, um auch bei ausgedruckten Dokumenten schnell einen bestimmten Inhalt aufzufinden. Das Einfügen von Seitenzahlen erfolgt entweder in die Kopf- oder in die Fußzeile.

1 Klicken Sie im Menüband auf den Reiter *Einfügen*.

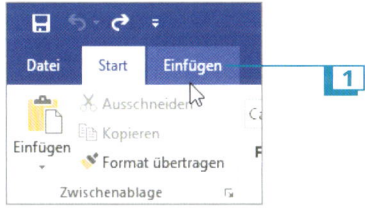

2 Wählen Sie in der Gruppe *Kopf- und Fußzeile* die Schaltfläche *Seitenzahl*.

3 Suchen Sie im sich öffnenden Menü eine Seitenzahlvorlage aus.

4 Die Seitenzahlen werden daraufhin ins Dokument eingefügt.

5 Für weitere Optionen rund um die Seitenzahl klicken Sie erneut auf die Schaltfläche *Seitenzahl*.

6 Wählen Sie im Menü diesmal den Eintrag *Seitenzahlen formatieren*.

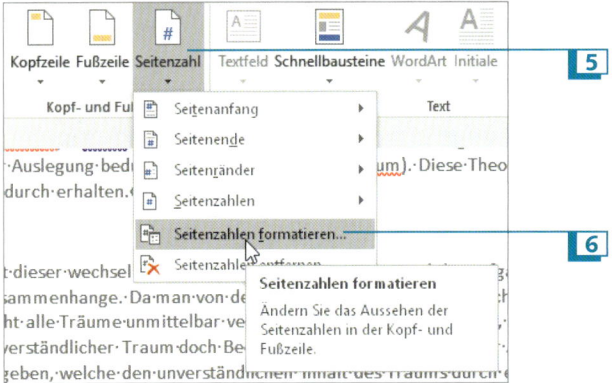
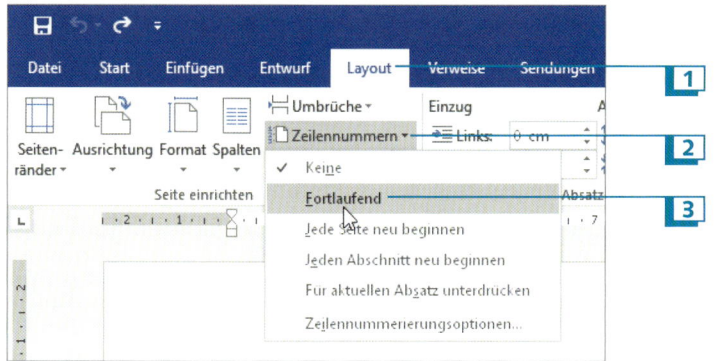

> **TIPP** ➡ Die Seitenzahlen wieder löschen: Dazu wählen Sie im Menü aus Schritt 6 die Option *Seitenzahlen entfernen*.

Zeilen nummerieren

Nicht nur die Seiten in einem Dokument lassen sich automatisch nummerieren, sondern auch die einzelnen Zeilen. So kann schnell auf eine bestimmte Zeile verwiesen werden. Wie Sie die Zeilennummern einblenden, erkläre ich Ihnen hier:

1 Entscheiden Sie sich im Menüband für den Reiter *Layout*.

2 Klicken Sie auf die Schaltfläche *Zeilennummern*.

3 Wählen Sie im sich öffnenden Menü eine Nummerierungsoption aus, z. B. *Fortlaufend*.

4 Schon werden die Zeilennummern im Dokument dargestellt.

> **TIPP** ➡ Möchten Sie jetzt noch den Abstand der Zeilennummern festlegen, klicken Sie erneut auf die Schaltfläche *Zeilennummern* und wählen den Eintrag *Zeilennummerierungsoptionen*. Im folgenden Fenster klicken Sie auf die Schaltfläche *Zeilennummern* und nehmen Ihre Einstellungen vor.

Querverweise, Index und weitere nützliche Word-Funktionen erkunden

Textmarke einfügen

Wenn Sie in einem Dokument bestimmte Stellen markieren möchten, auf die sich dann von einer anderen Stelle aus verweisen lässt, verwenden Sie hierzu Textmarken. So gehen Sie zum Einbauen einer Textmarke vor:

1 Setzen Sie den Cursor an die Stelle, an der Sie die Textmarke einfügen möchten.

2 Wählen Sie im Menüband den Reiter *Einfügen*.

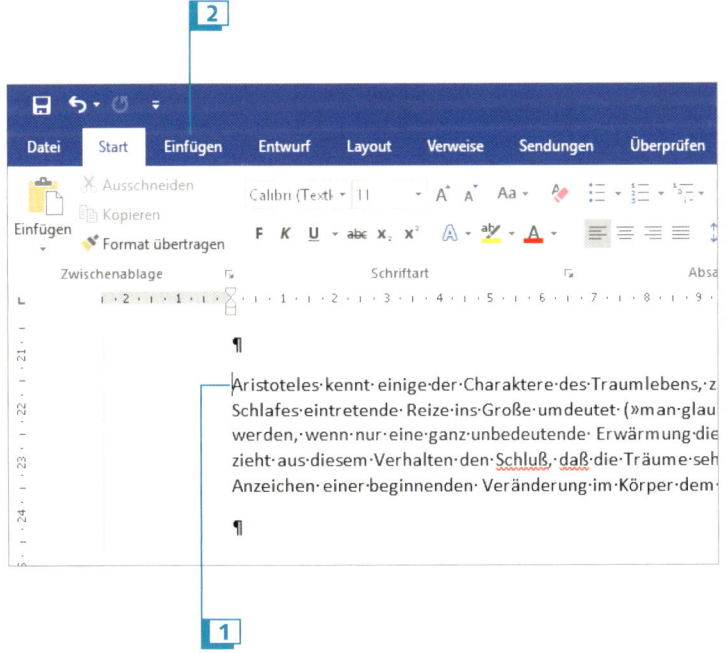

3 Klicken Sie in der Gruppe *Links* auf die Schaltfläche *Textmarke*.

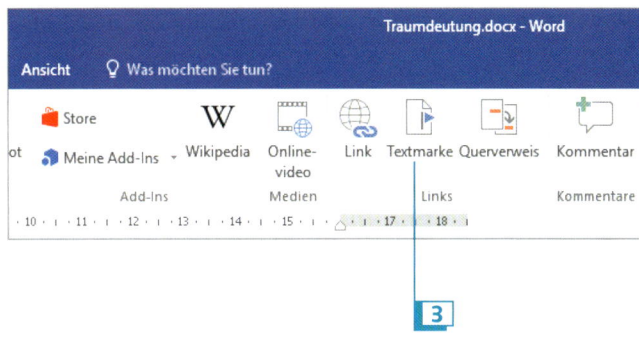

4 Geben Sie der Textmarke eine sinnvolle Bezeichnung. Beachten Sie, dass dabei nur zusammenhängende Zeichen akzeptiert werden. Wenn Sie mehrere Wörter verketten möchten, trennen Sie diese durch einen Unterstrich.

5 Bestätigen Sie mit der Schaltfläche *Hinzufügen*.

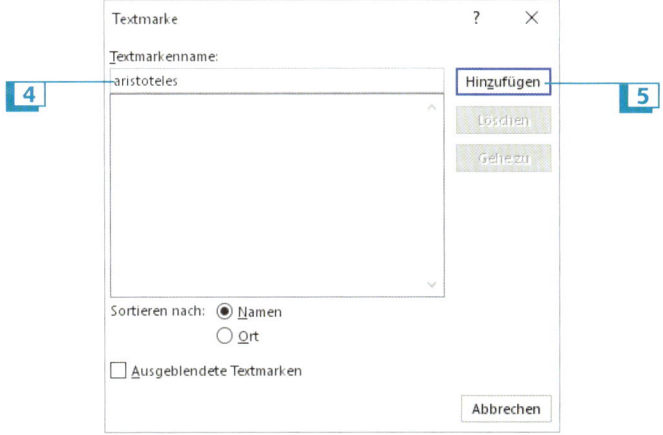

> **TIPP** ➡ Auch mithilfe einer Tastenkombination lässt sich eine Textmarke erstellen, nämlich mit ⌈Strg⌉+⌈⇧⌉+⌈F5⌉.

Querverweis einbauen

Nachdem Sie eine Textmarke erstellt haben, können Sie von beliebigen anderen Stellen im Dokument darauf verweisen. Einen solchen Querverweis können Sie unkompliziert einbauen.

1 Setzen Sie den Cursor an die Stelle, an der Sie den Querverweis einbauen möchten. Hier habe ich z. B. einen Text erstellt, mit dem auf die Seite verwiesen werden soll, auf der die Textmarke zu finden ist.

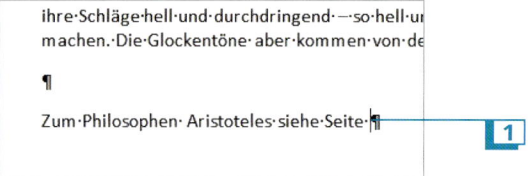

2 Klicken Sie im Menüband wieder auf den Reiter *Einfügen*.

3 In der Gruppe *Links* entscheiden Sie sich diesmal für die Schaltfläche *Querverweis*.

4 Öffnen Sie das Menü *Verweistyp*.

5 Wählen Sie den Eintrag *Textmarke*. Sie finden im Menü noch eine ganze Reihe weiterer Optionen für Querverweise, z. B. auch Querverweise auf Fußnoten oder Tabellen.

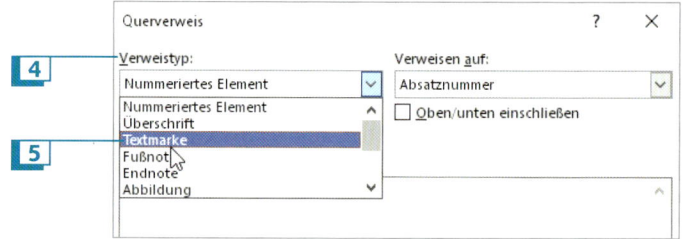

6 Öffnen Sie als Nächstes das Menü *Verweisen auf*.

7 In diesem Menü entscheiden Sie sich in diesem Fall für den Eintrag *Seitenzahl*, wobei sich auch da eine Reihe weiterer Optionen bietet, etwa der Verweis direkt auf die Textmarke oder auf Absatznummern.

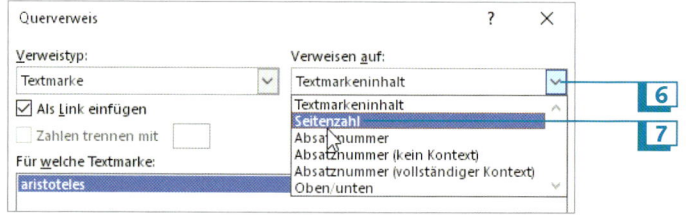

Querverweise, Index und weitere nützliche Word-Funktionen erkunden

8 Bei mehreren Textmarken wählen Sie die gewünschte per Mausklick aus.

9 Bestätigen Sie mit der Schaltfläche *Einfügen*, um den Querverweis zu setzen.

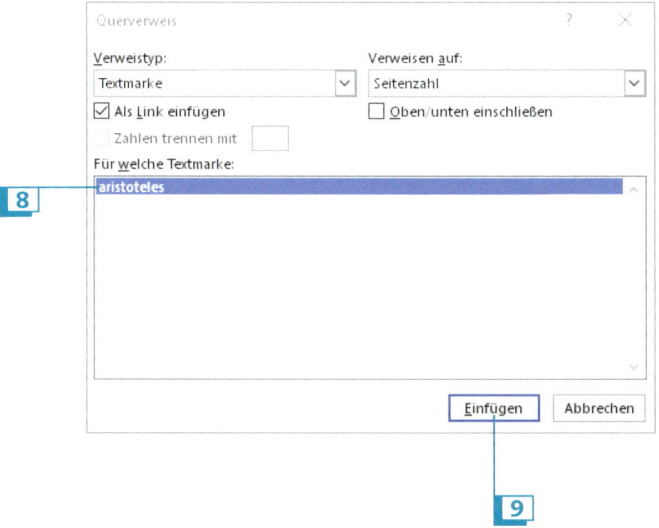

10 Klicken Sie auf *Schließen*, um das Fenster *Querverweis* zu beenden.

11 Sie sehen: Der Querverweis wird an der Cursorposition eingebaut.

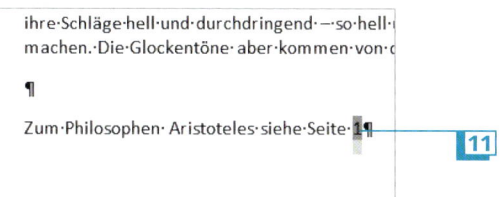

WICHTIGE INFORMATION

Die Seitenzahl des Querverweises wird bei Veränderungen automatisch angepasst. Felder im Dokument – z. B. die Seitenzahl – lassen sich aber auch manuell aktualisieren: Dazu drücken Sie einfach die Taste F9.

Möchten Sie sich im Dokument statt der Seitenzahl die Textmarke anzeigen lassen, auf die verwiesen wird? Dazu drücken Sie die Tastenkombination Alt+F9. Durch erneutes Drücken dieser Tastenkombination gelangen Sie zurück zur Standardansicht.

Fußnoten setzen

Eine weitere wichtige Funktion, die Sie besonders für wissenschaftliche Arbeiten häufig benötigen werden, ist das Setzen von Fußnoten. Mit diesen bieten Sie dem Leser zusätzliche Informationen an, die unten auf einer Seite des Dokuments dargestellt werden. So geht's:

6

1 Zunächst setzen Sie den Cursor an die Stelle, an der auf die Fußnote verwiesen werden soll. Meistens handelt es sich dabei um das Ende eines Satzes oder einer Überschrift.

2 Wählen Sie im Menüband den Reiter *Verweise*.

3 Klicken Sie in der Gruppe *Fußnoten* auf die Schaltfläche *Fußnote einfügen*.

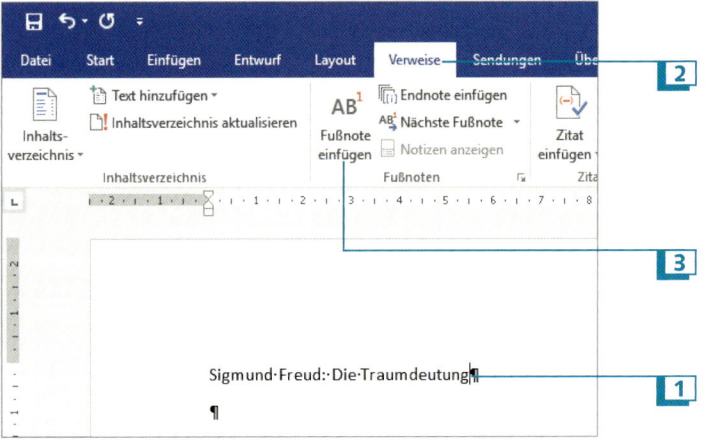

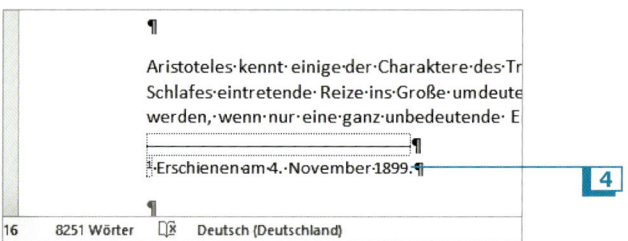

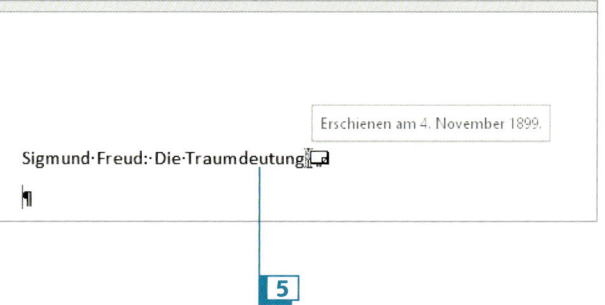

4 Der Cursor befindet sich sofort im Fußnotenbereich, und Sie können Ihre Fußnote eintippen.

5 Die Nummerierung der Fußnoten erfolgt automatisch. Wenn Sie den Mauszeiger in einem Dokument auf eine Fußnote bewegen, wird Ihnen der Fußnotentext auch als QuickInfo angezeigt.

WICHTIGE INFORMATION

Bevorzugen Sie statt Fußnoten am Ende der Seite Endnoten am Ende des Dokuments? Dann wählen Sie in Schritt 3 die Schaltfläche *Endnote einfügen*.

TIPP ➡ Die Tastenkombination zum Erstellen von Fußnoten lautet [Alt]+[Strg]+[F].

TIPP ➡ Um in einem Dokument zwischen den Fußnoten zu wechseln, wählen Sie in der Gruppe *Fußnoten* die Schaltfläche *Nächste Fußnote*.

Automatisches Inhaltsverzeichnis

Vorausgesetzt, Sie haben die Überschriften in Ihrem Dokument mit den entsprechenden Formatvorlagen als Überschriften formatiert, können Sie Word ein automatisches Inhaltsverzeichnis generieren lassen. Die Vorgehensweise ist denkbar einfach:

1 Setzen Sie den Cursor an die Stelle, an der das automatisch erzeugte Inhaltsverzeichnis eingefügt werden soll.

2 Klicken Sie im Menüband auf den Reiter *Verweise*.

3 Klicken Sie in der Gruppe *Inhaltsverzeichnis* auf die gleichnamige Schaltfläche.

4 Wählen Sie im sich öffnenden Menü eine Vorlage für das Inhaltsverzeichnis aus.

5 Oder wählen Sie, wie in der Abbildung zu sehen, die Option *Benutzerdefiniertes Inhaltsverzeichnis*.

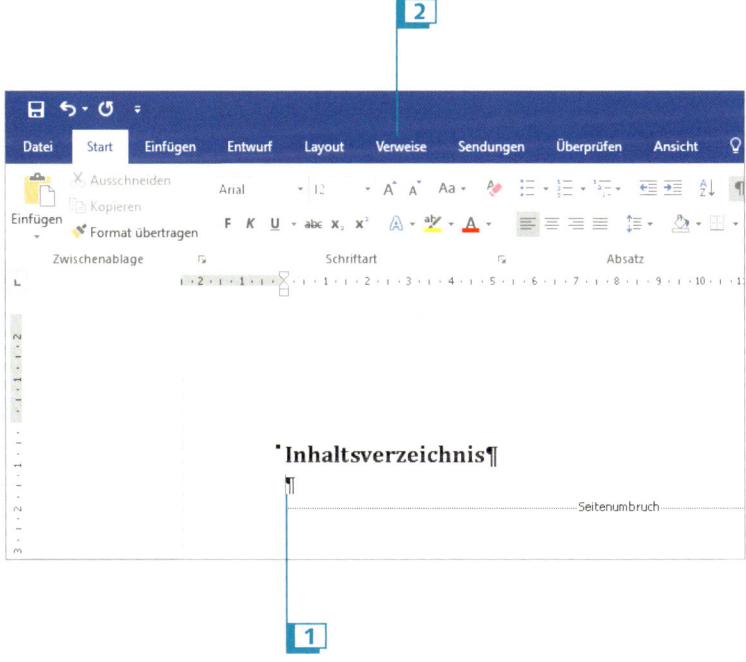
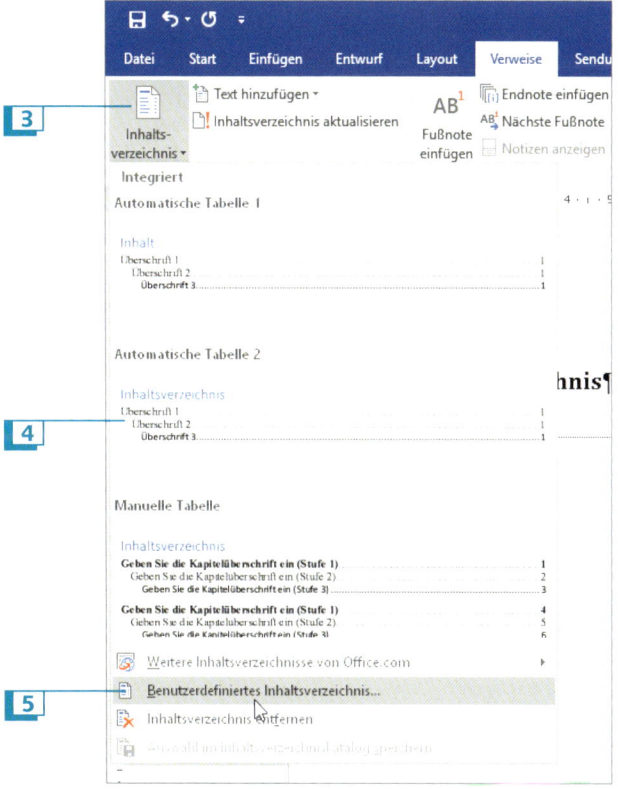

6

6 Öffnen Sie im folgenden Fenster das Menü *Formate*.

7 Wählen Sie eine passende Formatierung für das Inhaltsverzeichnis aus.

8 Die Auswahl wird Ihnen oben im Fenster in einer Vorschau angezeigt.

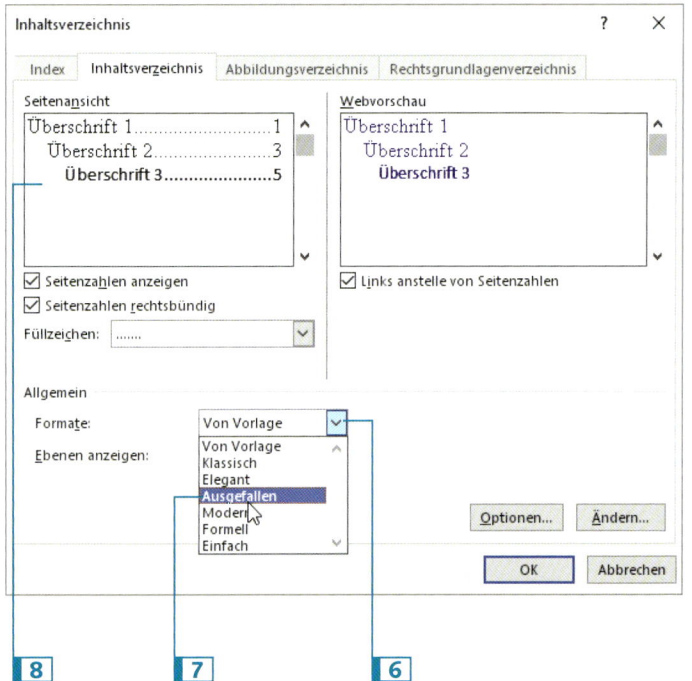

9 Bestimmen Sie nun noch, welche Überschriftenebenen in das Inhaltsverzeichnis aufgenommen werden sollen.

10 Bestätigen Sie das Einfügen des Inhaltsverzeichnisses mit *OK*.

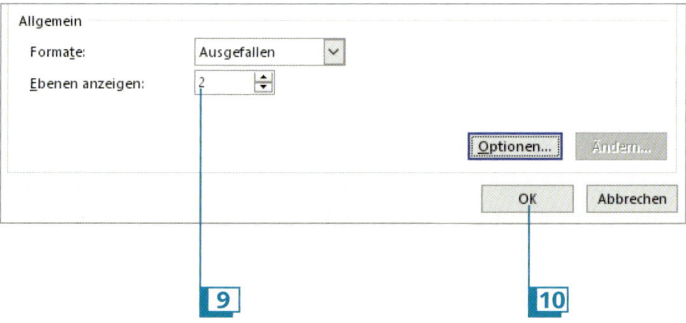

11 Das Inhaltsverzeichnis wird Ihrer Auswahl entsprechend ins Dokument eingefügt.

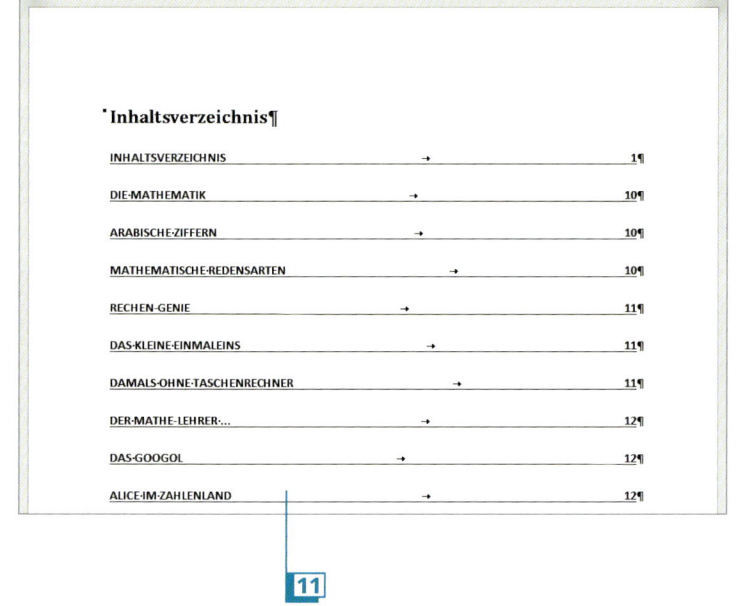

148

Querverweise, Index und weitere nützliche Word-Funktionen erkunden

Richtig zitieren

Wenn Sie in einem Dokument aus anderen Quellen zitieren, kann ein Literaturverzeichnis erforderlich sein. Wie Sie in Word 2016 zunächst Zitatquellen angeben, lesen Sie im Folgenden.

1 Setzen Sie den Cursor an das Ende eines Zitats.

2 Entscheiden Sie sich im Menüband für den Reiter *Verweise*.

3 Wählen Sie in der Gruppe *Zitate und Literaturverzeichnis* die Schaltfläche *Zitat einfügen*.

4 Klicken Sie im sich öffnenden Menü auf den Eintrag *Neue Quelle hinzufügen*. (Neue Quellen lassen sich alternativ auch unter der Schaltfläche *Quellen verwalten* hinzufügen.)

5 Bestimmen Sie im Menü *Quellentyp* die Art der Zitatquelle, also Buch, Zeitschriftenartikel usw.

6 Machen Sie in den einzelnen Feldern die erforderlichen Angaben zur Quelle.

7 Um Felder für weitere Angaben einzublenden, aktivieren Sie das Kontrollkästchen *Alle Literaturverzeichnisfelder anzeigen*.

8 Bestätigen Sie mit *OK*.

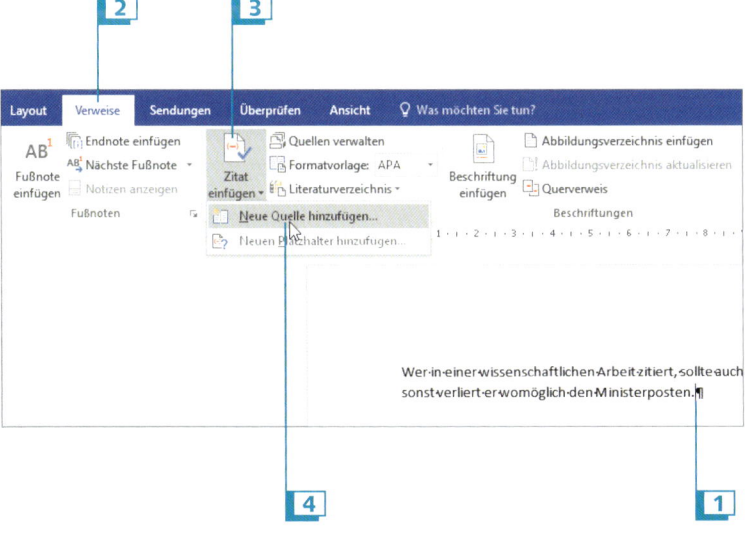

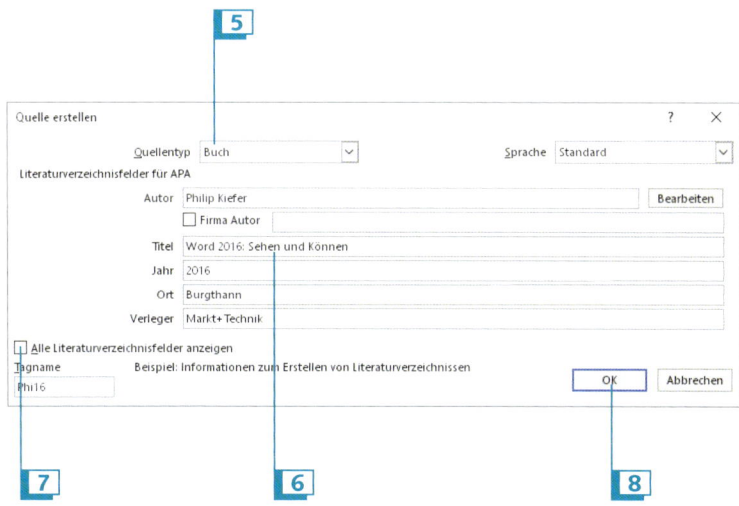

9 Die Quellenangabe wird dem Zitat hinzugefügt.

10 Wenn Sie die Quelle später erneut verwenden möchten, können Sie diese nun unter der Schaltfläche *Zitat einfügen* per Mausklick auswählen.

6

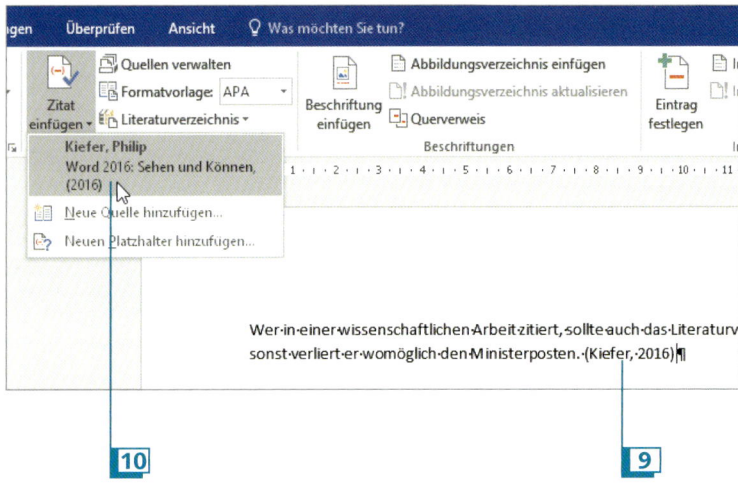

14 Geben Sie im sich öffnenden Fenster die Seitenzahl ein.

15 Bestätigen Sie mit *OK*.

16 Die Zitatquelle wird prompt mit der zusätzlichen Angabe ergänzt.

11 Vielleicht möchten Sie noch die Seitenzahl ergänzen? Dazu klicken Sie die Quelle am Ende des Zitats an.

12 Klicken Sie auf den so eingeblendeten Pfeil.

13 Wählen Sie im sich öffnenden Menü den Eintrag *Zitat bearbeiten*.

WICHTIGE INFORMATION

Der Standard für die Zitate in Word 2016 wurde übrigens von der American Psychological Association (APA) festgelegt. In der Gruppe *Zitate und Literaturverzeichnis* und dort im Menü *Formatvorlage* lässt sich aber auch ein anderer Standard auswählen.

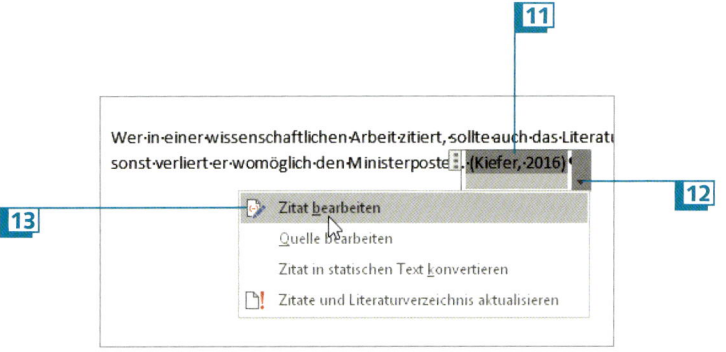

TIPP ➡ Eine Quelle wieder löschen: Dazu klicken Sie auf die Schaltfläche *Quellen verwalten*, wählen die zu entfernende Quelle aus und klicken dann auf die Schaltfläche *Löschen*.

Literaturverzeichnis einfügen

Die Zitatquellen sind angegeben. Aus diesen Quellen lässt sich nun ein automatisches Literaturverzeichnis generieren. Auch dazu sind nur wenige Schritte erforderlich.

1 Setzen Sie den Cursor an die Stelle, an der Sie das Literaturverzeichnis einfügen möchten, in der Regel erfolgt das Einfügen hinten im Dokument.

2 Wählen Sie im Menüband den Reiter *Verweise*.

3 Klicken Sie auf die Schaltfläche *Literaturverzeichnis*.

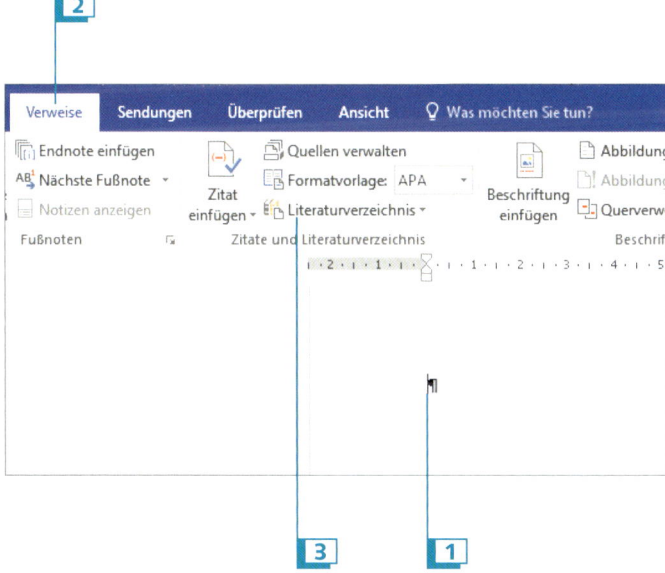

4 Suchen Sie im sich öffnenden Menü eine passende Formatvorlage aus.

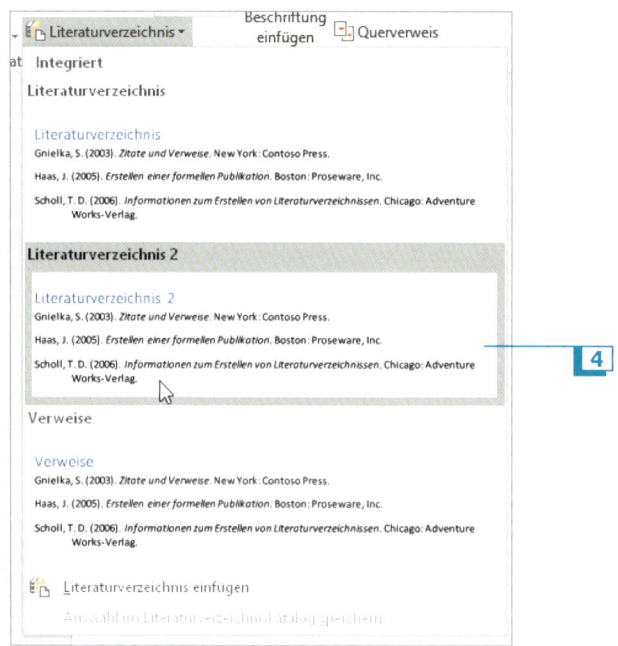

5 Das Literaturverzeichnis wird sofort eingefügt.

Index erstellen

Bei umfangreicheren Fachtexten kann ein Index Ihren Lesern dabei helfen, wichtige Begriffe innerhalb eines Dokuments schneller aufzufinden. Wie Sie ein solches Stichwortverzeichnis in Word 2016 erstellen, erkläre ich Ihnen an dieser Stelle.

1 Markieren Sie im Dokument ein Wort, das Sie in den Index aufnehmen möchten. Sie können auch einfach den Cursor an die Stelle setzen, auf die im Index verwiesen werden soll.

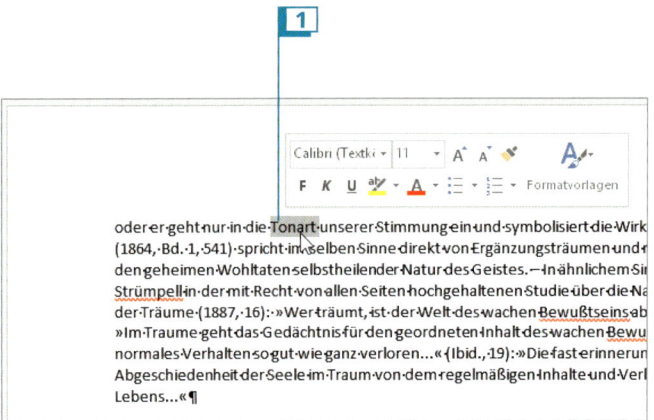

2 Wählen Sie nun im Menüband den Reiter *Verweise*.

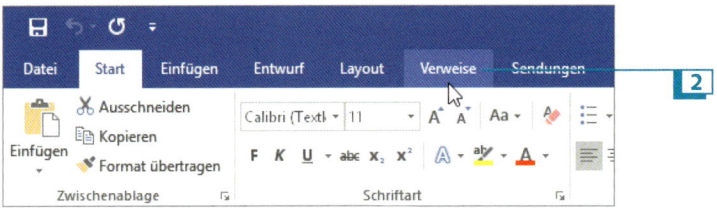

3 Klicken Sie in der Gruppe *Index* auf die Schaltfläche *Eintrag festlegen*.

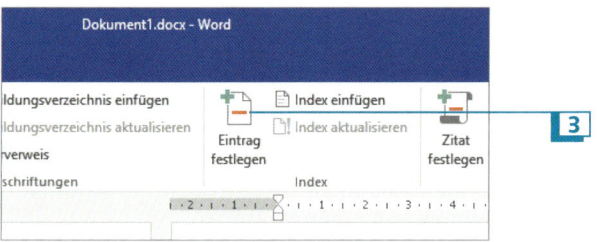

4 Wenn Sie ein Wort markiert haben, wird dieses automatisch im Feld *Haupteintrag* angezeigt. Sie können dort aber auch einen anderen Begriff eingeben.

5 Im Feld *Untereintrag* haben Sie die Möglichkeit, den Index zu verfeinern. Nur ein Beispiel: Statt in einem Kochbuch überall den Eintrag »Italienische Küche« zu verwenden, können Sie in den Index schreiben: »Italienische Küche: Pizza«, »Italienische Küche: Pasta« usw.

6 Das Fenster für die Indexeinträge bleibt geöffnet. Fügen Sie die weiteren Indexeinträge hinzu. Bestätigen Sie zum Schluss mit *OK*.

7 Nachdem Sie die Indexeinträge erstellt haben, setzen Sie den Cursor an die Stelle, an der Sie den Index einfügen möchten, in der Regel ganz hinten im Dokument.

8 Wählen Sie im Menüband wiederum den Reiter *Verweise*.

9 Klicken Sie in der Gruppe *Index* auf die Schaltfläche *Index einfügen*.

Querverweise, Index und weitere nützliche Word-Funktionen erkunden

TIPP ➡ Es geht auch ohne Menüband: Drücken Sie zum Hinzufügen eines markierten Wortes zum Index die Tastenkombination [Alt]+[⇧]+[X].

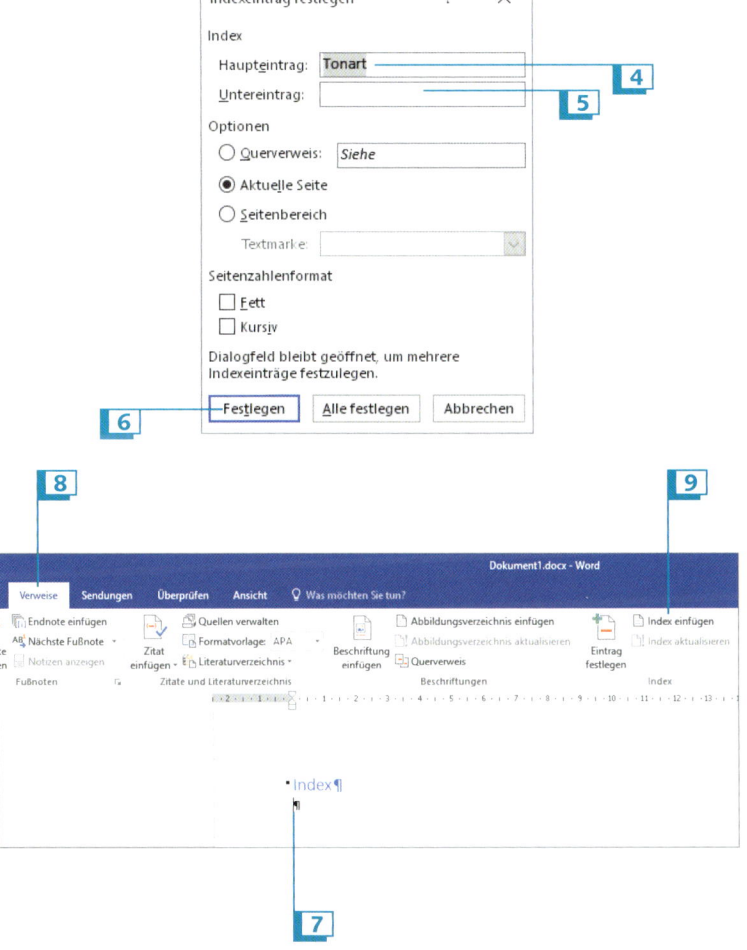

10 Passen Sie im folgenden Fenster gegebenenfalls noch das Erscheinungsbild des Index an.

11 Bestätigen Sie mit *OK*, um den Index einzufügen.

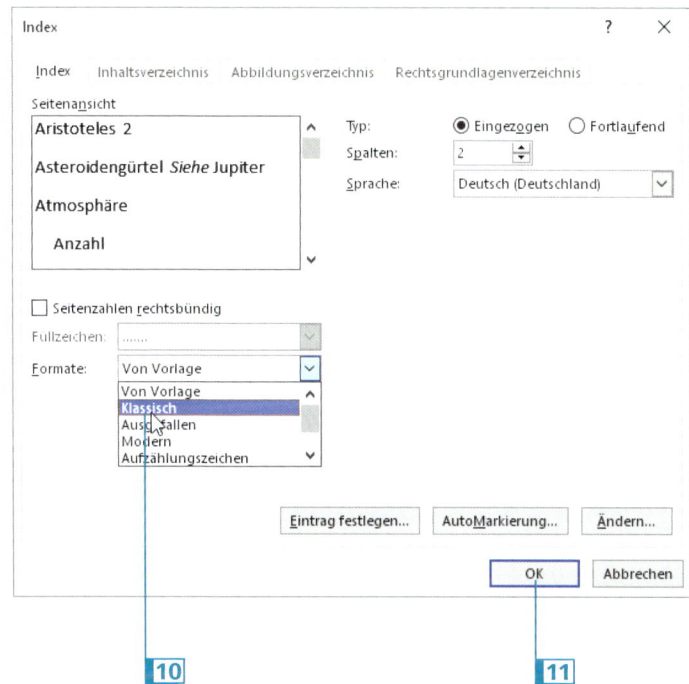

Deckblatt gestalten

Wissenschaftlichen Arbeiten, Bewerbungen und vielen weiteren Dokumenten fügen Sie ein ansprechendes Deckblatt hinzu, um dem Dokument einen professionellen Anstrich zu verleihen.

153

6

1 Klicken Sie im Menüband auf den Reiter *Einfügen*.

2 Wählen Sie in der Gruppe *Seiten* die Schaltfläche *Deckblatt*.

3 Entscheiden Sie sich im Menü für eine Deckblattvorlage, die Ihnen zusagt.

4 Das Deckblatt wird mit verschiedenen Platzhaltern ins Dokument eingefügt. Um einen Textplatzhalter zu bearbeiten, klicken Sie diesen an. Geben Sie Ihren eigenen Text ein.

5 Um die Eingabe zu beenden, klicken Sie einfach auf eine Stelle außerhalb des Platzhalters.

6 Den Platzhalter für die Jahresangabe klicken Sie ebenfalls an.

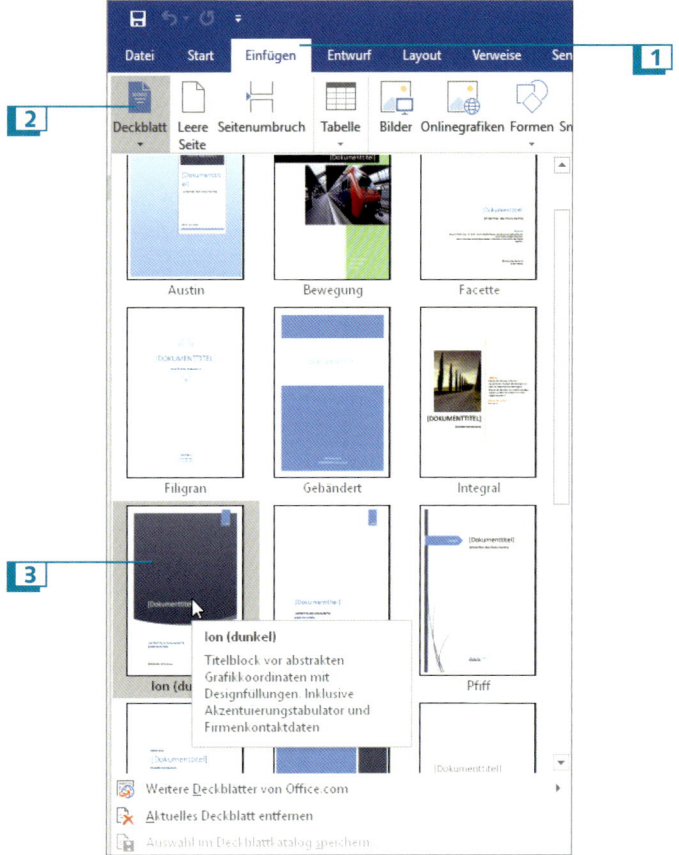

TIPP ➡ Entfernen Sie Platzhalter, die Sie auf dem Deckblatt nicht ausfüllen möchten. Dazu klicken Sie einen Platzhalter an, um ihn auszuwählen, und drücken dann die [Entf]-Taste.

Querverweise, Index und weitere nützliche Word-Funktionen erkunden

7 Gehen Sie auf den eingeblendeten Menüpfeil.

8 Im sich öffnenden Kalender legen Sie das Datum fest.

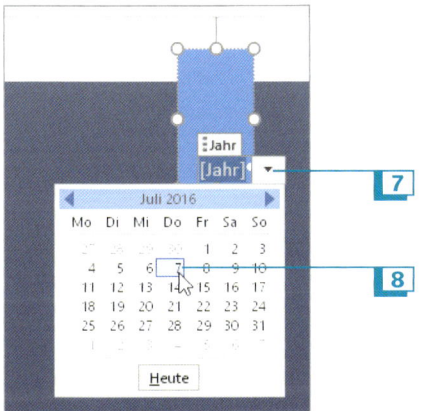

WICHTIGE INFORMATION

Enthält eine Deckblattvorlage ein Bild, klicken Sie das Bild mit der rechten Maustaste an und entscheiden sich im Kontextmenü für den Eintrag *Bild ändern*, um ein eigenes Bild für die Verwendung auf dem Deckblatt auszuwählen.

Natürlich können Sie dem Deckblatt auch weitere Elemente hinzufügen, beispielsweise ein Textfeld, Formen usw. Sie nutzen dazu die bereits bekannten Funktionen im Menüband unter *Einfügen*.

Ein Deckblatt wieder entfernen: Wählen Sie dazu im Menüband unter *Einfügen* in der Gruppe *Seiten* und dort unter der Schaltfläche *Deckblatt* den Eintrag *Aktuelles Deckblatt entfernen*.

Empfänger für Serienbrief bestimmen

Wenn Sie einen Brief an mehrere Empfänger senden möchten – etwa alle Mitglieder Ihres Vereins –, nutzen Sie die Serienbrieffunktion in Word 2016. Zunächst mal benötigen Sie eine Datenbank mit Adressen, auf die Word dann zugreifen kann.

1 Klicken Sie im Menüband von Word 2016 auf den Reiter *Sendungen*.

2 Wählen Sie in der Gruppe *Seriendruck starten* die Schaltfläche *Empfänger auswählen*.

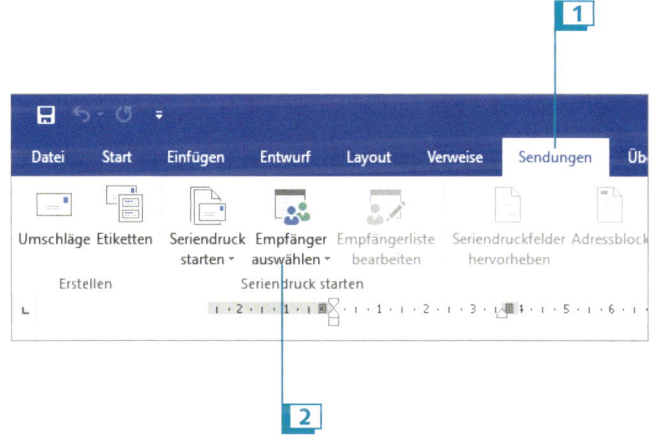

3 Im sich öffnenden Menü haben Sie nun die Möglichkeit, eine neue Adressliste einzugeben bzw. auf eine bereits eingegebene Adressliste erneut zuzugreifen oder aber Kontakte zu verwenden, die Sie mit

155

Outlook 2016 verwalten (vgl. Kapitel 11). Ich entscheide mich hier für die Option *Aus Outlook-Kontakten auswählen*.

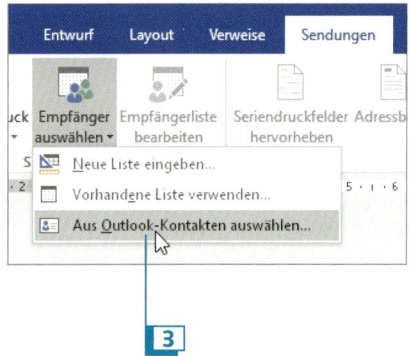

4 Legen Sie den gewünschten Kontakte-Ordner fest.

5 Bestätigen Sie Ihre Auswahl mit *OK*.

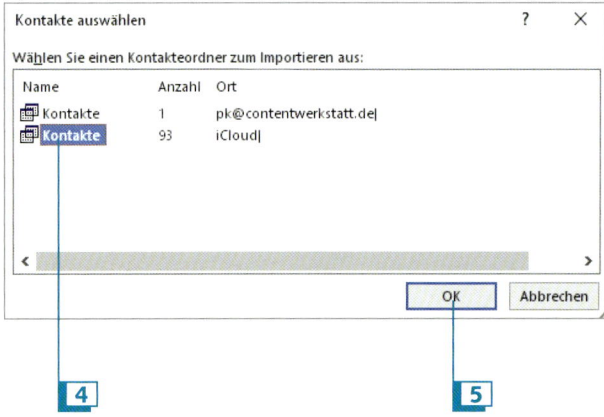

6 Bestimmen Sie anschließend per Kontrollkästchen, welche Kontakte Sie für die Erstellung Ihres Serienbriefs verwenden möchten.

7 Bestätigen Sie erneut mit *OK*.

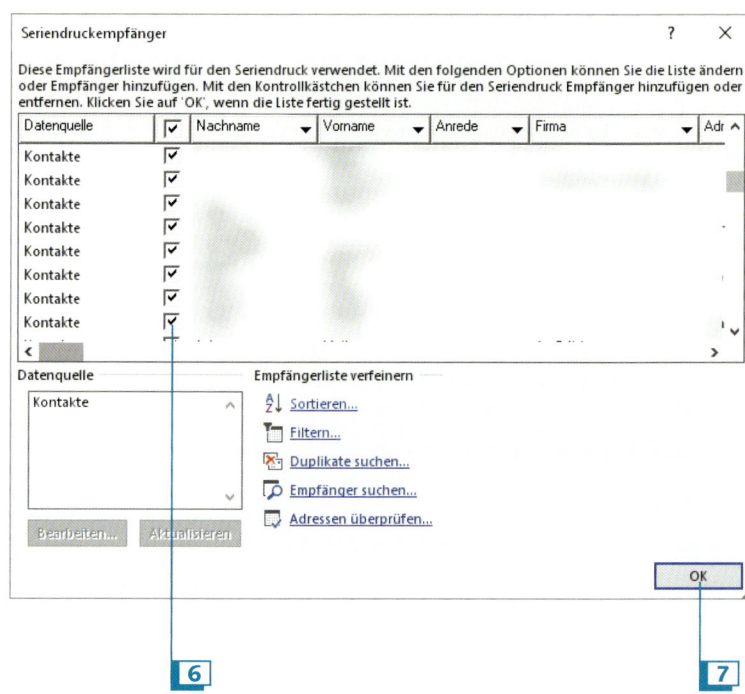

156

Querverweise, Index und weitere nützliche Word-Funktionen erkunden

Serienbrief erstellen

Die Adressen sind ausgewählt. Nun zeige ich Ihnen, wie Sie diese in einen Serienbrief einbauen – das ist gar nicht kompliziert, wie die folgende Anleitung zeigt:

1 Setzen Sie den Cursor an die Stelle, an der die Adressen eingefügt werden sollen, beispielsweise in ein eigens dafür angelegtes Textfeld in einem Brief.

5 Ihre Einstellungen werden Ihnen jeweils in einer Vorschau angezeigt. Sie können in der Vorschau alle Adressen durchblättern und überprüfen.

6 Bestätigen Sie Ihre Einstellungen mit *OK*.

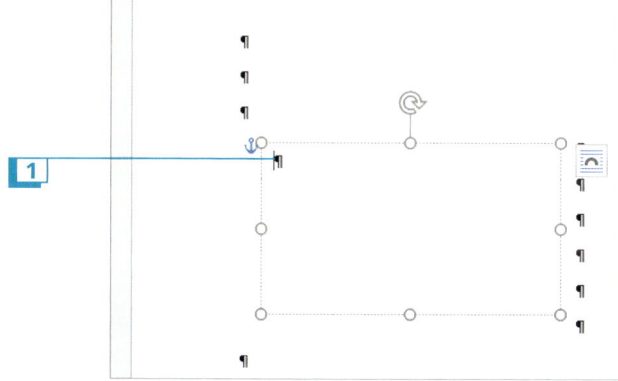

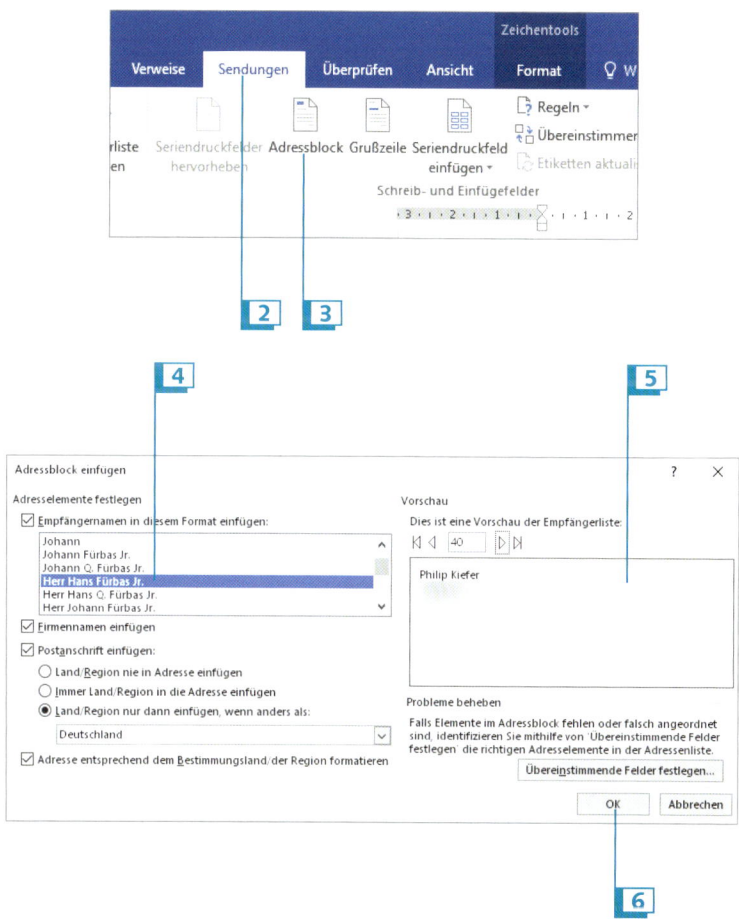

2 Entscheiden Sie sich im Menüband wieder für den Reiter *Sendungen*.

3 Klicken Sie in der Gruppe *Schreib- und Einfügefelder* auf die Schaltfläche *Adressblock*.

4 Machen Sie im folgenden Fenster Angaben zum Erscheinungsbild der Adresse.

157

> **TIPP** ➡ Sie möchten auch die Anrede automatisch in den Serienbrief einfügen? Dazu setzen Sie den Cursor an die Stelle, an der die Anrede erscheinen soll, und wählen dann im Menüband unter *Sendungen* die Schaltfläche *Grußzeile*.

> **TIPP** ➡ Auch der passende Umschlag zum Serienbrief lässt sich in Serie ausdrucken. Dazu klicken Sie im Menüband unter *Sendungen* auf die Schaltfläche *Seriendruck starten* und wählen im sich öffnenden Menü den Eintrag *Umschläge*.

7 Das Feld für den Adressblock wird an der Cursorposition eingefügt.

8 Klicken Sie im Menüband unter *Sendungen* auf die Schaltfläche *Fertigstellen und zusammenführen*.

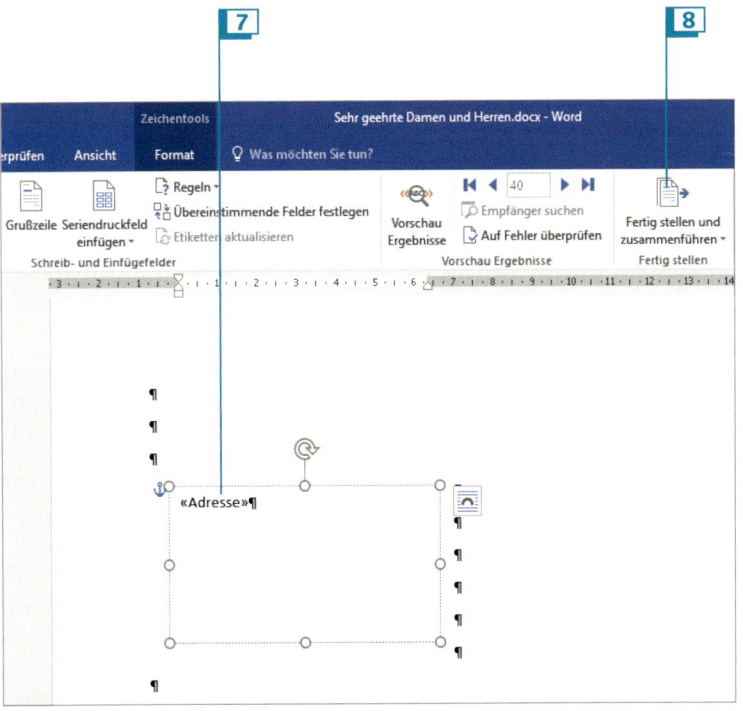

9 Im sich öffnenden Menü entscheiden Sie sich für den Eintrag *Dokumente drucken*.

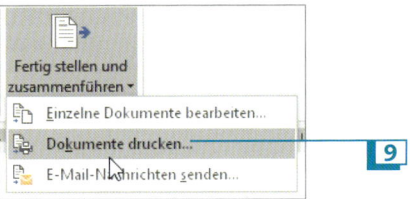

10 Bestätigen Sie den Seriendruck im nächsten Fenster mit *OK*.

> **TIPP** ➡ Benötigen Sie weitere Felder für den Seriendruck? Dann klicken Sie im Menüband unter *Sendungen* und dort in der Gruppe *Schreib- und Einfügefelder* auf die Schaltfläche *Seriendruckfeld einfügen*.

Das Kapitel im Überblick

- ▶ Eine Liste anlegen
- ▶ Weitere Spalten oder Zeilen einfügen
- ▶ Spaltenbreite anpassen
- ▶ Weitere Zeilen automatisch ausfüllen lassen
- ▶ Blitzvorschau verwenden
- ▶ Zellinhalt formatieren
- ▶ Zellen formatieren
- ▶ Bedingte Formatierung
- ▶ Nicht benötigte Zeilen oder Spalten ausblenden
- ▶ Zeilen und Spalten fixieren
- ▶ Daten sortieren
- ▶ Daten filtern
- ▶ Weitere Tabellenblätter anlegen
- ▶ Ihre Excel-Tabelle perfekt ausdrucken

Mit Excel 2016 Daten aller Art erfassen

Das Tabellenkalkulationsprogramm Excel wird weltweit verwendet, um Daten aller Art zu erfassen und zu verwalten. Das können auch Sie! Dieses Kapitel liefert Ihnen zunächst die Grundlagen für den Umgang mit Excel 2016: Sie erfahren, wie Sie Daten eingeben, zwischen den Zellen navigieren, Zellen ihren Inhalten entsprechend formatieren oder nicht benötigte Zeilen und Spalten ausblenden. Und falls Sie weitere Tabellenblätter in einer Arbeitsmappe benötigen: Diese lassen sich, wie ebenfalls gezeigt wird, ganz einfach anlegen.

Falls Sie Ihre mit Excel erstellten Tabellen ausdrucken möchten, gibt es einiges zu beachten. Wie Sie den Druckbereich festlegen und die Tabellen auf dem Papier genau so herauskommen, wie Sie es wünschen, lesen Sie ebenfalls in diesem Kapitel.

7

Eine Liste anlegen

Eine neue Excel-Datei haben Sie bereits angelegt wie in Kapitel 2 beschrieben. Füllen Sie diese nun mit Ihren eigenen Inhalten. Am Beispiel einer einfachen Liste zeige ich Ihnen, wie Sie dazu vorgehen.

1 Ein Tabellenblatt in einer Excel-Arbeitsmappe setzt sich aus Zellen zusammen. Diese werden nach dem Buchstaben der Spalte und der Nummer der Zeile benannt – die Zelle ganz links oben trägt also die Bezeichnung A1, die Zelle rechts daneben ist die Zelle B1, die Zelle unterhalb der Zelle B1 ist die Zelle B2 usw. In den meisten Fällen beginnen Sie Ihre Eingabe in der Zelle A1, die bereits standardmäßig aktiv ist. Um eine andere Zelle auszuwählen, verwenden Sie die Pfeiltasten oder klicken einfach mit der Maus hinein. Dass eine Zelle aktiv ist, erkennen Sie an dem Rahmen um die Zelle. Tippen Sie auf der Tastatur, um etwas in die aktive Zelle einzugeben. Hier gebe ich beispielsweise eine Überschrift in die Zelle A1 ein.

2 Wenn Sie die ⏎-Taste drücken, wird die Zelle darunter aktiviert, also die Zelle A2. Sie können aber – wiederum per Pfeiltasten oder Mausklick auch eine beliebige andere Zelle für die Eingabe auswählen. Hier fülle ich weitere Zellen der Spalte A mit Inhalten.

3 Wenn Sie den Inhalt einer Zelle nachträglich bearbeiten möchten, aktivieren Sie diese und nehmen die Bearbeitung oben in der Bearbeitungsleiste vor.

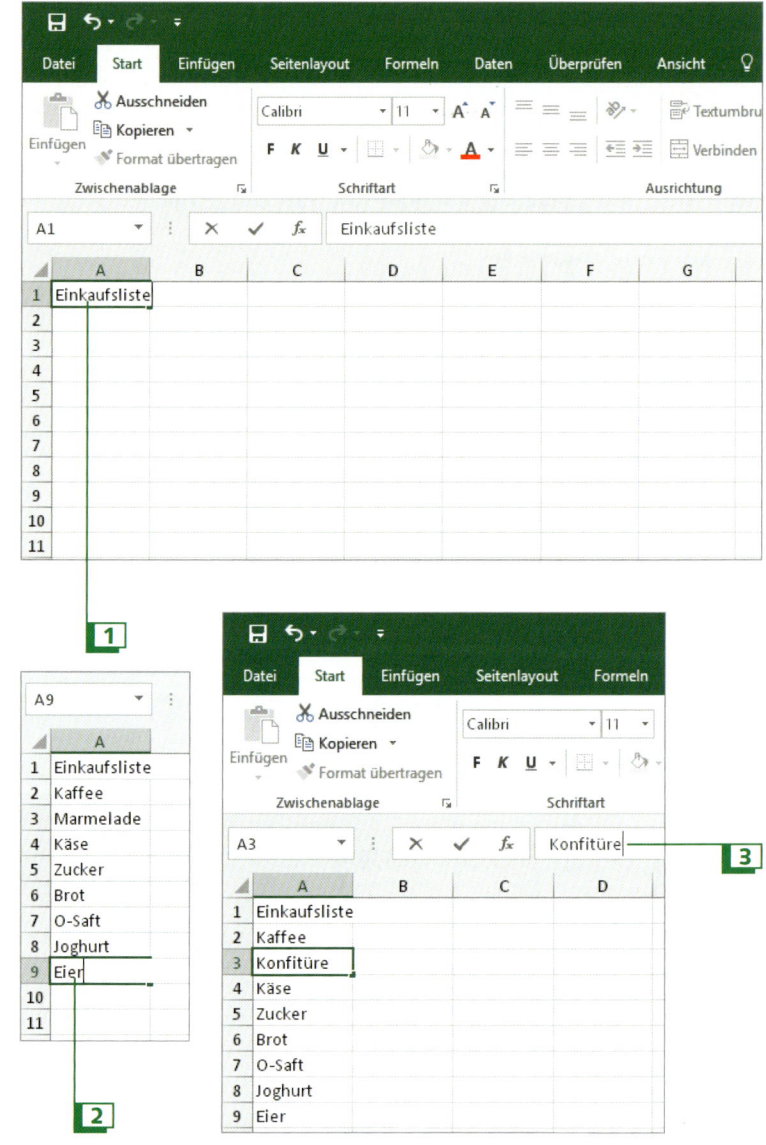

160

Weitere Spalten oder Zeilen einfügen

Benötigen Sie weitere Spalten oder Zeilen? Diese lassen sich problemlos einfügen. In diesem Beispiel wird in der zuvor angelegten Liste eine Spalte links von der Liste eingefügt.

1 Klicken Sie mit der rechten Maustaste auf die Spaltenüberschrift, in diesem Fall also den Buchstaben A. (Zum Hinzufügen einer neuen Zeile klicken Sie entsprechend auf die Zeilenüberschrift, also die Zeilennummer.)

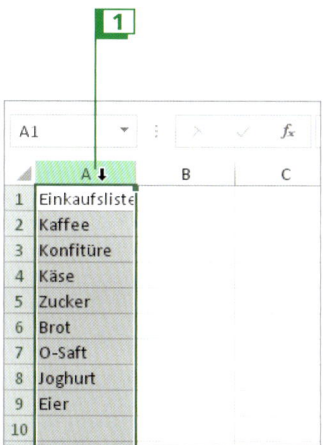

> **TIPP** ➡ Möchten Sie eine ganze Spalte oder Zeile löschen? Klicken Sie auch dazu mit der rechten Maustaste auf die Spalten- bzw. Zeilenüberschrift und wählen Sie im Kontextmenü den Eintrag *Zellen löschen*.

2 Es öffnet sich ein Kontextmenü. Wählen Sie den Menüeintrag *Zellen einfügen*.

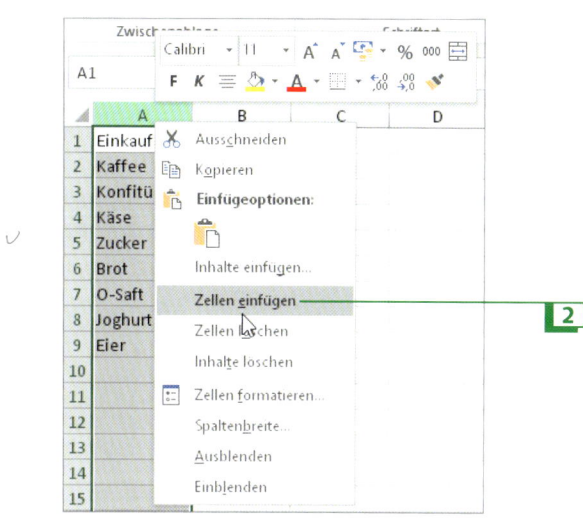

3 Die neue Spalte wird links eingefügt. (Neue Zeilen werden oberhalb eingefügt.)

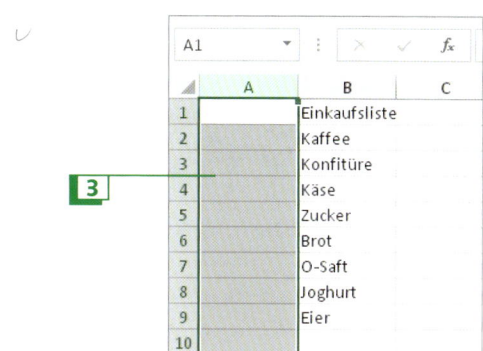

7

Spaltenbreite anpassen

Wenn die Inhalte, die Sie eingeben, nicht in die Standardzellen passen, werden diese abgeschnitten dargestellt. Das lässt sich selbstverständlich ändern, indem Sie die Zellen an die Inhalte anpassen.

1 Möchten Sie die Spaltenbreite den Inhalten der Spalten anpassen? Dann markieren Sie zunächst alle Spalten, deren Breite geändert werden soll, und zwar, indem Sie bei gedrückter Maustaste über die Spaltenüberschriften fahren. Sie können auch nicht zusammenhängende Spalten auswählen, indem Sie diese bei gedrückter Strg-Taste anklicken. In diesem Fall markiere ich nur eine Spalte durch Anklicken der Spaltenüberschrift.

2 Klicken Sie im Menüband unter *Start* und dort in der Gruppe *Zellen* auf die Schaltfläche *Format*.

3 Wählen Sie im sich öffnenden Menü die gewünschte Anpassungsoption, hier *Spaltenbreite automatisch anpassen*.

> **TIPP →** Die Spaltenbreite oder Zeilenhöhe manuell anpassen: Klicken Sie dazu in der Spalten- bzw. Zeilenüberschrift auf die Trennlinie zwischen zwei Spalten bzw. Zellen und ziehen Sie eine Spalte oder Zeile bei gedrückter Maustaste größer oder kleiner.

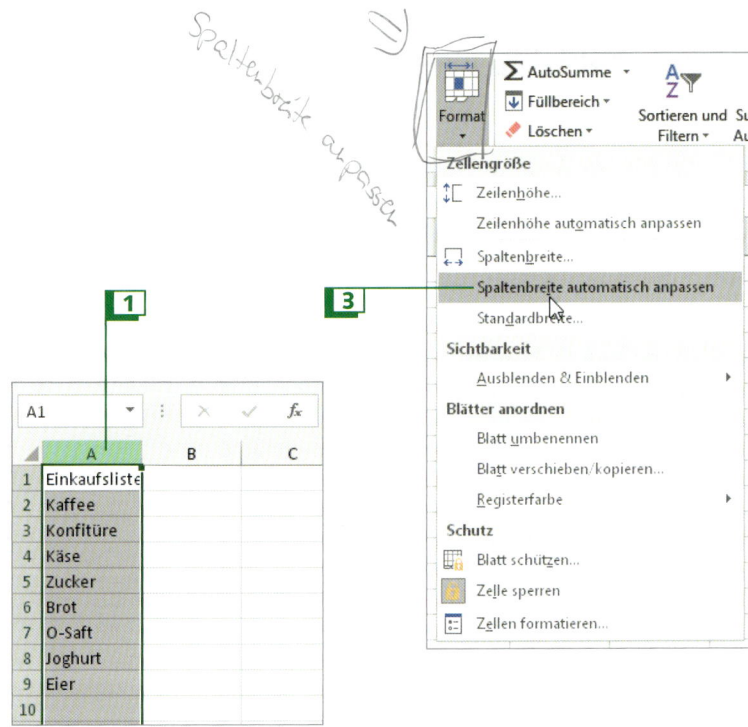

Weitere Zeilen automatisch ausfüllen lassen

Wenn Excel bei der Eingabe von Zellinhalten ein Muster erkennt, lassen sich weitere Zellen auf einfache Weise automatisch ausfüllen. Am einfachsten lässt sich dies bei der Nummerierung von Zellen zeigen:

1 Tippen Sie die erste Nummer in die Zelle. Wenn Sie damit die weiteren Zellen ausfüllen würden, würde jeweils nur die Nummer 1 eingetragen werden.

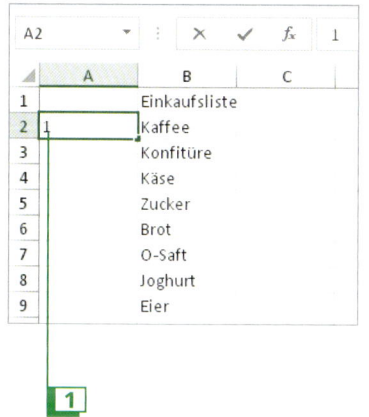

2 Tragen Sie deshalb noch die zweite Nummer in die nächste Zelle ein.

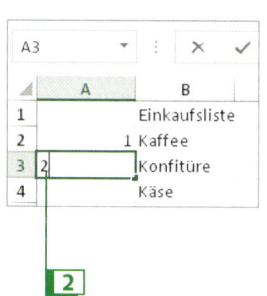

3 Markieren Sie die beiden ausgefüllten Zellen, indem Sie in die erste Zelle klicken und von dieser bei gedrückter Maustaste zur zweiten Zelle ziehen.

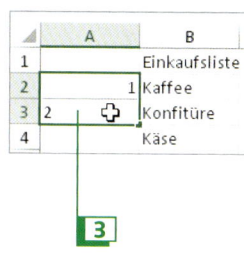

4 Klicken Sie nun rechts unten in den Markierungsrahmen.

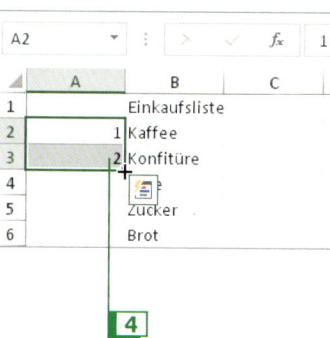

5 Erweitern Sie den Rahmen – durch Ziehen bei gedrückter Maustaste – auf die Zellen, die automatisch ausgefüllt werden sollen. Was beim Loslassen der Maustaste prompt geschieht.

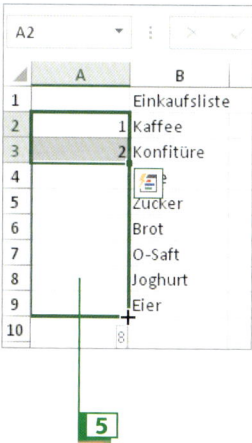

7

Blitzvorschau verwenden ~~oder~~ Steuerung oder Strg + E

Mit einer Funktion namens *Blitzvorschau* kann Excel auch komplexere Muster erkennen, die ebenfalls dem automatischen Ausfüllen von Zellen dienen können. Im folgenden Beispiel sollen aus verschiedenen E-Mail-Adressen die Nachnamen entnommen und in eine eigene Zelle eingetragen werden.

1 Erstellen Sie eine Liste mit verschiedenen E-Mail-Adressen, die jeweils den Nachnamen der Personen enthalten.

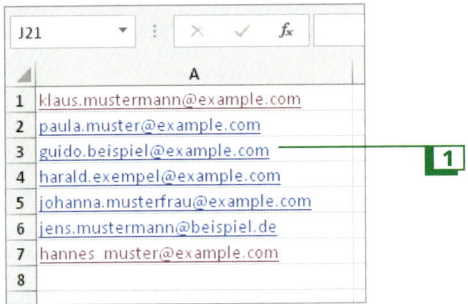

2 In die Zellen rechts neben die ersten beiden E-Mail-Adressen schreiben Sie die zugehörigen Nachnamen.

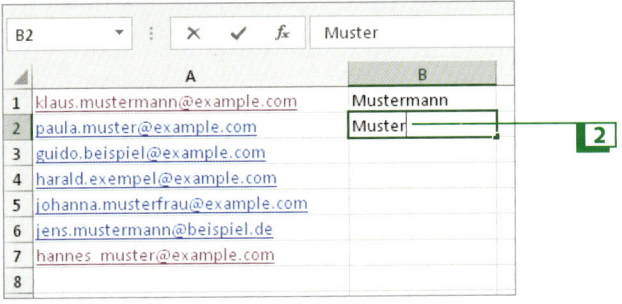

3 Markieren Sie mit der Maus die beiden ausgefüllten Zellen in Spalte B sowie die Zellen in Spalte B, die automatisch ausgefüllt werden sollen.

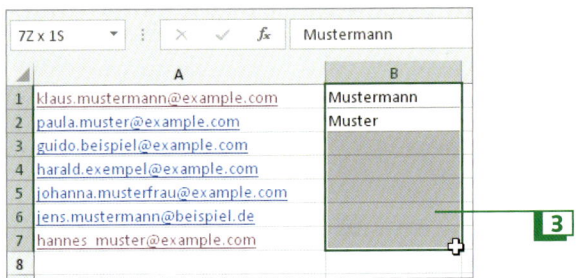

4 Klicken Sie im Menüband unter *Start* und dort in der Gruppe *Bearbeiten* auf die Schaltfläche *Füllbereich*.

5 Wählen Sie im sich öffnenden Menü den Eintrag *Blitzvorschau*, um das automatische Ausfüllen vorzunehmen.

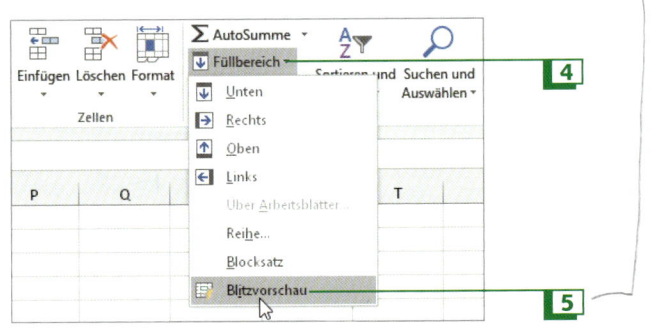

TIPP ➡ Das Anwenden der Blitzvorschau kann alternativ mit der Tastenkombination [Strg]+[E] geschehen.

Zellinhalt formatieren

Um Ihre mit Excel erstellten Tabellen übersichtlich zu gestalten, empfiehlt es sich, diese mit Farben und Co. zu formatieren. Diesem Zweck dienen einige bereits von Word her bekannte Formatierungsoptionen sowie spezielle Formatvorlagen.

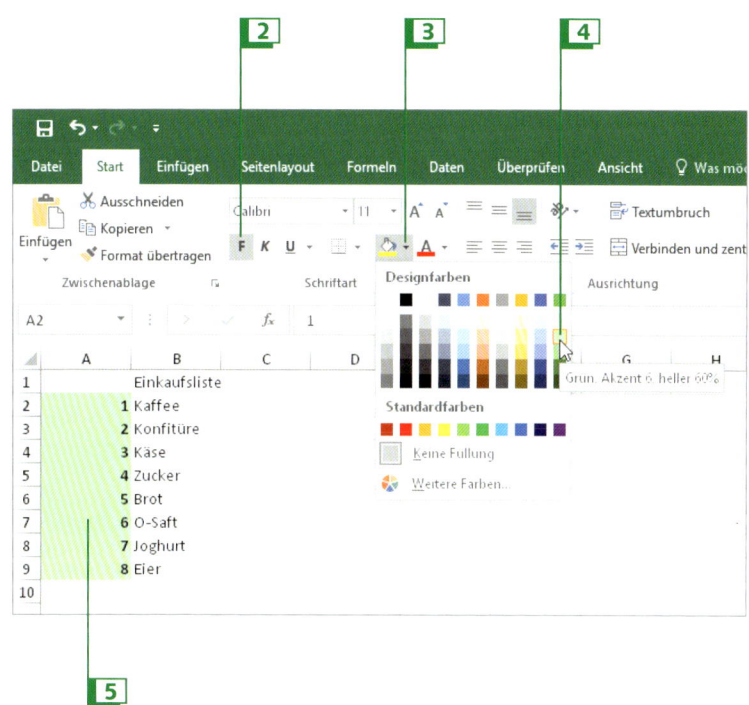

1 Die Nummerierung in Spalte A soll fett gedruckt und mit einer grünen Hintergrundfarbe dargestellt werden. Markieren Sie zunächst bei gedrückter Maustaste die zu formatierenden Zellen.

2 Für den Fettdruck klicken Sie im Menüband unter *Start* und dort in der Gruppe *Schriftart* auf das Symbol **F**.

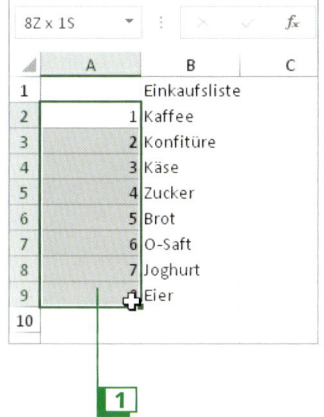

3 Um die Zelle mit einer Hintergrundfarbe zu unterlegen, klicken Sie auf den zum Symbol gehörenden Pfeil.

4 Wählen Sie im sich öffnenden Menü eine Hintergrundfarbe aus.

5 Die von Ihnen gewählten Formatierungen werden für die markierten Zellen übernommen.

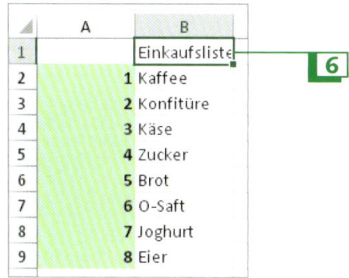

6 Nun soll die Überschrift in Zelle B1 mithilfe einer Formatvorlage formatiert werden. Dazu wählen Sie die Zelle per Mausklick aus.

165

7

Zellenformatvorlage

7 Öffnen Sie im Menüband unter *Start* und dort in der Gruppe *Formatvorlagen* den Kasten mit den Formatvorlagen.

9 Die Formatvorlage wird prompt übernommen. Passen Sie nun noch die Spaltenbreiten an. Hier mache ich dies manuell durch Ziehen bei gedrückter Maustaste.

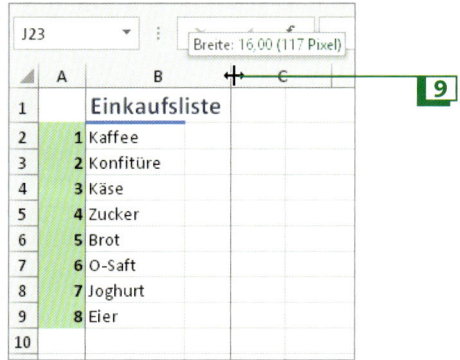

8 Wählen Sie eine passende Formatvorlage für die markierte Zelle bzw. auch für mehrere markierte Zellen aus.

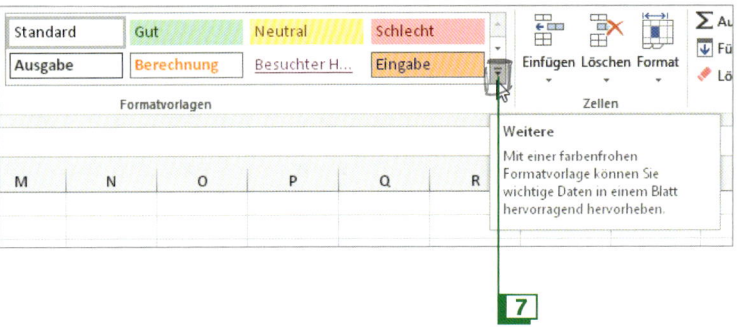

> **TIPP** ▶ Wenn Sie nicht den gesamten Zellinhalt, sondern nur einen Teil davon formatieren möchten, markieren Sie diesen Teil im Bearbeitungsbereich und nehmen dann die gewünschte Formatierung vor.

> **TIPP** ▶ Bei längeren Textinhalten in einer Zelle ergibt es keinen Sinn, die Spalte zu verbreitern. Dann verwenden Sie den *Textumbruch*, den Sie mit der gleichlautenden Schaltfläche im Menüband unter *Start* und dort in der Gruppe *Ausrichtung* aktivieren.

Textumbruch = Start - Ausrichtung

Zellen formatieren

Neben den Zellinhalten lassen sich auch die Zellen selbst formatieren. Sie teilen Excel damit mit, welche Art Daten die Zellen enthalten. Lassen Sie uns einer Einkaufsliste Preise hinzufügen und diese Preise dann als solche formatieren:

1 Geben Sie zu jedem Artikel in der Einkaufsliste einen beliebigen Preis ein.

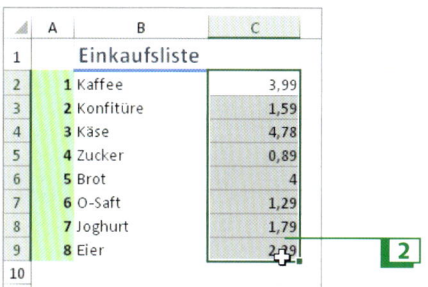

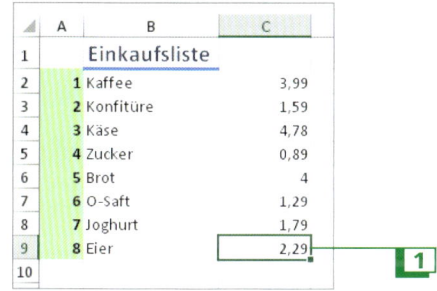

2 Markieren Sie im nächsten Schritt mit der Maus die Zellen, die Sie formatieren möchten.

3 Klicken Sie die markierten Zellen mit der rechten Maustaste an.

4 Wählen Sie im Kontextmenü den Eintrag *Zellen formatieren*.

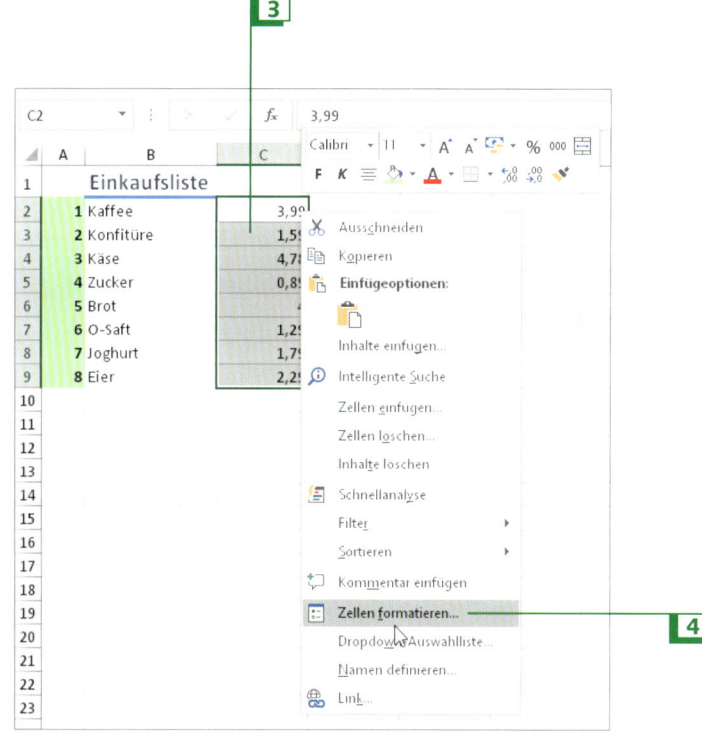

TIPP ➡ Optionen für die Zellformatierung finden Sie auch im Menüband unter *Start* und dort in der Gruppe *Zahl*.

5 Wählen Sie im sich öffnenden Fenster eine Zellformatierung aus, in diesem Fall die Formatierung als *Währung*.

6 Die Zellformatierung lässt sich noch anpassen, beispielsweise könnten Sie statt des Euro den Dollar oder eine andere Währung auswählen. Sie können außerdem die Anzahl der Dezimalstellen festlegen – Excel rundet automatisch.

7 Bestätigen Sie Ihre Einstellungen mit *OK*.

8 Die markierten Zellen werden auf die gewählte Weise formatiert.

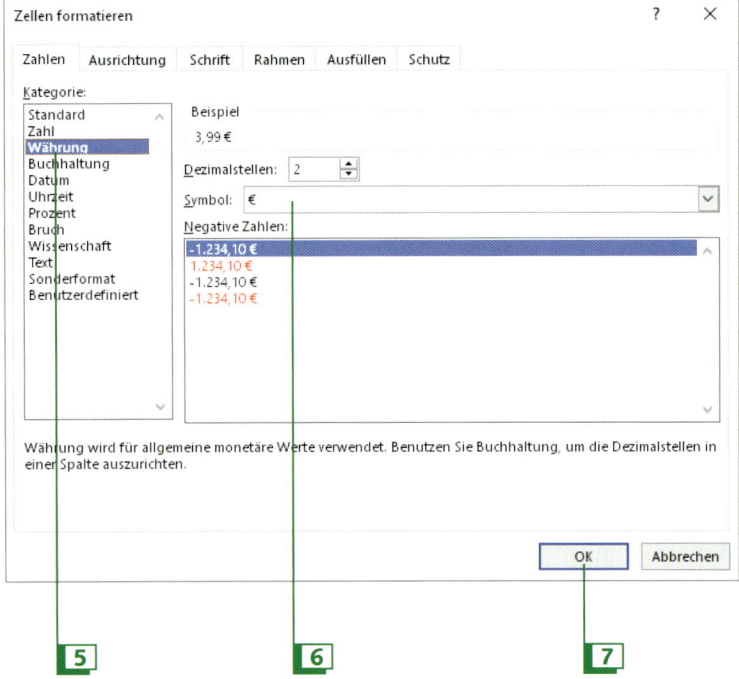

WICHTIGE INFORMATION

Excel kann selbst zwischen Text und Zahlen in einer Zelle unterscheiden. Text wird in einer Zelle standardmäßig links ausgerichtet, Zahlen werden hingegen rechts ausgerichtet. Die Ausrichtung lässt sich aber mithilfe der Funktionen im Menüband unter *Start* und dort in der Gruppe *Ausrichtung* individuell anpassen.

TIPP → Das Eurozeichen können Sie auch über die Tastatur erzeugen, nämlich mit der Tastenkombination [Alt Gr]+[E].

TIPP → Schreiben Sie *=HEUTE()* in eine Zelle, so wird in dieser Zelle jeweils das aktuelle Datum angezeigt.

Bedingte Formatierung

Die Formatierung können Sie Excel auch automatisch durchführen lassen, indem Sie dem Programm die entsprechenden Bedingungen mitteilen. Im folgenden Beispiel sollen Zellen mit Inhalten, die einen bestimmten Zahlenwert überschreiten, hervorgehoben werden.

1 Markieren Sie im ersten Schritt die Zellen, auf die Sie die bedingte Formatierung anwenden möchten.

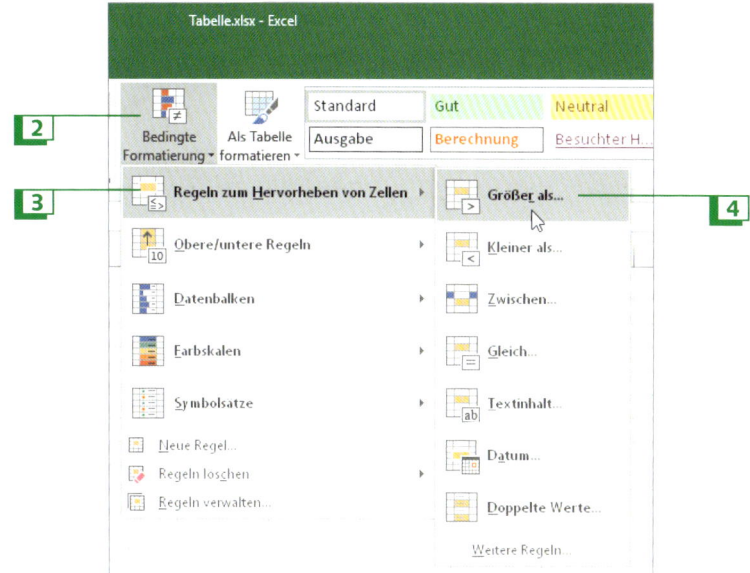

2 Klicken Sie im Menüband unter *Start* und dort in der Gruppe *Formatvorlagen* auf die Schaltfläche *Bedingte Formatierung*.

3 Bewegen Sie den Mauszeiger auf einen Menüeintrag, in diesem Fall *Regeln zum Hervorheben von Zellen*.

4 Wählen Sie im Ausklappmenü eine Option aus, hier *Größer als*.

5 Im sich öffnenden Fenster geben Sie in das linke Feld den Wert ein, bei dessen Überschreiten die Zelle hervorgehoben werden soll.

6 Bestimmen Sie per Menü, in welcher Farbe die Hervorhebung erfolgen soll.

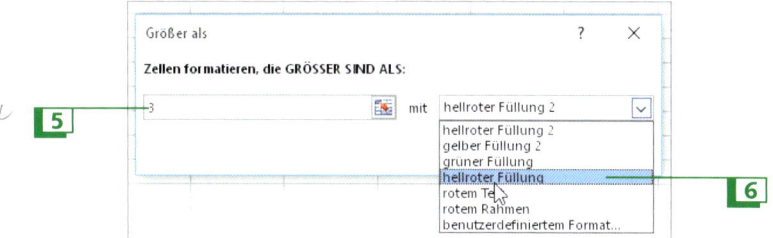

7 Bestätigen Sie die Einstellungen mit *OK*.

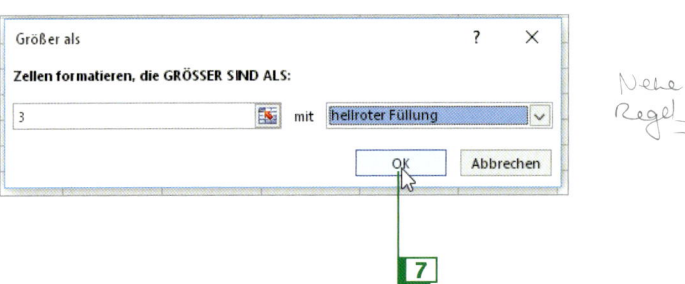

TIPP ➡ Sie finden unter der Schaltfläche *Bedingte Formatierung* noch zahlreiche weitere Regeln, die sich auf einfache Weise Ihren Wünschen anpassen lassen. Und falls Ihnen diese Regeln nicht ausreichen sollten, klicken Sie im Menü, das Sie per Schaltfläche *Bedingte Formatierung* aufrufen, auf den Eintrag *Neue Regel*, um eine neue Regel zu erstellen und diese direkt auf die markierten Zellen anzuwenden.

8 Sie stellen fest, dass die bedingte Formatierung auf die markierten Zellen angewendet wird.

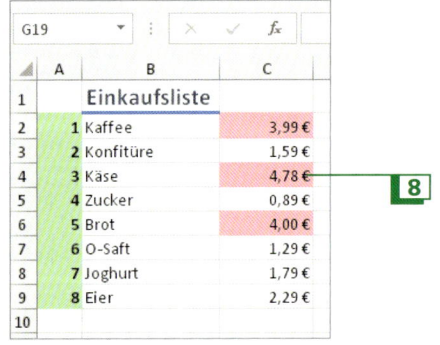

TIPP ➡ Um eine bedingte Formatierung wieder zu entfernen, markieren Sie die betroffenen Zellen. Bewegen Sie dann den Mauszeiger unter der Schaltfläche *Bedingte Formatierung* auf den Menüeintrag *Regeln löschen*. Im Ausklappmenü wählen Sie dann *Regeln in ausgewählten Zellen löschen*. Um sämtliche bedingten Formatierungen aus dem Tabellenblatt zu entfernen, wählen Sie entsprechend *Regeln in gesamtem Blatt löschen*.

TIPP ➡ Wenn Sie von mehreren bedingten Formatierungen Gebrauch machen, rufen Sie das Fenster zum Verwalten der Regeln auf: Klicken Sie auf die Schaltfläche *Bedingte Formatierung*. Wählen Sie ganz unten im sich öffnenden Menü den Eintrag *Regeln verwalten*. Im Verwaltungsfenster lassen sich Regeln bearbeiten, neue Regeln erstellen oder nicht mehr benötigte Regeln löschen.

Nicht benötigte Zeilen oder Spalten ausblenden

Bei umfangreichen Tabellen kann es sich anbieten, gerade nicht benötigte Zeilen oder Spalten auszublenden, um die Übersicht der Tabelle zu erhöhen. Das ist eine simple Sache:

1 Markieren Sie die Spalten- bzw. Zeilenüberschriften derjenigen Spalten oder Zeilen, die Sie ausblenden möchten. In diesem Fall möchte ich vier Zeilen in einer Tabelle ausblenden und markiere diese dazu bei gedrückter Maus- und [Strg]-Taste.

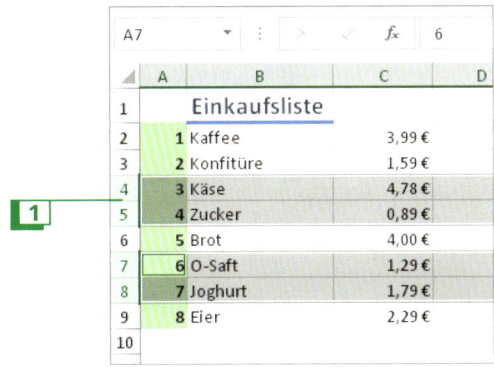

2 Klicken Sie die markierten Überschriften mit der rechten Maustaste an.

3 Wählen Sie im Kontextmenü den Eintrag *Ausblenden*.

4 Die ausgeblendeten Zeilen sind immer noch im Tabellenblatt vorhanden, aber nur noch durch die dickere Trennlinie zwischen den Zeilenüberschriften erkennbar.

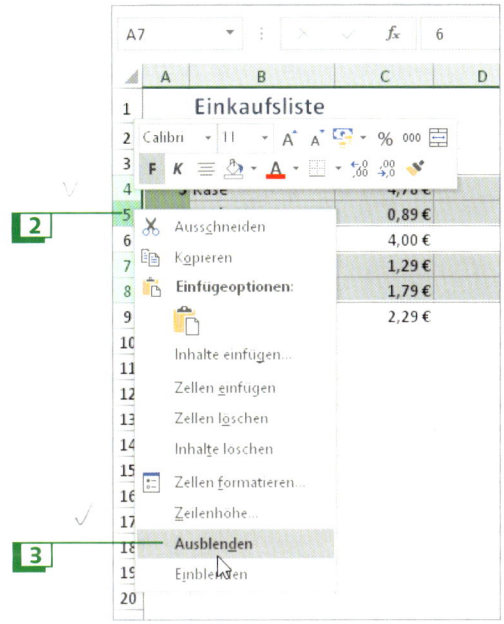

TIPP ➡ Zum Einblenden markieren Sie die Zeilenüberschriften, zwischen denen die ausgeblendeten Zeilen stehen, klicken diese mit der rechten Maustaste an und wählen im Kontextmenü den Eintrag *Einblenden*.

7

Zeilen und Spalten fixieren

Wünschen Sie, dass bestimmte Zeilen oder Spalten in einer Tabelle stets sichtbar sind, also beispielsweise die Überschriften? Dazu fixieren Sie ganz einfach die entsprechenden Zeilen oder Spalten.

1 Markieren Sie die Zelle, ab der die Fixierung durchgeführt werden soll – alle Zeilen darüber und alle Spalten links davon werden fixiert. Wenn lediglich die erste Zeile bzw. erste Spalte fixiert werden soll, ist keine vorherige Markierung erforderlich.

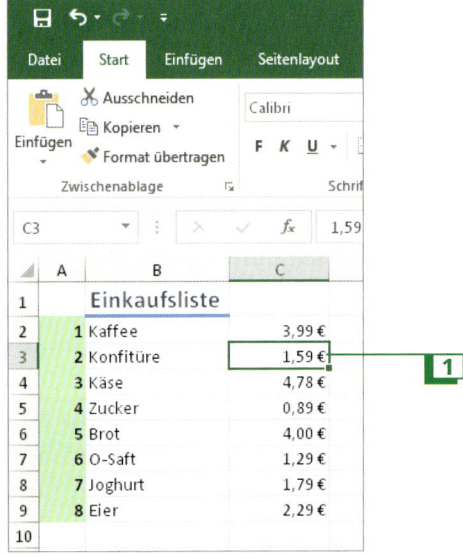

2 Wählen Sie im Menüband den Reiter *Ansicht*.

3 Klicken Sie in der Gruppe *Fenster* auf die Schaltfläche *Fenster fixieren*.

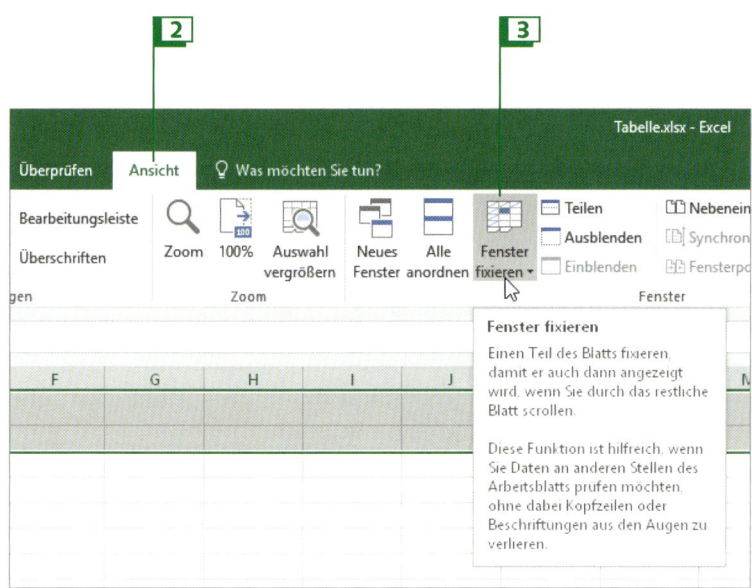

4 Wollten Sie die erste Zeile im Tabellenblatt fixieren, würden Sie im sich öffnenden Menü den Eintrag *Oberste Zeile fixieren* auswählen.

5 Eine entsprechende Auswahl gibt es auch für die Fixierung der ersten Spalte im Tabellenblatt: Um diese Fixierung zu bewerkstelligen, würden Sie im Menü auf den Eintrag *Erste Spalte fixieren* klicken.

6 In diesem Fall soll sich die Fixierung aber auf die markierten Zellen beziehen. Deshalb entscheiden Sie sich im Menü für *Fenster fixieren*.

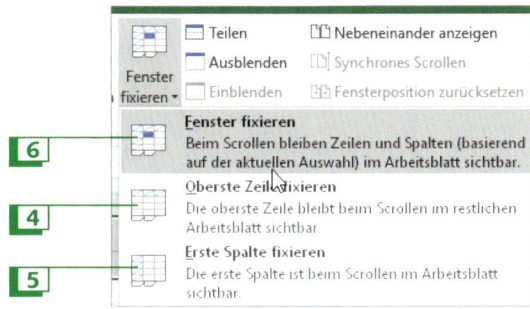

7 Hier wurden sowohl Spalten als auch Zeilen fixiert. Um den Effekt zu sehen, ziehen Sie beispielsweise die Bildlaufleiste für die Spalten nach rechts.

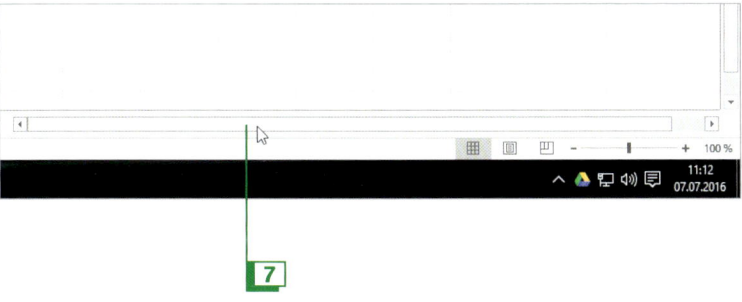

8 Sie bemerken, dass die fixierten Zellen ihre Position beibehalten.

9 Um die Fixierung wieder zu löschen, klicken Sie in der Gruppe *Fenster* erneut auf die Schaltfläche *Fenster fixieren*.

10 Wählen Sie im sich öffnenden Menü den nun angezeigten Eintrag *Fixierung aufheben*.

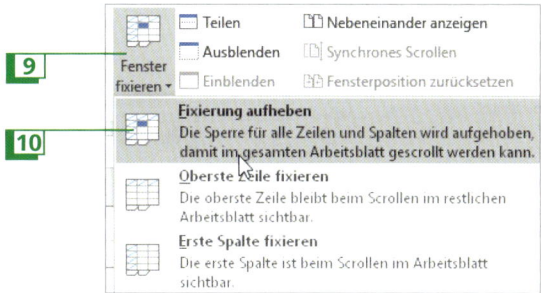

7

Daten sortieren

Wenn Sie eine Liste alphabetisch sortieren oder Zahlen in einer Spalte nach deren Größe anordnen möchten, nutzen Sie die Sortierfunktion in Excel 2016. Es geht ganz einfach:

1 Markieren Sie die zu sortierenden Zellen. Achten Sie darauf, alle betroffenen Zellen zu markieren, damit nichts durcheinandergerät. In diesem Fall werden die Produkte und die zugehörigen Preise markiert. Würden Sie lediglich die Preise sortieren, würden diese den falschen Produkten zugeordnet werden.

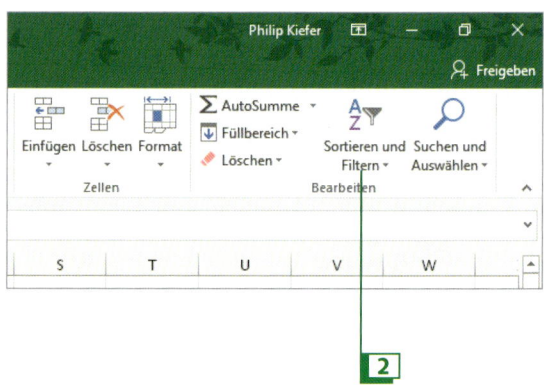

TIPP ➡ Beim Sortieren geht Excel normalerweise davon aus, dass Überschriften vorhanden sind. Ist dies nicht der Fall, deaktivieren Sie rechts oben im Fenster aus Schritt 6 das Kontrollkästchen *Daten haben Überschriften*.

2 Klicken Sie im Menüband unter *Start* und dort in der Gruppe *Bearbeiten* auf die Schaltfläche *Sortieren und Filtern*.

3 Sie könnten nun eine automatische Sortierung nach der ersten markierten Spalte wählen.

4 Da nach der zweiten markierten Spalte sortiert werden soll, wählen Sie aber *Benutzerdefiniertes Sortieren*.

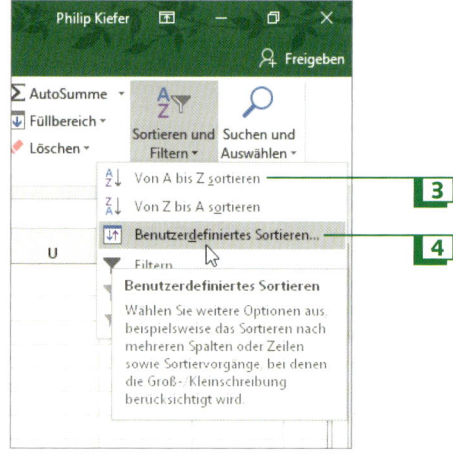

Mit Excel 2016 Daten aller Art erfassen

TIPP ➡ Auch Mehrfachsortierungen lassen sich vornehmen. Diesem Zweck dient im Fenster aus Schritt 6 die Funktion *Ebene hinzufügen*.

5 Bestimmen Sie im Menü *Spalte* die Spalte, nach der die Sortierung vorgenommen werden soll.

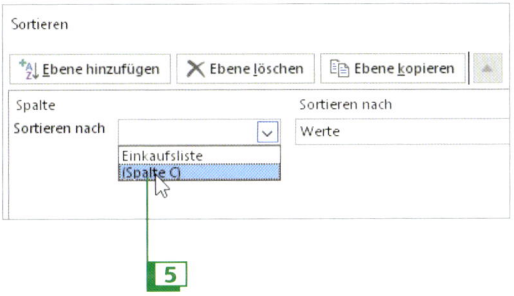

6 Die standardmäßige Sortierung nach Werten in aufsteigender Reihenfolge wird in diesem Fall beibehalten. Bestätigen Sie mit *OK*, um die Sortierung vorzunehmen.

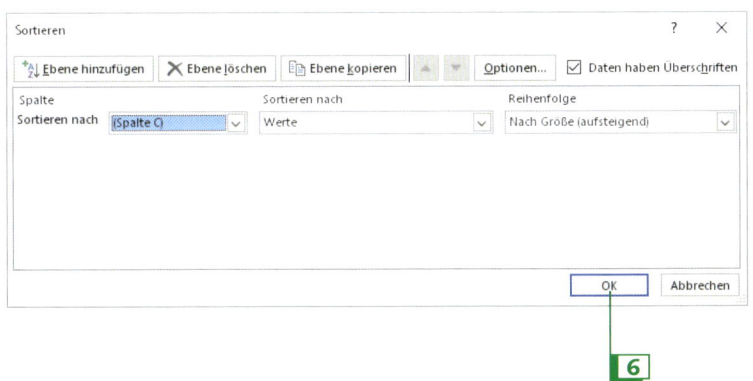

7 Die Sortierung wird Ihren Einstellungen gemäß vorgenommen, hier eine Sortierung vom niedrigsten zum höchsten Preis.

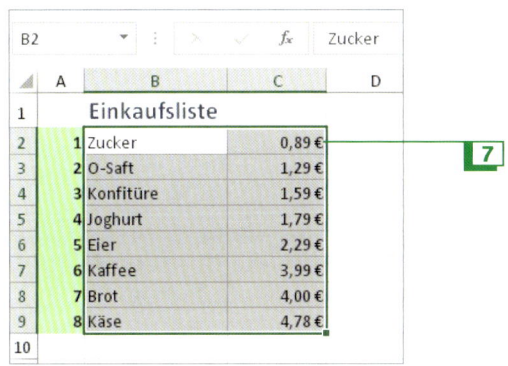

TIPP ➡ Der Standard sieht vor, dass die Zeilen in den ausgewählten Spalten sortiert werden, aber es geht natürlich auch umgekehrt. Dazu klicken Sie im Fenster aus Schritt 6 auf die Schaltfläche *Optionen* und nehmen im folgenden Fenster Ihre Sortierauswahl vor.

TIPP ➡ Wählen Sie unter der Schaltfläche *Sortieren und Filtern* den Eintrag *Von A bis Z sortieren*, werden Zahlen nach der Größe sortiert.

175

Daten filtern

Während beim Sortieren die Reihenfolge der Daten verändert wird, lassen sich beim Filtern nur Daten anzeigen, die von Ihnen ausgewählten Kriterien entsprechen. Wie Sie einen Filter einsetzen, zeige ich Ihnen an dieser Stelle.

1 Klicken Sie im Menüband unter *Start* und dort in der Gruppe *Bearbeiten* auf die Schaltfläche *Sortieren und Filtern*.

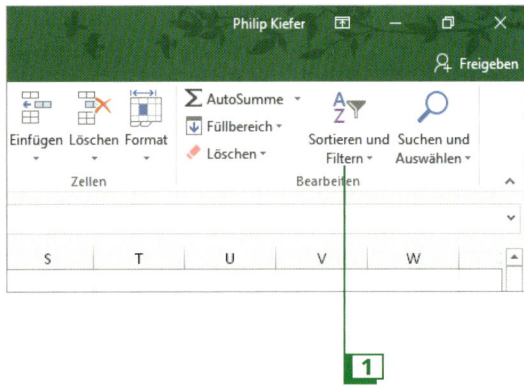

2 Wählen Sie im sich öffnenden Menü den Eintrag *Filtern*.

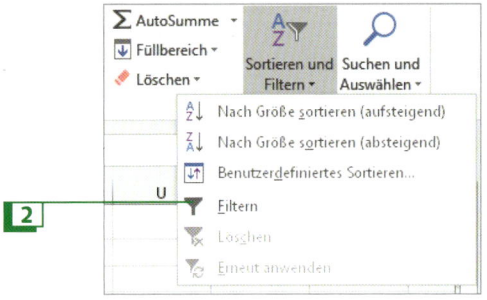

TIPP → Der Filter lässt sich auch mit der Tastenkombination Strg+⇧+L einrichten.

3 In der ersten Zeile jeder Spalte werden Pfeilsymbole zum Filtern eingeblendet. Um Inhalte einer bestimmten Spalte zu filtern, klicken Sie das Symbol der entsprechenden Spalte an.

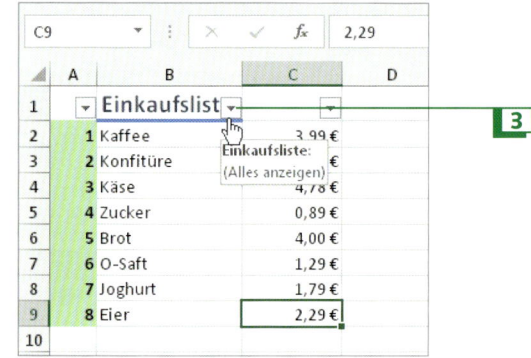

4 Entscheiden Sie per Kontrollkästchen, welche Inhalte angezeigt werden sollen und welche nicht.

WICHTIGE INFORMATION

Sie können die Inhalte auch nach eigenem Text filtern, indem Sie diesen in das Suchfeld des sich öffnenden Menüs eintippen.

5 Bestätigen Sie mit *OK*.

Mit Excel 2016 Daten aller Art erfassen

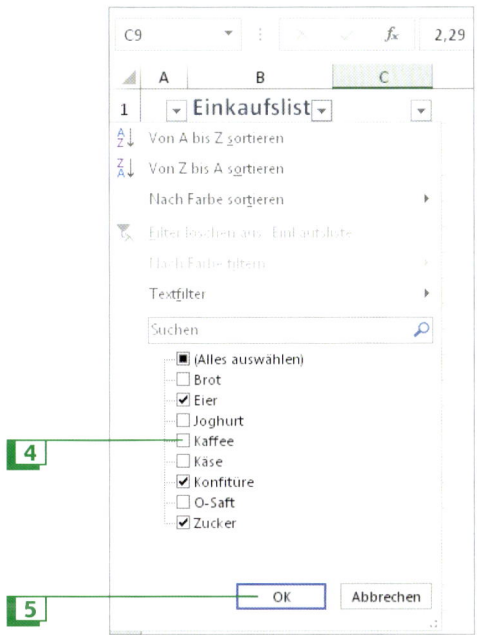

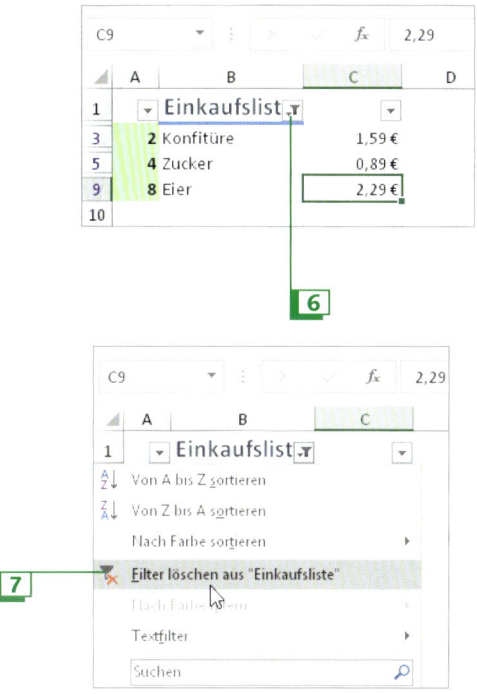

> **TIPP** ➡ Um den Filter wieder auszublenden, klicken Sie dazu unter der Schaltfläche *Sortieren und Filtern* erneut auf den Menüeintrag *Filtern*.

6 Es werden jetzt nur noch die gefilterten Inhalte eingeblendet. Wenn Sie möchten, fügen Sie noch weitere Filter in den anderen Spalten hinzu. Um einen Filter wieder zu entfernen, klicken Sie auf das Filtersymbol .

7 Wählen Sie im sich öffnenden Menü die Option *Filter löschen*.

WICHTIGE INFORMATION

Noch viel mehr Filtermöglichkeiten bieten Ihnen sogenannte Pivot-Tabellen. Um eine solche zu erstellen, wählen Sie im Menüband unter *Einfügen* den Eintrag *PivotTable*. Bestimmen Sie den Datenbereich, aus dem die Pivot-Tabelle erstellt werden soll, und machen Sie in der rechts eingeblendeten Leiste Angaben zu den Feldern, die in der Pivot-Tabelle verwendet werden sollen.

7

Weitere Tabellenblätter anlegen

In einer Arbeitsmappe haben zahlreiche Tabellenblätter Platz, sodass sich alle Daten zu einem Thema komfortabel in einer einzigen Datei verwalten lassen. So funktioniert das Anlegen neuer Tabellenblätter:

1 Sie finden unten in Excel eine Registerleiste, die der Auswahl von Tabellenblättern dient. Klicken Sie dort auf das Plussymbol ⊕.

2 Das Tabellenblatt wird eingefügt. Um es umzubenennen, doppelklicken Sie darauf.

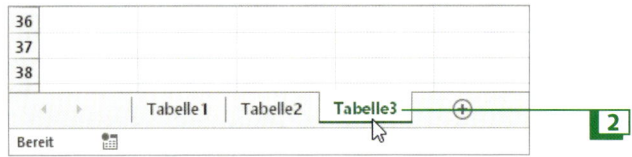

3 Tippen Sie anschließend die gewünschte Bezeichnung ein und bestätigen Sie mit der ⏎-Taste.

4 Möchten Sie nun noch eine andere Registerfarbe auswählen? Dazu klicken Sie den Reiter des Tabellenblatts mit der rechten Maustaste an.

5 Bewegen Sie den Mauszeiger im Kontextmenü auf den Eintrag *Registerfarbe*.

6 Wählen Sie im Ausklappmenü eine passende Farbe aus.

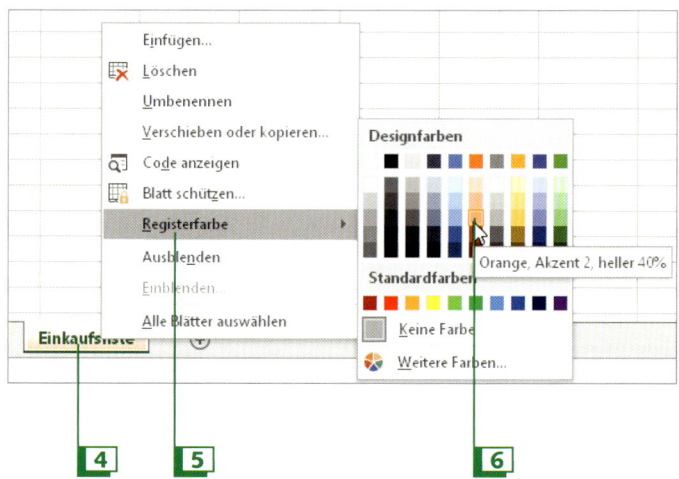

TIPP ➡ **In vielen Fällen praktisch: Die Reiter in der Registerleiste lassen sich bei gedrückter Maustaste an eine andere Position ziehen.**

178

Ihre Excel-Tabelle perfekt ausdrucken

Das Ausdrucken von Tabellen aus Excel heraus ist kinderleicht, aber es gibt – im Vergleich mit dem Ausdrucken von Dokumenten aus Word – einige Besonderheiten, die ich Ihnen im Folgenden vorstelle.

1 Wählen Sie im Menüband von Excel 2016 den Reiter *Ansicht*.

2 Klicken Sie auf die Ansichtsoption *Seitenlayout*, um zu ermitteln, wie die Tabelle auf das Blatt Papier passt.

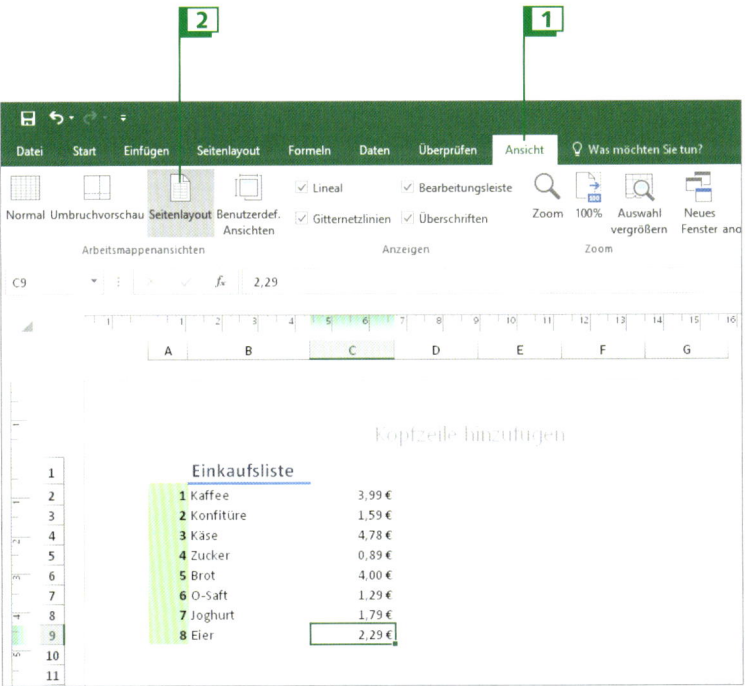

3 Soll nicht die gesamte Tabelle, sondern nur ein Teil davon ausgedruckt werden? Dann markieren Sie den auszudruckenden Teil mit der Maus.

4 Klicken Sie im Menüband auf den Reiter *Seitenlayout*.

5 Wählen Sie in der Gruppe *Seite einrichten* die Schaltfläche *Druckbereich*.

6 Im dann folgenden Menü entscheiden Sie sich für die Option *Druckbereich festlegen*. (Wählen Sie hier *Druckbereich aufheben*, um einen Druckbereich wieder zu entfernen.)

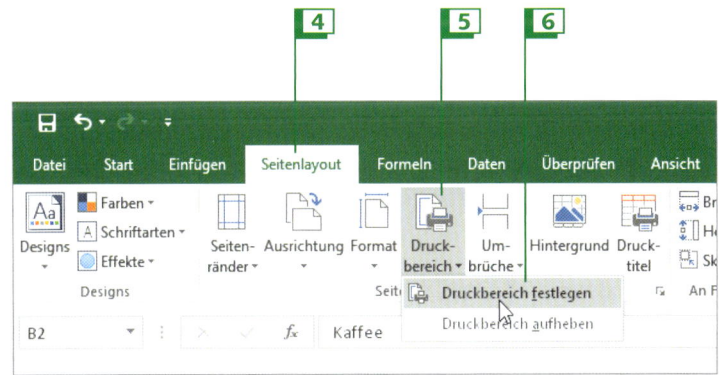

179

7

WICHTIGE INFORMATION

Die Tabelle passt nicht ins Hochformat? Dann entscheiden Sie sich im Menüband von Excel 2016 für den Reiter *Seitenlayout*, klicken auf die Schaltfläche *Ausrichtung* und wählen im sich öffnenden Menü das *Querformat*.

7 Wichtig zu wissen: Die Gitternetzlinien in Ihren Tabellen werden standardmäßig nicht ausgedruckt, dazu müssten Sie richtige Rahmen um die Zellen einfügen. Wenn Sie die Gitternetzlinien aber doch drucken möchten, wählen Sie in der Gruppe *Seite einrichten* die Schaltfläche *Drucktitel*.

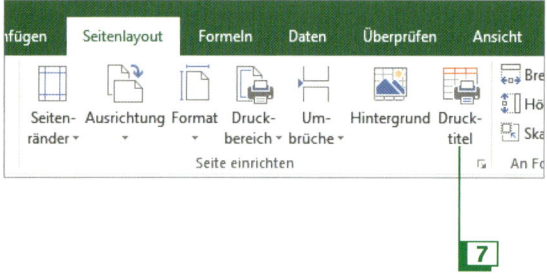

8 Aktivieren Sie im folgenden Fenster das Kontrollkästchen *Gitternetzlinien*. Sie können in diesem Fenster auch noch weitere Einstellungen zum Ausdruck vornehmen.

9 Bestätigen Sie mit der Schaltfläche *Drucken*. (Alternativ starten Sie einen Ausdruck mit *Datei/Drucken* bzw. mit [Strg]+[P].)

10 Sie erhalten eine Druckvorschau. Bestätigen Sie nochmals mit der Schaltfläche *Drucken*.

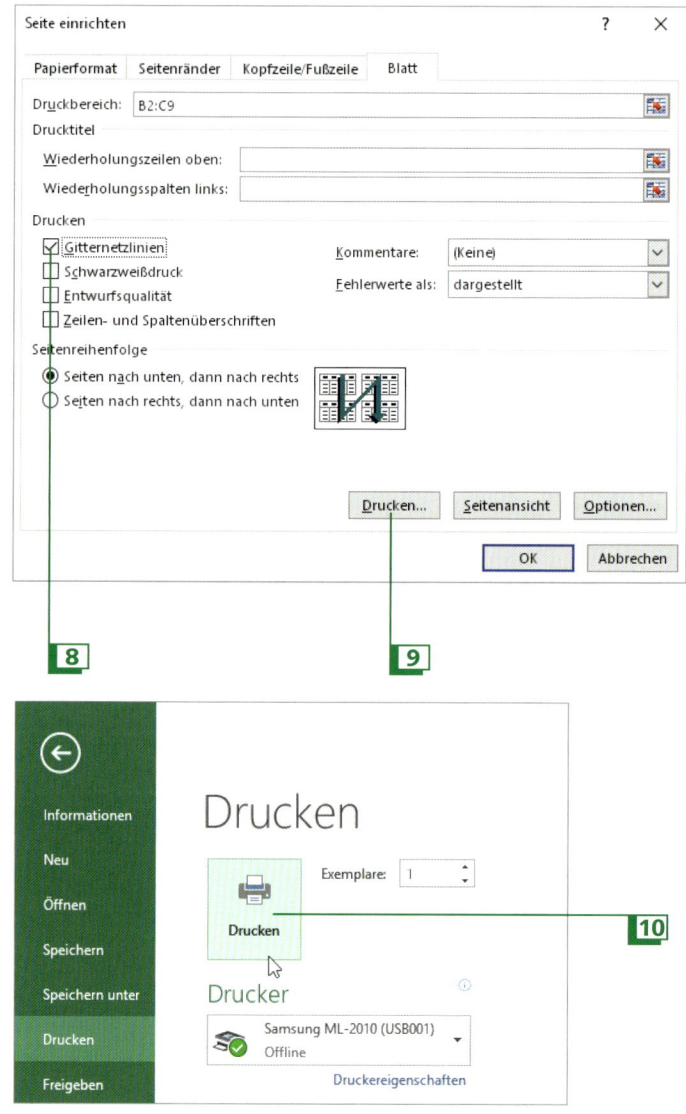

Das Kapitel im Überblick

- Standarddiagramm erstellen
- Wechsel zwischen Tabellenblatt und Diagrammblatt
- Weitere Diagrammtypen
- Diagramm anpassen
- Diagramm formatieren
- Sparkline-Diagramm in Zelle einfügen
- Formen und Co. auch in Excel einfügen

Ansprechende Diagramme erstellen und bearbeiten

Die mit Excel 2016 erfassten Daten lassen sich auf beeindruckende Weise visualisieren, indem Sie daraus ein passendes Diagramm erstellen. Wie Sie einen der zahlreichen Diagrammtypen auswählen und ein Diagramm nach Ihren Vorstellungen formatieren, erfahren Sie in diesem Kapitel. Auch die sogenannten Sparkline-Diagramme, die in eine einzelne Zelle eingefügt werden, kommen zur Sprache.

Neben Diagrammen lassen sich auch in Excel Bilder, Formen und weitere Elemente in Ihre Tabellenblätter einfügen. Wie Sie dazu vorgehen, lesen Sie ebenfalls ausführlich auf den folgenden Seiten.

Standarddiagramm erstellen

Ein Standarddiagramm (Balkendiagramm) aus den von Ihnen ausgewählten Daten lässt sich in Excel per Tastendruck hinzufügen.

1 Markieren Sie zunächst in der Tabelle die Daten, aus denen Sie ein Diagramm erstellen möchten.

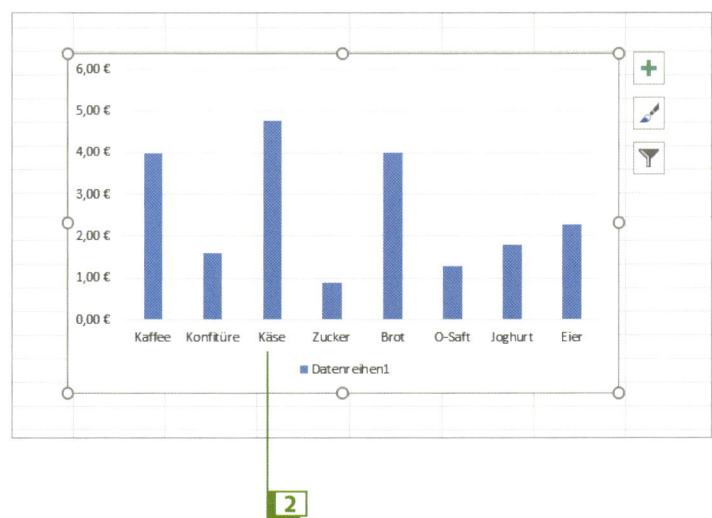

2 Nun haben Sie zwei Möglichkeiten: Drücken Sie die Tastenkombination Alt+F1, um das Standarddiagramm direkt im Tabellenblatt zu erzeugen.

3 Oder drücken Sie die Taste F11, um das Diagramm auf einem eigenen Diagrammblatt darzustellen, das sich in der Registerleiste unten in Excel auswählen lässt.

> **TIPP** ➡ Klicken Sie auf den Rand eines Diagramms, um es dann mit Strg+C in die Zwischenablage kopieren und in einem anderen Programm mit Strg+V als Bilddatei einfügen zu können.

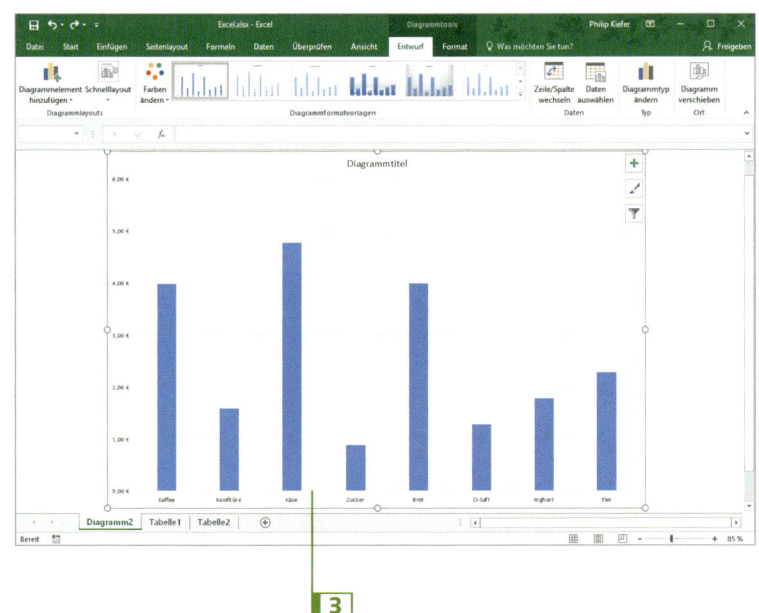

182

Ansprechende Diagramme erstellen und bearbeiten

Wechsel zwischen Tabellenblatt und Diagrammblatt

Ein Diagramm lässt sich von einem Tabellenblatt auf ein eigenes Diagrammblatt verschieben, aber auch von einem Diagrammblatt auf ein von Ihnen ausgewähltes Tabellenblatt.

1 Wenn ein Diagramm ausgewählt ist, werden im Menüband die *Diagrammtools* eingeblendet. Wählen Sie dort unter dem Reiter *Entwurf* die Schaltfläche *Diagramm verschieben*.

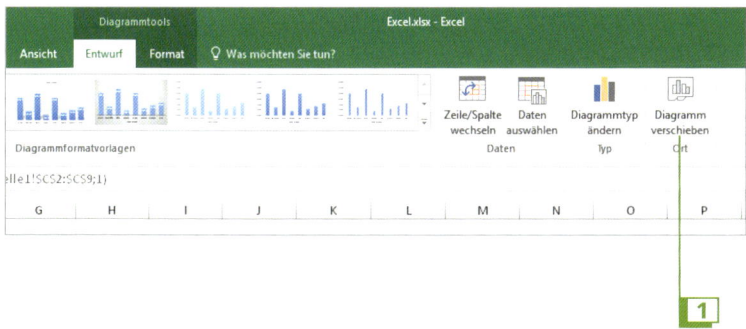

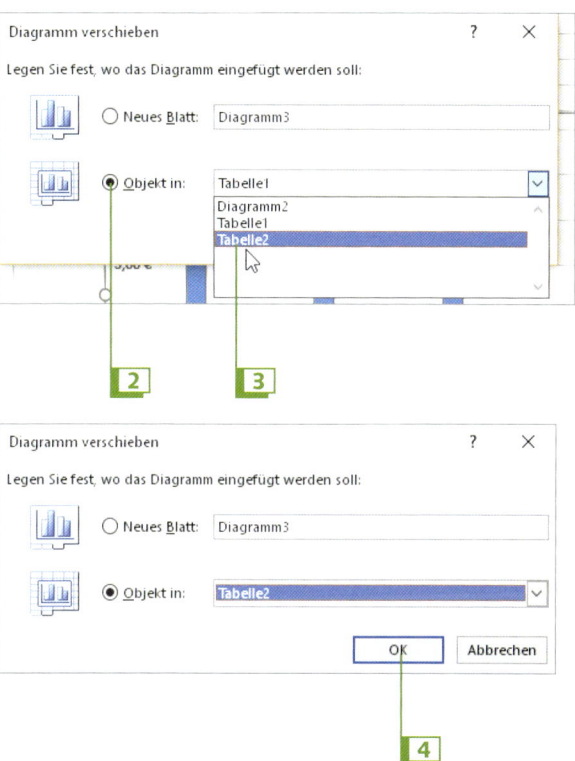

2 Entscheiden Sie sich im folgenden Fenster entweder für die Option *Neues Blatt* (Darstellung des Diagramms auf einem eigenen Diagrammblatt) oder *Objekt in* (Darstellung des Diagramms auf einem Tabellenblatt). In diesem Fall wähle ich die Option *Objekt in*.

3 Anschließend bestimme ich per Menü, auf welchem Tabellenblatt der Arbeitsmappe das Diagramm dargestellt werden soll.

4 Bestätigen Sie mit *OK*, um das Diagramm Ihrer Auswahl entsprechend zu verschieben.

> **TIPP ➡** Die Darstellung des Diagramms auf dem Tabellenblatt, das die zugehörigen Daten enthält, ist insofern sinnvoll, als die Änderung der Daten direkt im Diagramm beobachtet werden kann. Wenn Sie die ausgewählten Daten ändern, z. B. einen Preis in unserer Einkaufsliste, wird das Diagramm von Excel automatisch angepasst.

Weitere Diagrammtypen

Excel 2016 bietet eine Vielzahl von Diagrammtypen, sodass Sie ganz nach Bedarf das passende Diagramm für Ihre Daten auswählen können.

1 Markieren Sie wieder zunächst die Daten, die Sie in dem Diagramm verwenden möchten.

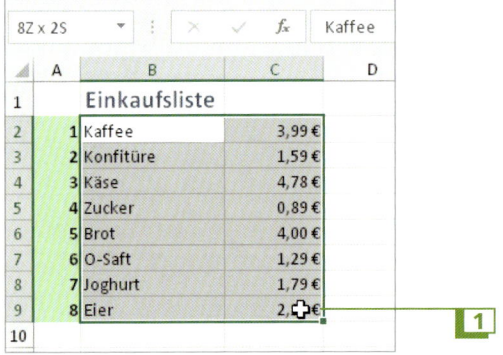

2 Wählen Sie im Menüband den Reiter *Einfügen*.

3 Entscheiden Sie sich nun in der Gruppe *Diagramme* entweder per Symbol für eine Diagrammkategorie.

4 Oder klicken Sie rechts unten in der Gruppe auf das kleine Pfeilsymbol, um eine Gesamtübersicht über die verfügbaren Diagramme zu erhalten.

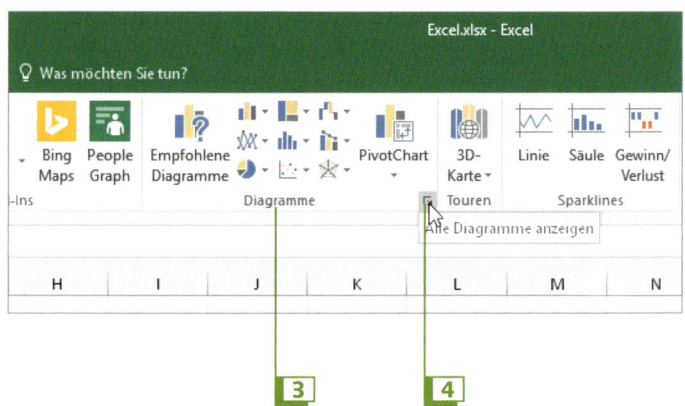

5 Entscheiden Sie sich im folgenden Fenster für den Reiter *Alle Diagramme*.

6 Wählen Sie in der Leiste links einen Diagrammtyp aus, z. B. *Kreis*.

7 Entscheiden Sie sich gegebenenfalls noch für eine Unterkategorie, hier z. B. *3D-Kreis*.

8 Doppelklicken Sie auf ein Diagramm, um es ins Tabellenblatt einzufügen.

9 Das Diagramm ist sofort im Tabellenblatt sichtbar und lässt sich noch individuell anpassen, wie ich Ihnen auf den nächsten Seiten zeigen werde.

Ansprechende Diagramme erstellen und bearbeiten

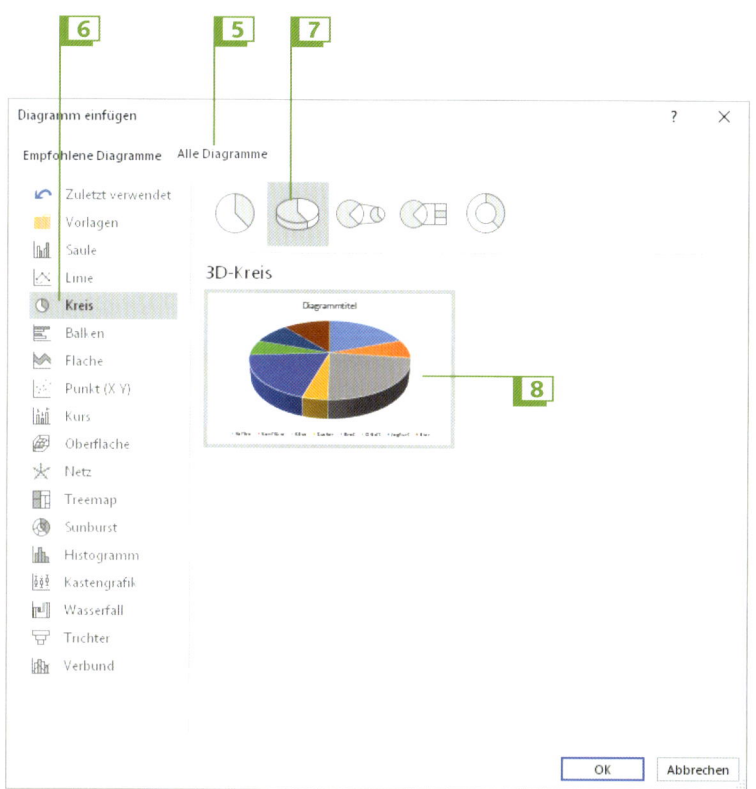

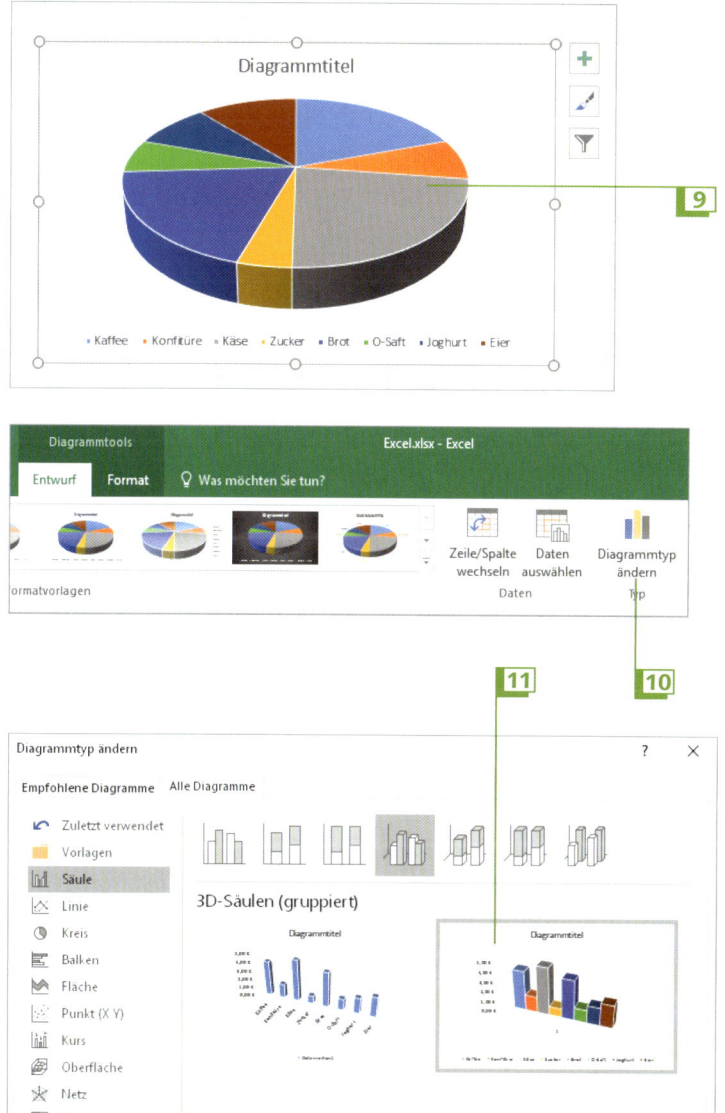

10 Sagt Ihnen der ausgewählte Diagrammtyp nicht zu und Sie möchten diesen ändern? Dazu klicken Sie in den eingeblendeten *Diagrammtools* unter dem Reiter *Entwurf* auf die Schaltfläche *Diagrammtyp ändern*.

11 Sie erhalten wieder die Diagrammauswahl und bestimmen nun einfach per Doppelklick ein anderes Diagramm. Wählen Sie das passende Diagramm, bevor Sie weitere Bearbeitungsschritte am Diagramm durchführen.

185

Diagramm anpassen

Nachdem Sie ein Diagramm eingefügt haben, werden Sie vielleicht feststellen, dass Beschriftungen fehlen, dass der Titel nicht passt oder die Größe nicht stimmt? Kein Problem! Ein Diagramm lässt sich individuell anpassen.

1 In diesem Diagramm fehlen die Datenbeschriftungen. Um diese einzufügen, klicken Sie beim ausgewählten Diagramm auf das rechts eingeblendete Symbol ✚.

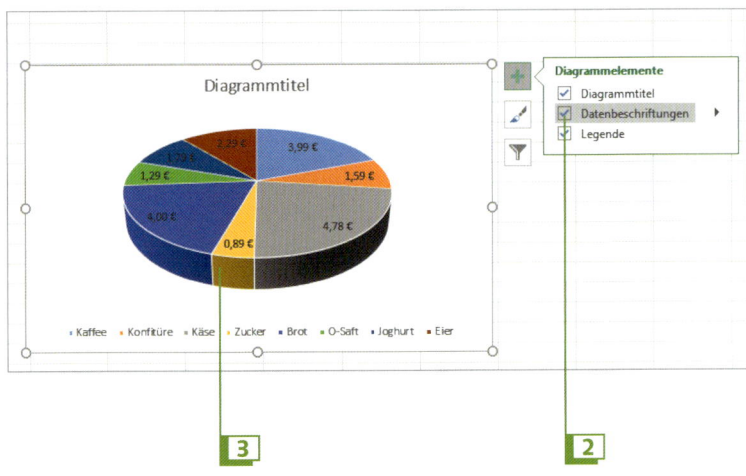

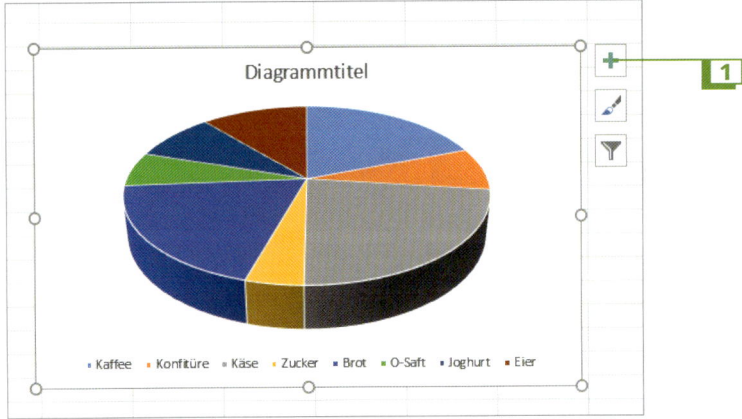

2 Aktivieren Sie das Kontrollkästchen *Datenbeschriftungen*. (Wenn Sie beim Eintrag *Datenbeschriftungen* rechts auf den kleinen Pfeil klicken, können Sie auch noch Angaben zur Position der Datenbeschriftungen machen.)

3 Die Beschriftungen werden prompt im Diagramm eingeblendet.

4 Nun möchten Sie den Standard-Diagrammtitel ändern. Doppelklicken Sie dazu bei ausgewähltem Diagramm auf den bisherigen Titel, um ihn zu markieren.

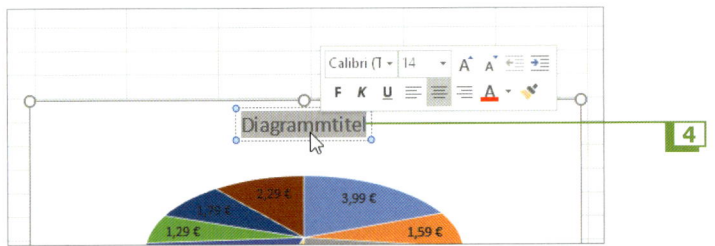

TIPP ➡ Falls die Daten im Diagramm falsch zugeordnet dargestellt werden, klicken Sie bei ausgewähltem Diagramm rechts auf das Symbol ▼. Klicken Sie im sich öffnenden Menü unten auf *Daten auswählen* und passen Sie im folgenden Fenster die Daten an.

Ansprechende Diagramme erstellen und bearbeiten

5 Tippen Sie den neuen Diagrammtitel ein und beenden Sie die Eingabe, indem Sie aus dem Diagrammtitel heraus auf eine andere Stelle klicken.

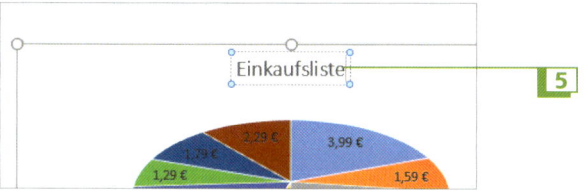

6 Sowohl die einzelnen Elemente des Diagramms als auch das Diagramm insgesamt lassen sich in der Größe verändern. Klicken Sie dazu ein Element oder das gesamte Diagramm an, um es zu markieren. Das gesamte Diagramm markieren Sie am sichersten, indem Sie auf dessen Rahmen klicken.

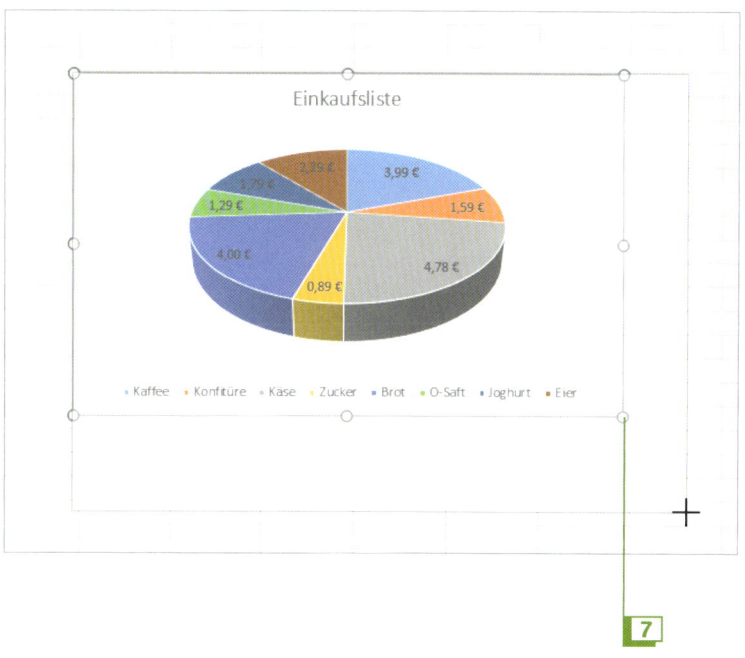

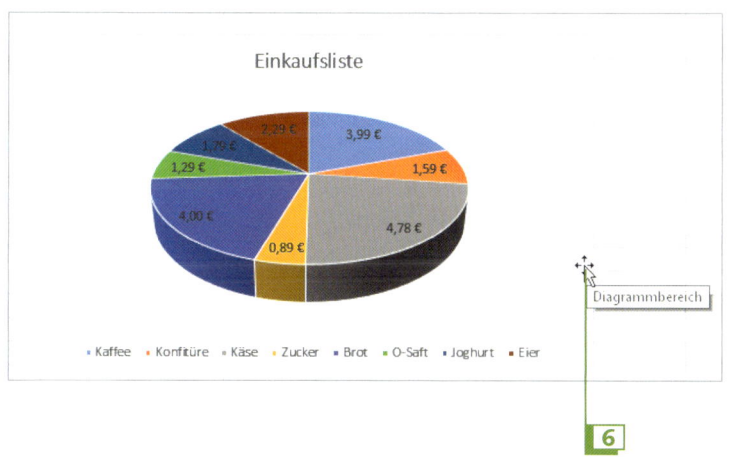

TIPP ➡ **Ein gelungenes Diagramm als Vorlage speichern:** Klicken Sie es dazu mit der rechten Maustaste an, wählen Sie im Kontextmenü *Als Vorlage speichern*, geben Sie einen Namen und einen Speicherort an und bestätigen Sie mit *Speichern*. Die Vorlage lässt sich dann ebenfalls in der Diagrammauswahl – in der Kategorie *Vorlagen* – aufrufen.

TIPP ➡ **Bestimmte Elemente aus dem Diagramm entfernen:** Markieren Sie dazu ein Element, beispielsweise den Diagrammtitel, mit der Maus und drücken Sie die Entf-Taste.

7 Klicken Sie in eine Ecke des Diagramms und ziehen Sie es bei gedrückter Maustaste in die gewünschte Größe.

187

Diagramm formatieren

Auch optisch lässt sich ein Diagramm nach den eigenen Wünschen anpassen. Am einfachsten gelingt dies mit einer der Diagrammformatvorlagen, jedoch sind auch individuelle Formatierungen möglich.

1 Zum Auswählen einer Diagrammformatvorlage markieren Sie das Diagramm durch Anklicken.

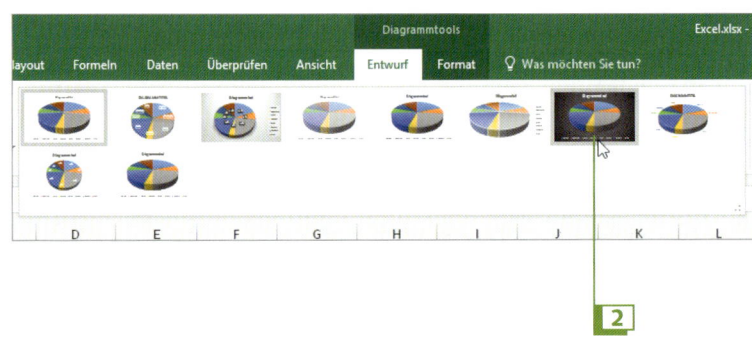

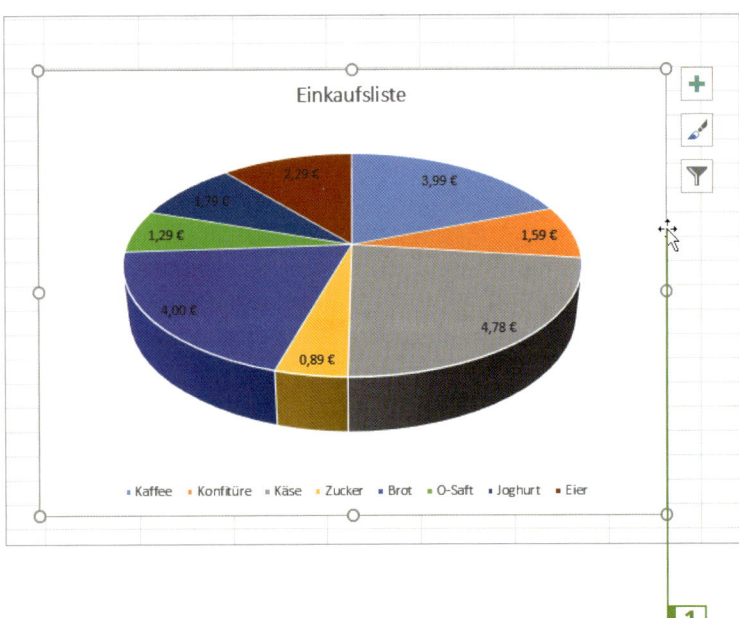

3 Die Diagrammformatvorlage wird auf das Diagramm angewendet. Um individuelle Formatierungen vorzunehmen, markieren Sie ein Element im Diagramm, hier etwa den Diagrammtitel.

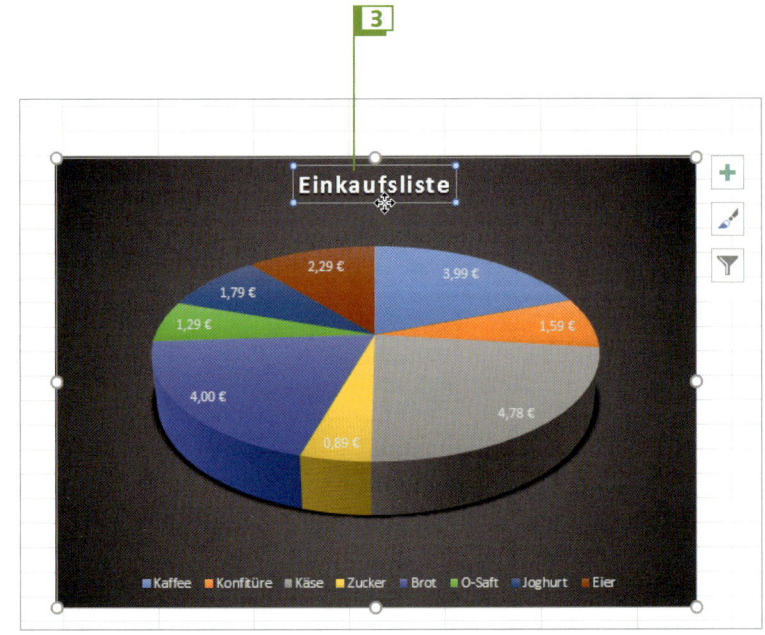

2 In den so im Menüband eingeblendeten *Diagrammtools* finden Sie unter dem Reiter *Entwurf* eine Reihe von Diagrammformatvorlagen. Wählen Sie einfach durch Anklicken eine passende aus.

Ansprechende Diagramme erstellen und bearbeiten

4 Entscheiden Sie sich in den *Diagrammtools* für den Reiter *Format*.

5 Sie erhalten eine ganze Reihe von Formatierungsoptionen. In diesem Fall möchte ich die Textfarbe verändern und klicke dazu auf die Schaltfläche *Textfüllung*.

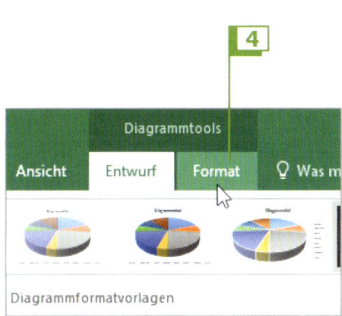

6 Im sich öffnenden Menü wird die gewünschte Farbe ausgewählt.

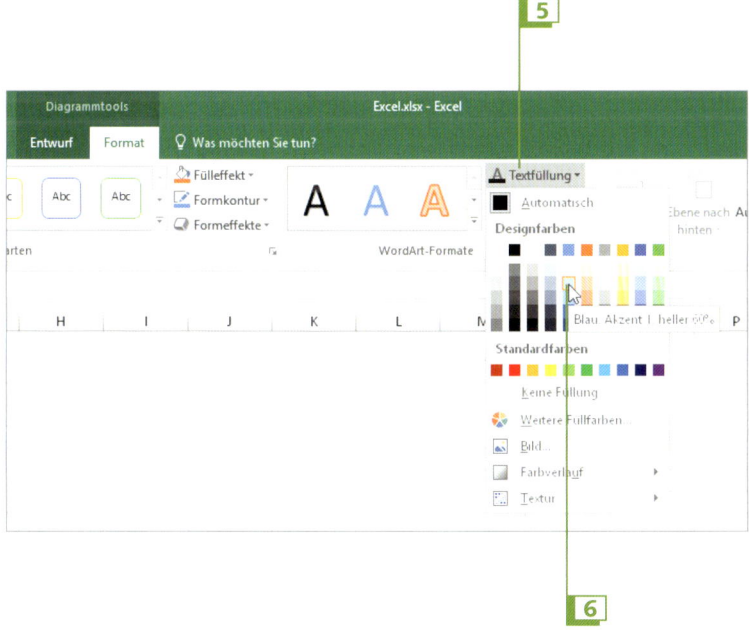

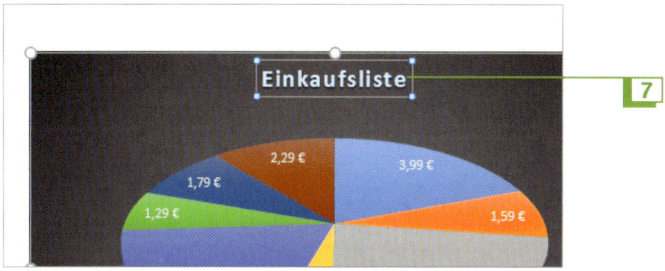

7 Die Änderung wird sofort im Diagramm übernommen.

8 Noch mehr Formatierungsoptionen gewünscht? Dazu doppelklicken Sie auf ein Element im Diagramm.

9 Rechts wird daraufhin eine Leiste mit weiteren Formatierungsoptionen eingeblendet.

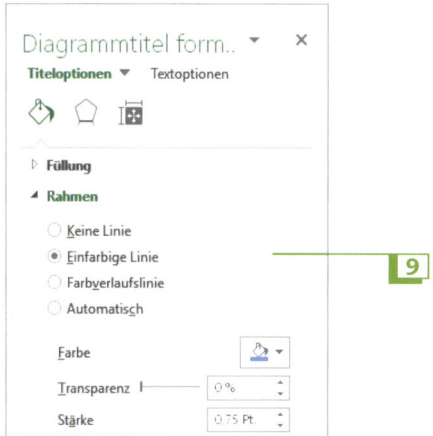

189

Sparkline-Diagramm in Zelle einfügen

Simple Diagramme – sogenannte Sparkline-Diagramme – lassen sich in einer einzelnen Zelle unterbringen, etwa um eine Wertentwicklung zu veranschaulichen.

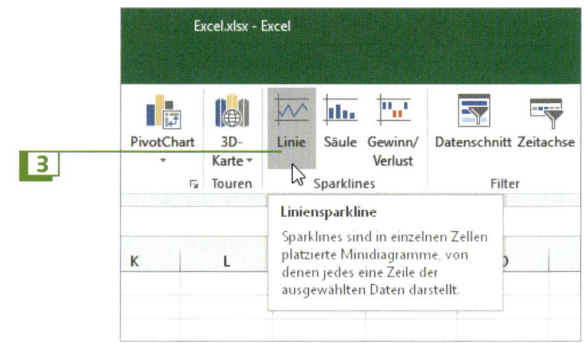

1 Wählen Sie die Zelle aus, in die Sie das Sparkline-Diagramm einfügen möchten.

2 Entscheiden Sie sich im Menüband für den Reiter *Einfügen*.

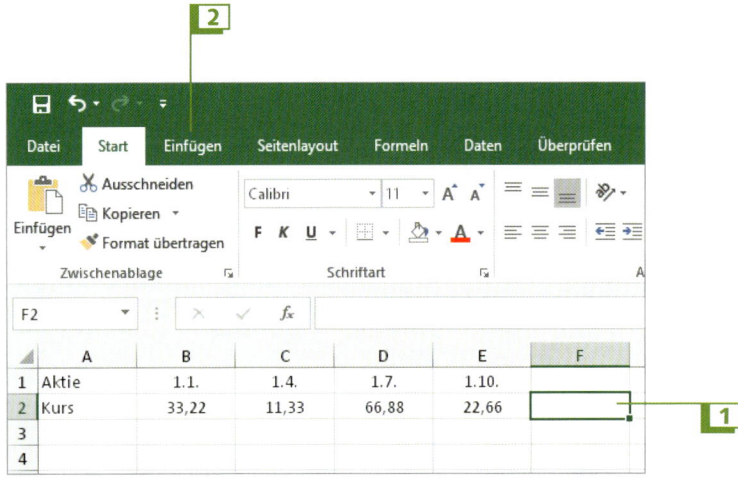

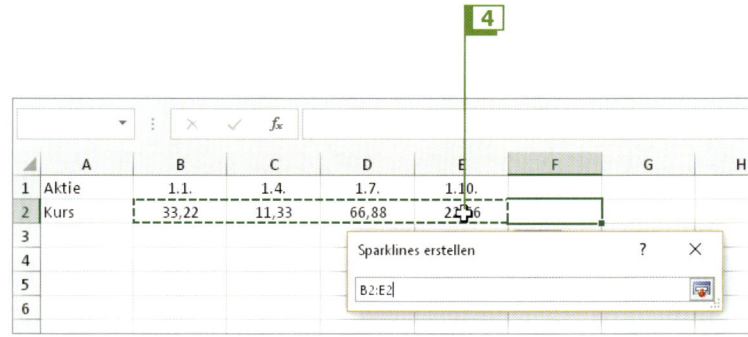

3 Klicken Sie in der Gruppe *Sparklines* auf die Schaltfläche des Diagrammtyps, den Sie verwenden möchten, hier wähle ich den Diagrammtyp *Linie*.

4 Markieren Sie mit der Maus die Zellen, die die Daten für die Sparkline enthalten.

5 Bestätigen Sie mit *OK*, um das Sparkline-Diagramm in die Zelle einzufügen.

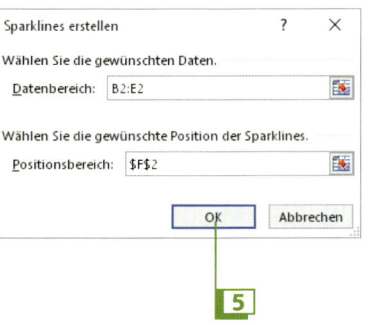

Ansprechende Diagramme erstellen und bearbeiten

Formen und Co. auch in Excel einfügen

Auch Formen, Bilder und weitere Objekte lassen sich in ein Tabellenblatt einfügen. Das funktioniert ganz ähnlich wie schon im Zusammenhang mit dem Programm Word kennengelernt. Lassen Sie mich Ihnen im Folgenden zeigen, wie Sie mithilfe einer Form auf bestimmte Inhalte Ihrer Tabelle besonders hinweisen können.

1. Klicken Sie im Menüband auf den Reiter *Einfügen*.

2. Wählen Sie in der Gruppe *Illustrationen* die Schaltfläche *Formen*.

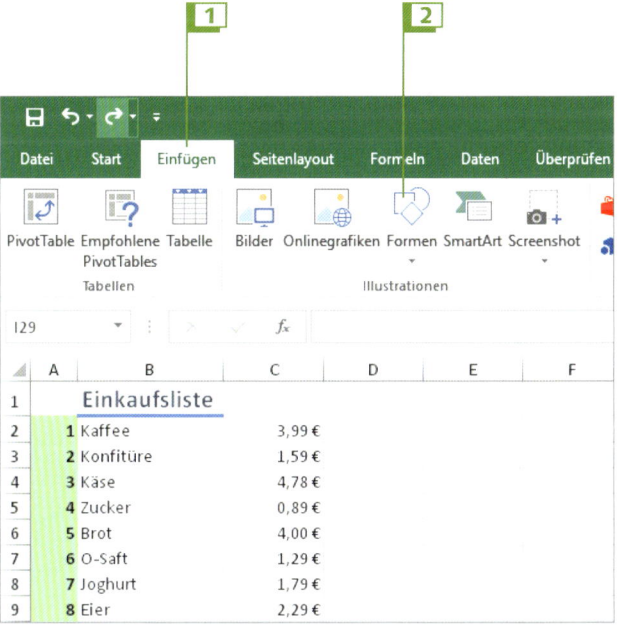

3. Legen Sie im sich öffnenden Menü eine Form fest, die Sie ins Tabellenblatt einfügen möchten.

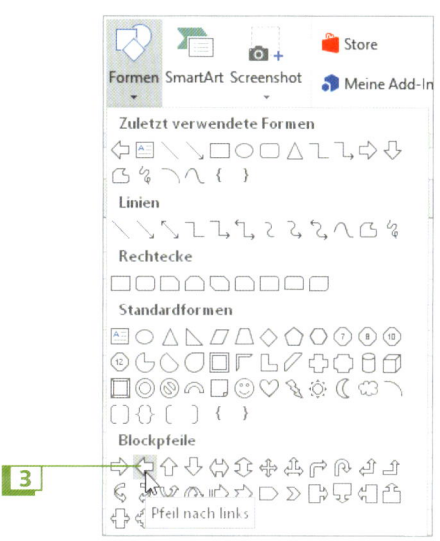

4. Klicken Sie in das Tabellenblatt und ziehen Sie die Form bei gedrückter Maustaste in die gewünschte Größe.

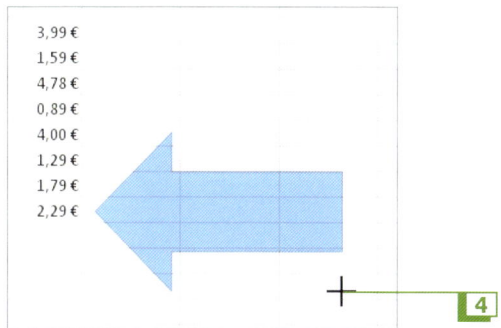

5 Klicken Sie die Form anschließend an und ziehen Sie sie bei gedrückter Maustaste an die gewünschte Position.

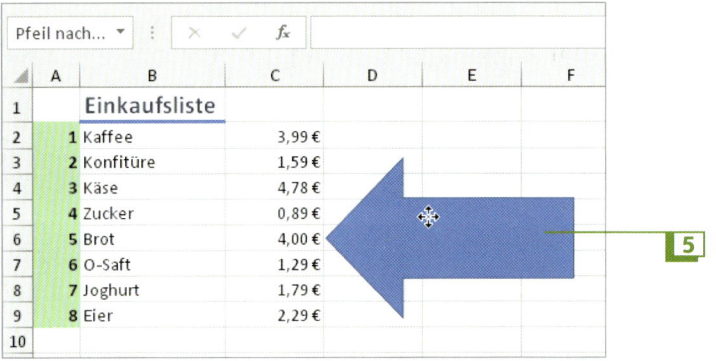

6 Eine Form als Textfeld verwenden – das geht auch in Excel. Doppelklicken Sie dazu in eine Form.

7 Tippen Sie anschließend Ihren Text ein.

8 Mithilfe der im Menüband eingeblendeten Zeichentools können Sie die Form schließlich noch nach Ihrem Geschmack formatieren.

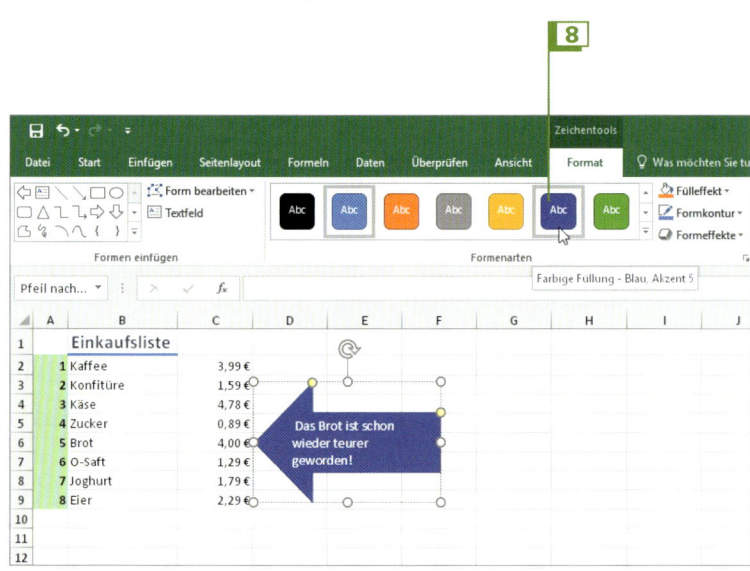

9

Funktionen, Bezüge und weitere Excel-Features erkunden

Das Kapitel im Überblick

- AutoSumme bilden
- Teilergebnisse berechnen
- Formeln eingeben
- Bezüge herstellen
- Funktion einfügen
- Bedingungen abgleichen
- Weitere Funktionen
- Zellnamen vergeben
- Datenüberprüfung

Bisher wurde Ihnen gezeigt, wie Sie mit Excel Daten erfassen und diese in einem Diagramm darstellen. Aber wussten Sie, dass Excel auch ein Rechengenie ist? Damit machen Sie sich in diesem Kapitel vertraut: Erfahren Sie, was im Zusammenhang mit Excel mit Namen und Bezügen gemeint ist, und lassen Sie das Programm die verschiedensten Berechnungen durchführen.

Selbst komplizierteste Berechnungen lassen sich meistern. Excel bietet für diesen Zweck mehrere Hundert Funktionen an, die sich auch noch verketten lassen. Auch wie Sie Funktionen in Excel einfügen, lesen Sie ausführlich in diesem Kapitel.

AutoSumme bilden

Mit Excel können Sie nicht nur Daten aller Art erfassen, sondern das Programm verfügt auch über ein unglaubliches Rechentalent. Eine Summe zu bilden, ist dabei noch die einfachste Übung.

1 Markieren Sie die Zellen, aus deren enthaltenen Werten Sie eine Summe bilden möchten (Durchführung einer Addition).

2 Klicken Sie im Menüband unter *Start* und dort in der Gruppe *Bearbeiten* auf die Schaltfläche *AutoSumme*.

> **TIPP** ➡ Die Summe kann auch mithilfe der Tastenkombination [Alt]+[⇧]+[0] gebildet werden.

3 Die Summe wird in der Zelle unterhalb der markierten Werte eingefügt. Wenn Sie einen Wert ändern, wird die Summe automatisch angepasst.

> **TIPP** ➡ Wenn Sie auf den zur Schaltfläche *AutoSumme* gehörenden Pfeil klicken, erhalten Sie schnellen Zugriff auf weitere wichtige Funktionen, etwa zum Bilden des Mittelwerts aller ausgewählten Werte.

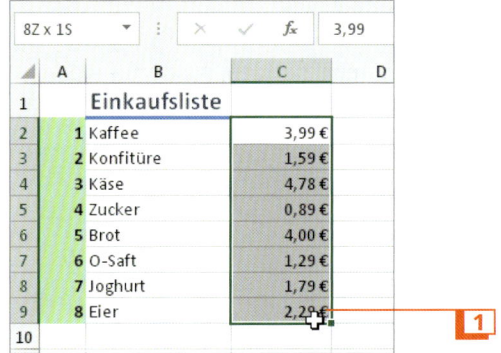
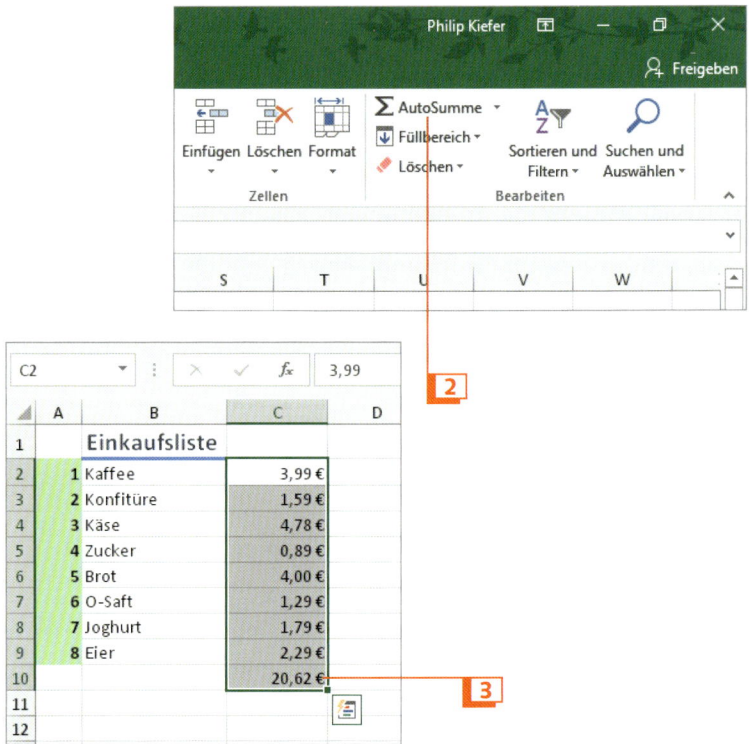

Funktionen, Bezüge und weitere Excel-Features erkunden

Teilergebnisse berechnen

Excel kann nicht nur automatisch Summen bilden, sondern – wenn Sie es wünschen – Ihnen auch noch Teilergebnisse zu von Ihnen festgelegten Kategorien liefern.

1 Erstellen Sie eine Tabelle, in der Sie die einzelnen Werte verschiedenen Kategorien zuweisen. Hier dienen als Kategorien *bis 1 Euro*, *1-3 Euro* sowie *über 3 Euro*. Zwischen den Werten in den einzelnen Kategorien soll eine Zeile Platz bleiben.

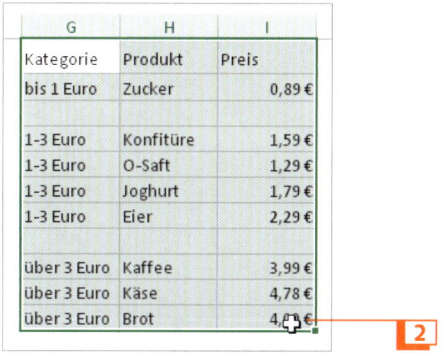

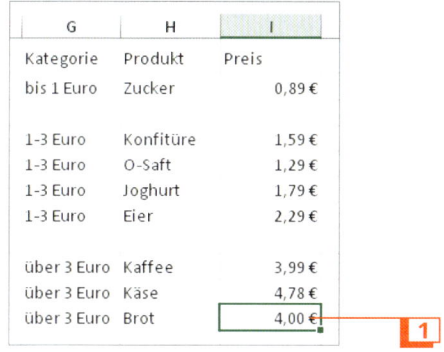

2 Markieren Sie die Tabelle.

3 Klicken Sie nun im Menüband auf den Reiter *Daten*.

4 Wählen Sie in der Gruppe *Gliederung* die Schaltfläche *Teilergebnis*.

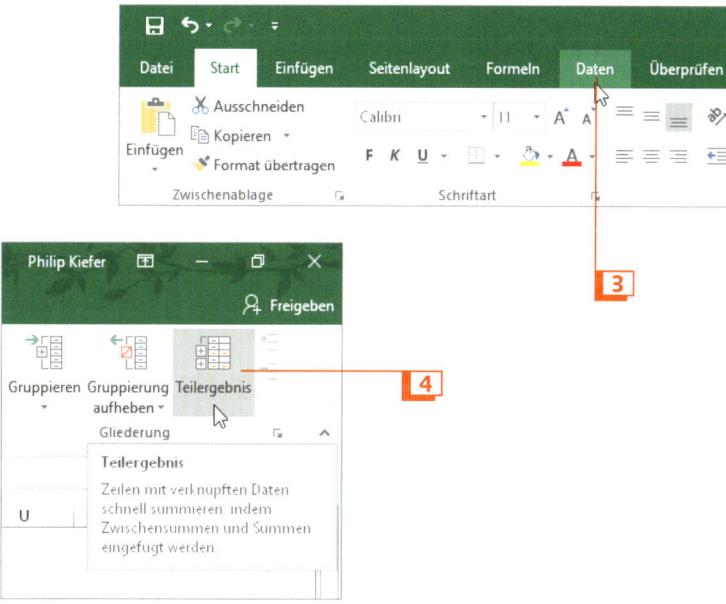

195

5 Bestätigen Sie im folgenden Fenster einfach die Standardeinstellungen mit *OK*.

6 Die Teilergebnisse sowie das Endergebnis werden berechnet und in die Tabelle eingefügt. Gleichzeitig werden die Daten der Tabelle gruppiert.

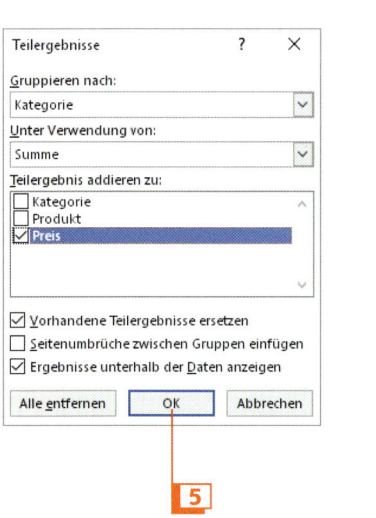

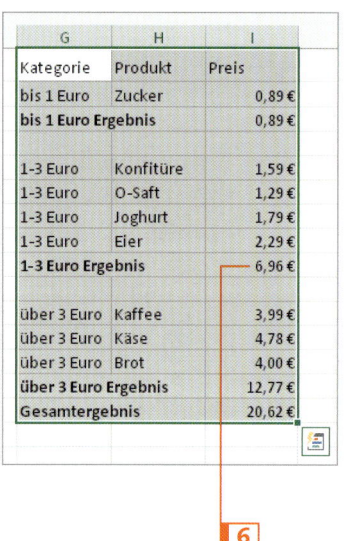

TIPP ➜ Eine Gruppierung der Daten in einer Tabelle lässt sich auch manuell durchführen. Dazu erstellen Sie nach Kategorien sortierte Tabellen, wie im Zusammenhang mit der Berechnung von Teilergebnissen beschrieben. Entscheiden Sie sich dann im Menüband unter *Daten* und dort in der Gruppe *Gliederung* für den oberen Teil der Schaltfläche *Gruppieren*. Bestimmen Sie im folgenden Fenster, ob Sie eine Gruppierung nach Zeilen oder Spalten wünschen, und bestätigen Sie mit *OK*.

Formeln eingeben

Sie wissen bereits, dass Sie Zellen in Excel mit Texten und Zahlen füllen können. Nun erfahren Sie, dass Sie in jede Zelle auch eine Formel eingeben können. Die einfachste Variante einer Formel verwendet für eine Rechenoperation Zahlen, die Sie direkt in die Formel eingeben. Dazu ein Beispiel:

1 Markieren Sie die Zelle, in die Sie eine Formel eingeben möchten.

2 Jede Formel in Excel beginnt mit dem Gleichheitszeichen (=).

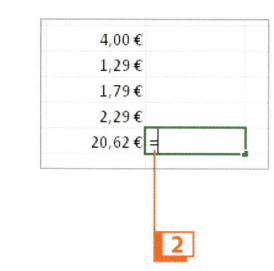

Funktionen, Bezüge und weitere Excel-Features erkunden

3 Lassen Sie die Rechenoperation folgen. Hier addiere ich die Preise aus der Einkaufsliste: 3,99+1,59+4,78+0,89+4+1,29+1,79+2,29.

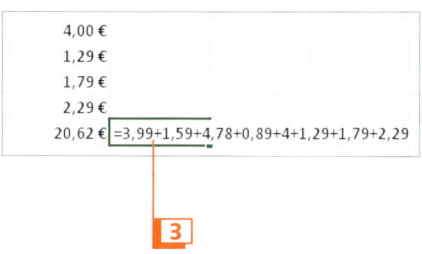

4 Drücken Sie die ⏎-Taste, um statt der Formel das Ergebnis anzuzeigen.

WICHTIGE INFORMATION

Eine Addition wird in einer Formel durch das Zeichen + angegeben, eine Subtraktion durch das Zeichen -. Möchten Sie in einer Formel multiplizieren, verwenden Sie das Zeichen *. Zum Dividieren nutzen Sie das Zeichen /. Übrigens beherrscht Excel auch die Punkt-vor-Strich-Regel.

Bezüge herstellen

Excel kann einerseits direkt mit Zahlen rechnen, also von Ihnen eingegebene Rechenoperationen durchführen, in Formeln können aber auch Bezüge verwendet werden – Bezüge auf Werte, die Sie bereits in anderen Zellen eingegeben haben. Auch das ist eine wirklich simple Sache.

1 Wieder markieren Sie als Erstes die Zelle, in die Sie Ihre Formel eingeben möchten.

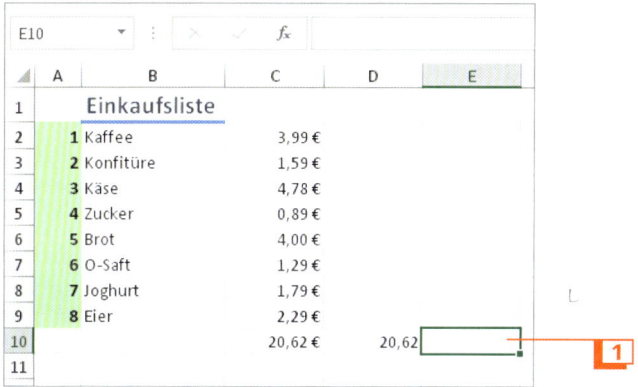

2 Sie erinnern sich: Dass Sie eine Formel eingeben, teilen Sie Excel durch ein Gleichheitszeichen mit.

197

3 Nun möchten Sie die Werte in den Zellen C2 bis C9 addieren. Dazu geben Sie *C2+C3+C4+C5+C6+C7+C8+C9* ein. Falls Sie das umständlich finden: Ich werde Ihnen gleich noch eine einfachere Methode vorstellen.

4 Drücken Sie die ⏎-Taste, um auch in diesem Fall das korrekte Ergebnis anzuzeigen – jetzt sogar mit der Zellformatierung der Zellen, auf die Bezug genommen wird.

Funktion einfügen

Neben Zahlen und Bezügen können auch Funktionen Bestandteil von Formeln sein. Die Funktionen erlauben es Ihnen, mithilfe von Excel selbst komplizierteste Berechnungen durchzuführen – aber auch simple Berechnungen auf noch einfachere Weise als die bisher kennengelernten.

1 Auch in diesem Fall: Markieren Sie die Zelle, in die Sie die Formel mit der Funktion einfügen möchten.

2 Beginnen Sie die Formel mit einem Gleichheitszeichen und lassen Sie die Bezeichnung der Funktion folgen, in diesem Fall lautet die Eingabe *=SUMME*.

3 Geben Sie eine öffnende Klammer ein.

Funktionen, Bezüge und weitere Excel-Features erkunden

5 Geben Sie die schließende Klammer ein und bestätigen Sie mit der ⏎-Taste.

6 Das Ergebnis der Formel wird in der Zelle sichtbar.

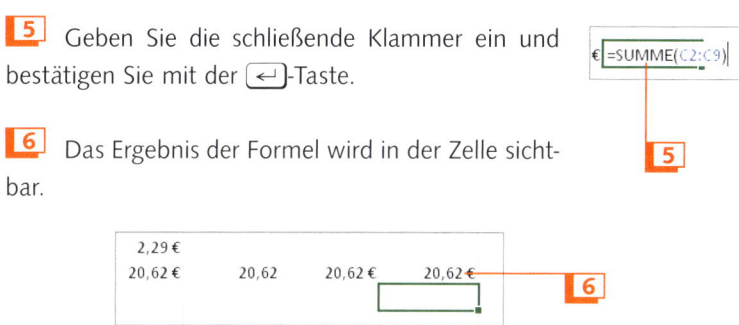

4 Nun können Sie entweder Zahlen oder Bezüge eingeben. Eine Reihe trennen Sie dabei durch einen Doppelpunkt zwischen Anfangs- und Endwert; einzelne Werte trennen Sie durch einen Strichpunkt. In diesem Fall lautet die Reihe *C2:C9*.

Bedingungen abgleichen

Lassen Sie mich Ihnen eine noch etwas komplexere Funktion vorstellen, nämlich die Funktion *WENN*. Mithilfe dieser Funktion können Sie Excel dazu veranlassen, von Ihnen festgelegte Bedingungen abzugleichen. Als Beispiel soll in der Einkaufsliste abgeglichen werden, ob die zuvor ermittelte Summe einen bestimmten Betrag überschreitet: Ist dies der Fall, soll eine von Ihnen bestimmte Meldung erfolgen. Das ist Ihnen zu abstrakt? Dann gehen Sie Schritt für Schritt vor:

1 Klicken Sie in die Zelle, in die Sie die Formel mit der *WENN*-Funktion einbauen möchten. In diesem Fall wähle ich die Zelle unterhalb der Gesamtsumme.

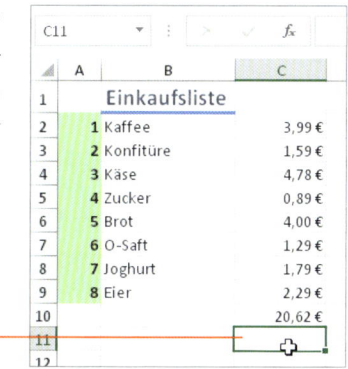

199

2 Beginnen Sie die Formel wieder mit einem Gleichheitszeichen, lassen Sie den Funktionsnamen *WENN* folgen und geben Sie eine öffnende Klammer ein, die Eingabe lautet also: *=WENN(*.

3 Jetzt folgt die Bedingung, die Sie festlegen möchten. Hier soll abgeglichen werden, ob der Wert in Zelle C10 den Wert von 20 überschreitet. Deshalb lautet die Eingabe *C10>20*. Diese Eingabe bezeichnet man auch als Wenn-Wert.

4 Im nächsten Schritt geben Sie einen Strichpunkt ein und lassen den Dann-Wert folgen, also den Wert, der verwendet werden soll, wenn die Bedingung zutrifft. In diesem Fall soll beim Überschreiten des Wertes der Text *"Maximalbetrag überschritten"* ausgegeben werden. Dazu brauchen Sie den Text lediglich – in Anführungszeichen gesetzt – nach dem Strichpunkt einzugeben.

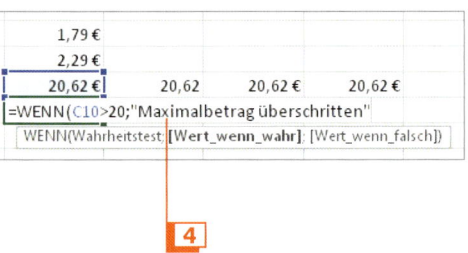

5 Nun fehlt noch der Sonst-Wert, also der Wert, der verwendet werden soll, wenn die Bedingung nicht zutrifft. Geben Sie wieder einen Strichpunkt ein, dann – in Anführungszeichen – den Text *"Alles im grünen Bereich"* (o. Ä.).

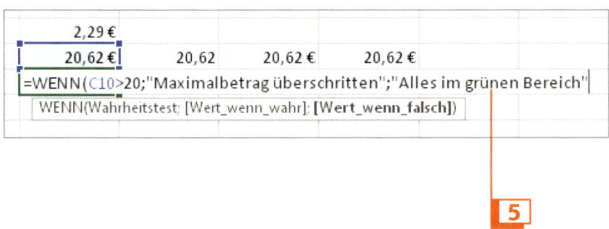

6 Geben Sie zum Schluss die schließende Klammer ein und bestätigen Sie mit der ⏎-Taste.

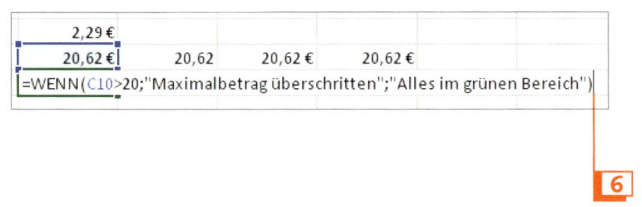

200

Funktionen, Bezüge und weitere Excel-Features erkunden

7 In der Zelle mit der *WENN*-Funktion wird der Text *Maximalbetrag überschritten* angezeigt, weil der Betrag von 20,62 € größer als 20 ist.

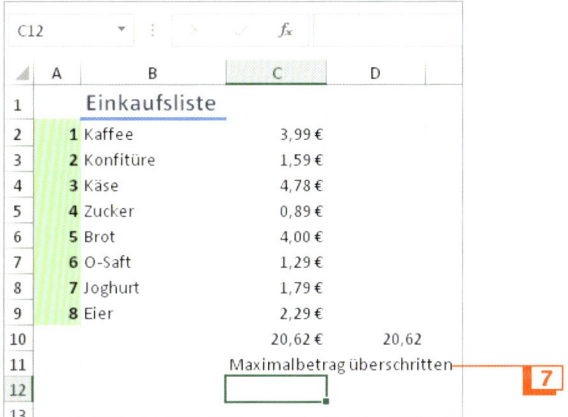

8 Geben Sie probehalber in das Summenfeld einen kleineren Betrag ein, z. B. 19, und drücken die ⏎-Taste. Die Meldung lautet nun *Alles im grünen Bereich*.

Weitere Funktionen

In Excel 2016 lassen sich mehrere Hundert Funktionen einsetzen – auch mehrere Funktionen innerhalb einer Formel. Im Folgenden zeige ich Ihnen lediglich ein Beispiel, wie Sie eine Funktion auswählen und anwenden.

1 Sie können eine Funktion, sofern Sie deren Namen kennen, prinzipiell genauso einfügen wie im Zusammenhang mit den Funktionen *SUMME* und *WENN* kennengelernt, d. h., Sie geben – nach einem Gleichheitszeichen – den Funktionsnamen und dann in Klammern die sogenannten Funktionsargumente ein. Bei komplexeren Funktionen lassen Sie sich aber lieber bei der Eingabe assistieren. Markieren Sie dazu die Zelle, in die Sie eine Funktion einfügen möchten.

2 Klicken Sie dann im Menüband auf den Reiter *Formeln*.

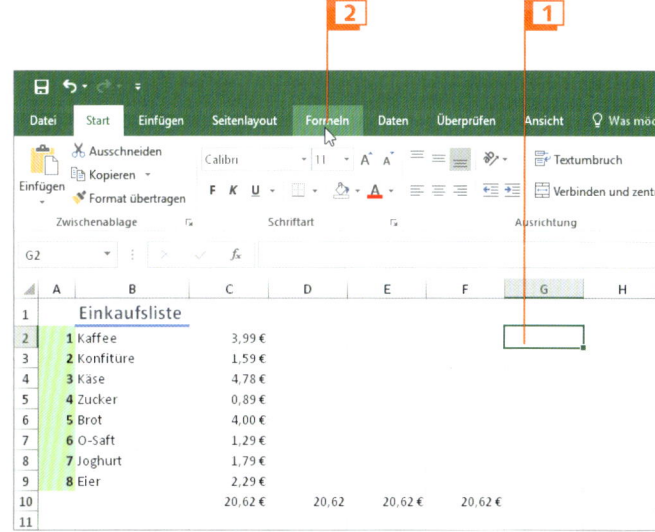

3 Wählen Sie im Menüband eine Funktionskategorie aus, z. B. *Mathematik und Trigonometrie*. (Um nach einer passenden Funktion zu suchen, wählen Sie die Schaltfläche *Funktion einfügen*.)

4 Klicken Sie im sich öffnenden Menü eine Funktion an, die Sie verwenden möchten. Wenn Sie den Mauszeiger auf eine Funktion bewegen, wird jeweils eine kurze Info dazu eingeblendet.

5 Es öffnet sich ein Fenster für die Eingabe der Funktionsargumente. Bei der gewählten Funktion soll eine arabische Zahl in eine römische Zahl umgewandelt werden. Dazu genügt es, als Funktionsargument die Zahl einzugeben.

6 Bestätigen Sie Ihre Eingabe mit *OK*.

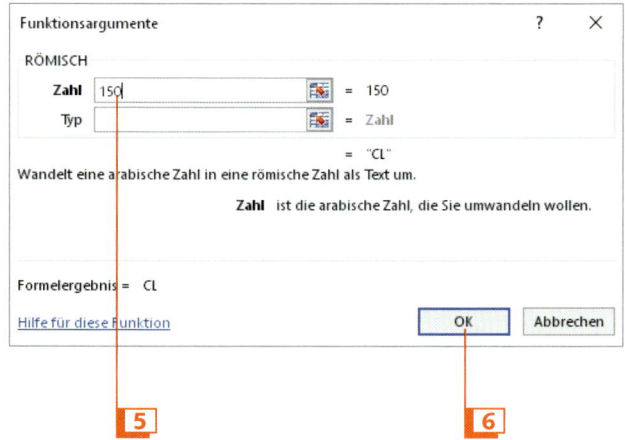

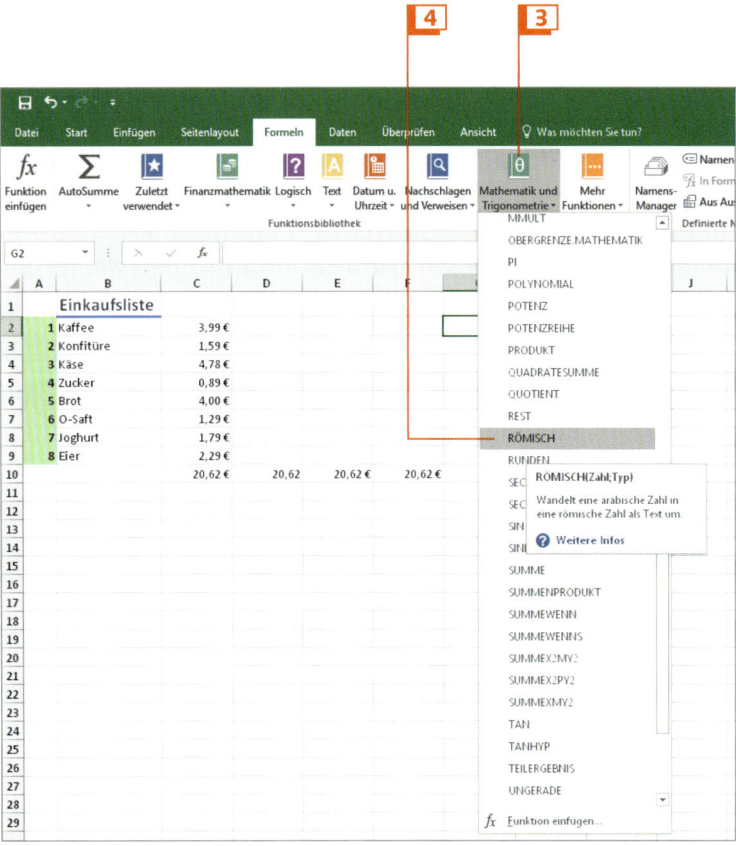

7 Die Formel mit der Funktion wird in die markierte Zelle eingefügt und das Ergebnis angezeigt.

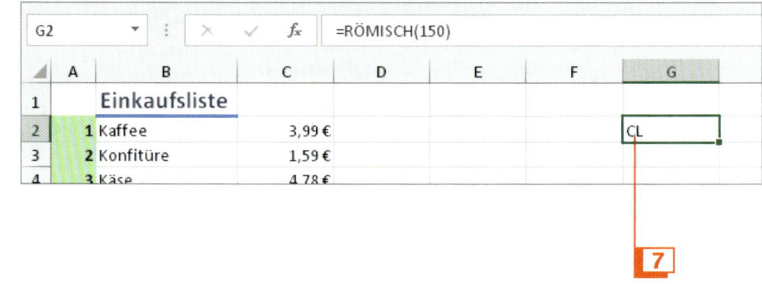

Funktionen, Bezüge und weitere Excel-Features erkunden

8 Die nachträgliche Bearbeitung der Funktionsargumente kann auch im Bearbeitungsbereich erfolgen.

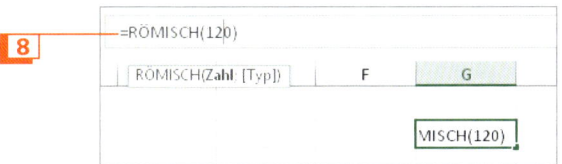

9 Das Ergebnis in der Zelle wird den von Ihnen durchgeführten Änderungen angepasst.

TIPP ➡ Um die Funktionsargumente im Assistenten zu bearbeiten, wählen Sie die Zelle mit der Funktion aus. Klicken Sie dann oberhalb der Zellen auf das Symbol *fx*, um den Assistenten aufzurufen.

TIPP ➡ Wenn Sie sich unsicher sind, wie eine Funktion genau anzuwenden ist, rufen Sie mit der Taste [F1] die Excel-Hilfe auf und suchen nach dem Funktionsnamen. In der Excel-Hilfe erhalten Sie eine ausführliche Beschreibung zu jeder Funktion sowie Anwendungsbeispiele.

Zellnamen vergeben

Wie Sie bereits wissen, haben die Zellen in Excel standardmäßig ihre Koordinaten als Namen. Zellen lassen sich jedoch auch individuell benennen – so müssen Sie beispielsweise nicht immer erst nach den Koordinaten schauen, wenn Sie einen Bezug herstellen möchten.

1 Markieren Sie die Zelle, der Sie einen Namen geben möchten.

2 Doppelklicken Sie links oberhalb der Zellen in das Namenfeld.

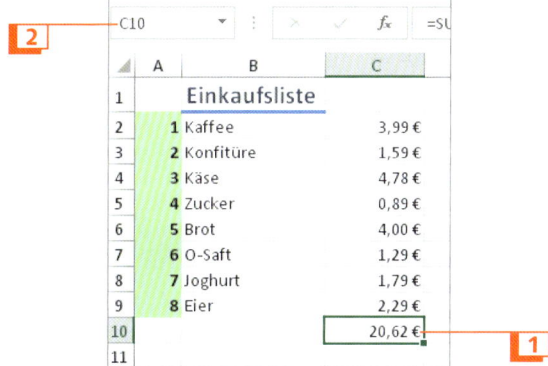

3 Tippen Sie den neuen Namen in das Feld und bestätigen Sie mit der ⏎-Taste. Gut zu wissen: Der Bezug auf die Koordinaten bleibt weiterhin gültig.

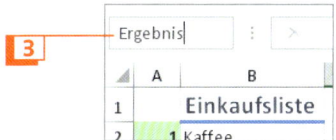

203

4 Schon kann der Name für einen Bezug verwendet werden, in diesem Fall in der Formel *=SUMME(50-Ergebnis)*.

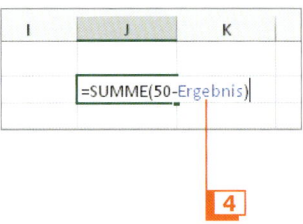

5 Die Berechnung wird von Excel zuverlässig durchgeführt.

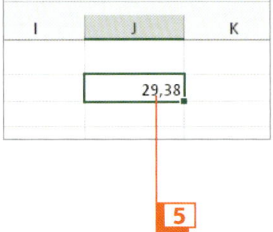

TIPP ➡ Für die Verwaltung der Zellnamen steht Ihnen in Excel ein Namens-Manager zur Verfügung. Klicken Sie im Menüband unter *Formeln* auf die Schaltfläche *Namens-Manager*, um diesen aufzurufen. Der Namens-Manager kann alternativ mit der Tastenkombination [Strg]+[F3] geöffnet werden.

Datenüberprüfung

Wenn Sie in einer Tabelle Fehleingaben verhindern möchten, können Sie hierzu das Mittel der Datenüberprüfung anwenden. Damit lässt sich bestimmen, dass in eine Zelle nur Werte aus einem bestimmen Zahlenbereich eingegeben werden oder Texte nur eine bestimmte Zeichenzahl haben dürfen.

1 Markieren Sie mit der Maus die Zellen, die Sie mit einer Datenüberprüfung versehen möchten. Beachten Sie hierbei, dass durch die Datenüberprüfung nur bei Neueingaben Fehleingaben verhindert werden!

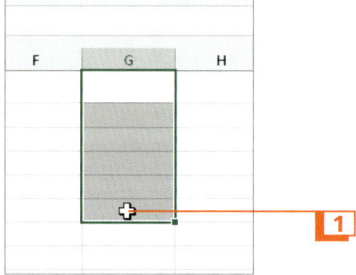

2 Entscheiden Sie sich im Menüband für den Reiter *Daten*.

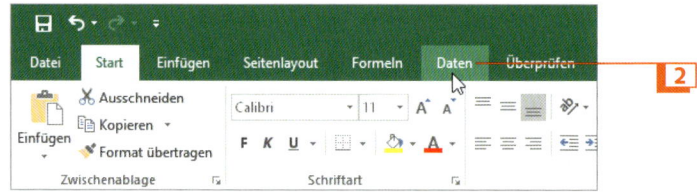

Funktionen, Bezüge und weitere Excel-Features erkunden

3 Klicken Sie in der Gruppe *Datentools* auf den oberen Teil der Schaltfläche *Datenüberprüfung*.

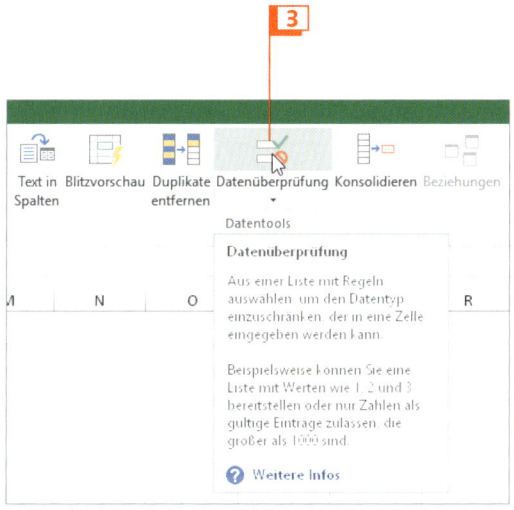

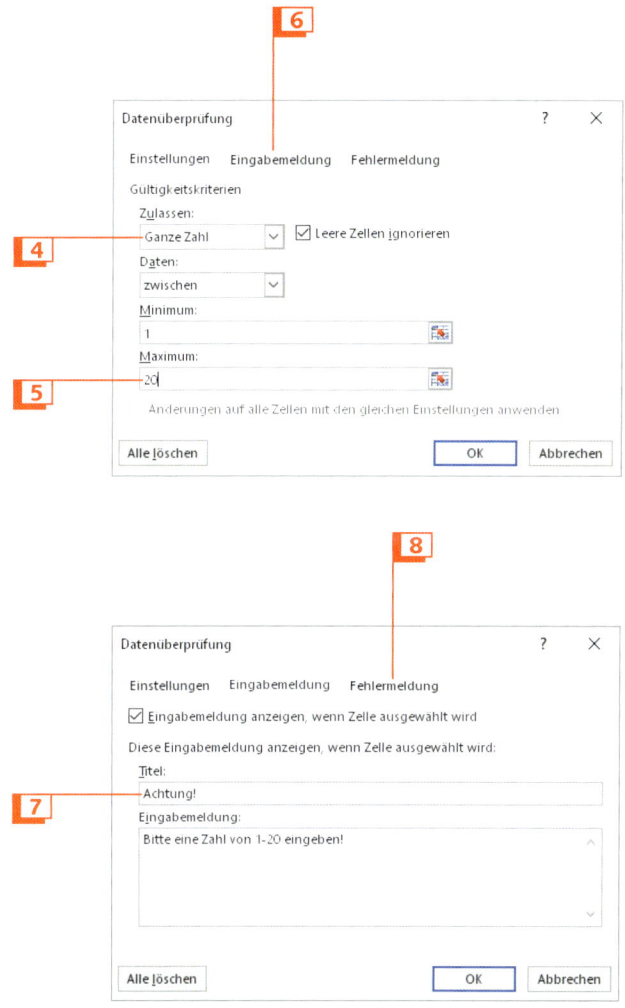

4 Bestimmen Sie im folgenden Fenster im Menü *Zulassen*, worauf sich die Datenüberprüfung beziehen soll.

5 Machen Sie anschließend Ihre Detailangaben, hier verlange ich beispielsweise die Eingabe einer ganzen Zahl zwischen 1 und 20.

6 Klicken Sie als Nächstes auf den Reiter *Eingabemeldung*.

7 Geben Sie eine Eingabemeldung ein, die bei den Zellen mit Datenüberprüfung angezeigt werden soll.

8 Wählen Sie danach noch den Reiter *Fehlermeldung*.

9 Geben Sie die Fehlermeldung ein, die bei einer Fehleingabe erfolgen soll.

10 Bestätigen Sie zum Schluss mit *OK*.

11 Excel zeigt bei einer Zelle nun die Eingabemeldung an, bei einer Fehleingabe öffnet sich ein Fenster mit der Fehlermeldung.

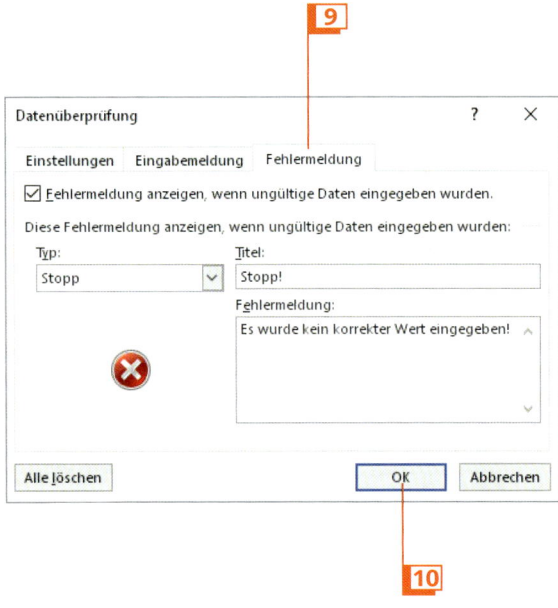

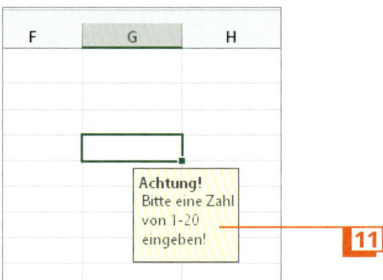

TIPP ➡ Bei bestehenden Tabellen hilft die Datenüberprüfung beim Finden des Fehlers: Dazu wählen Sie – nach dem Einrichten der Datenüberprüfung für die entsprechenden Zellen – den unteren Teil der Schaltfläche *Datenüberprüfung*. Klicken Sie im sich öffnenden Menü auf *Ungültige Daten einkreisen*.

10

Das Kapitel im Überblick

- Design und Variante auswählen
- Folien hinzufügen
- Präsentation in Abschnitte gliedern
- Text erstellen
- Text formatieren
- Textfeld formatieren
- Formen einfügen
- Bilder einbauen
- Videos einbetten
- Folien animieren
- Übergänge festlegen
- Weitere Ansichtsmodi
- Folienmaster verwenden
- Präsentation als Videodatei speichern
- Präsentation starten
- Handzettel drucken

Mit PowerPoint 2016 Präsentationen gestalten, die was hermachen

Wenn Sie an der Universität, bei einer Vereinssitzung, einem Meeting oder einem Referat in der Abendschule einen Vortrag halten möchten, ist das Office-Programm PowerPoint ein wertvoller Begleiter. Erstellen Sie damit attraktive »Folien«, die sich dann mithilfe eines Beamers auf die Leinwand zaubern lassen.

Die Möglichkeiten der Darstellung sind schier unerschöpflich: Sie können Texte, Formen, Bilder oder Videos nicht nur völlig frei in eine Folie einbauen, sondern die Präsentation auch noch auf eine sinnvolle Weise animieren und mit ansprechenden Übergängen versehen. Alle wichtigen Funktionen von PowerPoint 2016 erlernen Sie in diesem Kapitel.

10

Design und Variante auswählen

Auch in PowerPoint können Sie entweder eine »leere« Datei anlegen oder aber eine Vorlage auswählen. So oder so lässt sich jederzeit ein passendes Design für die Präsentation auswählen und anpassen.

1 In diesem Beispiel wurde eine leere Präsentation angelegt. Um ein Design dafür auszuwählen, klicken Sie im Menüband auf den Reiter *Entwurf*.

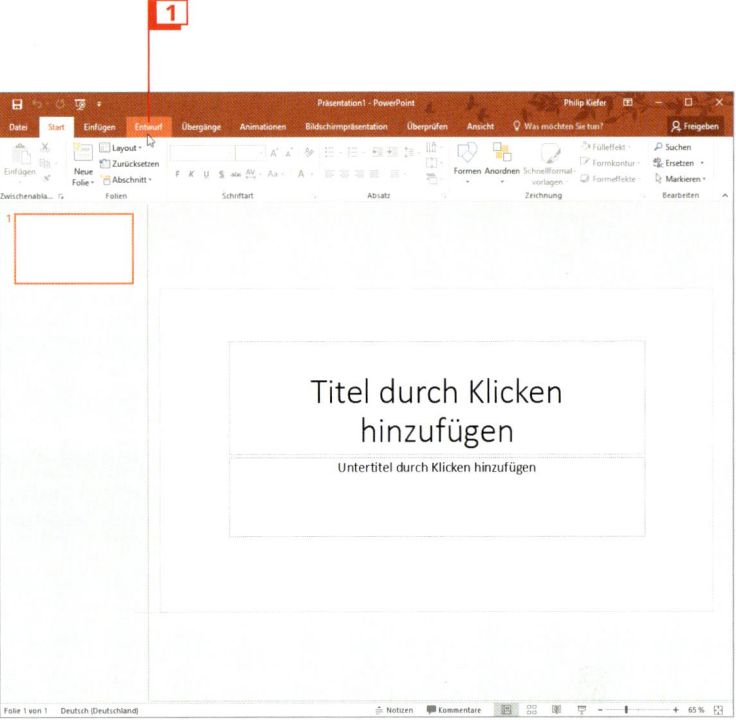

2 Öffnen Sie den Kasten mit den *Designs*.

3 Wählen Sie ein Design aus, das Ihnen zusagt.

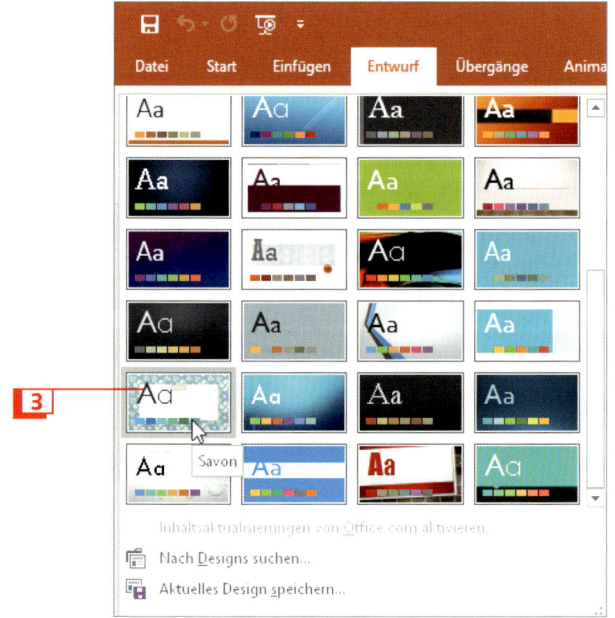

Mit PowerPoint 2016 Präsentationen gestalten, die was hermachen

4 Die Folien der Präsentation werden dem gewählten Design angepasst.

5 Für das gewählte Design gibt es einige *Varianten*, die sich per Mausklick auswählen lassen.

6 Für weitere Anpassungen öffnen Sie im Menüband den Kasten *Varianten*.

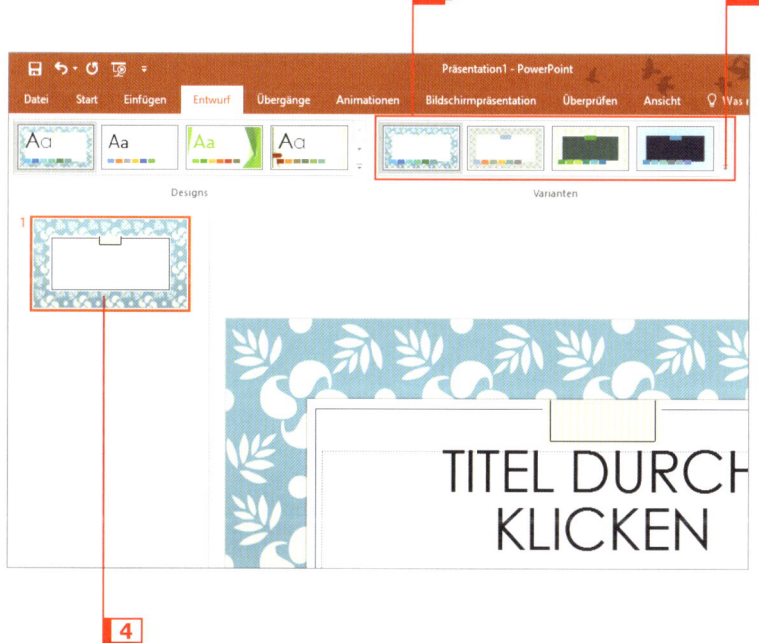

7 Im sich öffnenden Menü erhalten Sie die Möglichkeit, Schriftarten, Farben und Co. anzupassen. Hier ändere ich beispielsweise die Hintergrundfarbe der Folien.

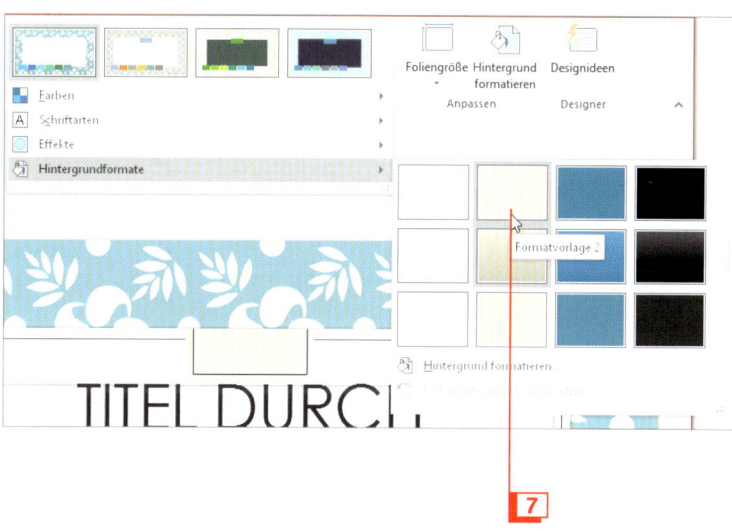

+++ INFO +++ INFO +++ INFO +++

In PowerPoint heißen die Seiten deshalb Folien, weil Präsentationen früher mit Overhead-Projektoren durchgeführt wurden, auf die beschriebene Folien aufgelegt wurden. Heutzutage werden die Folien mithilfe eines Beamers auf eine Leinwand projiziert.

TIPP ➡ **Das Folienformat anpassen:** Auch diese Option finden Sie im Menüband unter *Entwurf*, und zwar unter der Schaltfläche *Foliengröße*.

TIPP ➡ Möchten Sie sich – nach dem Erstellen einer Präsentation – von PowerPoint ein Design vorschlagen lassen? Dazu finden Sie unter dem Reiter *Entwurf* die Schaltfläche *Designideen*.

TIPP ➡ Das von Ihnen in PowerPoint ausgewählte Design wird automatisch auch auf neue Folien der Präsentation angewendet. Um ein Design lediglich für einzelne ausgewählte Folien festzulegen, klicken Sie das Design unter dem Reiter *Entwurf* mit der rechten Maustaste an. Im Kontextmenü wählen Sie dann den Eintrag *Für ausgewählte Folien übernehmen*. Das Gleiche gilt auch für die Varianten.

Folien hinzufügen

Für Ihre Präsentation legen Sie so viele Folien an, wie Sie benötigen. Gern zeige ich Ihnen Schritt für Schritt, wie Sie zum Anlegen weiterer Folien vorgehen:

1 Wählen Sie im Menüband gegebenenfalls zunächst den Reiter *Start*.

2 Entscheiden Sie sich in der Gruppe *Folien* für den unteren Teil der Schaltfläche *Neue Folie*.

3 Wählen Sie im sich öffnenden Menü ein Layout für die neue Folie aus. Eine Minivorschau erleichtert Ihnen die Entscheidung.

TIPP ➡ Eine neue Folie mit dem Layout der gerade ausgewählten Folie erzeugen: Dazu klicken Sie im Menüband auf den oberen Teil der Schaltfläche *Neue Folie* bzw. verwenden die Tastenkombination [Strg]+[M].

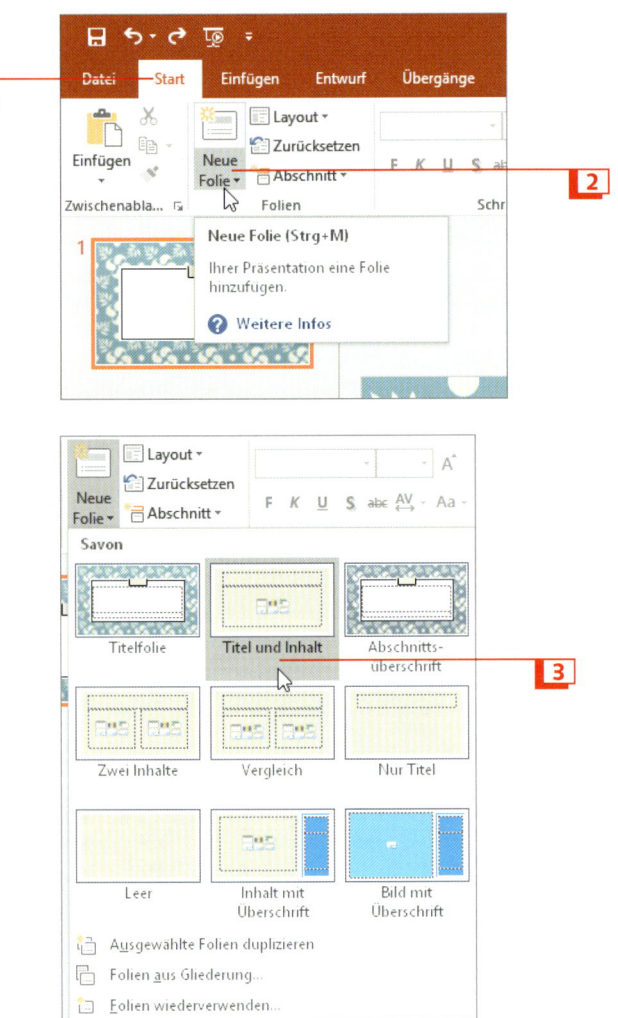

4 Die Folie wird nach dem Hinzufügen in der Folienansicht angezeigt. Fügen Sie auf die gezeigte Weise weitere Folien hinzu. Sie können alternativ auch eine bereits vorhandene Folie ein weiteres Mal erzeugen. Klicken Sie eine Folie dazu in der Folienansicht mit der rechten Maustaste an.

5 Wählen Sie im sich öffnenden Kontextmenü den Eintrag *Folie duplizieren*.

TIPP ➡ Um nicht mehr benötigte Folien wieder zu löschen, markieren Sie diese in der Folienansicht und drücken die [Entf]-Taste. Das Markieren mehrerer Folien in der Folienansicht erfolgt durch Anklicken bei gedrückter [Strg]-Taste.

6 Die Folien lassen sich jederzeit anders anordnen. Um eine Folie anders zu positionieren, klicken Sie diese in der Folienansicht an und ziehen sie bei gedrückter Maustaste an die gewünschte Position.

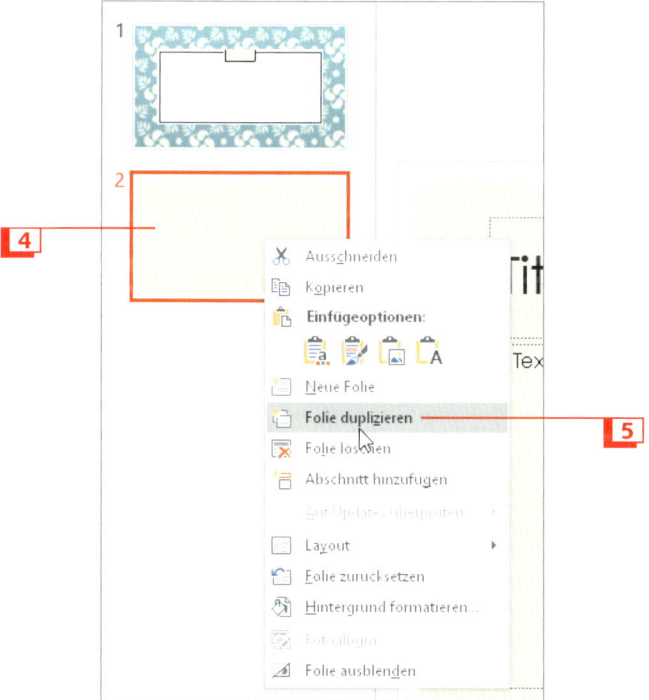

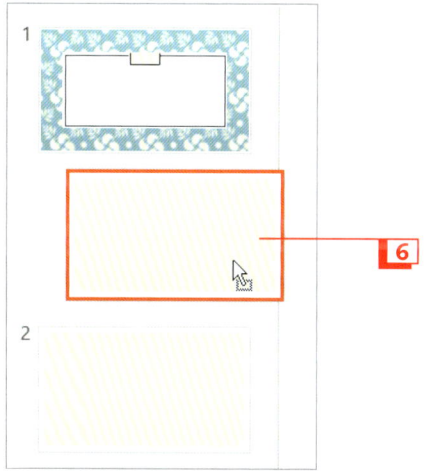

TIPP ➡ Das Folienlayout einer Folie lässt sich nachträglich ändern: Wählen Sie die Folie dazu in der Folienansicht aus. Entscheiden Sie sich anschließend im Menüband unter der Schaltfläche *Layout* für ein anderes Folienlayout.

10

Präsentation in Abschnitte gliedern

Bei umfangreicheren Präsentationen empfiehlt es sich, diese in Abschnitte zu gliedern, die sich dann in der Folienansicht ein- und aufklappen lassen.

1 Klicken Sie in der Folienansicht auf eine Folie, oberhalb derer ein Abschnitt begonnen werden soll.

2 Wählen Sie im Menüband unter *Start* und dort in der Gruppe *Folien* die Schaltfläche *Abschnitt*.

3 Entscheiden Sie sich im Menü für den Eintrag *Abschnitt hinzufügen*.

4 Der Abschnitt wird in der Folienansicht erzeugt. Für weitere Optionen klicken Sie den Abschnitt mit der rechten Maustaste an.

5 Hier entscheide ich mich beispielsweise für die Option *Abschnitt umbenennen*.

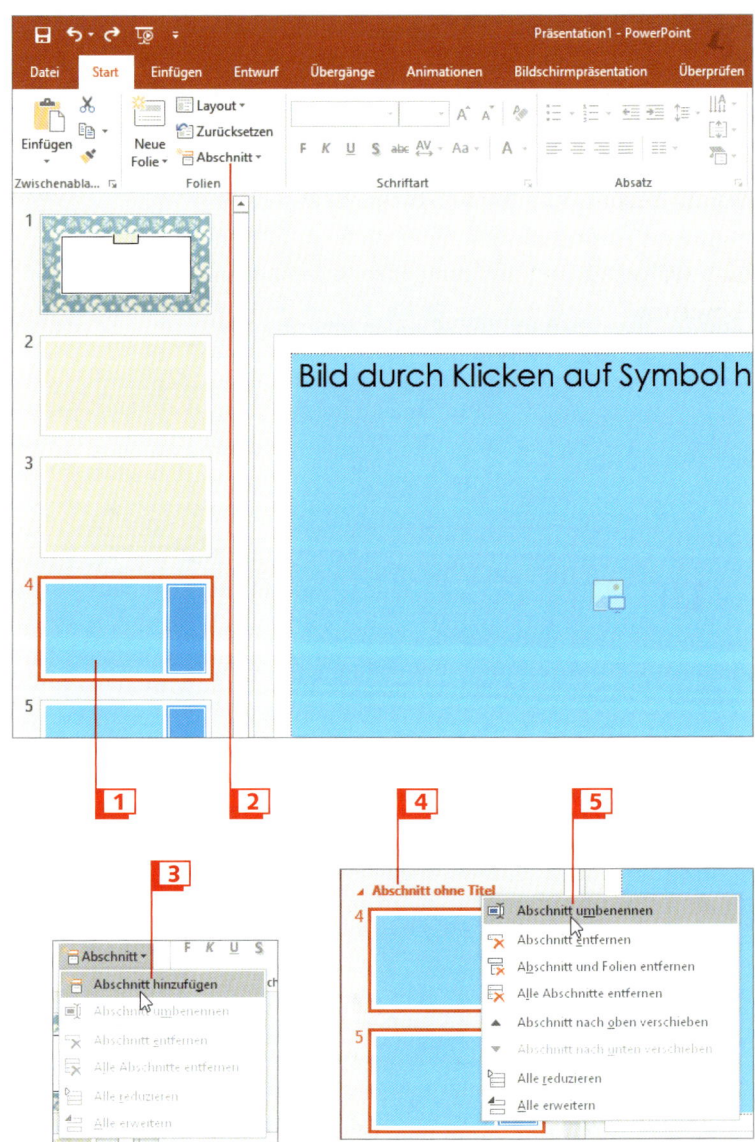

Text erstellen

Die meisten Folienlayouts, die Sie in PowerPoint auswählen, enthalten Felder für die Eingabe von Text und weiterer Inhalte. Sie können eine Folie aber auch ganz beliebig mit Textfeldern bestücken, wie ich Ihnen hier am Beispiel einer leeren Folie vorführe:

1 Klicken Sie im Menüband von PowerPoint 2016 auf den Reiter *Einfügen*.

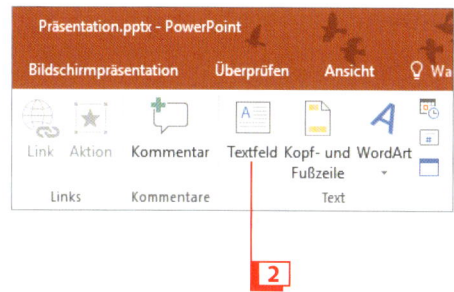

2 Entscheiden Sie sich nun in der Gruppe *Text* für die Schaltfläche *Textfeld*.

3 Klicken Sie in die Folie und ziehen Sie das Textfeld bei gedrückter Maustaste in die gewünschte Größe (die Höhe des Textfeldes wird dem Text angepasst, sobald Sie diesen eintippen).

4 Schon können Sie Ihren Text eintippen.

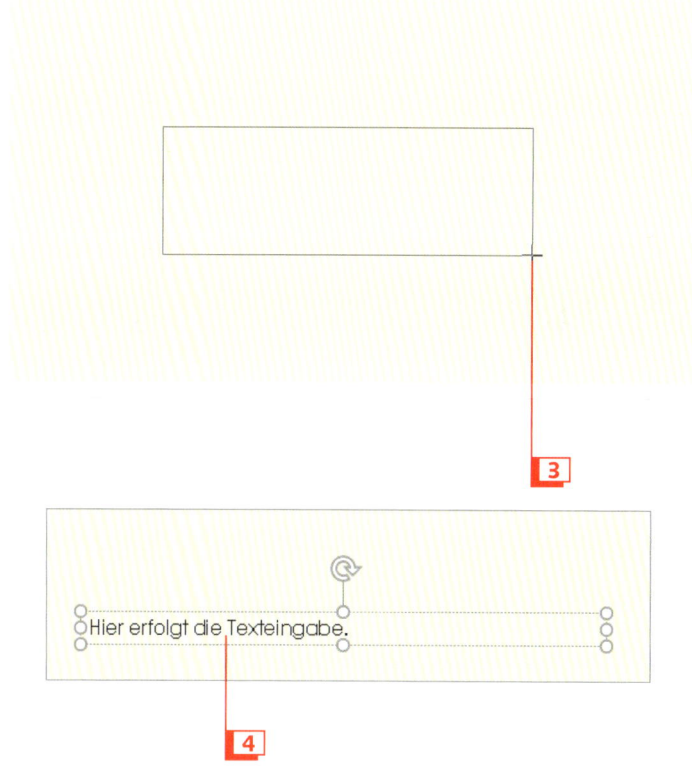

> **TIPP** ➡ Die Größe des Textfeldes lässt sich jederzeit nachträglich anpassen, indem Sie auf eine Rahmenmarkierung des Textfeldes klicken und dieses dann bei gedrückter Maustaste größer oder kleiner ziehen.

213

10

Text formatieren

Das Formatieren von Text erfolgt ganz ähnlich wie in den anderen Office-Programmen. Eine kurze Anleitung soll deshalb im Zusammenhang mit PowerPoint 2016 genügen.

1 Markieren Sie mit der Maus den Text, den Sie formatieren möchten.

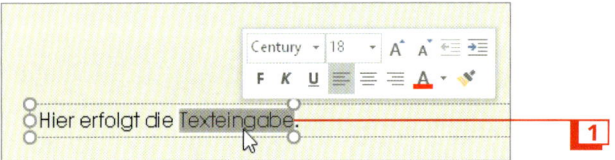

2 Im Menüband unter *Start* und dort in der Gruppe *Schriftart* erhalten Sie verschiedene Formatierungsoptionen, die Sie schon beim Erstellen von Dokumenten mit Word 2016 kennengelernt haben, etwa das Anpassen der Schriftgröße.

3 Auch Absatzformatierungen lassen sich im Menüband unter *Start* aufrufen, und zwar in der Gruppe *Absatz*. Klicken Sie beispielsweise auf das ebenfalls bereits bekannte Symbol ≡, um den Text in einem Textfeld zu zentrieren.

> **TIPP** ➡ Das kann auf einer Folie gut aussehen: Um den Text in einem Textfeld senkrecht auszurichten, klicken Sie im Menüband unter *Start* und dort in der Gruppe *Absatz* auf das Symbol und wählen im sich öffnenden Menü die gewünschte Textrichtung aus.

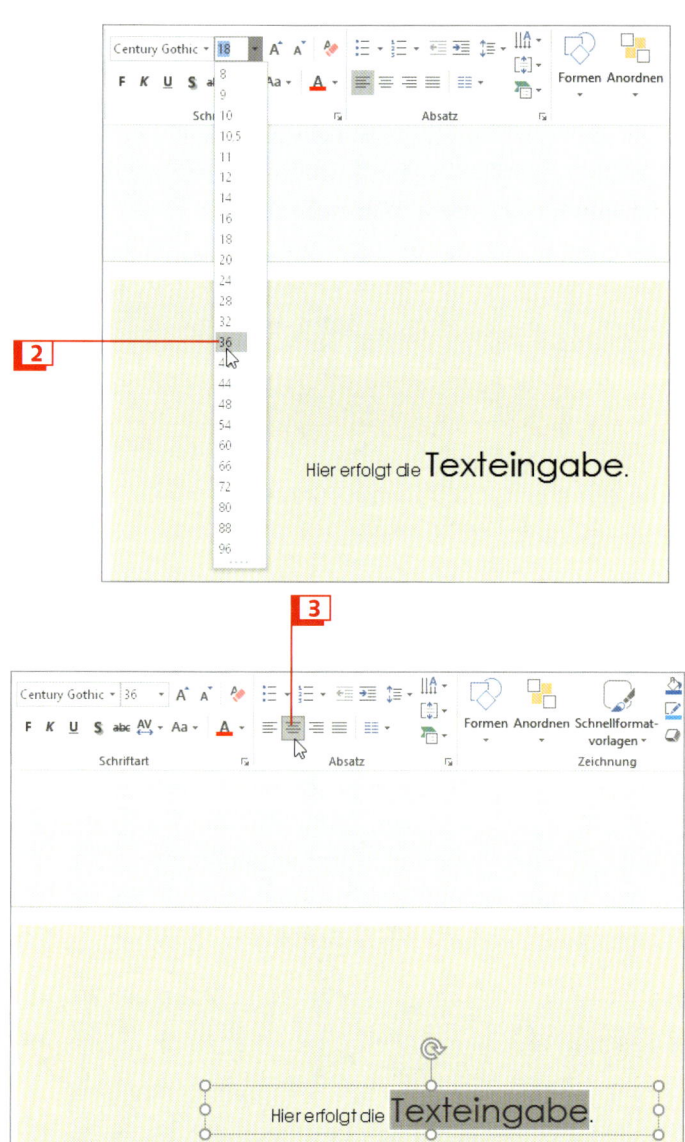

214

Textfeld formatieren

Sie möchten statt des Textes das Textfeld selbst formatieren? Auch dazu bietet PowerPoint 2016 eine Reihe von Funktionen an.

1 Klicken Sie das zu bearbeitende Textfeld gegebenenfalls zunächst an, um es auszuwählen.

2 Im Menüband werden bei ausgewähltem Textfeld die *Zeichentools* eingeblendet. Klicken Sie auf den Reiter *Format*.

TIPP ➜ Einige Formatierungsoptionen für das Textfeld, etwa das Auswählen einer Formatvorlage, werden Ihnen auch angezeigt, wenn Sie ein ausgewähltes Textfeld mit der rechten Maustaste anklicken.

3 Nur eine von mehreren Optionen: Um das Textfeld mit einem Rahmen zu versehen, klicken Sie in der Gruppe *Formenarten* auf die Schaltfläche *Formkontur*.

4 Bewegen Sie den Mauszeiger im sich öffnenden Menü beispielsweise auf den Eintrag *Stärke*.

5 Wählen Sie dann im Ausklappmenü die Strichstärke des Rahmens aus.

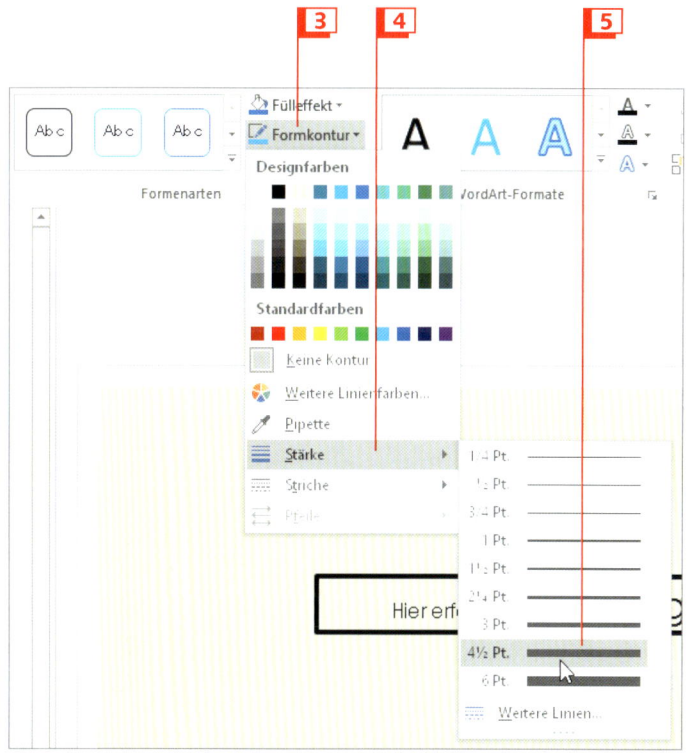

10

Formen einfügen

Formen können in Präsentationen vielseitig zum Einsatz kommen, um Sachverhalte anschaulich darzustellen. Das Einfügen erfolgt ganz ähnlich wie in Word oder Excel.

1 Klicken Sie im Menüband auf den Reiter *Einfügen*.

2 Wählen Sie in der Gruppe *Illustrationen* die Schaltfläche *Formen*.

3 Klicken Sie im Menü die gewünschte Form an.

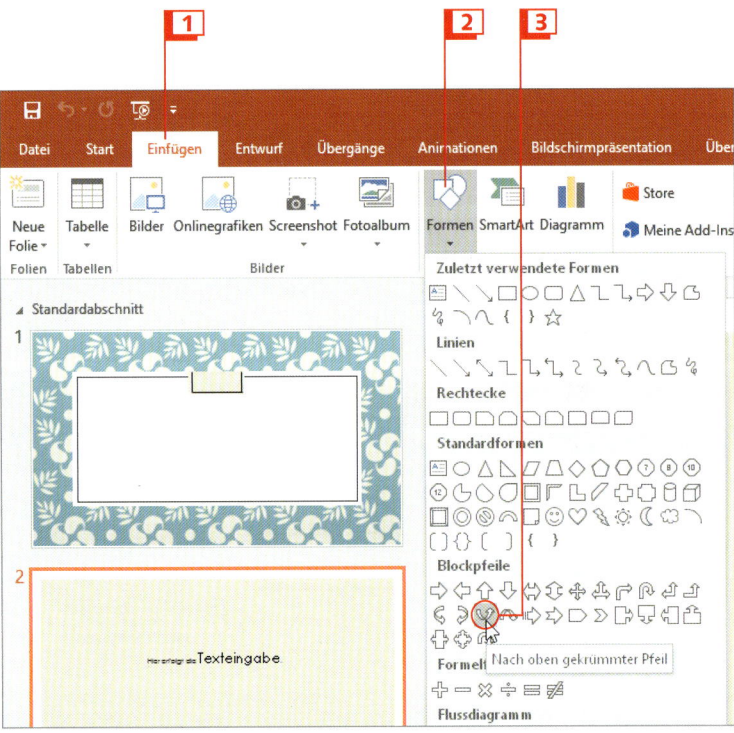

4 Klicken Sie in die Folie und ziehen Sie die Form bei gedrückter Maustaste in die gewünschte Größe.

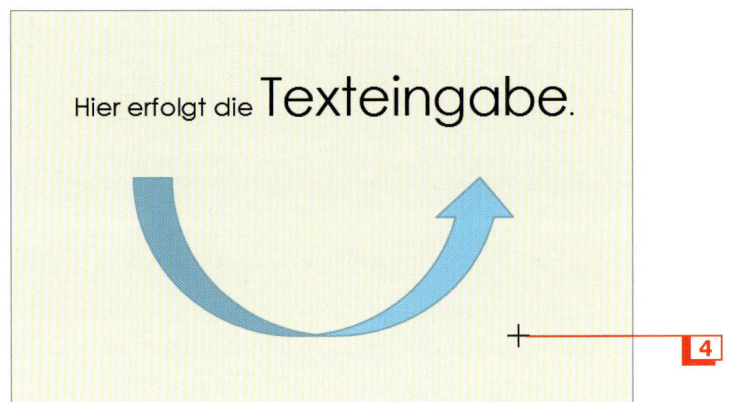

5 Um die Form anschließend zu verschieben, klicken Sie sie an und ziehen die Form bei gedrückter Maustaste in die dafür vorgesehene Position.

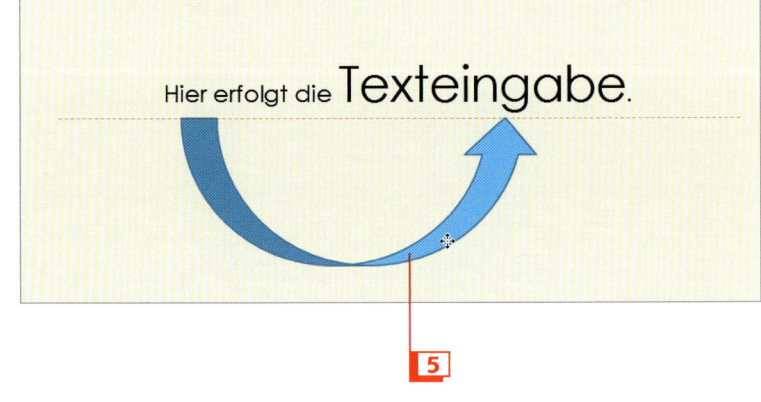

> **Mit PowerPoint 2016 Präsentationen gestalten, die was hermachen**

TIPP ➡ Die Form formatieren, Formen-Kombinationen in Form von SmartArt-Grafiken einfügen – das alles funktioniert auch in PowerPoint genauso wie in den Programmen Word und Excel.

Bilder einbauen

Zu einer anschaulichen Präsentation gehören auch Bilder. Das Einfügen kann wie bei den Formen unter dem Reiter *Einfügen* im Menüband erfolgen, aber auch per Symbol in einem Platzhalter. Gern stelle ich die letztere Variante Schritt für Schritt dar:

1 Klicken Sie in einem Platzhalter auf einer Folie auf das Symbol .

2 Öffnen Sie im folgenden Fenster den Ordner, der die gewünschte Bilddatei enthält.

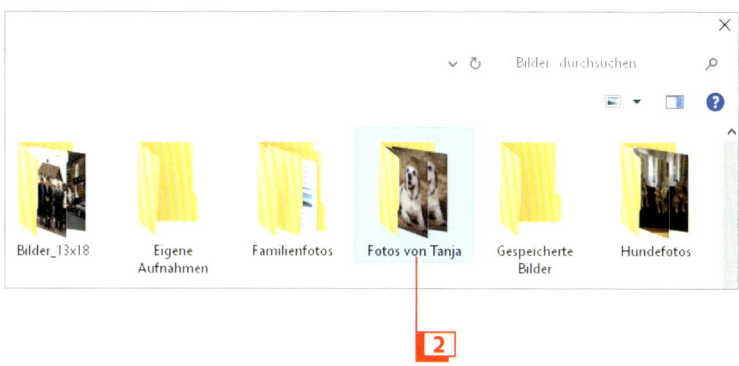

3 Wählen Sie ein Bild durch Anklicken aus.

4 Bestätigen Sie mit der Schaltfläche *Einfügen*. (Auch in PowerPoint lassen sich Bilder verknüpfen statt einfügen, indem Sie unter dem zur Schaltfläche *Einfügen* gehörenden Pfeil die entsprechende Auswahl vornehmen.)

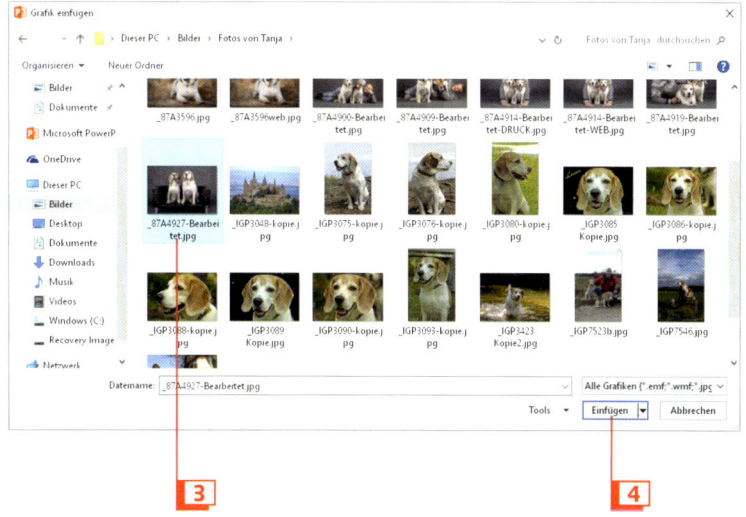

5 Das Bild wird eingefügt und kann jetzt noch bei gedrückter Maustaste in die passende Größe und Position gezogen werden.

Videos einbetten

Um eine Präsentation noch lebendiger zu gestalten, betten Sie Videos darin ein – entweder Onlinevideos oder aber Videodateien, die Sie auf dem Computer gespeichert haben. Im Folgenden wird das Einbetten einer eigenen Videodatei dargestellt:

1 Klicken Sie im Menüband auf den Reiter *Einfügen*.

2 Entscheiden Sie sich in der Gruppe *Medien* für die Schaltfläche *Video*.

3 Wählen Sie im sich öffnenden Menü den Eintrag *Video auf meinem Computer*.

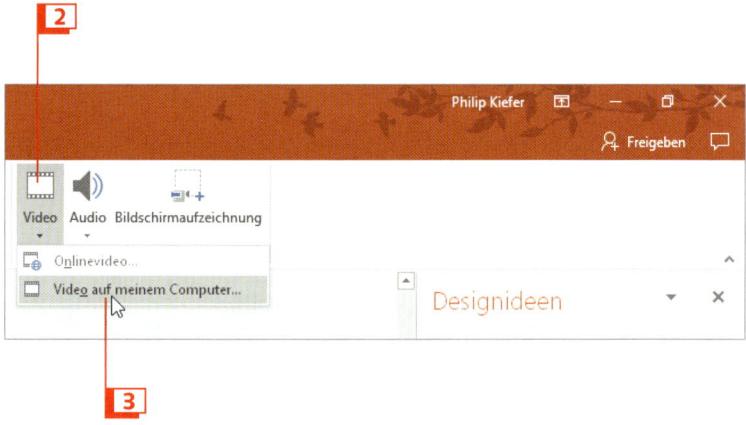

WICHTIGE INFORMATION

Bei Videodateien, die oft eine erhebliche Speichergröße haben, kann es besonders sinnvoll sein, diese zu verknüpfen statt direkt in die PowerPoint-Datei einzufügen. Wie beim Verknüpfen von Bildern klicken Sie dazu auf den zur Schaltfläche *Einfügen* gehörenden Pfeil. Im sich öffnenden Menü wählen Sie dann den Eintrag *Verknüpfung mit Datei*. Die verknüpfte Datei muss dann mit der PowerPoint-Datei mitgeliefert werden, damit das Video betrachtet werden kann. Die speicherneutrale Alternative wäre das Einbetten von Onlinevideos.

Mit PowerPoint 2016 Präsentationen gestalten, die was hermachen

TIPP ➡ Das Einfügen eines Videos – aus einer Datei – oder eines Onlinevideos kann ebenfalls aus einem Platzhalter heraus erfolgen, und zwar in diesem Fall durch Anklicken des Symbols.

4 Wählen Sie im folgenden Fenster die Videodatei aus.

5 Bestätigen Sie mit der Schaltfläche *Einfügen*.

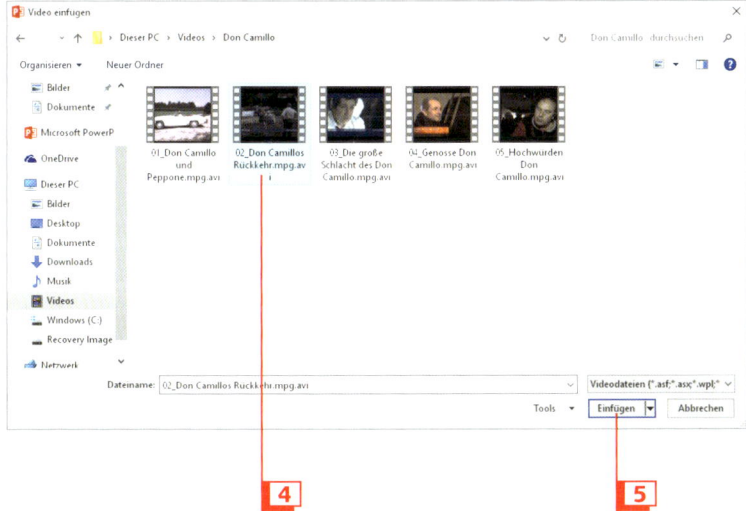

6 Das Video wird wie ein Bild in die Folie eingebaut. Die Größe und Position kann wie gehabt durch Ziehen bei gedrückter Maustaste angepasst werden.

7 Der Unterschied zum Bild: Wenn Sie das Video auswählen, wird gleichzeitig eine Leiste für die Videowiedergabe eingeblendet. Klicken Sie auf den Play-Button, um das Video in der Folie zu starten.

8 Für diverse Formatierungen werden, wenn Sie das Video auswählen, im Menüband die *Videotools* eingeblendet. Die Funktionen unter dem Reiter *Format* beziehen sich dabei auf die Form des eingebetteten Videos.

219

10

9 Unter dem Reiter *Wiedergabe* nehmen Sie hingegen Einstellungen vor, die das Video selbst betreffen. Legen Sie etwa unter der Schaltfläche *Video kürzen* die Start- und Endzeit des Videos fest.

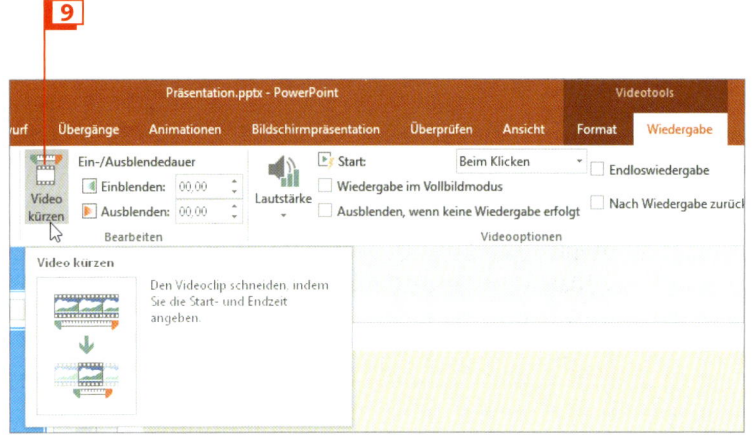

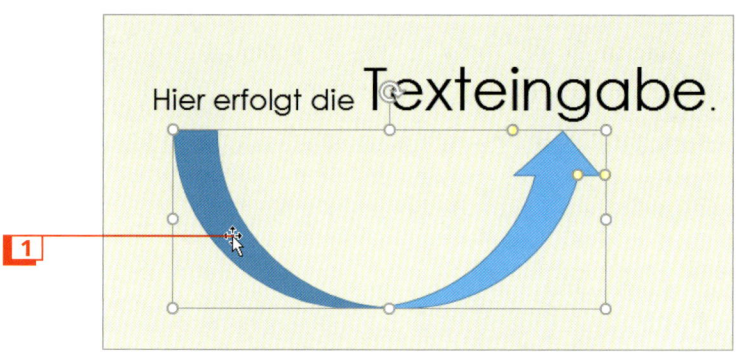

Folien animieren

Wenn Sie bei einer Präsentation eine Folie anzeigen, möchten Sie dem Publikum vielleicht nicht gleich sämtliche Inhalte auf der Folie vorstellen, sondern diese nach und nach einblenden. Diesem Zweck dient die Animationsfunktion in PowerPoint 2016. Sie ist schnell erklärt:

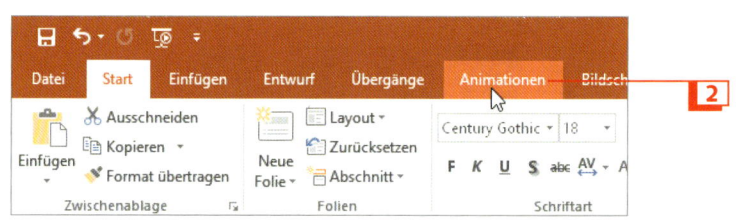

1 Klicken Sie in einer Folie auf ein Element, das Sie animieren möchten.

2 Wählen Sie im Menüband den Reiter *Animationen*.

3 Öffnen Sie in der Gruppe *Animation* den Kasten mit den Animationen.

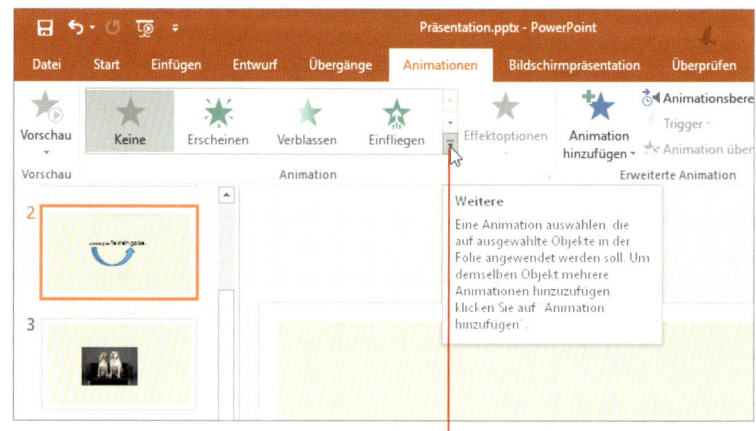

220

4 Wählen Sie per Mausklick die Animation aus, die Sie für das ausgewählte Element verwenden möchten.

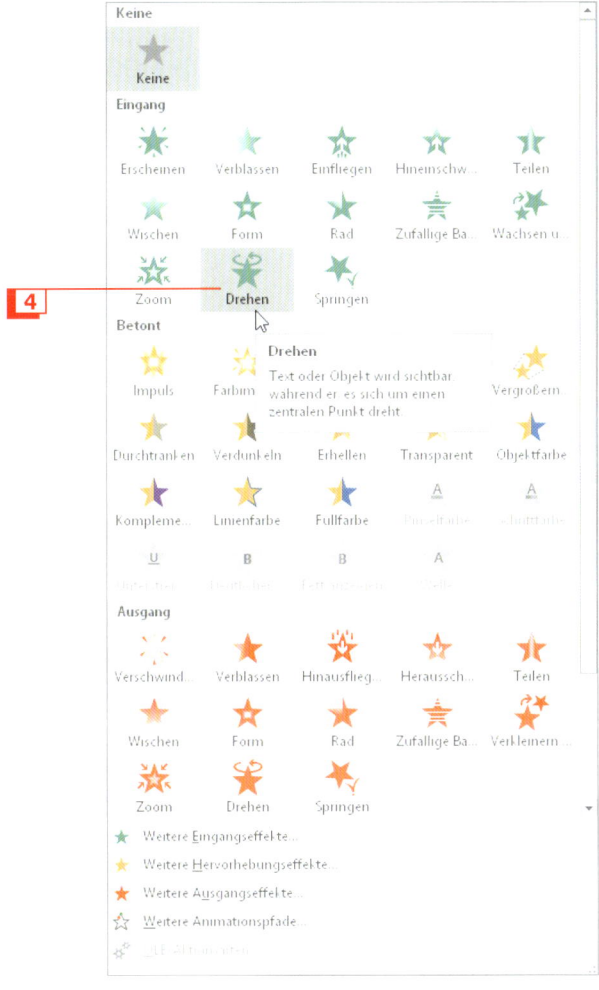

TIPP ➡ Sie möchten einem Element mehrere Animationen hinzufügen? Dann klicken Sie nach dem Hinzufügen der ersten Animation auf die Schaltfläche *Animation hinzufügen* und treffen im sich öffnenden Menü wiederum per Mausklick Ihre Auswahl.

5 Die Elemente, die Sie mit einer Animation versehen, werden in der Folie nummeriert.

6 Zum Anpassen der Animationsreihenfolge finden Sie im Menüband in der Gruppe *Anzeigedauer* Einstellungsmöglichkeiten. (Sie können auch per Mausklick auf die Schaltfläche *Animationsbereich* eine zusätzliche Leiste mit Einstellungsmöglichkeiten einblenden.)

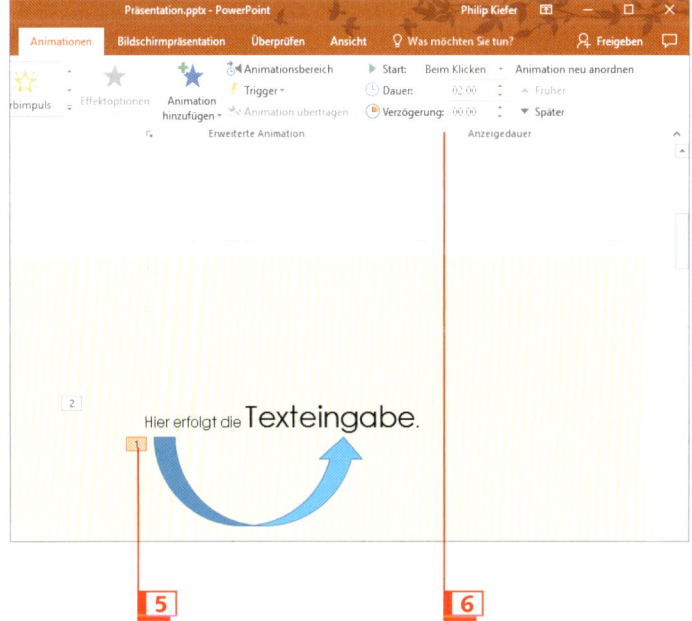

7 Soll ein Element erst nach dem Anklicken eines anderen Elements eingeblendet werden, erstellen Sie einen sogenannten Trigger. Dazu klicken Sie in der Gruppe *Erweiterte Animation* auf die Schaltfläche *Trigger*.

8 Bewegen Sie den Mauszeiger im sich öffnenden Menü auf den Eintrag *Beim Klicken auf*.

9 Wählen Sie das Element aus, das zum Einblenden angeklickt werden muss.

10 Klicken Sie auf den oberen Teil der Schaltfläche *Vorschau*, um die ausgewählten Animationseffekte zu begutachten.

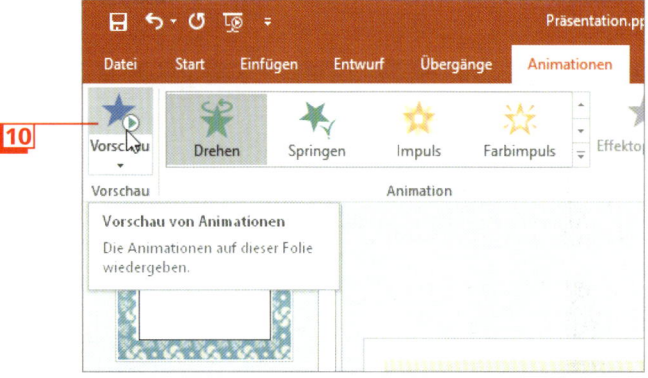

Übergänge festlegen

Während Sie mit Animationen Bewegung in einzelne Folien bringen, dienen Übergänge dazu, Bewegung in den Folienwechsel zu bringen. Auch das ist für eine lebendige Präsentation durchaus empfehlenswert. Wie Sie zum Einfügen von Übergängen zwischen Folien vorgehen, lesen Sie hier:

1 Markieren Sie in der Folienansicht die Folien, für die Sie Übergänge einrichten möchten. Mehrere Folien markieren Sie – das wissen Sie bereits – bei gedrückter [Strg]-Taste.

2 Klicken Sie im Menüband auf den Reiter *Übergänge*.

3 Öffnen Sie in der Gruppe *Übergang zu dieser Folie* den Kasten mit den Übergängen.

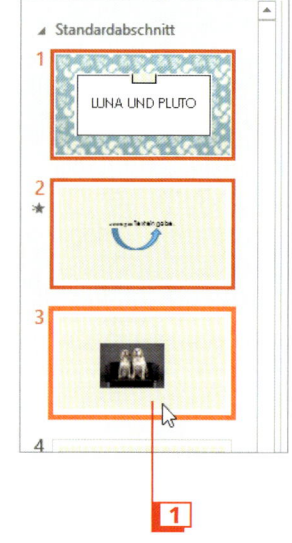

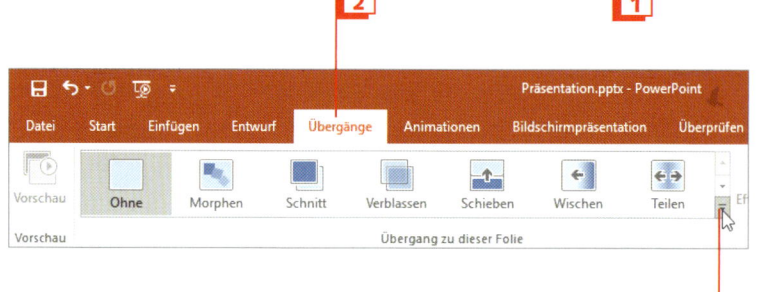

Mit PowerPoint 2016 Präsentationen gestalten, die was hermachen

4 Wählen Sie per Mausklick einen Übergang aus, der Ihnen zusagt.

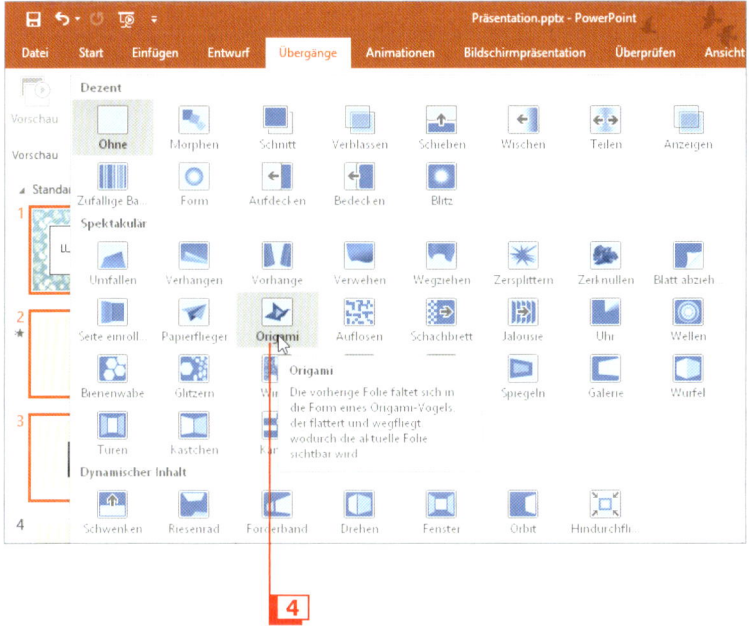

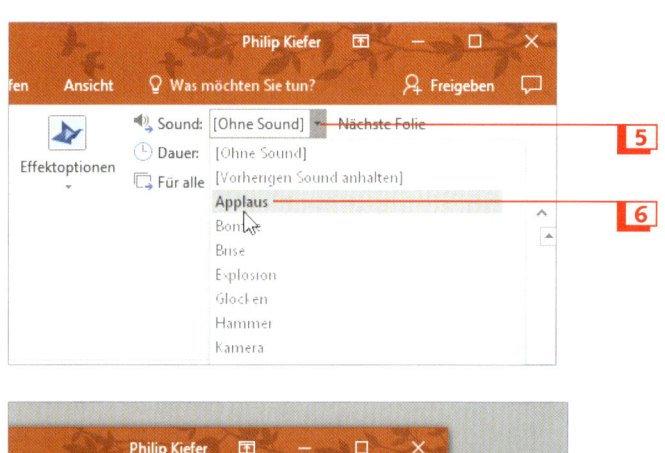

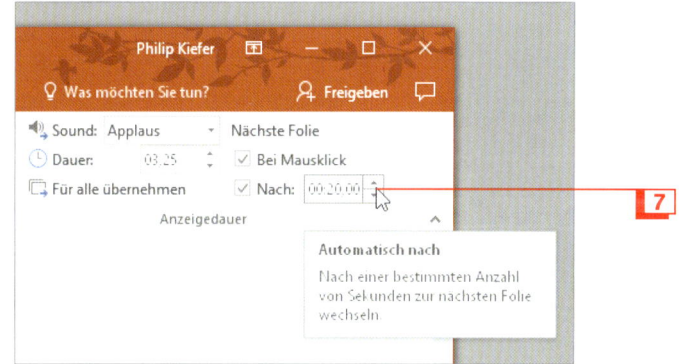

5 Sie finden im Menüband noch weitere Einstellungsmöglichkeiten für die Übergänge. Möchten Sie beispielsweise einen Sound hinzufügen? Dazu klicken Sie in der Gruppe *Anzeigedauer* auf *Sound*.

6 Wählen Sie im sich öffnenden Menü einen Soundeffekt aus, hier etwa *Applaus*.

7 Nun entscheiden Sie noch, ob der Übergang zwischen zwei Folien per Mausklick erfolgen soll (Standard) oder auch automatisch nach einer bestimmten Zeit. Für letztere Einstellung geben Sie in der Gruppe *Anzeigedauer* die gewünschte Einblendzeit ein.

TIPP ➡ Wenn Sie einen Übergang und die Einstellungen dazu für alle Folien Ihrer Präsentation verwenden möchten, klicken Sie im Menüband in der Gruppe *Anzeigedauer* auf die Schaltfläche *Für alle übernehmen*.

TIPP ➡ Bei einigen Übergängen erhalten Sie unter der Schaltfläche *Effektoptionen* weitere Optionen für den Übergang, insbesondere was die Richtung des Effekts betrifft.

223

8 Um sich die Übergänge in Aktion anzusehen, klicken Sie im Menüband auf die Schaltfläche *Vorschau*.

9 Der Übergang wird Ihnen in der Folie angezeigt. Wenn er Ihnen nicht zusagt, wählen Sie einfach einen anderen aus.

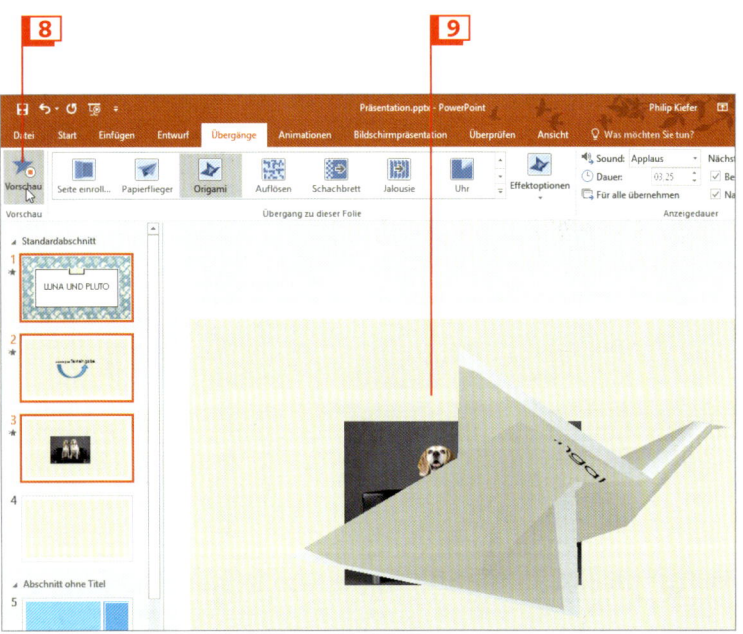

Weitere Ansichtsmodi

Auch PowerPoint bietet verschiedene Ansichtsmodi an, die Ihnen bei der Übersicht über Ihre Präsentation bzw. bei der Bearbeitung derselben gute Dienste leisten werden. Mit der Ansicht *Normal* sind Sie bereits bestens vertraut. Lernen Sie nun noch weitere Ansichtsmodi kennen.

1 Wünschen Sie sich einen Überblick über die Folien Ihrer Präsentation? Dann klicken Sie in der Statusleiste von PowerPoint 2016 auf das Symbol, um die Ansicht *Foliensortierung* aufzurufen.

2 Wenn Sie in der Foliensortierung auf eine Folie doppelklicken, wird diese wieder in der Normalansicht angezeigt.

3 Möchten Sie die Folien wie während einer Präsentation durchsehen, wählen Sie in der Statusleiste per Symbol die *Leseansicht*.

4 Das Weiterblättern in der Leseansicht erfolgt per Mausklick. Für weitere Optionen klicken Sie mit der rechten Maustaste in die Leseansicht.

5 Wählen Sie im Kontextmenü eine Option, etwa den Wechsel zu einer bestimmten Folie.

Mit PowerPoint 2016 Präsentationen gestalten, die was hermachen

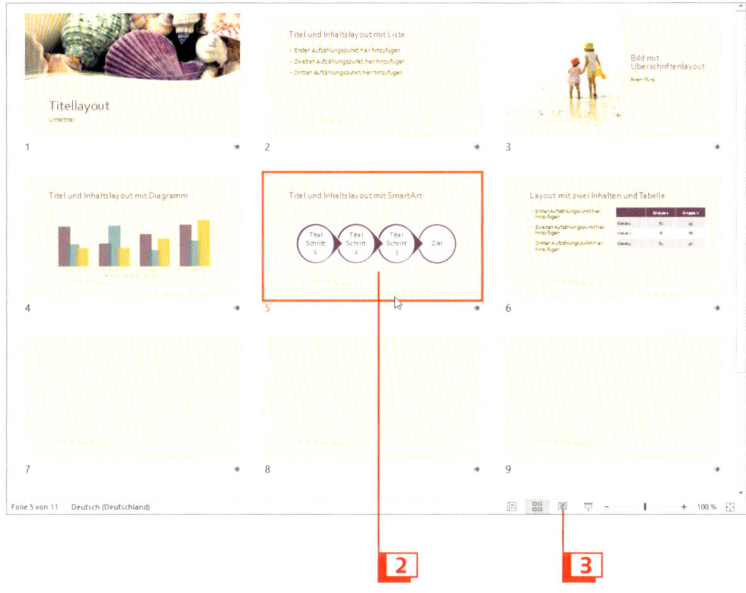

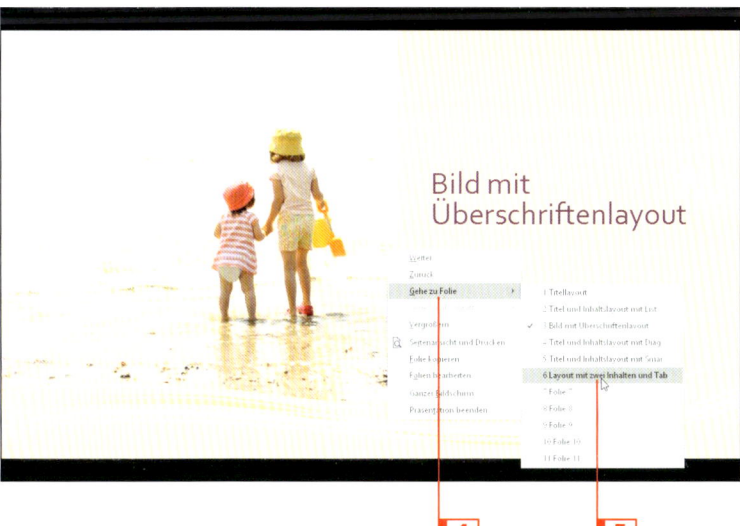

6 Für weitere Ansichtsoptionen entscheiden Sie sich im Menüband für den Reiter *Ansicht*.

7 Möchten Sie eine Gliederung Ihrer Präsentation aufrufen, entscheiden Sie sich in der Gruppe *Präsentationsansichten* für die Schaltfläche *Gliederungsansicht*.

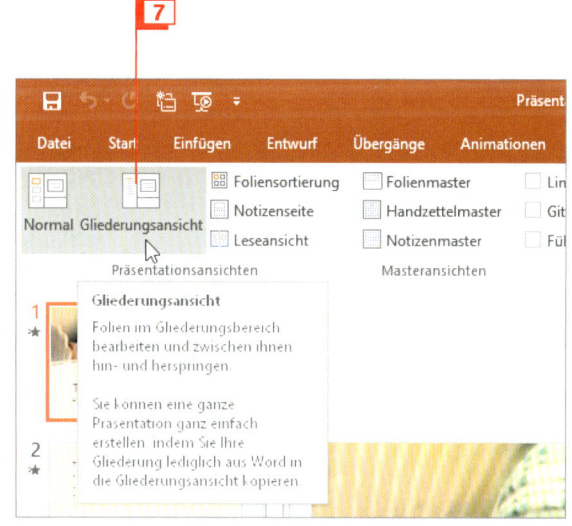

8 Schon können Sie die Folien in der Gliederungsansicht auswählen.

225

10

9 Unterhalb der Folie sehen Sie ein Feld für Notizen zur jeweiligen Folie.

10 Die Notizen lassen sich auch in der Ansicht *Notizenseite* aufrufen.

TIPP ➡ Um zu prüfen, wie eine Präsentation beim Ausdrucken auf einem Schwarz-Weiß-Drucker herauskommt, entscheiden Sie sich in der Gruppe *Farbe/Graustufe* für die Schaltfläche *Graustufe*.

Folienmaster verwenden

Sie wissen bereits, dass Sie Folien in PowerPoint auf verschiedenste Weise formatieren können. Genauso können Sie für die einzelnen Folien eines Layouts aber auch sogenannte Master erstellen – dessen Formatierungen werden dann auf alle Folien dieses Layouts angewandt.

1 Entscheiden Sie sich im Menüband von PowerPoint 2016 für den Reiter *Ansicht*.

2 Klicken Sie in der Gruppe *Masteransichten* auf die Schaltfläche *Folienmaster*.

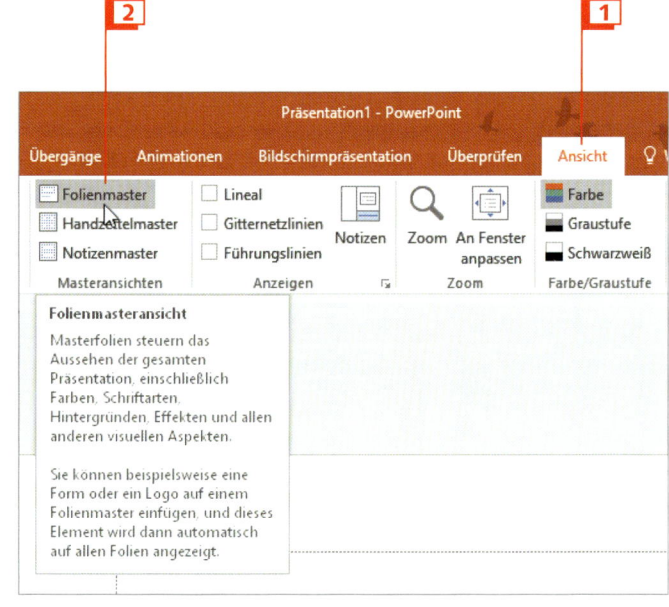

Mit PowerPoint 2016 Präsentationen gestalten, die was hermachen

3 Die Masteransicht wird geöffnet. Sie finden in der Foliensortierung links die einzelnen Layouts sowie als erste Folie eine Formatvorlage für alle Layouts. In diesem Fall möchte ich das Layout *Titelfolie* bearbeiten, wähle dieses also in der Foliensortierung aus.

4 Rechts klicken Sie auf ein Element, das Sie bearbeiten möchten.

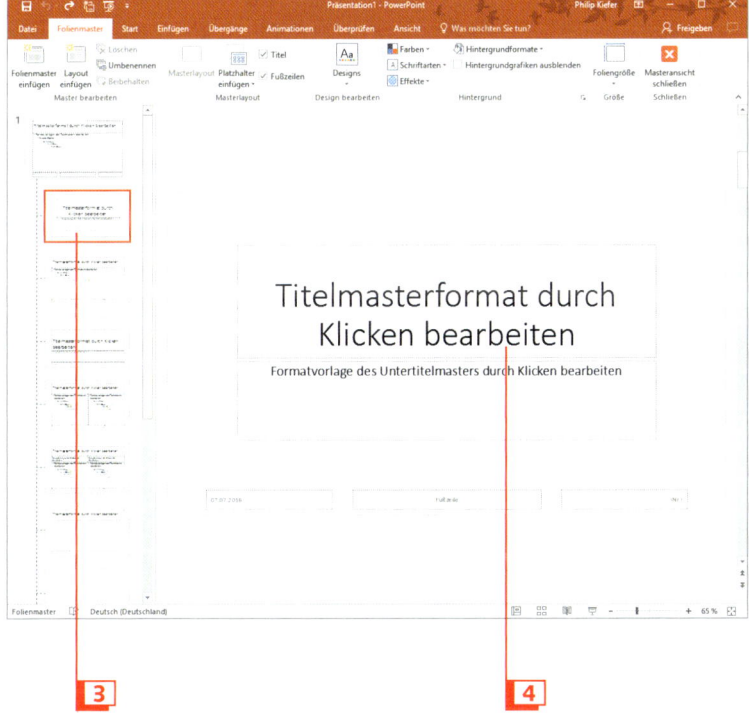

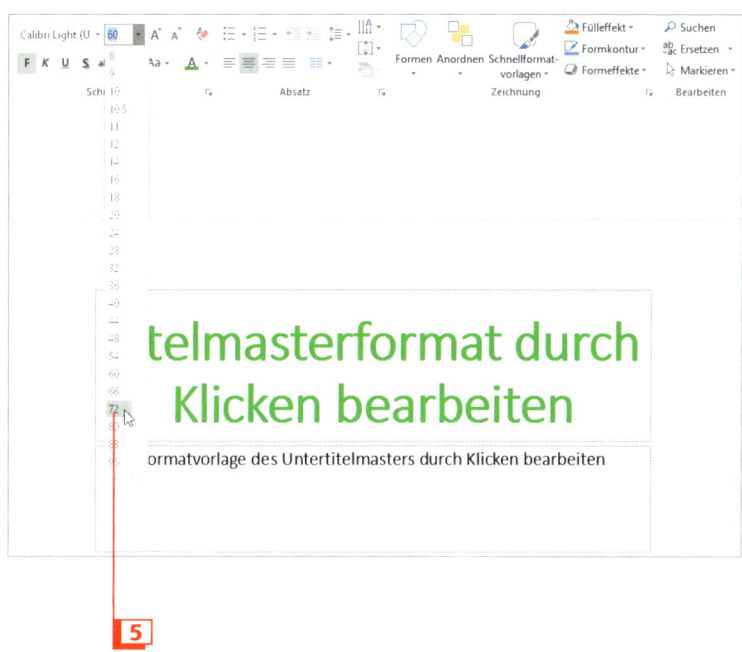

5 Nehmen Sie mithilfe der Funktionen im Menüband Ihre Formatierungen vor. Hier habe ich als Beispiel die Schriftfarbe und -größe des Masterformats angepasst.

6 Haben Sie Ihre Formatierungen in den einzelnen Layouts abgeschlossen, klicken Sie im Menüband auf den Reiter *Folienmaster*.

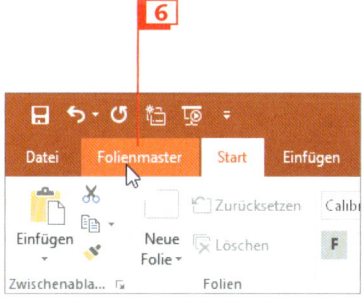

227

7 Klicken Sie dann rechts im Menüband auf die Schaltfläche *Masteransicht schließen*, um zur Normalansicht zurückzukehren.

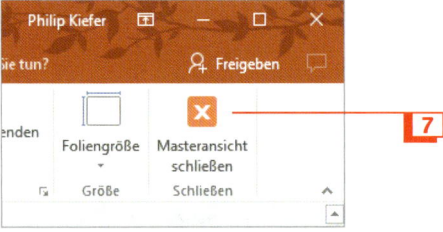

8 In den einzelnen Layouts werden nun die im Master festgelegten Formatierungen verwendet.

TIPP ➡ Sie können eine Präsentation mit den Masterlayouts als Vorlage für weitere Präsentationen speichern. Dazu entscheiden Sie sich beim Speichern der Datei (eine Anleitung zum Speichern in unterschiedlichen Formaten haben Sie in Kapitel 2 erhalten) für das Dateiformat *PowerPoint-Vorlage (*.potx)*.

Präsentation als Videodatei speichern

Eine Präsentation lässt sich live vorführen, wie ich es Ihnen gleich noch vorstellen werde. Sie können eine Präsentation aber auch als Video abspeichern, und zwar auf folgende Weise:

1 Klicken Sie im Menüband auf den Reiter *Datei*.

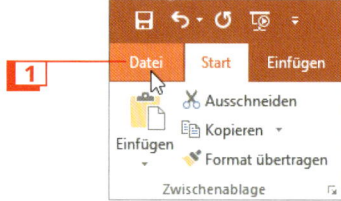

2 Wählen Sie im Backstage-Bereich den Eintrag *Speichern unter*.

3 Entscheiden Sie sich für einen Speicherort für die Videodatei (was die Grundlagen des Speicherns betrifft, erinnern Sie sich an Kapitel 2).

4 Legen Sie als Dateityp *MPEG4-Video* fest – ein sehr gängiges Videoformat.

5 Bestätigen Sie mit *Speichern*.

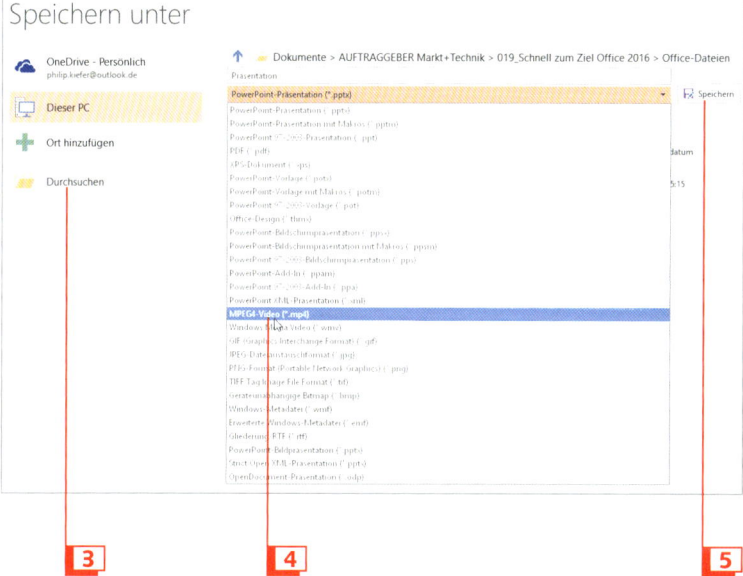

6 Über den Fortschritt der Videoerstellung werden Sie in der Statusleiste auf dem Laufenden gehalten.

Präsentation starten

Eine Präsentation auf dem Computer oder über einen an diesen angeschlossenen Beamer betrachten – auch das ist gar kein Problem.

1 Wählen Sie im Menüband von PowerPoint 2016 den Reiter *Bildschirmpräsentation*.

2 Um zunächst einige Einstellungen zur Präsentation vorzunehmen, klicken Sie in der Gruppe *Einrichten* auf die Schaltfläche *Bildschirmpräsentation einrichten*.

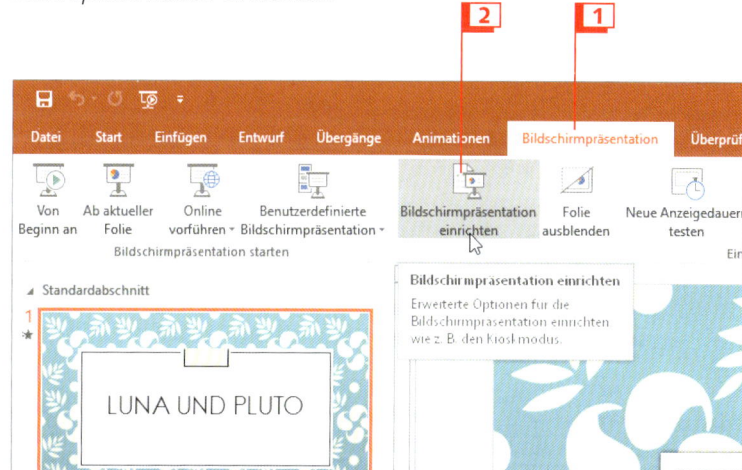

WICHTIGE INFORMATION

Während der Präsentation statt mit der Maus per Tastatur zur nächsten Folie wechseln: Drücken Sie dazu beispielsweise die ⎵. In den Tabellen mit den Tastenkombinationen hinten im Buch finden Sie noch weitere Tasten, die Sie alternativ zum Mausklick einsetzen können.

10

3 Nehmen Sie im folgenden Fenster Ihre Einstellungen vor, hier etwa das Anpassen der *Laserpointerfarbe*.

4 Bestätigen Sie Ihre Änderungen mit *OK*.

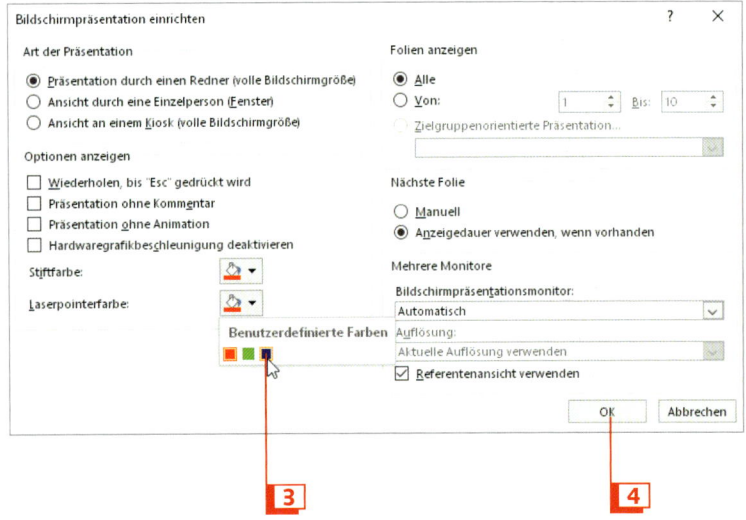

5 Um die Präsentation zu starten, finden Sie in der Gruppe *Bildschirmpräsentation starten* eine Reihe von Optionen. In den meisten Fällen wählen Sie die Schaltfläche *Von Beginn an*. Sie können auch die F5-Taste drücken, um die Präsentation von Beginn an zu starten.

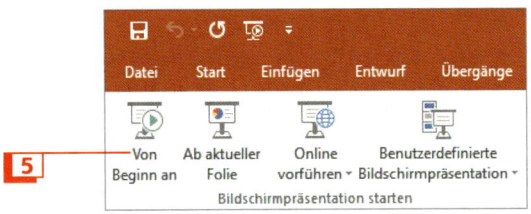

6 Die Präsentation wird im Vollbildmodus gestartet. Für Optionen dazu klicken Sie mit der rechten Maustaste in die Präsentation.

7 Im Kontextmenü haben Sie nun beispielsweise die Möglichkeit, zur *Referentenansicht* zu wechseln.

Mit PowerPoint 2016 Präsentationen gestalten, die was hermachen

8 In der Referentenansicht erhalten Sie einen besseren Überblick über die Präsentation sowie weitere Optionen, die Sie während der Präsentation nutzen können.

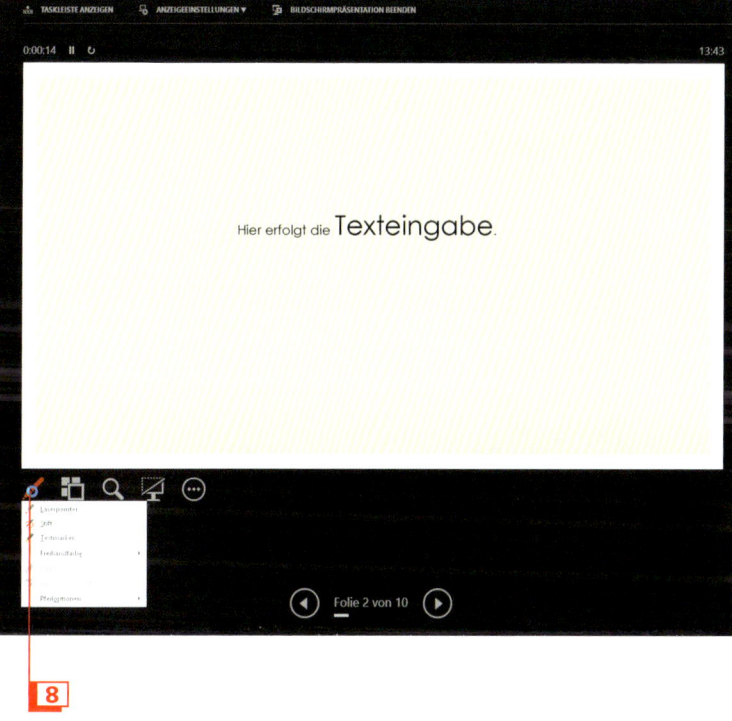

> **TIPP** ➡ Um die Präsentation wieder zu beenden, drücken Sie einfach die [Esc]-Taste.

WICHTIGE INFORMATION

Sie haben auf einer Folie einen Fehler entdeckt und möchten diese bei der Präsentation nicht anzeigen? In diesem Fall wählen Sie die Folie in der Folienansicht aus. Klicken Sie dann im Menüband unter *Bildschirmpräsentation* und dort in der Gruppe *Einrichten* auf die Schaltfläche *Folie ausblenden*. Die Nummer der Folie wird nun in der Folienansicht durchgestrichen dargestellt. Um die Folie wieder einzublenden, wählen Sie diese wieder aus und klicken erneut auf die Schaltfläche *Folie ausblenden*. Sie finden einen entsprechenden Eintrag auch im Kontextmenü, das Sie per Rechtsklick auf eine Folie öffnen.

Handzettel drucken

Unter Umständen möchten Sie an die Teilnehmer Ihrer Präsentation Handzettel mit den Folien Ihrer Präsentation verteilen. Wie Sie in PowerPoint 2016 das Layout der Handzettel anpassen und die Handzettel ausdrucken, wird im Folgenden erklärt:

1 Wählen Sie im Menüband von PowerPoint 2016 den Reiter *Ansicht*.

2 Klicken Sie in der Gruppe *Masteransichten* auf die Schaltfläche *Handzettelmaster*.

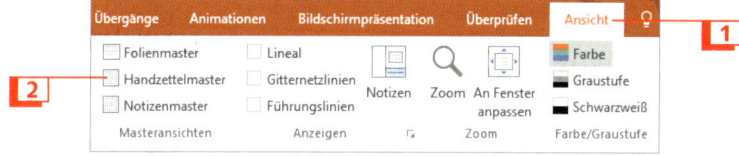

231

10

3 Nehmen Sie im Menüband nun Ihre Einstellungen zu den Handzetteln vor, bestimmen Sie etwa per Kontrollkästchen, ob bestimmte Informationen wie das aktuelle Datum darauf angezeigt werden sollen oder nicht.

4 Um den Ausdruck zu starten, wählen Sie im Menüband den Reiter *Datei*.

5 Entscheiden Sie sich im Backstage-Bereich für den Eintrag *Drucken*.

6 Ihnen wird die Druckvorschau angezeigt. Um das Ausdrucken von Handzetteln festzulegen, öffnen Sie im Abschnitt *Einstellungen* per Mausklick das Menü *Ganzseitige Folien*.

7 Wählen Sie im sich öffnenden Menü eine Option unter *Handzettel* aus. Sie bestimmen damit, wie viele Folien auf einen Handzettel gedruckt werden sollen.

8 Nehmen Sie bei Bedarf noch weitere Druckeinstellungen vor (Anzahl der Exemplare usw.), bevor Sie die Handzettel mit der Schaltfläche *Drucken* zu Papier bringen.

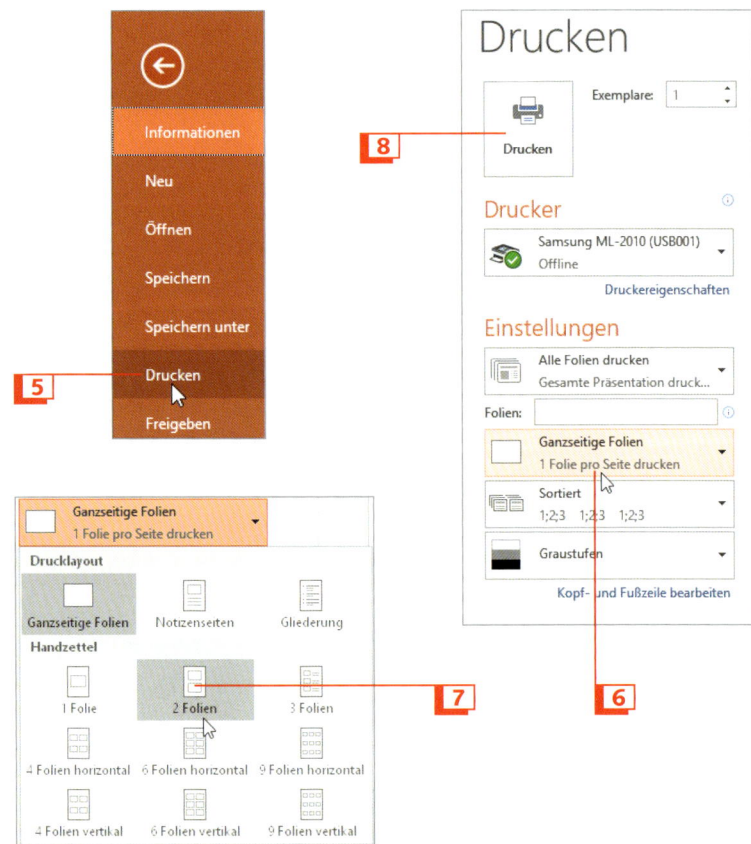

232

Das Kapitel im Überblick

- E-Mail-Konto anlegen
- Outlook-Funktion wechseln
- Bedienoberfläche individuell anpassen
- E-Mail erstellen/formatieren/Design festlegen
- Eigene Briefpapiere anlegen
- Bilder einbauen
- Dateianhang hinzufügen/speichern
- Lesebestätigung anfordern
- Signatur eingeben
- iCloud integrieren
- Erhaltene E-Mail beantworten/weiterleiten
- Neue E-Mail-Ordner
- E-Mail in Ordner verschieben
- E-Mails suchen
- Suchordner anlegen
- E-Mail-Regeln erstellen
- RSS-Feeds abonnieren
- Termine in den Kalender eintragen
- Lassen Sie sich an Ihre Steuertermine erinnern
- Kalender erstellen, verwalten, abonnieren
- Mit Outlook Kontakte verwalten
- Kontakte in Kontaktgruppe organisieren
- Aufgabenplanung und Notizen mit Outlook

Mit Outlook 2016 Ihre E-Mails, Termine und Kontakte clever managen

Outlook 2016 ist zwar nicht in jeder Version von Office 2016 enthalten, aber jeder sollte das Programm und seine nützlichen Funktionen kennen. Outlook ist sozusagen ein digitaler Organizer, der weltweit zur Verwaltung von E-Mails, Terminen, Aufgaben und Kontakten zum Einsatz kommt.

Dieses Kapitel stellt Ihnen – mitten in der Praxis – die wichtigsten Funktionen von Outlook 2016 vor: vom Anlegen eines E-Mail-Kontos über das Formatieren von E-Mails oder das Erstellen von E-Mail-Regeln bis hin zum Kalenderabo aus dem Internet oder dem Organisieren von Kontakten in Kontaktgruppen.

E-Mail-Konto anlegen

Wenn Sie Outlook 2016 starten, werden Sie als Erstes aufgefordert, ein E-Mail-Konto einzurichten. Ich gehe an dieser Stelle davon aus, dass Sie bereits über ein E-Mail-Konto verfügen. Falls nicht, holen Sie sich ein solches kostenlos beispielsweise unter www.outlook.de. So richten Sie ein E-Mail-Konto mithilfe des Assistenten in Outlook ein:

1 Entscheiden Sie sich im ersten Fenster, das sich öffnet, einfach für die Schaltfläche *Weiter*.

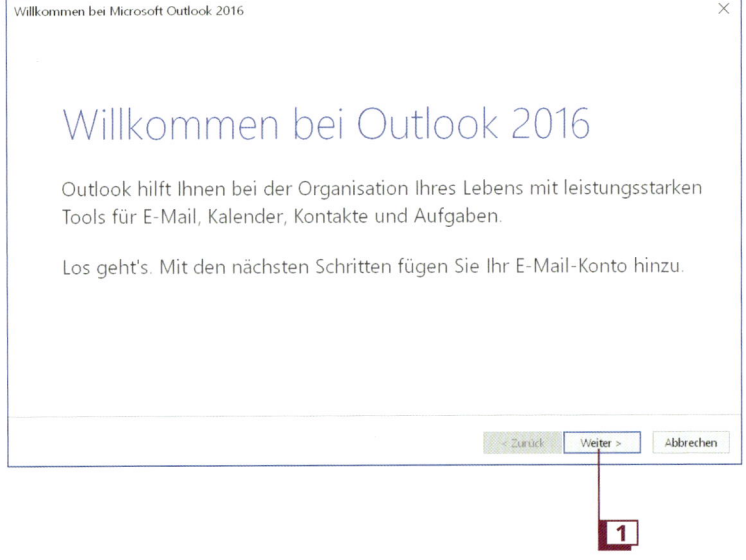

TIPP ➡ Wenn Sie in Outlook bereits ein E-Mail-Konto angelegt haben, lassen sich noch weitere Konten hinzufügen. Dazu klicken Sie im Menüband des Programms auf *Datei* und wählen dann unter *Informationen* die Schaltfläche *Konto hinzufügen*.

2 Bestätigen Sie im nächsten Fenster das Hinzufügen eines E-Mail-Kontos ebenfalls mit der Schaltfläche *Weiter*.

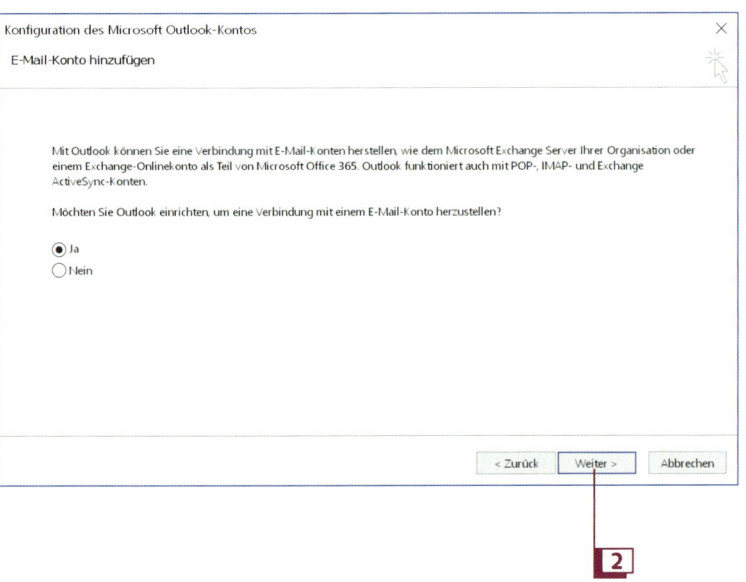

3 Geben Sie Ihren Anzeigenamen ein. Das ist der Name, der einem E-Mail-Empfänger als Absender der E-Mail angezeigt wird. In der Regel geben Sie in das Feld Ihren eigenen Vor- und Zunamen ein.

4 Als Nächstes geben Sie Ihre E-Mail-Adresse an.

5 Lassen Sie zweimal das zu Ihrem E-Mail-Konto gehörende Passwort folgen.

6 Bestätigen Sie Ihre Eingaben mit *Weiter*.

Mit Outlook 2016 Ihre E-Mails, Termine und Kontakte clever managen

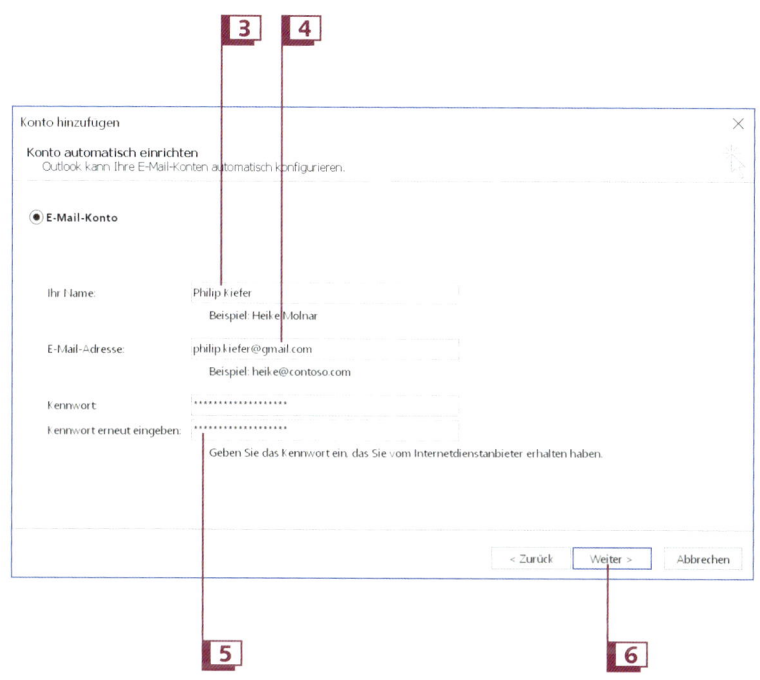

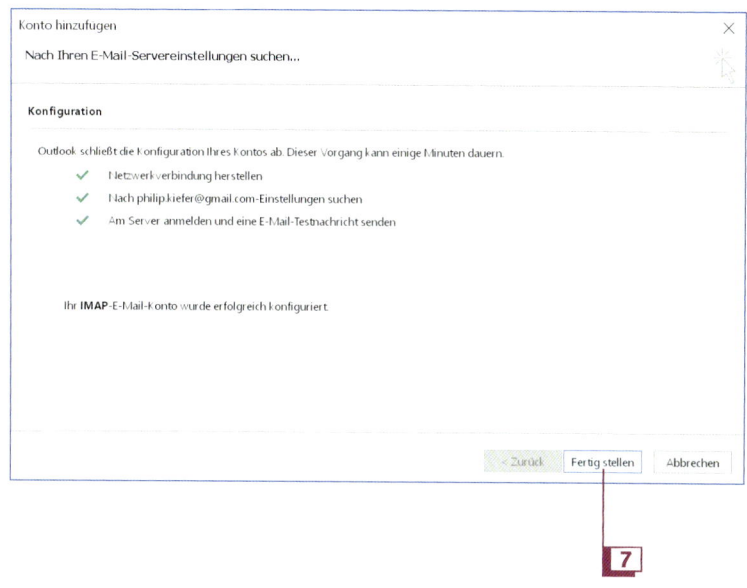

8 Nachdem das E-Mail-Konto eingerichtet wurde, wird die Bedienoberfläche von Outlook 2016 aufgerufen.

TIPP ➡ **Sollte eine manuelle Konfiguration des E-Mail-Kontos erforderlich sein, benötigen Sie insbesondere die zum E-Mail-Konto gehörenden Serverdaten, bestehend aus Serveradressen sowie den Serveranschlussnummern. Diese Daten erhalten Sie in der Regel auf der Webseite des E-Mail-Anbieters, die Suche bei Google liefert meistens schnell das gesuchte Ergebnis.**

7 Die zum E-Mail-Konto gehörenden Einstellungen werden in vielen Fällen automatisch abgerufen, sodass Sie das Erstellen des E-Mail-Kontos nur noch mit *Fertig stellen* bestätigen müssen.

235

11

TIPP ➡ Outlook dient als sogenannter Client (Kunde). Das ist ein Programm, das mit einem Server kommuniziert, in diesem Fall mit einem E-Mail-Server im Internet.

WICHTIGE INFORMATION

Ein gängiges Protokoll für E-Mail-Konten ist IMAP. Bei der Nutzung eines auf diesem Protokoll basierenden E-Mail-Kontos werden die E-Mails zwar auf dem Computer verwaltet, jedoch im Internet gespeichert.

Outlook-Funktion wechseln

Wie bereits angeklungen ist, dient Outlook keineswegs nur der E-Mail-Verwaltung, sondern auch der Verwaltung von Terminen, Aufgaben und Kontakten. Auf Notizzetteln lassen sich darüber hinaus Ideen festhalten. Gern zeige ich Ihnen, wie Sie zwischen den einzelnen Funktionen wechseln.

1 Die E-Mail-Funktion wird standardmäßig angezeigt. Ansonsten klicken Sie links unten im Navigationsbereich von Outlook 2016 auf das Symbol ✉, um die E-Mail-Funktion aufzurufen.

TIPP ➡ Der Navigationsbereich lässt sich individuell einrichten. Dazu klicken Sie rechts im Navigationsbereich auf das Symbol ••• und wählen im sich öffnenden Menü den Eintrag *Navigationsoptionen*. Im folgenden Fenster können Sie festlegen, wie viele Symbole im Navigationsbereich eingeblendet werden sollen und in welcher Reihenfolge.

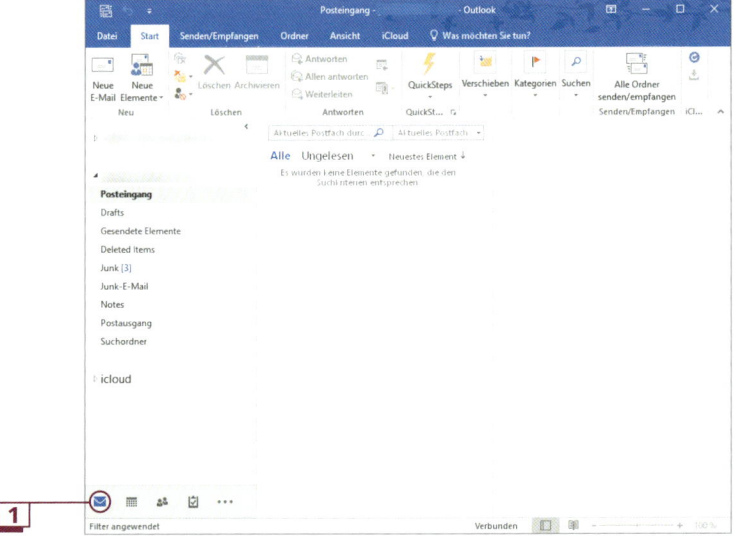

2 Für den Zugriff auf die Kalenderfunktion von Outlook 2016 klicken Sie im Navigationsbereich auf das Symbol ▦.

3 Wenn Sie mit Outlook Ihre Kontakte verwalten, rufen Sie die entsprechende Funktion per Symbol 👥 im Navigationsbereich auf.

4 Eine weitere beliebte Funktion von Outlook 2016 ist das Planen von Aufgaben (To-dos). Diese Funktion rufen Sie im Navigationsbereich per Mausklick auf das Symbol ☑ auf.

5 Schließlich können Sie mit Outlook 2016 auch kurze Notizen in Form elektronischer Notizzettel erstellen. Um diese Funktion aufzurufen, klicken Sie rechts im Navigationsbereich auf das Symbol •••.

6 Wählen Sie im sich öffnenden Menü den Eintrag *Notizen*.

Mit Outlook 2016 Ihre E-Mails, Termine und Kontakte clever managen

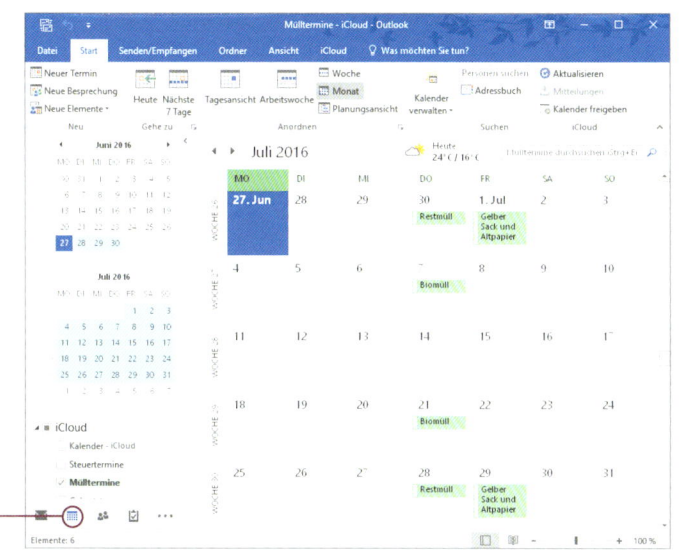

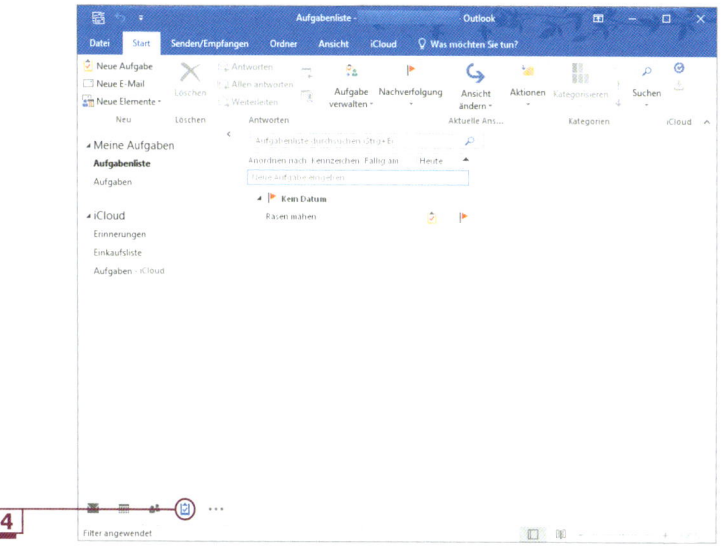

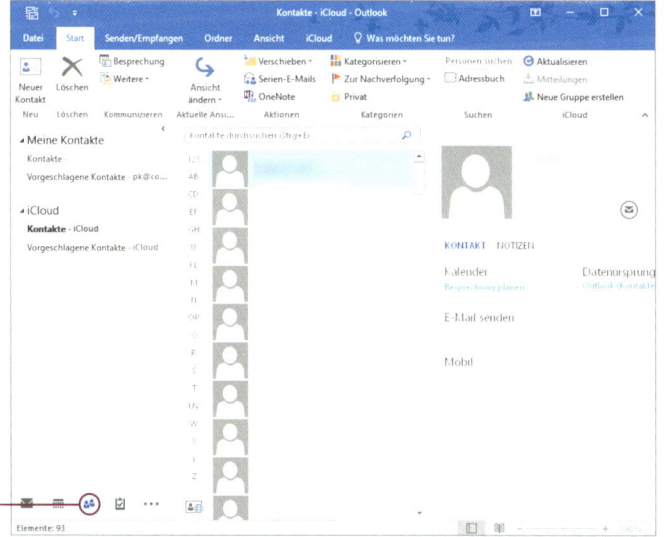

TIPP ➡ Zwischen den einzelnen Outlook-Funktionen per Tastenkombination wechseln: Drücken Sie [Strg]+[1], um Ihre E-Mails zu verwalten, [Strg]+[2] für die Verwaltung Ihrer Termine, [Strg]+[3] für die Kontaktverwaltung, [Strg]+[4] für die Verwaltung Ihrer Aufgaben und [Strg]+[5] zum Aufrufen der Notizenfunktion.

11

Die Outlook-Bedienoberfläche individuell anpassen

Die Outlook-Bedienoberfläche ist nicht in Stein gemeißelt. Sie können einige Bereiche aus- oder einblenden, wie es für Sie praktisch ist. Die folgende Anleitung wird Ihnen beim Zurechtfinden behilflich sein:

1 Der Ordnerbereich links in Outlook lässt sich minimieren bzw. maximieren, aber auch ganz ausblenden. Um die entsprechende Funktion aufzurufen, wählen Sie im Menüband den Reiter *Ansicht*.

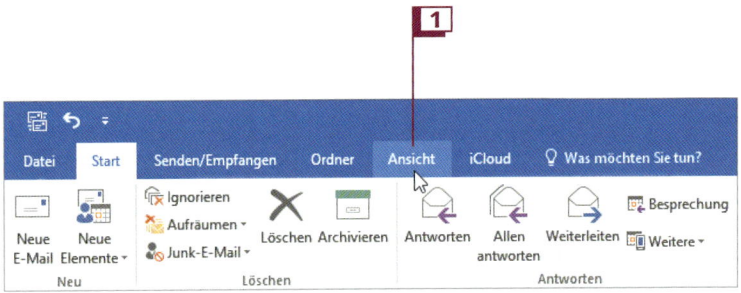

2 Klicken Sie in der Gruppe *Layout* auf die Schaltfläche *Ordnerbereich*.

3 Legen Sie im aufklappenden Menü eine Anzeigeoption fest, hier wähle ich den Eintrag *Aus*, um den Ordnerbereich vollständig auszublenden.

> **TIPP** ➡ Die Bereiche in Outlook lassen sich auch manuell vergrößern oder verkleinern. Klicken Sie dazu mit dem Mauszeiger auf den Rand eines Bereichs. Nun lässt sich der Bereich bei gedrückter Maustaste größer oder kleiner ziehen.

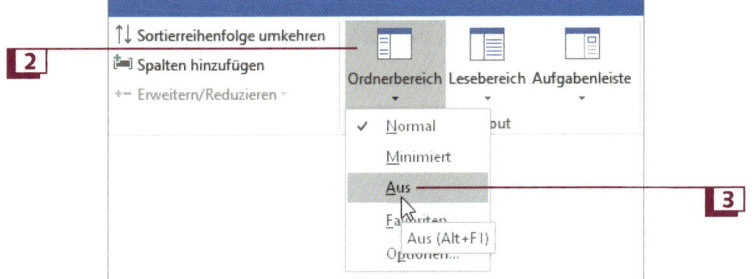

4 Der Lesebereich für Ihre E-Mails wird standardmäßig rechts dargestellt. Das ist okay, wenn Sie über einen ausreichend großen Bildschirm verfügen. Besonders bei kleineren Bildschirmen erscheint aber das Anzeigen des Lesebereichs unten praktischer. Zum Einrichten klicken Sie in der Gruppe *Layout* auf die Schaltfläche *Lesebereich*.

> **TIPP** ➡ Zwischen den verschiedenen Anzeigeoptionen für den Ordnerbereich können Sie auch mit der Tastenkombination [Alt]+[F1] wechseln.

5 Klicken Sie im sich öffnenden Menü auf den Eintrag *Unten*.

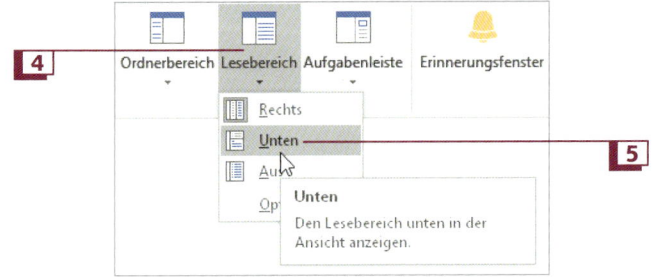

238

Mit Outlook 2016 Ihre E-Mails, Termine und Kontakte clever managen

6 Schließlich lässt sich rechts noch eine Aufgabenleiste einblenden, die einen Kalender, Kontaktfavoriten sowie eben Aufgaben enthalten kann. Um die Aufgabenleiste einzublenden, klicken Sie in der Gruppe *Layout* auf die Schaltfläche *Aufgabenleiste*.

7 Setzen Sie per Mausklick Häkchen bei denjenigen Elementen, die Sie in der Aufgabenleiste einblenden möchten.

8 Die entsprechenden Elemente werden prompt in der Aufgabenleiste angezeigt.

> **TIPP ➡** Wenn Sie den Mauszeiger im Navigationsbereich auf die Symbole für Kalender, Kontakte bzw. Aufgaben bewegen, öffnen sich jeweils Pop-up-Fenster mit den gleichen Inhalten wie in der Aufgabenleiste. Rechts oben im Pop-up-Fenster finden Sie das Symbol zum alternativen Anheften an die Aufgabenleiste.

9 Vielleicht möchten Sie nun noch statt des Menübands lediglich eine schlanke Menüleiste anzeigen? Diese Option gibt es auch in den anderen Office-Programmen. Um sie aufzurufen, klicken Sie rechts oben in Outlook auf das Symbol.

10 Wählen Sie im sich öffnenden Menü den Eintrag *Registerkarten anzeigen*. Um das Menüband später wieder einzublenden, klicken Sie auf *Registerkarten und Befehle anzeigen*; soll das Menüband nur bei Bedarf angezeigt werden, wählen Sie *Menüband automatisch ausblenden*.

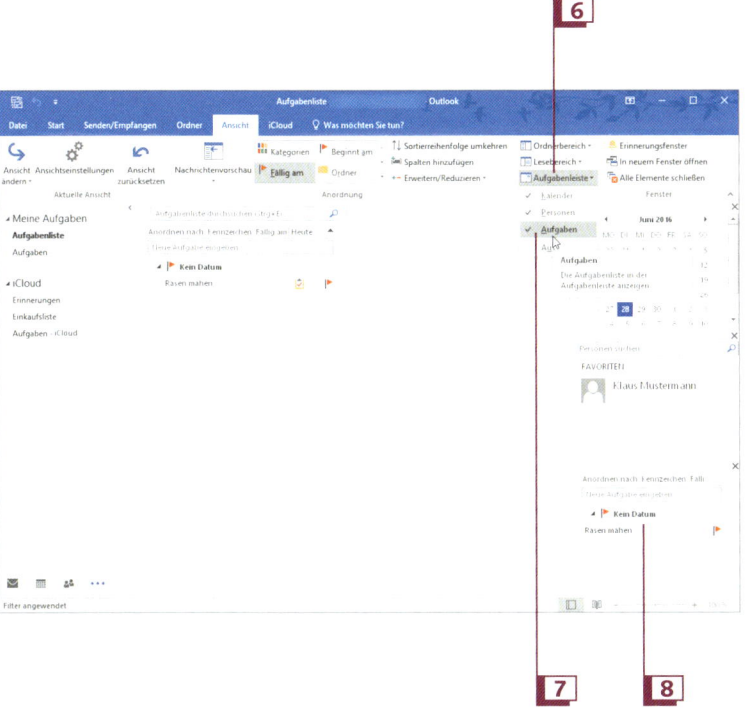

E-Mail erstellen und formatieren

E-Mails sind doch einfach praktisch – innerhalb weniger Sekunden erreicht die elektronische Post Empfänger selbst am anderen Ende der Welt. Wie Sie mit Outlook E-Mails erstellen und die Schrift formatieren, lesen Sie hier:

1 Sie haben in Outlook die E-Mail-Funktion aufgerufen. Klicken Sie nun im Menüband unter *Start* auf die Schaltfläche *Neue E-Mail*.

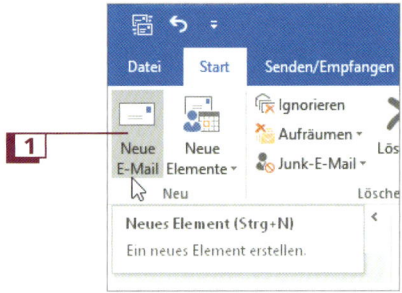

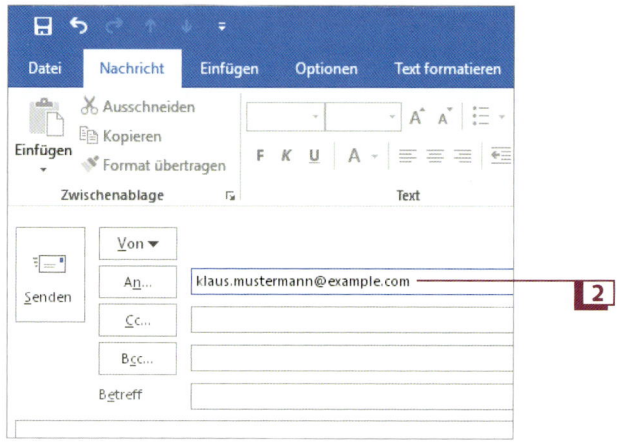

TIPP ➡ Um eine neue E-Mail unabhängig von der in Outlook aufgerufenen Funktion zu erstellen, also beispielsweise bei einem gerade aufgerufenen Kalender, drücken Sie die Tastenkombination [Strg]+[⇧]+[M].

WICHTIGE INFORMATION

Wenn Sie eine Kopie (*Cc*) bzw. eine Blindkopie (*Bcc*) an weitere E-Mail-Empfänger senden möchten, geben Sie die E-Mail-Adressen in die entsprechenden Felder ein. Um das Feld für die Blindkopie gegebenenfalls zunächst einzublenden, wählen Sie im E-Mail-Fenster den Reiter *Optionen*. Klicken Sie dann in der Gruppe *Felder anzeigen* auf die Schaltfläche *Bcc*. Der Unterschied zwischen Kopie und Blindkopie: Bei der Kopie sehen die »normalen« E-Mail-Empfänger, dass gleichzeitig eine Kopie versandt wurde, bei der Blindkopie hingegen nicht.

2 Geben Sie im Feld *An* die E-Mail-Adresse des E-Mail-Empfängers ein. Sie können eine E-Mail auch an mehrere Personen richten; die einzelnen E-Mail-Adressen trennen Sie per Strichpunkt. (Wenn Sie in Outlook bereits Kontakte angelegt haben, werden Ihnen diese während des Eintippens zur Auswahl angeboten.)

3 Geben Sie in das Feld *Betreff* einen kurzen Hinweis zum Inhalt der E-Mail ein.

4 Jetzt geben Sie den E-Mail-Text ein. Erzeugen Sie – wie beispielsweise in Word – neue Absätze per [↵]-Taste und Zeilenwechsel mit der Tastenkombination [⇧]+[↵].

Mit Outlook 2016 Ihre E-Mails, Termine und Kontakte clever managen

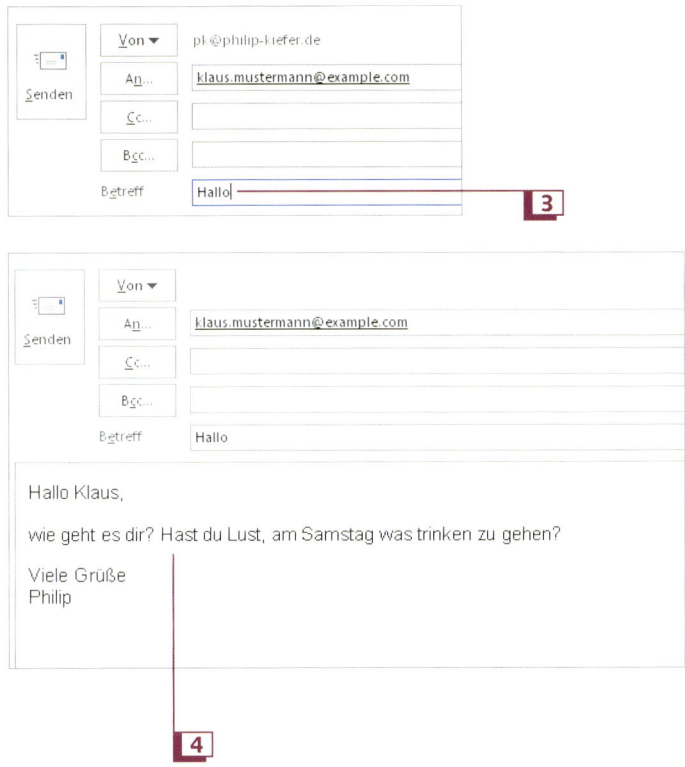

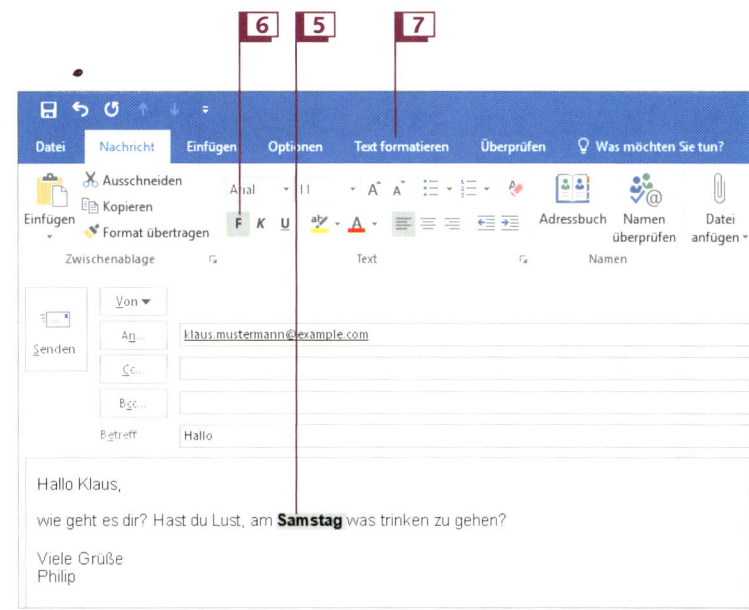

8 Um die E-Mail so auf den Weg zu bringen, klicken Sie auf die Schaltfläche *Senden* – eine Internetverbindung ist für das Senden von E-Mails natürlich Voraussetzung.

5 Jetzt möchten Sie den E-Mail-Text noch formatieren. Dazu markieren Sie den zu formatierenden Text.

6 Wählen Sie im Menüband unter *Start* eine der Standard-Formatierungsoptionen, z. B. das Symbol für den Fettdruck **F**.

7 Für weitere Formatierungsoptionen, etwa das Anwenden von Formatvorlagen, entscheiden Sie sich im Menüband des E-Mail-Fensters für den Reiter *Text formatieren*.

241

E-Mail-Design festlegen

Auch für Ihre E-Mails können Sie ein Design festlegen und dieses ganz nach Ihrem Geschmack anpassen, insbesondere im Hinblick auf Schrift und Farben.

1 Entscheiden Sie sich im E-Mail-Fenster (also im Fenster zum Erstellen einer E-Mail) für den Reiter *Optionen*.

2 Klicken Sie auf die Schaltfläche *Designs*.

3 Wählen Sie ein Design aus, das Ihnen zusagt – Sie werden die Anpassungen sehen, wenn Sie Ihren E-Mail-Text mithilfe der Formatvorlagen unter dem Reiter *Text formatieren* formatieren.

4 Anpassungen zum jeweils ausgewählten Design nehmen Sie unter den Schaltflächen *Farben*, *Schriftarten* sowie *Effekte* vor – das kennen Sie ja bereits von den Erläuterungen zum Programm Word.

5 Wünschen Sie eine andere Hintergrundfarbe für die E-Mail? Dazu klicken Sie auf die Schaltfläche *Seitenfarbe*.

6 Wählen Sie im sich öffnenden Menü die gewünschte Farbe aus.

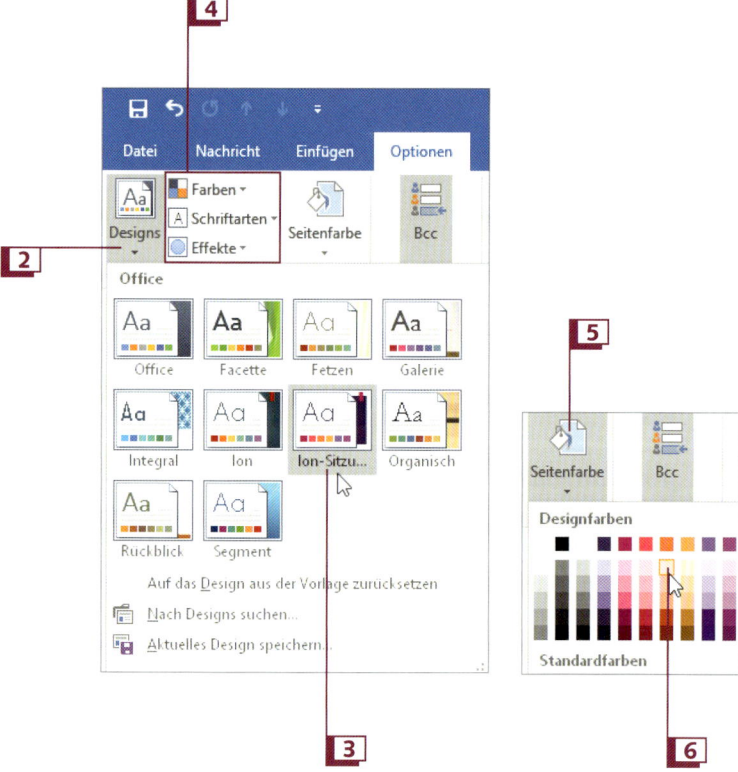

Briefpapier verwenden

In Outlook 2016 sind diverse Briefpapiere verfügbar, mit denen Sie Ihre E-Mails noch attraktiver gestalten. Um ein Briefpapier einzusetzen, erstellen Sie eine neue E-Mail direkt mit der entsprechenden Vorlage.

1 Klicken Sie im Menüband – bei ausgewählter E-Mail-Funktion – unter dem Reiter *Start* auf die Schaltfläche *Neue Elemente*.

2 Bewegen Sie den Mauszeiger im sich öffnenden Menü auf den Eintrag *E-Mail-Nachricht mit*.

3 Klicken Sie im Ausklappmenü auf den Eintrag *Weitere Briefpapiere*. (Später werden Ihnen in dem Menü auch die zuletzt verwendeten Briefpapiere für eine schnellere Auswahl angezeigt.)

4 Verwenden Sie im sich öffnenden Fenster die Bildlaufleiste, um durch die verfügbaren Briefpapiere und Designs zu blättern.

5 Wählen Sie ein Briefpapier per Mausklick aus. (Briefpapiere sind durch einen entsprechenden Hinweis in Klammern gekennzeichnet.)

6 Bestätigen Sie mit *OK*, um das Briefpapier zum Erstellen einer neuen E-Mail einzusetzen.

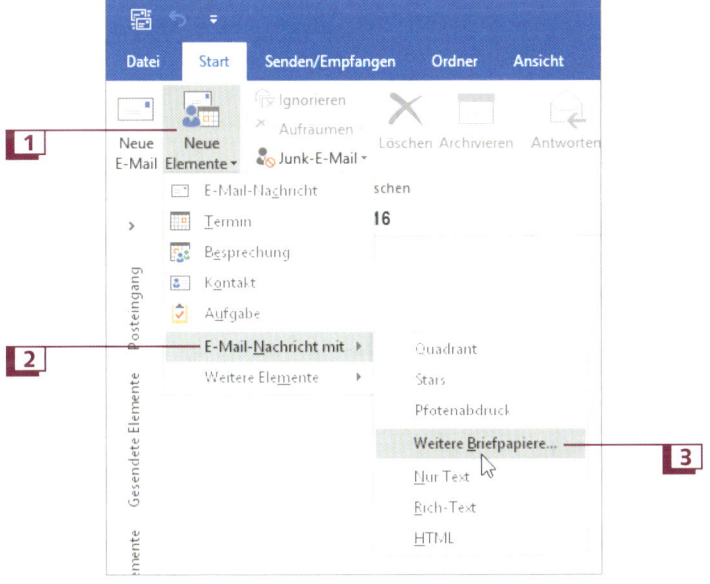
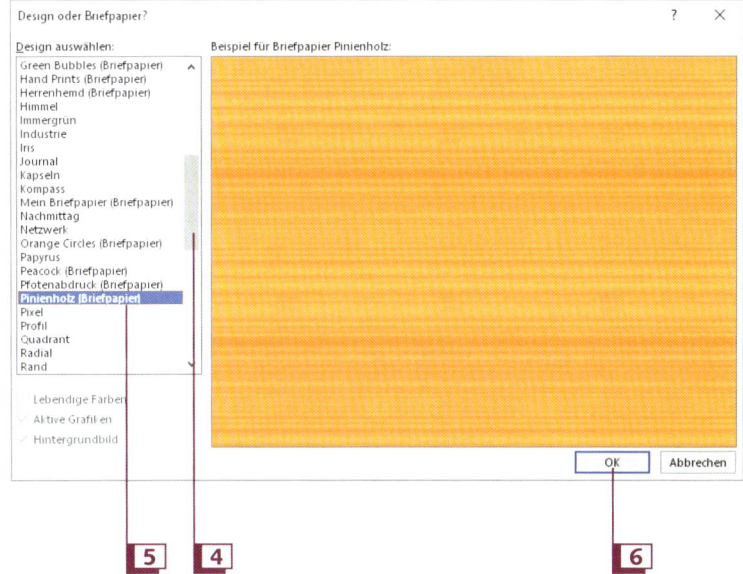

7 Das Briefpapier wird im E-Mail-Fenster dargestellt; die weiteren Eingaben und Formatierungen nehmen Sie wie bereits beschrieben vor.

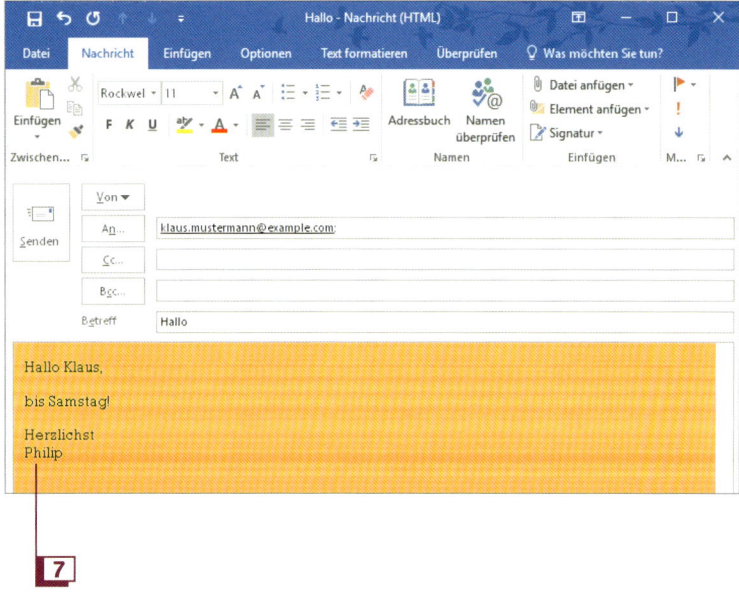

8 Vielleicht möchten Sie auch ein Standard-Briefpapier auswählen, das Sie beim Erstellen Ihrer E-Mails immer verwenden möchten? Dazu klicken Sie im Menüband auf den Reiter *Datei*.

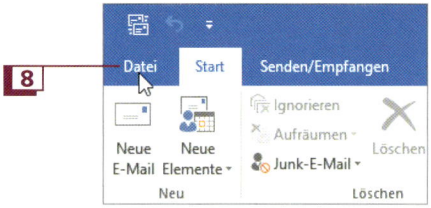

9 Wählen Sie im Backstage-Bereich den Eintrag *Optionen*.

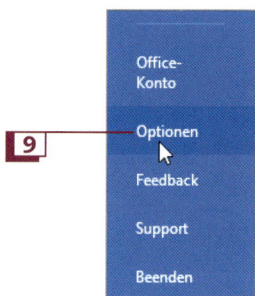

10 Klicken Sie links in den Outlook-Optionen auf den Eintrag *E-Mail*.

11 Entscheiden Sie sich im Abschnitt *Nachrichten verfassen* für die Schaltfläche *Briefpapier und Schriftarten* und nehmen Sie im folgenden Fenster die gewünschten Einstellungen vor.

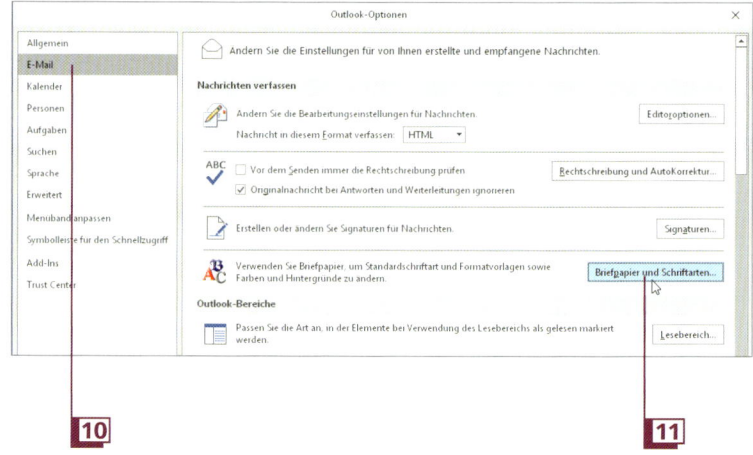

Eigene Briefpapiere anlegen

Für unterschiedliche Zwecke – Vereins-E-Mails, Weihnachtsgrüße usw. – lassen sich auch eigene Briefpapiere anlegen.

1 Erstellen Sie eine E-Mail mit allen von Ihnen gewünschten Formatierungen und Inhalten.

2 Klicken Sie dann im Menüband auf den Reiter *Datei*.

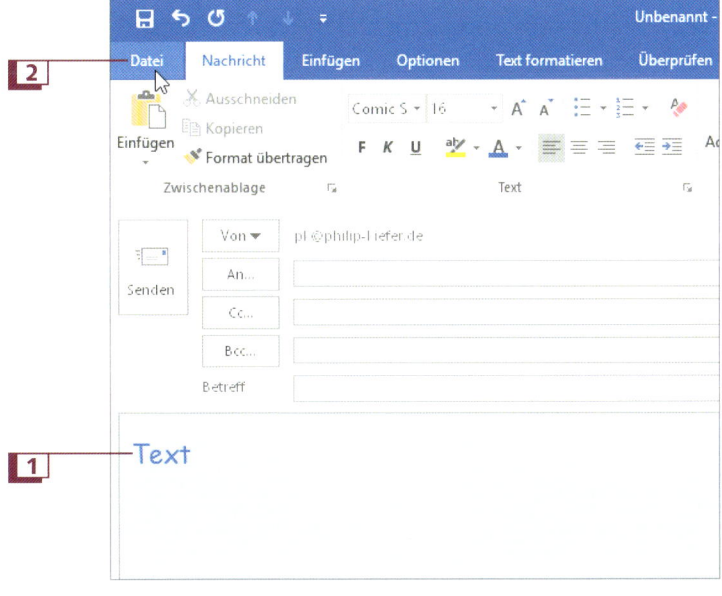

3 Wählen Sie im Backstage-Bereich den Eintrag *Speichern unter*.

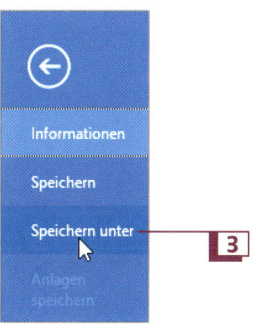

4 Klicken Sie oben im Fenster *Speichern unter* auf eine freie Fläche des Adressfeldes.

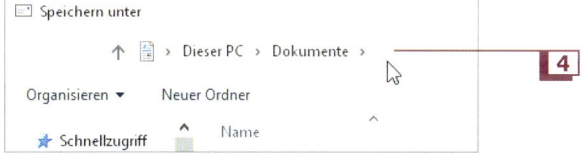

5 Der im Adressfeld enthaltene Pfad wird blau markiert und kann nun überschrieben werden. Tippen Sie in das Adressfeld Folgendes ein: *%appdata%/microsoft/stationery*. Bestätigen Sie mit der ⏎-Taste, um den entsprechenden Ordner zu öffnen.

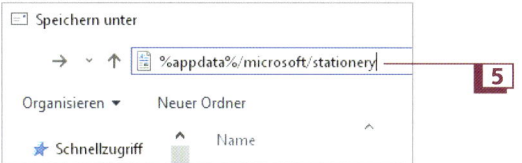

6 Geben Sie dem Briefpapier einen sinnvollen Namen.

7 Wichtig: Entscheiden Sie sich im Menü *Dateityp* für das Speichern im HTML-Format.

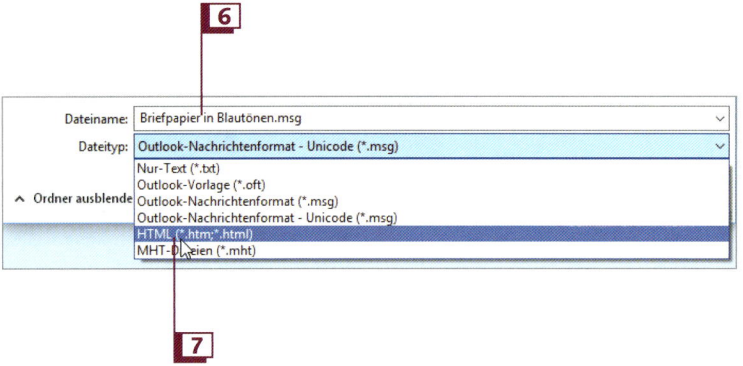

8 Bestätigen Sie mit *Speichern*.

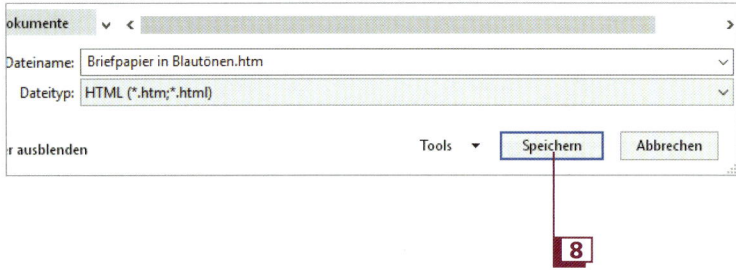

9 Die Auswahl des Briefpapiers erfolgt wie bei den bereits verfügbaren Briefpapieren unter der Schaltfläche *Neue Elemente*, indem Sie dort *E-Mail-Nachricht mit/Weitere Briefpapiere* wählen.

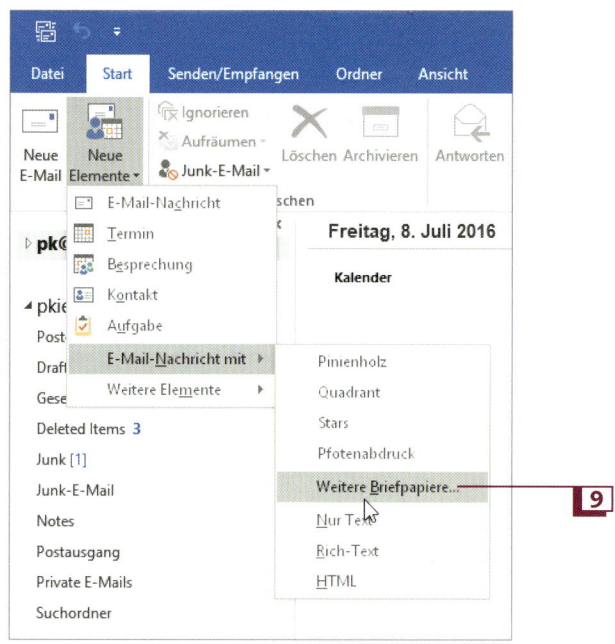

10 Das Briefpapier steht im folgenden Fenster zur Auswahl bereit.

Bilder einbauen

Auch E-Mails sind Dokumente. Sie werden standardmäßig im HTML-Format erstellt – einem Format, das auch dem Erstellen von Webseiten dient. In eine E-Mail lassen sich Bilder, Tabellen und weitere Objekte einbinden. Lassen Sie mich Ihnen die Vorgehensweise am Beispiel eines Bildes vorstellen.

1 Setzen Sie den Cursor im E-Mail-Fenster an die Stelle, an der das Bild in die E-Mail eingefügt werden soll.

2 Entscheiden Sie sich im Menüband für den Reiter *Einfügen*.

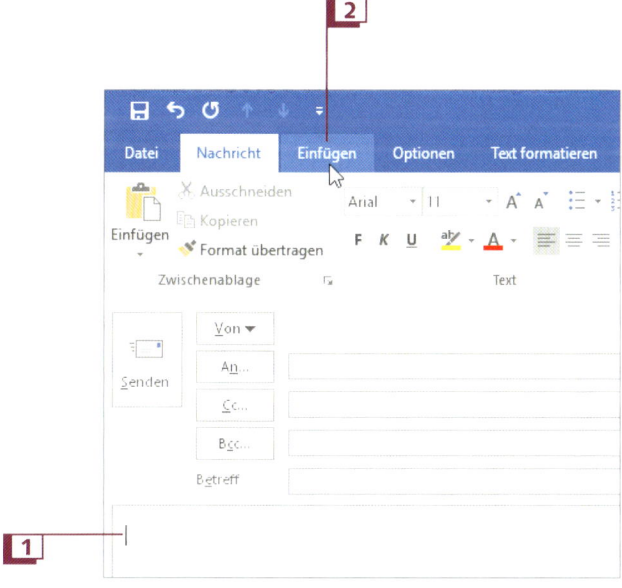

WICHTIGE INFORMATION

Statt im HTML-Format lässt sich eine E-Mail auch im Rich Text Format (RTF) sowie als reine Textdatei versenden. Die Auswahl treffen Sie im E-Mail-Fenster unter dem Reiter *Text formatieren* und dort in der Gruppe *Format*. Optionen, die im von Ihnen gewählten Format nicht zur Verfügung stehen, werden ausgegraut dargestellt.

3 Im Menüband klicken Sie in der Gruppe *Illustrationen* auf die Schaltfläche *Bilder*. (Alternativ können Sie auch *Onlinegrafiken* auswählen – das kennen Sie ebenfalls bereits vom Programm Word.)

TIPP ➡ Möchten Sie in das Thema Outlook viel tiefer einsteigen und etwa erfahren, wie Sie in E-Mails auch SmartArt-Grafiken oder Textmarken einsetzen? Dazu würde ich Ihnen gern mein Buch »Bild für Bild Outlook 2016 empfehlen« (erschienen bei Markt+Technik, ISBN 978-3-95982-008-0).

11

4 Wählen Sie ein Bild aus, das Sie in die E-Mail einfügen möchten. Sie können – bei gedrückter Strg-Taste – auch mehrere Bilder auswählen. Beachten Sie in diesem Zusammenhang nur, dass die maximale E-Mail-Größe bei den meisten Anbietern zwischen 20–25 MByte liegt.

5 Bestätigen Sie Ihre Auswahl mit *Einfügen*.

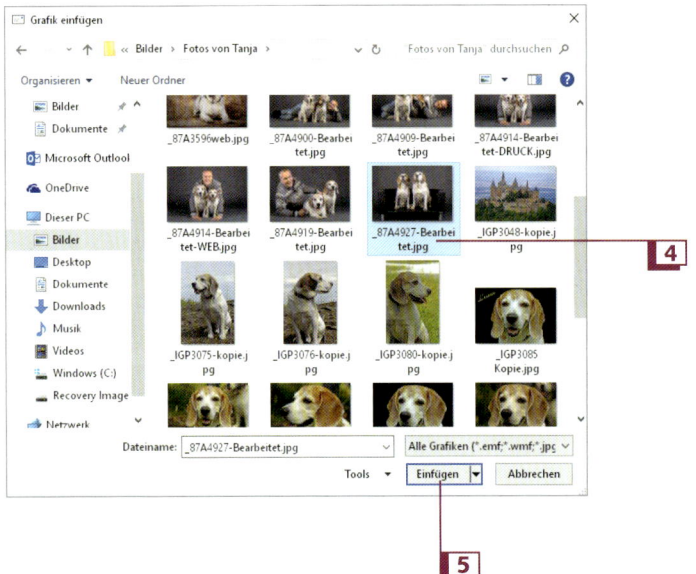

6 Bringen Sie das eingefügte Bild zunächst in die richtige Größe. Klicken Sie dazu in eine Ecke des Bildes und ziehen Sie es bei gedrückter Maustaste kleiner.

7 Bei ausgewähltem Bild werden im Menüband die *Bildtools* eingeblendet, in denen beispielsweise verschiedene Bildformatvorlagen auf das Bild angewendet werden können.

248

Dateianhang hinzufügen

Um eine beliebige Datei, etwa ein Dokument, per E-Mail zu versenden, fügen Sie diese der E-Mail als Dateianhang hinzu. Auch das ist eine ganz einfache Sache.

1 Klicken Sie im E-Mail-Fenster – unter *Nachricht* (standardmäßig geöffnet) – auf die Schaltfläche *Datei anfügen*.

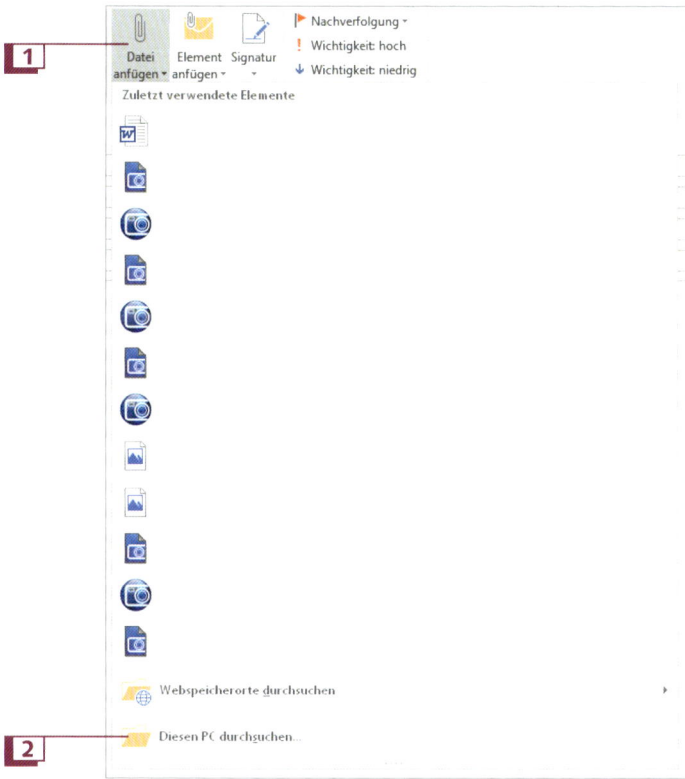

2 Ihnen werden die zuletzt verwendeten Dateien für die schnelle Auswahl angeboten. Um eine andere Auswahl zu treffen, klicken Sie unten im Menü auf den Eintrag *Diesen PC durchsuchen*.

3 Wählen Sie im folgenden Fenster die Datei aus, die Sie als Dateianhang versenden möchten. (Auch hier gilt: Mehrere Dateien wählen Sie durch Anklicken bei gedrückter Strg-Taste aus.)

4 Bestätigen Sie Ihre Auswahl mit *Einfügen*.

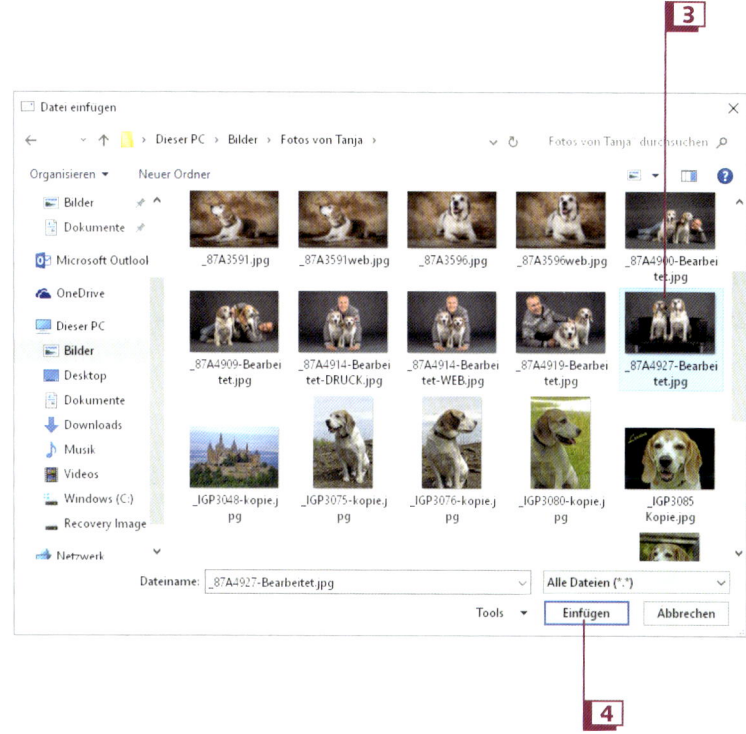

5 In diesem Fall wurde ein Bild als Dateianhang hinzufügt.

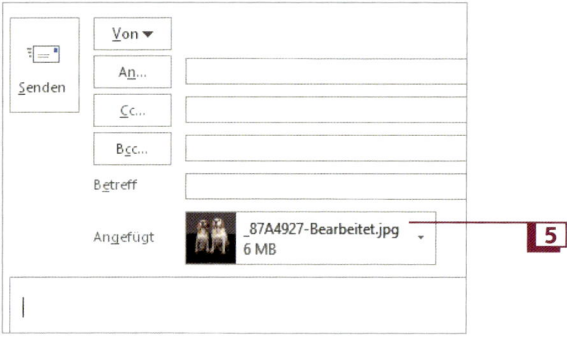

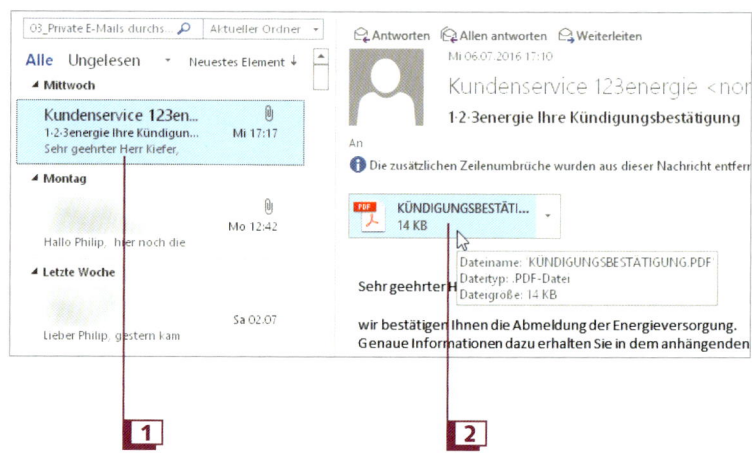

Dateianhang speichern

Wenn Sie selbst einen Dateianhang per E-Mail erhalten, können Sie diesen entweder direkt öffnen oder als Datei auf dem Computer speichern.

1 Dass eine E-Mail einen Dateianhang enthält, wird im Posteingang durch ein Büroklammersymbol 📎 dargestellt. Wählen Sie eine E-Mail mit Dateianhang aus.

2 Doppelklicken Sie unterhalb der *Betreff*-Zeile auf den angezeigten E-Mail-Anhang, um diesen mit dem dafür vorgesehenen Standardprogramm zu öffnen.

3 Um den Dateianhang zu speichern, klicken Sie ihn mit der rechten Maustaste an bzw. klicken auf den rechts neben dem Dateianhang angezeigten Menüpfeil.

4 Entscheiden Sie sich im aufklappenden Menü für den Eintrag *Speichern unter*.

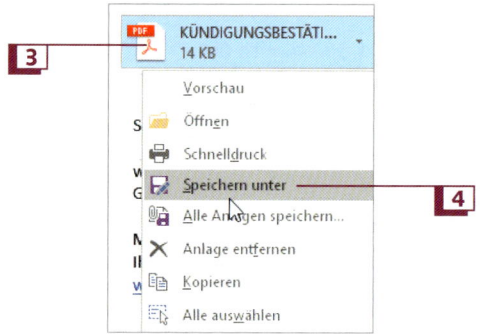

WICHTIGE INFORMATION

Achtung! Öffnen Sie keine Dateianhänge von unbekannten Absendern! Dies birgt die Gefahr, Ihren Computer mit Schadsoftware zu verseuchen.

Mit Outlook 2016 Ihre E-Mails, Termine und Kontakte clever managen

5 Wählen Sie im folgenden Fenster den Speicherort für die Datei aus.

6 Bestätigen Sie mit *Speichern*.

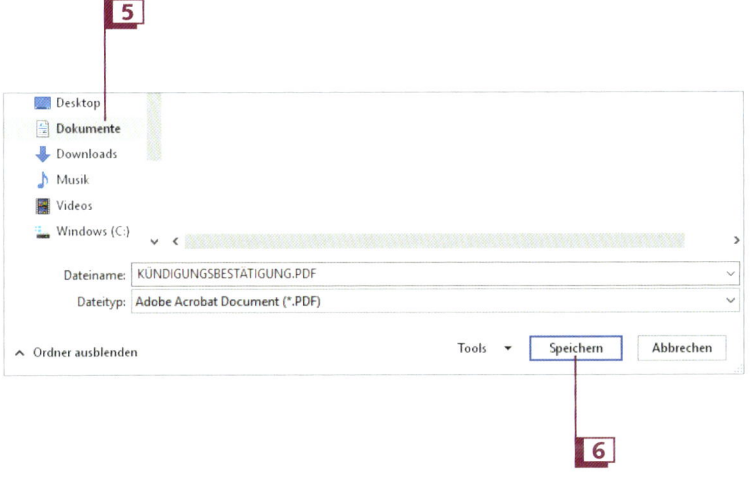

3 Aktivieren Sie in diesem Abschnitt das Kontrollkästchen *Lesebestätigung, die das Anzeigen der Nachricht durch den Empfänger bestätigt*.

4 Bestätigen Sie Ihre Einstellungen mit *OK*.

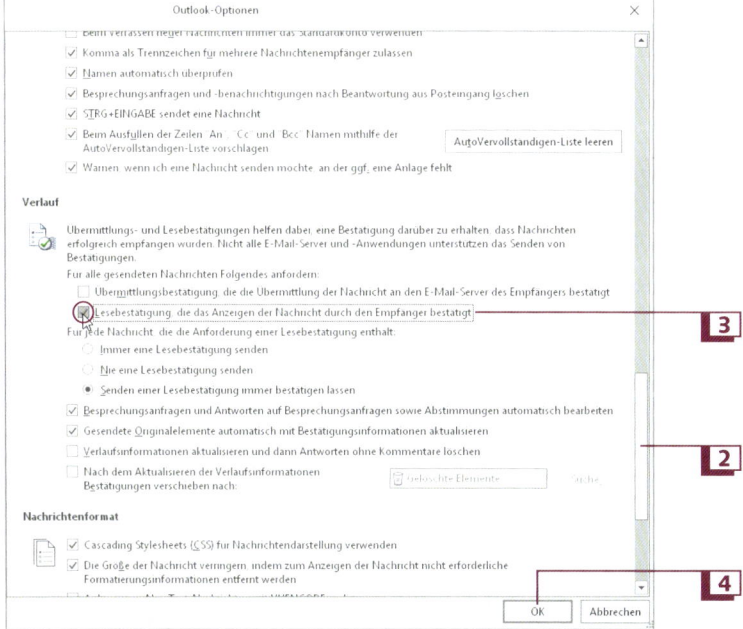

Lesebestätigung anfordern

Wünschen Sie sich vom Empfänger einer E-Mail eine Lesebestätigung? Wie Sie eine Lesebestätigung anfordern, erfahren Sie hier. Allerdings kann der E-Mail-Empfänger selbst entscheiden, ob der die Lesebestätigung tatsächlich versendet oder nicht. So geht's:

1 Klicken Sie in den Outlook-Optionen (Sie erinnern sich: das Aufrufen erfolgt mit *Datei/Optionen*) auf den Eintrag *E-Mail*.

2 Scrollen Sie den Bereich rechts mithilfe der Bildlaufleiste zum Abschnitt *Verlauf* herunter.

11

TIPP → Eine Lesebestätigung lässt sich alternativ für jede E-Mail einzeln anfordern. Dazu klicken Sie im E-Mail-Fenster (beim Erstellen einer Nachricht) auf den Reiter *Optionen* und aktivieren in der Gruppe *Verlauf* das Kontrollkästchen *Lesebestät. anfordern*.

TIPP → Statt einer Lesebestätigung können Sie auch eine Übermittlungsbestätigung anfordern. Diese sagt allerdings nichts darüber aus, ob ein E-Mail-Empfänger die Mail tatsächlich gelesen hat. Das Anfordern der Übermittlungsbestätigung erfolgt ebenfalls in den Outlook-Optionen unter *E-Mail* im Abschnitt *Verlauf*.

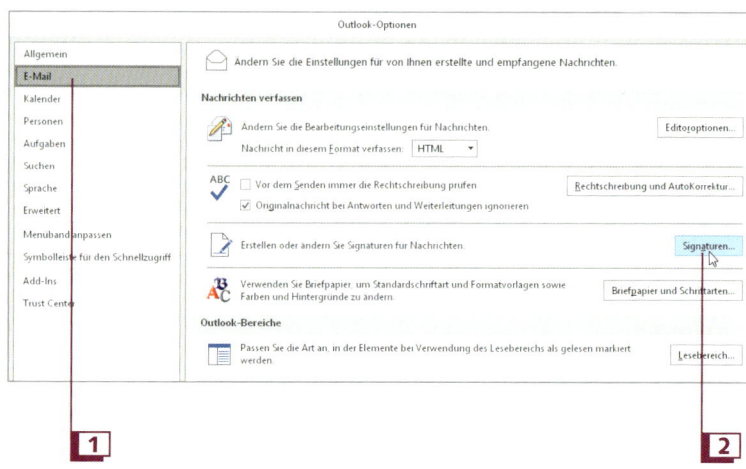

Signatur eingeben

Wenn Sie einem E-Mail-Empfänger Ihre Kontaktdaten mitteilen möchten, erstellen Sie eine Signatur, die Sie einer E-Mail dann automatisch oder manuell hinzufügen können.

1 Wählen Sie in den Outlook-Optionen (Sie erinnern sich: das Aufrufen erfolgt mit *Datei/Optionen*) den Eintrag *E-Mail*.

2 Klicken Sie im Abschnitt *Nachrichten verfassen* auf die Schaltfläche *Signaturen*.

3 Klicken Sie dann auf die Schaltfläche *Neu*.

4 Geben Sie der Signatur eine sinnvolle Bezeichnung.

5 Bestätigen Sie Ihre Eingabe mit *OK*.

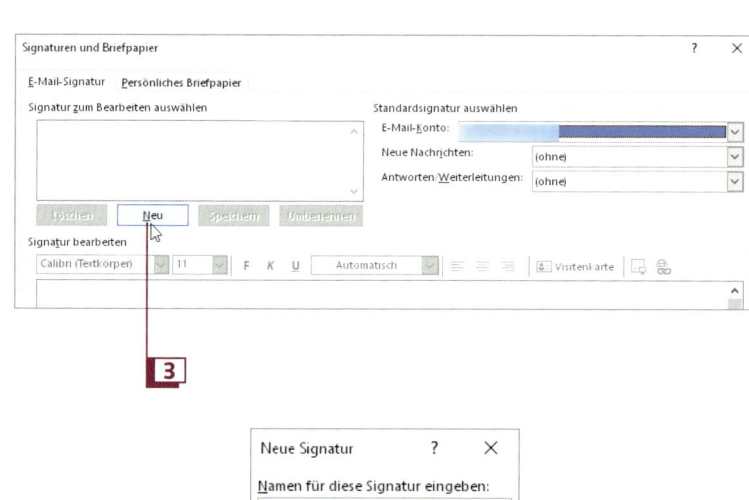

Mit Outlook 2016 Ihre E-Mails, Termine und Kontakte clever managen

6 Im Menü *E-Mail-Konto* wählen Sie ein E-Mail-Konto aus, für das Sie Standardeinstellungen vornehmen möchten.

7 Entscheiden Sie in den Menüs *Neue Nachrichten* und *Antworten/Weiterleitungen*, ob die Signatur Ihren E-Mails automatisch hinzugefügt werden soll.

8 Geben Sie in das Feld unten im Fenster die Signatur ein. Welche Daten Sie eingeben möchten, bleibt ganz Ihnen überlassen. Üblich sind Adresse, Rufnummern, E-Mail-Adresse sowie gegebenenfalls Webadresse.

9 Oberhalb des Eingabefeldes erhalten Sie verschiedene Formatierungsoptionen, die Sie ganz individuell einsetzen.

10 Bestätigen Sie mit *OK*.

TIPP ➡ Sie können ruhig auch mehrere Signaturen anlegen, beispielsweise eine für den privaten und eine für den geschäftlichen Gebrauch.

11 Bestätigen Sie auch in den Outlook-Optionen mit *OK*.

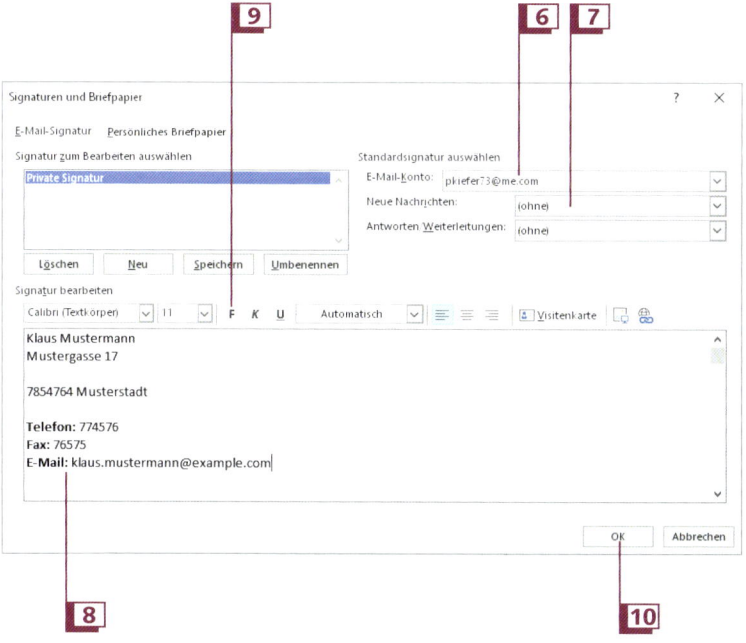

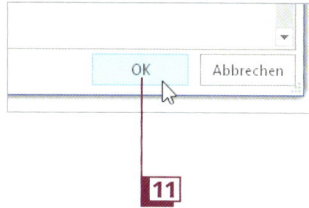

12 Um eine Signatur manuell einzufügen, klicken Sie im E-Mail-Fenster (beim Erstellen einer E-Mail) auf die Schaltfläche *Signatur*.

13 Wählen Sie im sich öffnenden Menü den Eintrag *Private Signatur*.

253

14 Die Signatur wird an der Cursorposition eingefügt.

TIPP ➡ **Erstellen Sie oberhalb der Signatur eine Trennlinie, um sie besser vom E-Mail-Text abzuheben. Alternativ können Sie die Signatur auch durch Farben, Schriftgröße usw. vom Schriftbild des E-Mail-Textes abheben.**

iCloud integrieren

Wenn Sie ein Apple-Gerät verwenden (iPhone, iPad, Mac), möchten Sie Ihre E-Mails sowie Kalender- und Kontaktdaten eventuell mit Outlook abgleichen. Apple stellt hierfür eine spezielle Software zur Verfügung, die ich Ihnen an dieser Stelle gern vorstelle.

1 Klicken Sie unter der Webadresse support.apple.com/de-de/HT204283 auf die Schaltfläche *Laden*, um *iCloud für Windows* auf Ihren Computer herunterzuladen.

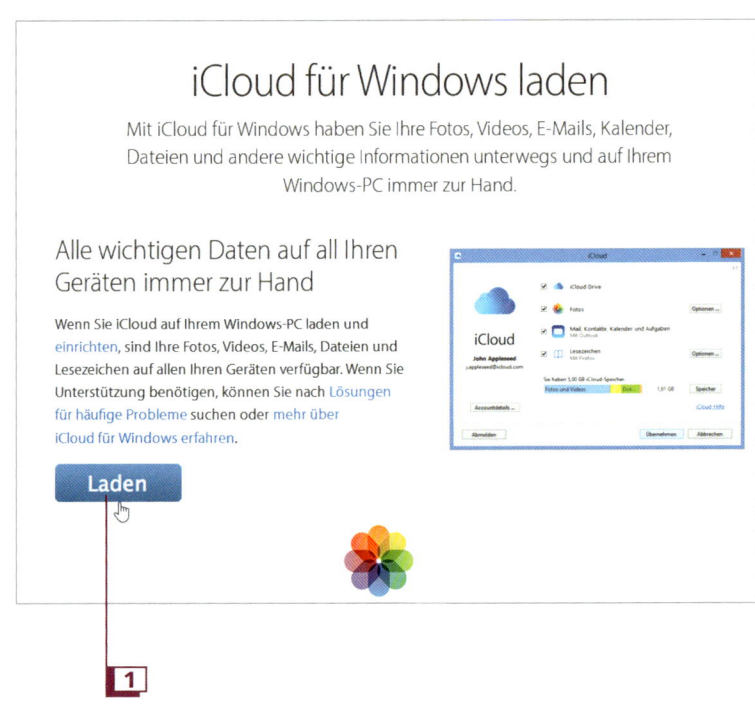

2 Nachdem der Download erfolgt ist, doppelklicken Sie auf die heruntergeladene Datei, um den Installationsassistenten aufzurufen.

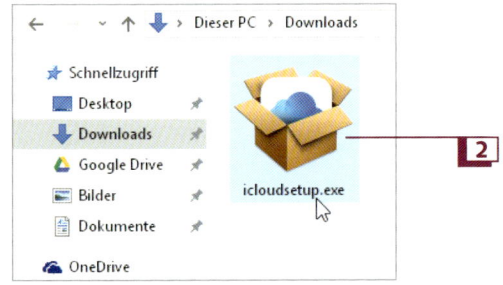

Mit Outlook 2016 Ihre E-Mails, Termine und Kontakte clever managen

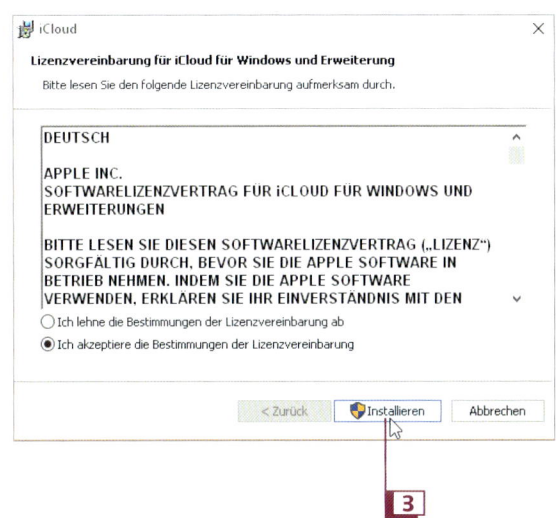

3 Der Installationsassistent führt sie durch die Installation, die schnell erledigt ist.

4 Geben Sie die zu Ihrer Apple-ID gehörende E-Mail-Adresse und Ihr Passwort ein.

5 Bestätigen Sie mit *Anmelden*.

6 Entscheiden Sie anschließend per Kontrollkästchen, welche Daten Sie synchronisieren wollen. Für die Synchronisierung mit Outlook muss das Kontrollkästchen *Mail, Kontakte, Kalender und Aufgaben* aktiviert sein.

7 Bestätigen Sie Ihre Einstellungen mit *Übernehmen*.

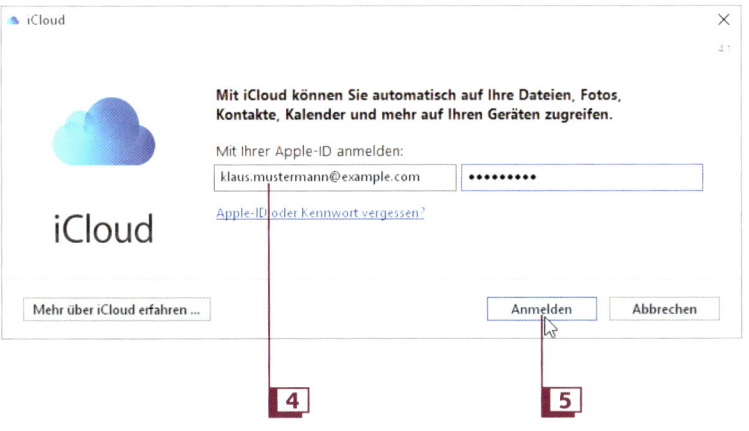

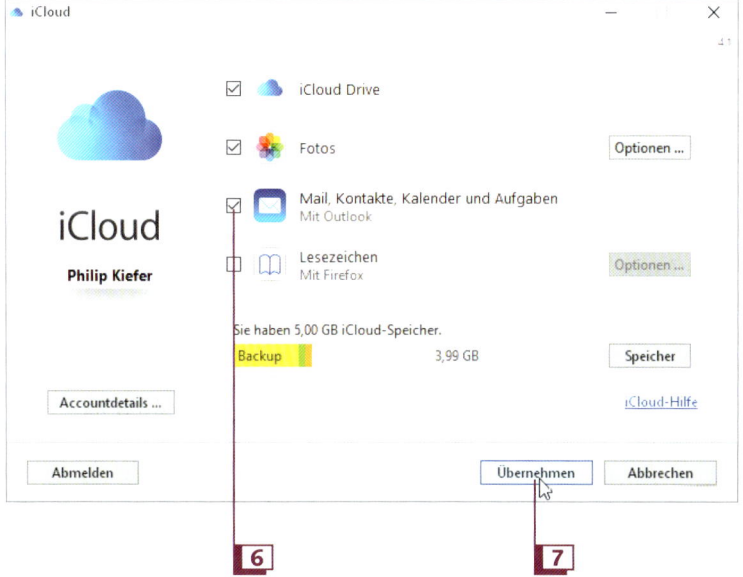

255

8 Nun können Sie auch in Outlook auf Ihre iCloud-Daten zugreifen, beispielsweise Ihre iCloud-Kalender.

WICHTIGE INFORMATION

Auf die einzelnen iCloud-Funktionen können Sie nach der Installation von *iCloud für Windows* auch im Startmenü zugreifen, und zwar dort im Ordner *iCloud*. Viele der dort aufgelisteten Funktionen führen allerdings einfach zur iCloud-Seite, die im Webbrowser geöffnet wird. Diese können Sie auch direkt aufrufen, und zwar unter der Webadresse www.icloud.com. Auch dort melden Sie sich mit der zu Ihrer Apple-ID gehörenden E-Mail-Adresse und dem Passwort an, um anschließend auf E-Mails, Kalender, Dokumente und Co. zuzugreifen.

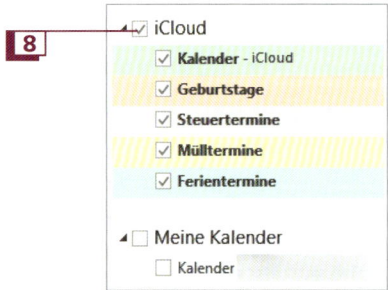

TIPP ➡ Die iCloud-Einstellungen nachträglich ändern: Klicken Sie dazu im Infobereich auf das Symbol ◻ und wählen Sie *iCloud-Einstellungen öffnen*. Ihnen wird daraufhin wieder das Fenster aus den Schritten 6 und 7 angezeigt, in dem Sie die iCloud-Konfiguration anpassen können.

Erhaltene E-Mail beantworten

Wenn Sie selbst eine E-Mail erhalten, wird Ihnen diese in Outlook im Posteingang angezeigt. In vielen Fällen werden Sie auf eine E-Mail antworten wollen. Und das geht so:

1 Wählen Sie die E-Mail im Posteingang aus.

2 Klicken Sie oben auf *Antworten*.

TIPP ➡ Möchten Sie eine Antwort nicht nur an den Absender der E-Mail schreiben, sondern auch an andere E-Mail-Empfänger? Dann wählen Sie in Schritt 2 *Allen antworten*.

TIPP ➡ Einstellungen zu den E-Mail-Antworten nehmen Sie in den Outlook-Optionen vor. Wählen Sie dort links den Eintrag *E-Mail* und rollen Sie zum Abschnitt *Antworten und Weiterleitungen* herunter. Entscheiden Sie hier beispielsweise, ob und in welcher Form der Text der ursprünglichen Nachricht der Antwort-E-Mail hinzugefügt werden soll.

3 Geben Sie nun einfach Ihren Antworttext ein – in der Regel erfolgt die Eingabe oberhalb der ursprünglichen E-Mail.

4 Klicken Sie auf *Senden*, um Ihre Antwort auf den Weg zu bringen.

TIPP ➡ Sie können eine E-Mail auch in einem eigenen Fenster öffnen, indem Sie im Posteingang darauf doppelklicken. In diesem Fall finden Sie die Optionen zum Antworten im Menüband in der Gruppe *Antworten*.

Die Optionen zum Antworten und Weiterleiten (dazu gleich mehr) erhalten Sie auch in einem Kontextmenü, wenn Sie eine E-Mail im Posteingang mit der rechten Maustaste anklicken.

Schließlich kann das Antworten auf die ausgewählte E-Mail auch per Tastenkombination gestartet werden, nämlich mit Strg+R. Um allen Beteiligten zu antworten, drücken Sie Strg+⇧+R.

Erhaltene E-Mail weiterleiten

Vom Weiterleiten einer E-Mail spricht man, wenn eine E-Mail an andere Personen geschickt wird. Ein Paradebeispiel ist die Rechnung, die Sie von einer Firma erhalten und an Ihren Steuerberater weiterleiten. Das Ganze funktioniert ähnlich wie das Antworten.

1 Wählen Sie die E-Mail, die Sie weiterleiten möchten, im Posteingang aus.

2 Klicken Sie auf *Weiterleiten*.

TIPP ➡ Auch für das Weiterleiten der ausgewählten E-Mail gibt es eine Tastenkombination. Diese lautet Strg+F.

3 Geben Sie die E-Mail-Adresse des Empfängers der Weiterleitung ein. Auch in diesem Fall ist die Eingabe mehrerer E-Mail-Adressen möglich.

4 Tippen Sie Ihren E-Mail-Text ein. Wiederum erfolgt die Eingabe in der Regel oberhalb der ursprünglichen Nachricht.

TIPP ▶ Praktisch für die schnelle Übersicht: Weitergeleitete E-Mails werden im E-Mail-Ordner durch das Symbol gekennzeichnet, beantwortete E-Mails durch das Symbol.

5 Klicken Sie auf *Senden*, um die Weiterleitung auf den Weg zu bringen.

TIPP ▶ Bei einer E-Mail-Weiterleitung werden auch etwaige Dateianhänge weitergeleitet. Falls Sie dies nicht wünschen, klicken Sie den Dateianhang mit der rechten Maustaste an und wählen im sich öffnenden Menü den Eintrag *Anlage entfernen*.

TIPP ▶ E-Mail-Kopien, Weiterleitungen und Co. können Sie grundsätzlich auch an sich selbst schicken, etwa um einen Dateianhang an eine andere E-Mail-Adresse zu schicken oder um einfach sicherzugehen, dass eine E-Mail tatsächlich verschickt wurde.

Neue E-Mail-Ordner

Im Lauf der Zeit werden Sie sehr viele E-Mails erhalten und einige davon werden Sie aufbewahren wollen. Zu diesem Zweck lassen sich E-Mail-Ordner anlegen, in die Sie die E-Mails dann thematisch einsortieren können.

1 Klicken Sie im Menüband von Outlook 2016 – bei ausgewählter E-Mail-Funktion – auf den Reiter *Ordner*.

2 Wählen Sie in der Gruppe *Neu* die Schaltfläche *Neuer Ordner*.

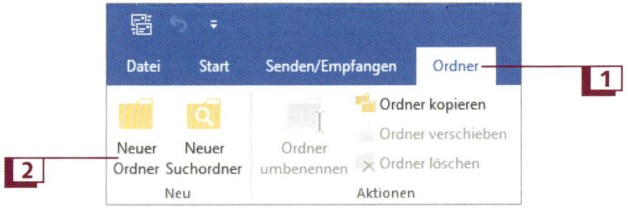

3 Geben Sie dem neuen Ordner eine sinnvolle Bezeichnung.

4 Im Baummenü *Ordner soll angelegt werden unter* klicken Sie das E-Mail-Konto oder einen bereits vorhandenen Ordner an, unter dem der neue Ordner erstellt werden soll.

5 Bestätigen Sie Ihre Auswahl mit *OK*.

6 Schon können Sie den Ordner im Ordnerbereich per Mausklick auswählen.

Mit Outlook 2016 Ihre E-Mails, Termine und Kontakte clever managen

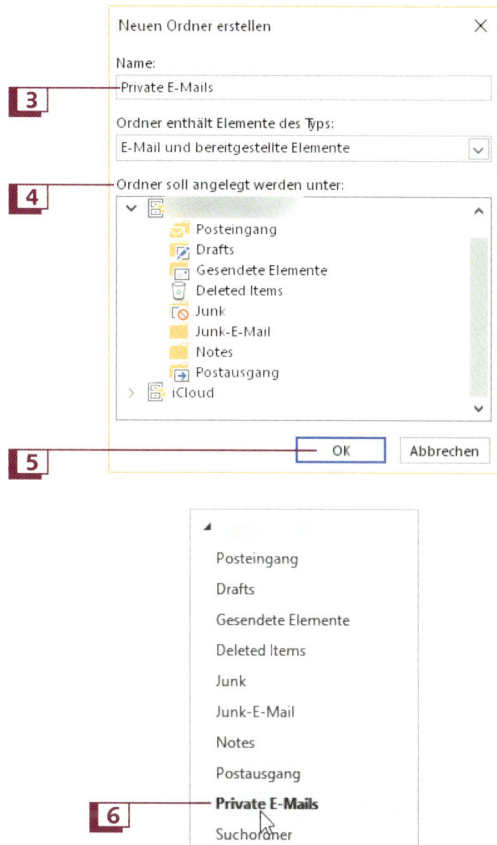

TIPP ➡ Klicken Sie einen Ordner im Ordnerbereich mit der rechten Maustaste an, erhalten Sie im Kontextmenü Optionen zum Erstellen eines Unterordners, zum Umbenennen, Löschen usw.

E-Mail in Ordner verschieben

Nun möchten Sie eine E-Mail aus dem Posteingang oder einem anderen Ordner in den soeben neu erstellten Ordner verschieben. Wie Sie dazu vorgehen, zeige ich Ihnen als Nächstes:

1 Wählen Sie die zu verschiebende E-Mail durch Anklicken aus.

2 Entscheiden Sie sich anschließend im Menüband unter *Start* und dort in der Gruppe *Verschieben* für die Schaltfläche *Verschieben*.

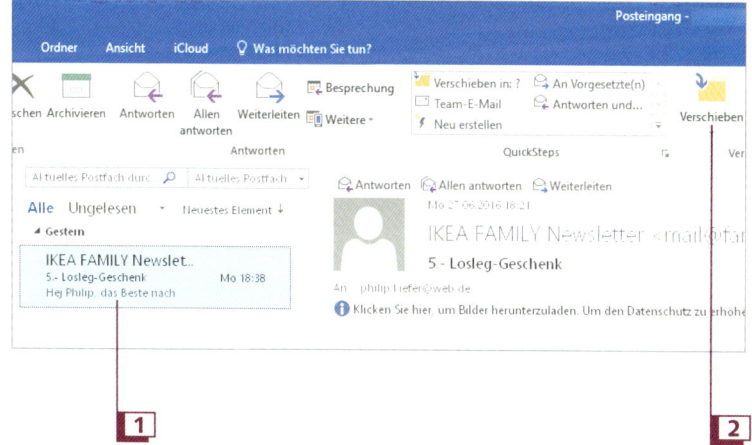

TIPP ➡ Noch schneller geht es so: Ziehen Sie eine E-Mail einfach bei gedrückter Maustaste auf einen anderen Ordner im Ordnerbereich, um sie dorthin zu verschieben.

3 Im sich öffnenden Menü können Sie die zuletzt verwendeten Ordner einfach per Mausklick auswählen.

259

11

4 Wird der Ordner nicht angezeigt, wählen Sie im Menü den Eintrag *In anderen Ordner*.

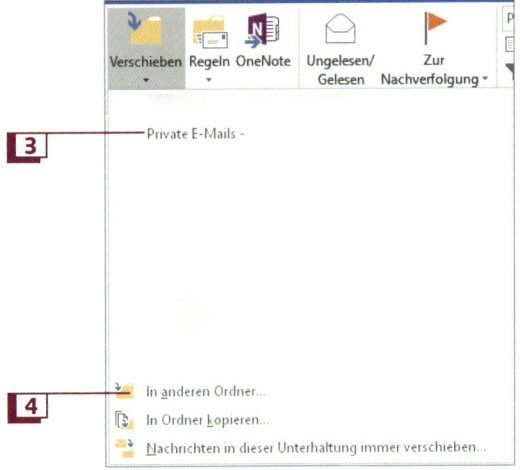

5 Wählen Sie im folgenden Fenster den Ordner aus.

6 Bestätigen Sie das Verschieben mit *OK*.

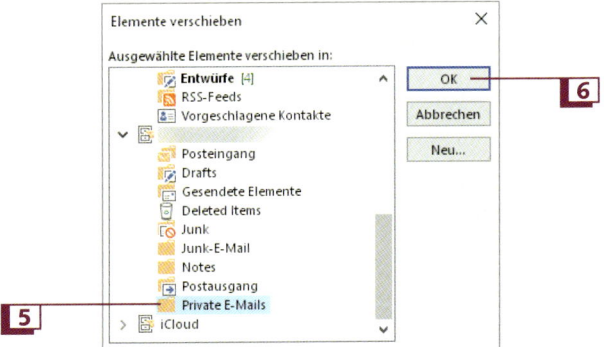

E-Mails suchen

Wenn Sie nicht mehr genau wissen, wo Sie eine E-Mail abgelegt haben, ist das kein Beinbruch. Es steht in Outlook eine Suchfunktion zur Verfügung, mit der Sie jede E-Mail schnell aufspüren.

1 Klicken Sie in das Suchfeld oberhalb der E-Mail-Liste.

2 Tippen Sie Ihren Suchbegriff ein.

3 Die gefundenen E-Mails werden aufgelistet. Klicken Sie eine E-Mail an, um diese auszuwählen.

4 Zunächst mal wird nur im aktuellen Postfach (E-Mail-Konto) gesucht. Für eine Suche auch an anderen Orten öffnen Sie das Menü rechts neben dem Suchfeld.

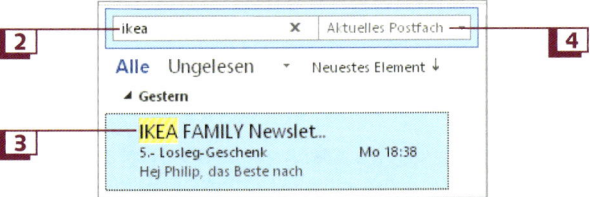

5 Wählen Sie aus, wo Sie suchen wollen, in diesem Fall lautet die Auswahl *Alle Postfächer*.

Mit Outlook 2016 Ihre E-Mails, Termine und Kontakte clever managen

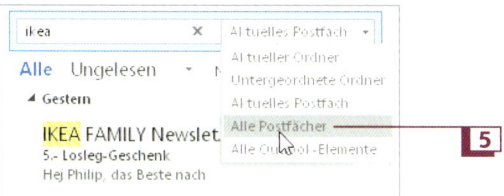

6 Jetzt können Sie die E-Mails noch nach unterschiedlichen Kriterien sortieren. Dazu klicken Sie oberhalb der E-Mail-Liste auf den kleinen Pfeil.

7 Nehmen Sie im sich öffnenden Menü Ihre Sortierauswahl vor.

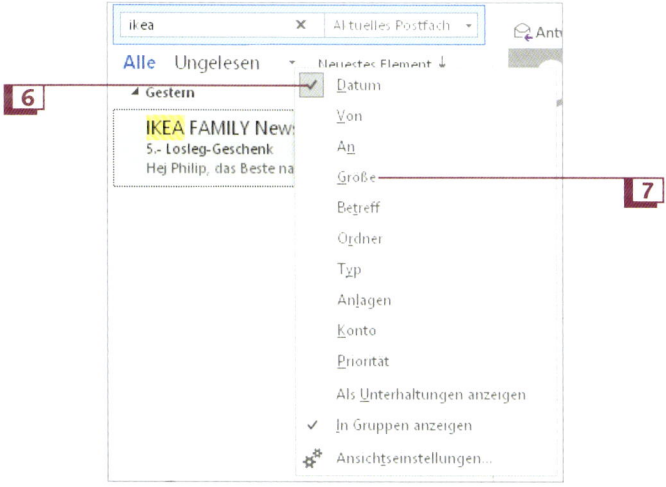

> **TIPP** ➡ Um ein Fenster für die erweiterte Suche aufzurufen, drücken Sie die Tastenkombination [Strg]+[⇧]+[F].

Suchordner anlegen

Neben den herkömmlichen Ordnern bieten die Suchordner eine gute Möglichkeit, Ihre E-Mails zu verwalten. Nehmen Sie E-Mails automatisch in einen Ordner auf, der den von Ihnen vorgegebenen Suchkriterien entspricht.

1 Klicken Sie im Menüband von Outlook 2016 wieder auf den Reiter *Ordner*.

2 Entscheiden Sie sich in der Gruppe *Neu* für die Schaltfläche *Neuer Suchordner*.

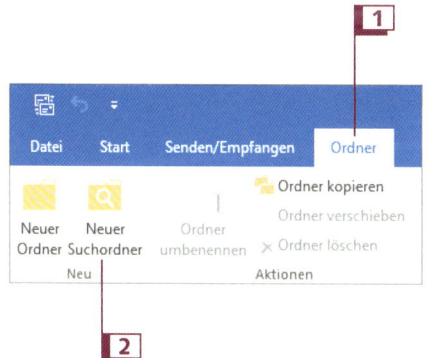

3 Wählen Sie einen Suchordnertyp aus, etwa die Suche von E-Mails von oder an bestimmte Personen.

4 Geben Sie die E-Mail-Adresse der Person ein.

5 Alternativ können Sie diese auch über die Schaltfläche *Auswählen* festlegen.

261

6 Bestimmen Sie per Menü, wo nach den E-Mails gesucht werden soll.

7 Bestätigen Sie Ihre Einstellungen mit *OK*.

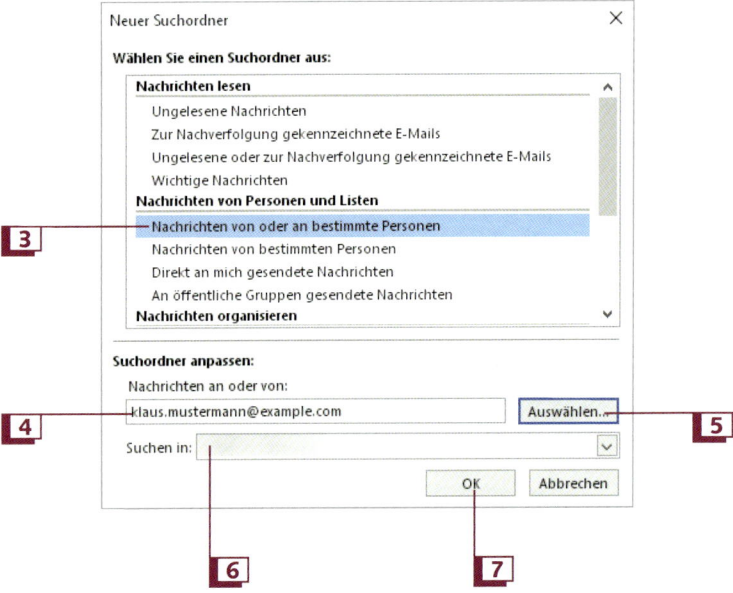

8 Der Suchordner kann nun ebenfalls im Ordnerbereich aufgerufen werden.

E-Mail-Regeln erstellen

Eine weitere gute Möglichkeit, das E-Mail-Chaos in den Griff zu bekommen, ist das Erstellen von E-Mail-Regeln. Mithilfe der passenden Regel lassen sich E-Mails automatisch in die dafür vorgesehenen Ordner einsortieren.

1 Klicken Sie im Menüband unter *Start* und dort in der Gruppe *Verschieben* auf die Schaltfläche *Regeln*.

2 Wählen Sie im sich öffnenden Menü den Eintrag *Regeln und Benachrichtigungen verwalten*.

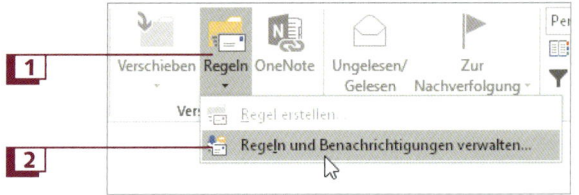

3 Bestimmen Sie gegebenenfalls zunächst den Ordner, auf den die Regel angewendet werden soll.

4 Klicken Sie nun auf *Neue Regel*.

5 Wählen Sie einen Regeltyp aus, hier etwa sollen E-Mails mit einem bestimmten Betreff in einen bestimmten Ordner verschoben werden.

6 Als Nächstes werden die Kriterien festgelegt. In diesem Fall klicke ich zunächst auf *bestimmten Wörtern*.

Mit Outlook 2016 Ihre E-Mails, Termine und Kontakte clever managen

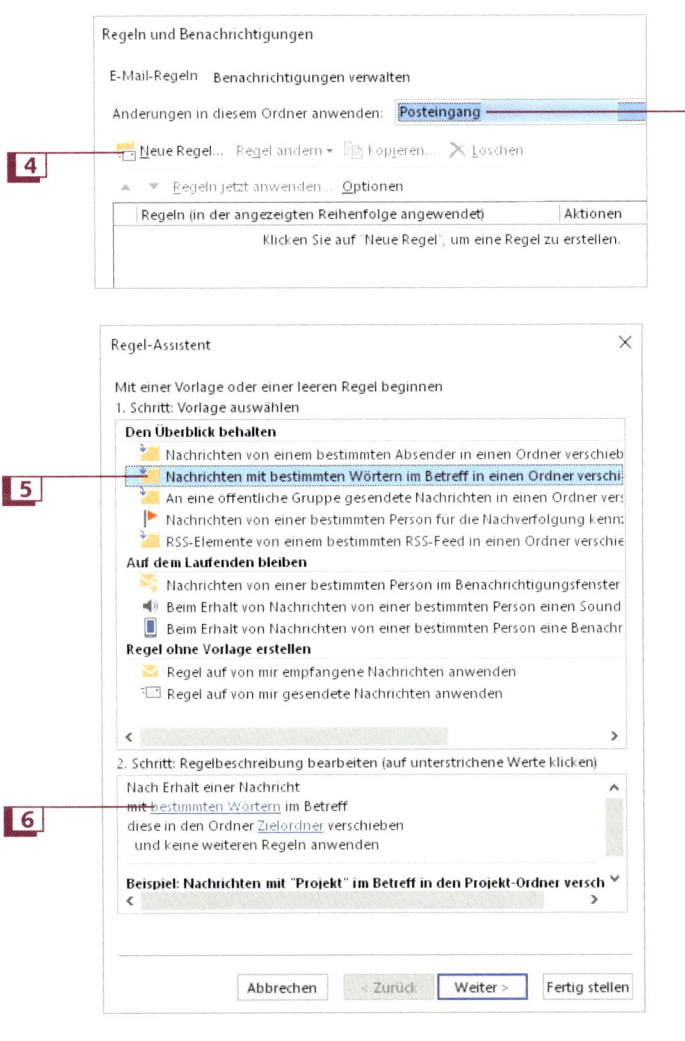

7 Geben Sie einen Begriff ein.

8 Bestätigen Sie mit *Hinzufügen*.

9 Wiederholen Sie, wenn gewünscht, die Schritte 7 und 8 mit weiteren Begriffen und bestätigen Sie dann mit *OK*.

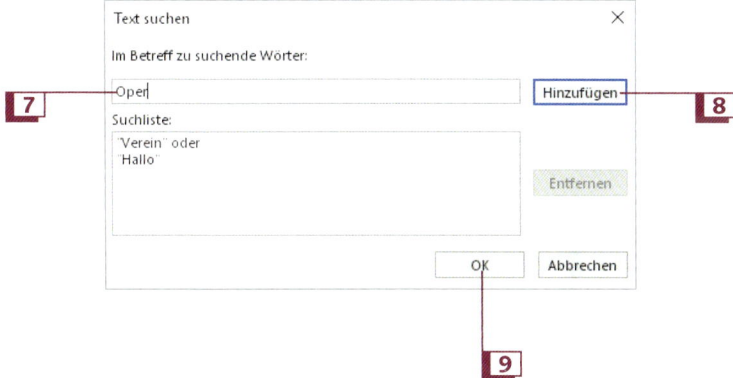

10 Jetzt legen Sie noch fest, wohin die E-Mails verschoben werden sollen, auf die die Regel zutrifft. Dazu klicken Sie auf *Zielordner*.

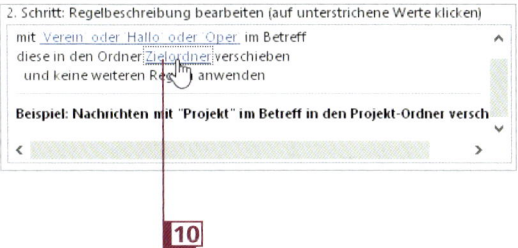

263

11 Wählen Sie im folgenden Fenster den Zielordner aus.

12 Bestätigen Sie Ihre Auswahl mit *OK*.

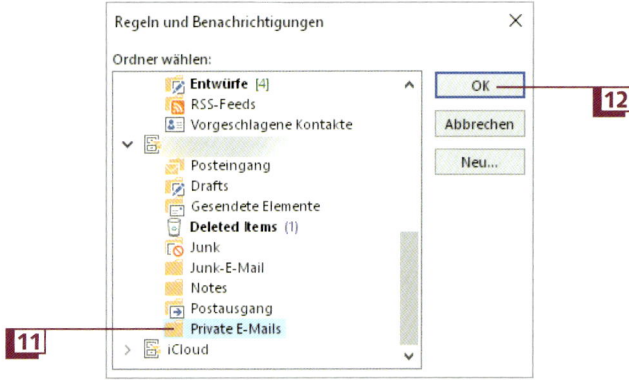

13 Bestätigen Sie das Erstellen der Regel mit *Fertig stellen*.

TIPP ➡ Um eine Regel zu ändern oder zu löschen, wählen Sie im Menüband erneut die Schaltfläche *Regeln* und dann *Regeln und Benachrichtigungen verwalten*.

RSS-Feeds abonnieren

Mit RSS-Feeds (RSS steht für **R**eally **S**imple **S**yndication – »wirklich einfache Verbreitung«) halten Sie sich zu Themen auf dem Laufenden, die Sie interessieren. RSS-Feeds können Sie ganz einfach auch mit Outlook empfangen.

1 Zunächst mal benötigen Sie die Adresse des RSS-Feeds. Hier klicke ich einen RSS-Link auf der Seite www.rss-verzeichnis.de mit der rechten Maustaste an.

2 Dann entscheide ich mich im Kontextmenü für *Link-Adresse kopieren*, um die Adresse des RSS-Feeds in die Zwischenablage zu legen.

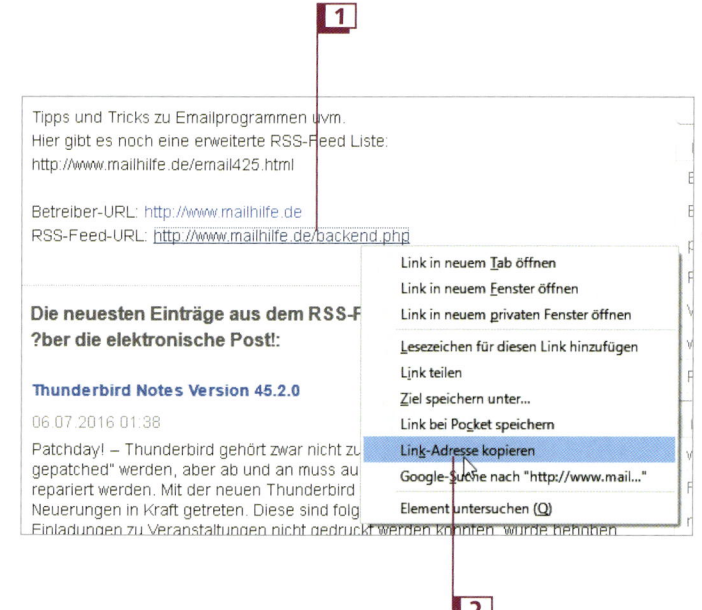

Mit Outlook 2016 Ihre E-Mails, Termine und Kontakte clever managen

3 Klicken Sie im Ordnerbereich den Eintrag *RSS-Feeds* mit der rechten Maustaste an.

4 Wählen Sie im Kontextmenü den Eintrag *Neuen RSS-Feed hinzufügen*.

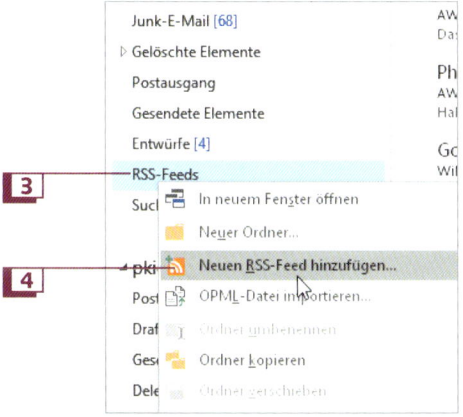

7 Outlook stellt nun den Kontakt zum Server des RSS-Feeds dar, was einen Moment dauern kann. Anschließend wird Ihnen angeboten, den RSS-Feed hinzuzufügen. Um zunächst Einstellungen zum »Abonnement« festzulegen, wählen Sie die Schaltfläche *Erweitert*.

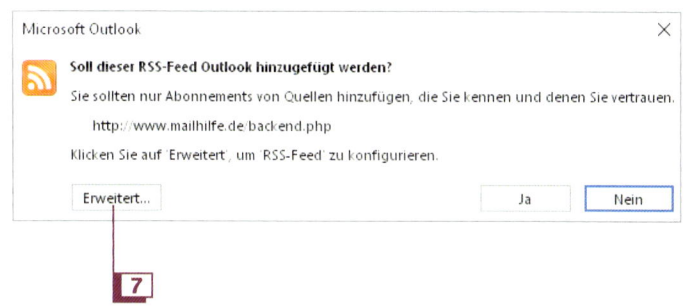

> **TIPP** ➡ **Oder so:** Öffnen Sie per Mausklick auf den Reiter *Datei* den Backstage-Bereich, klicken Sie unter *Informationen* auf *Kontoeinstellungen* und wählen Sie im sich öffnenden Menü den gleichlautenden Eintrag. Im dann folgenden Fenster entscheiden Sie sich anschließend für den Reiter *RSS-Feeds* und klicken auf *Neu*, um einen RSS-Feed hinzuzufügen.

8 Nehmen Sie im folgenden Fenster Ihre Einstellungen vor, etwa was das Herunterladen von Anlagen betrifft.

9 Bestätigen Sie Ihre Einstellungen mit *OK*.

10 Bestätigen Sie schließlich mit *Ja*, um das Abonnement des RSS-Feeds zu starten.

5 Fügen Sie die Adresse des RSS-Feeds mit [Strg]+[V] in das Feld ein.

6 Bestätigen Sie mit der Schaltfläche *Hinzufügen*.

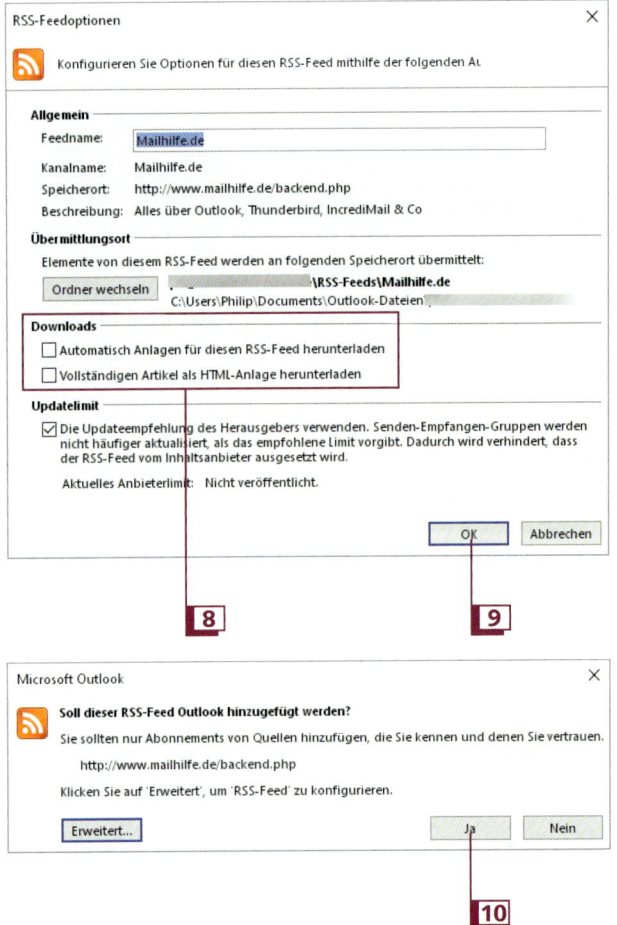

Termine in den Kalender eintragen

Eine weitere nützliche Funktion in Outlook ist der Kalender, in den Sie alle Ihre Termine eintragen, um sich an diese erinnern zu lassen. Damit sind Sie stets perfekt organisiert! Das Eintragen eines neuen Termins ist eine Sache weniger Handgriffe.

1 Sie haben in Outlook die Kalender-Funktion ausgewählt und klicken nun im Menüband unter *Start* und dort in der Gruppe *Neu* auf die Schaltfläche *Neuer Termin*.

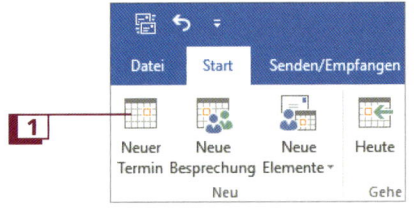

TIPP ➡ Statt der Erstellung eines neuen Termins können Sie auch das Erstellen einer neuen Besprechung auswählen. Im Unterschied zum normalen Termin werden bei einer Besprechung andere Personen eingeladen.

2 Geben Sie in das Feld *Betreff* eine Bezeichnung für den Termin ein, der dann im Kalender angezeigt wird.

3 Im Feld *Ort* können Sie zusätzlich eine Ortsangabe machen.

4 Bestimmen Sie mithilfe der Menüs die Start- und Endzeit des Termins.

TIPP ➡ Das Abonnement eines RSS-Feeds wieder beenden: Klicken Sie den RSS-Feed dazu in der Ordnerleiste von Outlook an, drücken Sie die [Entf]-Taste und bestätigen Sie im folgenden Fenster das Löschen mit *Ja*.

Mit Outlook 2016 Ihre E-Mails, Termine und Kontakte clever managen

5 In das große Textfeld können Sie weitere Informationen zum Termin eingeben, also beispielsweise Angaben machen, was Sie mit einer Person besprechen möchten.

6 Um sich von Outlook an einen Termin erinnern zu lassen, klicken Sie auf den zum Menü *Erinnerung* gehörenden Pfeil.

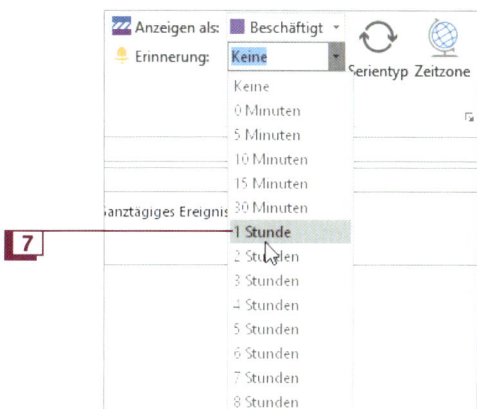

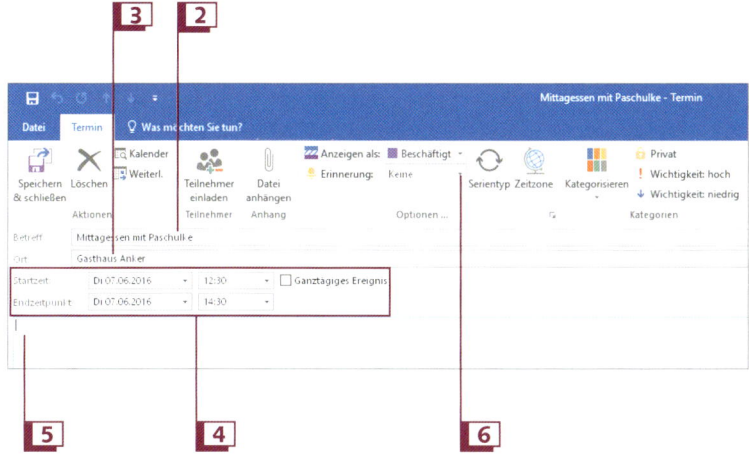

> **TIPP** ➡ Um eine Standarderinnerung festzulegen, öffnen Sie die Outlook-Optionen und wählen links den Eintrag *Kalender*. Legen Sie dann im Abschnitt *Kalenderoptionen* und dort im Menü *Standarderinnerungen* die gewünschte Einstellung fest.

7 Bestimmen Sie, in welchem Zeitraum vor einem Termin Sie an diesen erinnert werden möchten. Achtung: Damit Outlook Sie an einen Termin erinnern kann, muss das Programm geöffnet sein!

8 Es lassen sich noch weitere Einstellungen zum Termin vornehmen, beispielsweise können Sie diesen mit einem Wichtigkeitsvermerk versehen oder einer Kategorie zuweisen.

> **TIPP** ➡ Wenn Sie einen Kalender für andere Personen freigeben, legen Sie per Schaltfläche *Privat* fest, dass ein Termin nur für Sie bestimmt ist. Im Menü *Anzeigen als* bestimmen Sie außerdem, ob Sie während eines Termins beschäftigt, frei, abwesend usw. sind.

9 Um den Termin zu erstellen, bestätigen Sie mit der Schaltfläche *Speichern & schließen*.

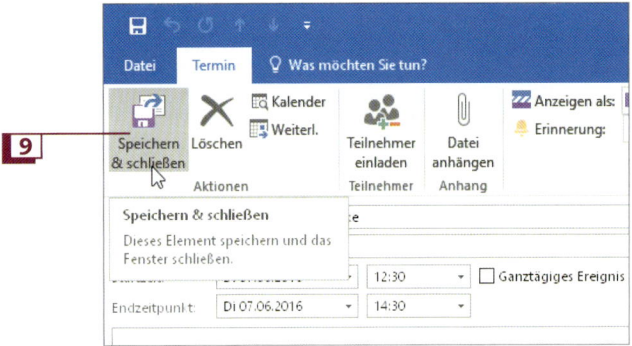

10 Der Termin wurde in den Kalender eingetragen. Wenn Sie den Mauszeiger darauf bewegen, erhalten Sie Detailinfos dazu. Per Doppelklick auf einen Termin lässt sich dieser nachträglich bearbeiten.

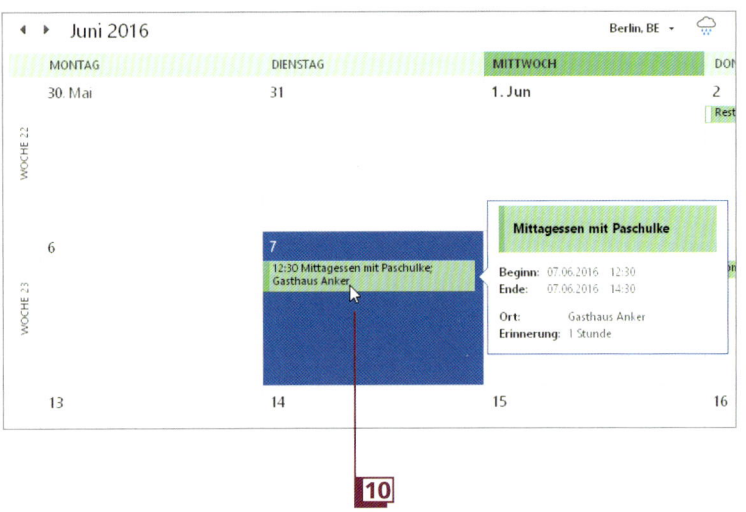

So lassen Sie sich an Ihre Steuertermine erinnern

Regelmäßig wiederkehrende Termine – z. B. Steuertermine oder Geburtstage – brauchen Sie nur einmalig in den Kalender einzutragen. Gern zeige ich Ihnen, wie Sie eine Terminserie konfigurieren.

1 Erstellen Sie ganz normal Ihren Termin mit Betreff, Datum und Co. In diesem Fall aktiviere ich zusätzlich das Kontrollkästchen *Ganztägiges Ereignis*.

2 Klicken Sie im Menüband in der Gruppe *Optionen* auf die Schaltfläche *Serientyp*.

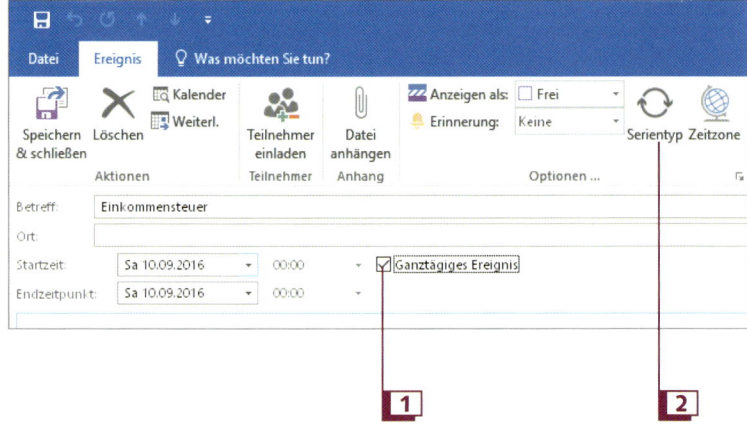

3 In diesem Fall soll ein Termin alle drei Monate eingetragen werden, deshalb aktivieren Sie im sich öffnenden Fenster *Terminserie* die Option *Monatlich*.

4 Geben Sie an, dass der Termin alle drei Monate wiederholt werden soll.

5 Sie können optional ein Enddatum festlegen.

6 Bestätigen Sie mit *OK*.

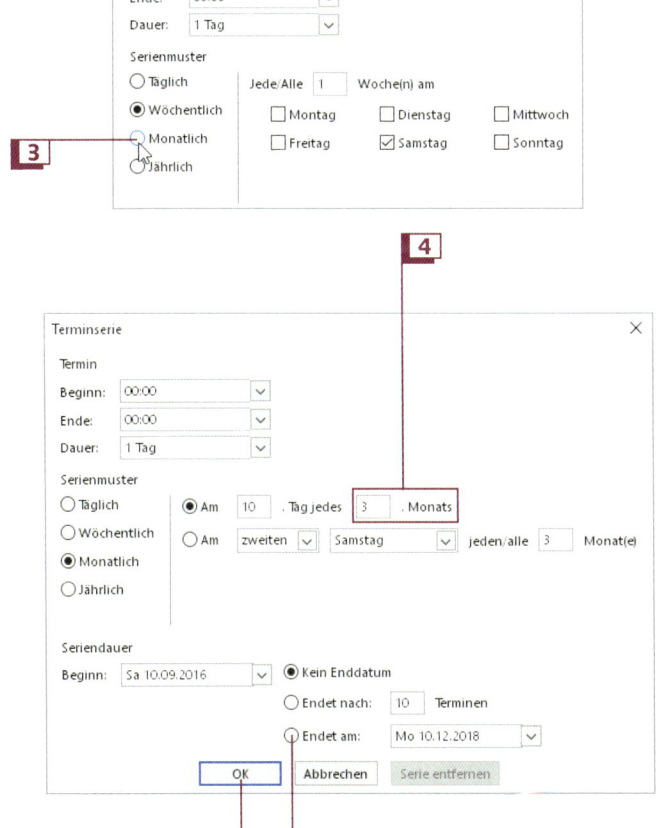

Kalender erstellen

Mit Outlook lassen sich mehrere Kalender verwalten, etwa ein Familienkalender, ein geschäftlicher Kalender, ein Vereinskalender, ein Fußballkalender usw. Das Erstellen neuer Kalender ist gar kein Problem.

1 Klicken Sie – bei ausgewählter Kalender-Funktion – im Menüband auf den Reiter *Ordner*.

2 Wählen Sie die Schaltfläche *Neuer Kalender*.

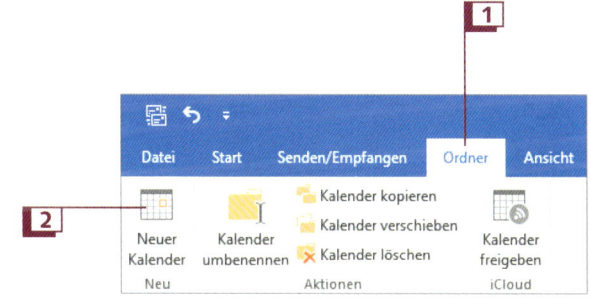

3 Geben Sie dem Kalender im folgenden Fenster eine sinnvolle Bezeichnung.

4 Wählen Sie anschließend einen Ordner aus, in dem der neue Kalender angelegt werden soll.

5 Bestätigen Sie das Erstellen des Kalenders mit *OK*.

11

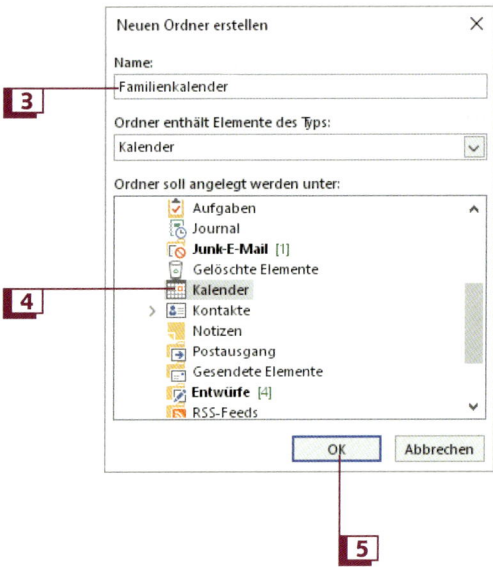

Kalender verwalten

Wie Sie bereits wissen, lassen sich einzelne Kalender per Kontrollkästchen ein- oder ausblenden – Ihnen werden jeweils nur die Termine der eingeblendeten Kalender angezeigt. So behalten Sie die Übersicht auch bei mehreren eingeblendeten Kalendern.

1 Um mehrere Kalender besser voneinander unterscheiden zu können, versehen Sie diese mit unterschiedlichen Farben. Für die Farbauswahl klicken Sie einen Kalender im Ordnerbereich mit der rechten Maustaste an.

2 Bewegen Sie den Mauszeiger im Kontextmenü auf den Eintrag *Farbe*.

3 Wählen Sie im Ausklappmenü eine passende Kalenderfarbe aus.

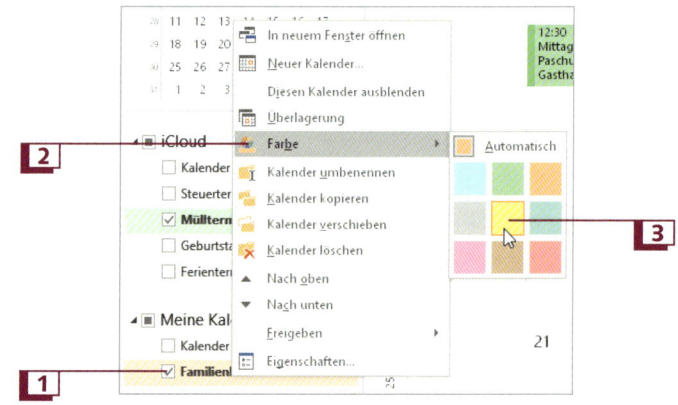

6 Der Kalender wird im Ordnerbereich angezeigt. Das Ein- oder Ausblenden eines Kalenders erfolgt per Kontrollkästchen.

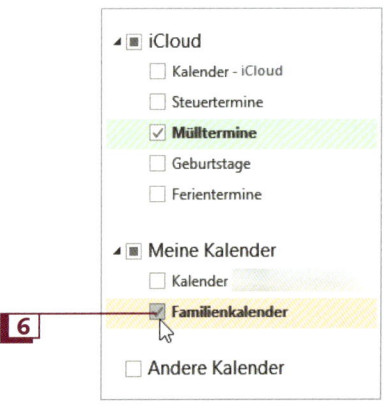

4 Mehrere Kalender werden in Outlook einzeln angezeigt, was aber schnell unübersichtlich wird. Es empfiehlt sich, die Kalender zu überlagern. Dazu klicken Sie links oben im Kalender auf das Symbol ◆.

Mit Outlook 2016 Ihre E-Mails, Termine und Kontakte clever managen

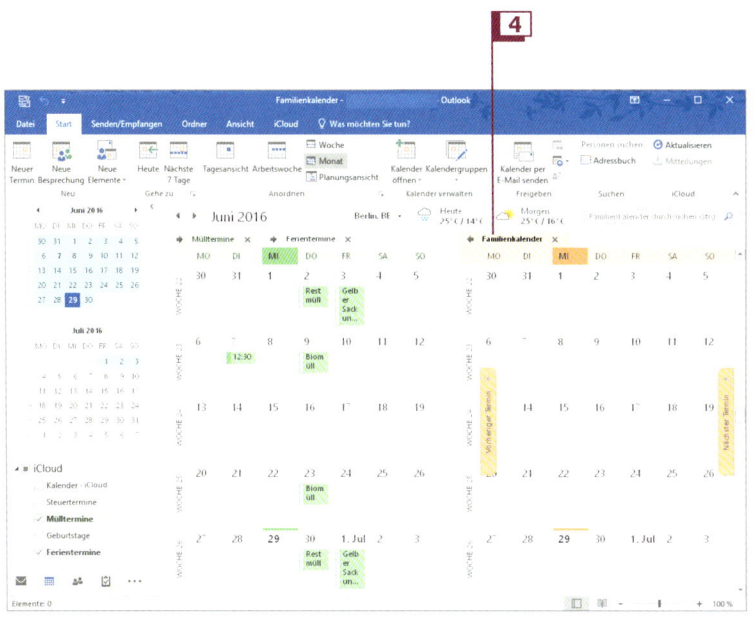

[5] Per Symbol ➡ lässt sich die Überlagerung jederzeit wieder rückgängig machen.

Kalender aus dem Internet abonnieren

Sie finden im Internet zahlreiche Kalender, die Sie vielleicht ebenfalls in Outlook übernehmen möchten – Ferienkalender, Fußballkalender, Vereinskalender usw. Sie können einen Kalender ganz unkompliziert aus dem Internet abonnieren.

[1] Klicken Sie im Menüband unter *Start* und dort in der Gruppe *Kalender verwalten* auf die Schaltfläche *Kalender öffnen*.

[2] Wählen Sie im sich öffnenden Menü den Eintrag *Aus dem Internet*.

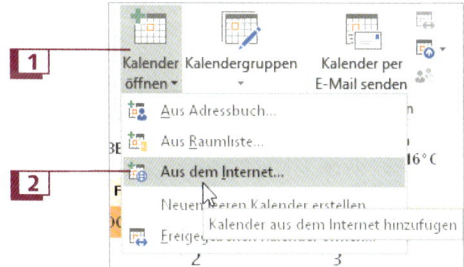

[3] Jetzt brauchen Sie die Kalenderadresse, z. B. im gängigen Kalenderformat *.ics*. Sie können einen entsprechenden Link im Internet mit der rechten Maustaste anklicken.

[4] Entscheiden Sie sich dann im Kontextmenü für das Kopieren der Link-Adresse.

[5] Zurück in Outlook, klicken Sie mit der rechten Maustaste in das Adressfeld für das Kalenderabonnement.

[6] Wählen Sie im Kontextmenü *Einfügen*.

271

11

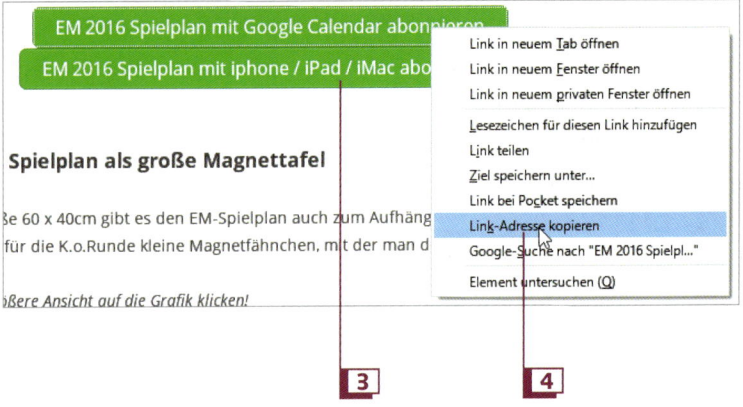

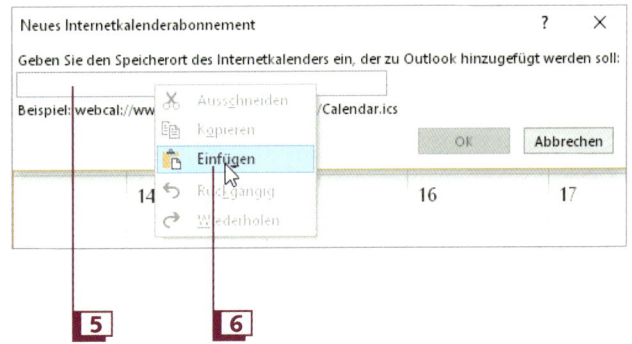

7 Bestätigen Sie das Verwenden der Adresse mit *OK*.

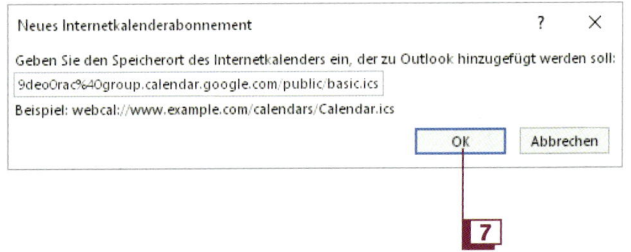

Mit Outlook Kontakte verwalten

Nun zeige ich Ihnen, wie Sie mit Outlook auch noch Ihre Kontakte verwalten. Der Vorteil gegenüber Ihrem Adressbuch aus Papier besteht nicht nur darin, dass sich Änderungen ohne Kritzelei durchführen lassen – Sie können auf die Kontakte außerdem aus anderen Programmen heraus zugreifen, etwa um in Word Serienbriefe zu erstellen. So einfach erstellen Sie einen neuen Kontakt:

1 Klicken Sie – bei ausgewählter Kontaktfunktion – im Menüband unter *Start* auf die Schaltfläche *Neuer Kontakt*.

2 Geben Sie in die einzelnen Felder die Kontaktdaten ein, wobei Sie alle Felder ausfüllen können, aber nicht müssen.

3 Wenn Sie ein Bild des Kontaktes auf dem Computer gespeichert haben, klicken Sie auf den Platzhalter, um es auszuwählen.

4 Um zum Schluss den Kontakt zu erstellen, klicken Sie auf *Speichern & schließen*.

5 Der Kontakt steht nun in Outlook zur Verfügung und kann selbstverständlich auch nachträglich bearbeitet werden.

272

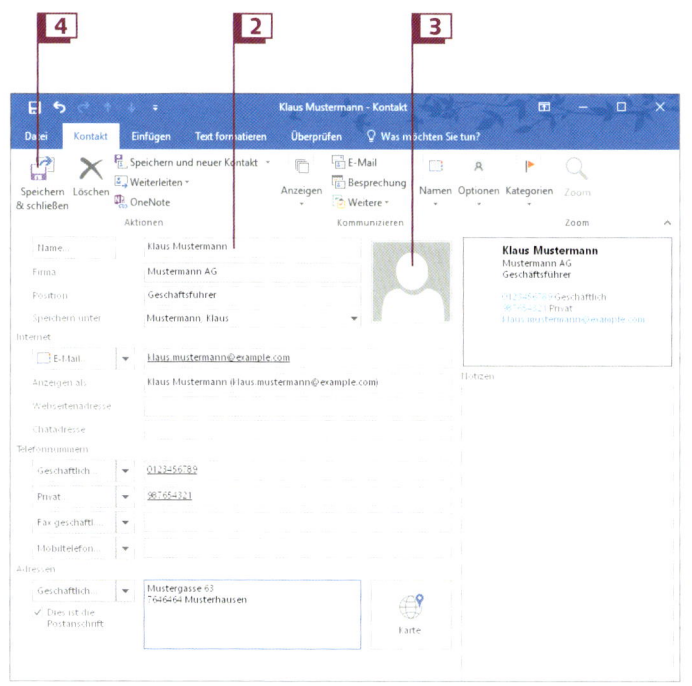

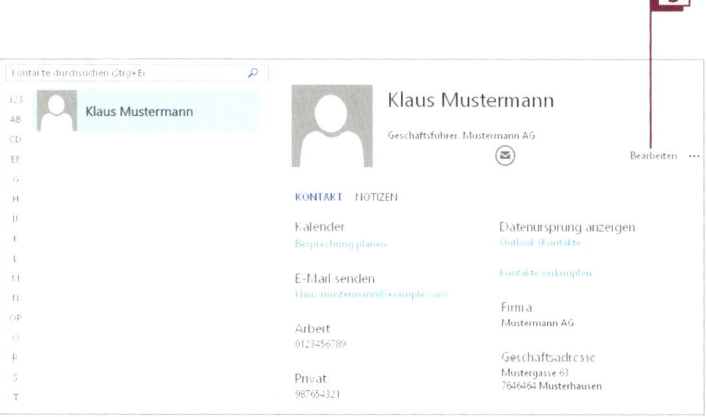

Kontakte in Kontaktgruppe organisieren

Angenommen, Sie möchten alle Kontakte aus Ihrem Verein in einer Kontaktgruppe organisieren, erstellen Sie eine entsprechende Kontaktgruppe. Dies ermöglicht es Ihnen unter anderem, der gesamten Kontaktgruppe eine E-Mail zu senden und über die anstehende Hauptversammlung zu informieren. So gehen Sie zum Erstellen einer Kontaktgruppe vor:

1 Klicken Sie im Menüband unter *Start* und dort in der Gruppe *Neu* auf die Schaltfläche *Neue Kontaktgruppe*.

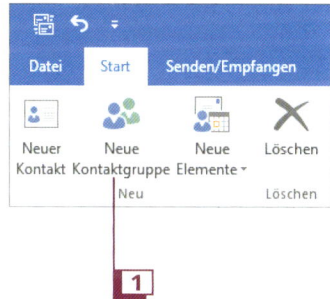

2 Geben Sie der Kontaktgruppe eine sinnvolle Bezeichnung.

3 Wählen Sie dann in der Gruppe *Mitglieder* die Schaltfläche *Mitglieder hinzufügen*.

4 Bestimmen Sie im sich öffnenden Menü die Quelle der Kontaktdaten.

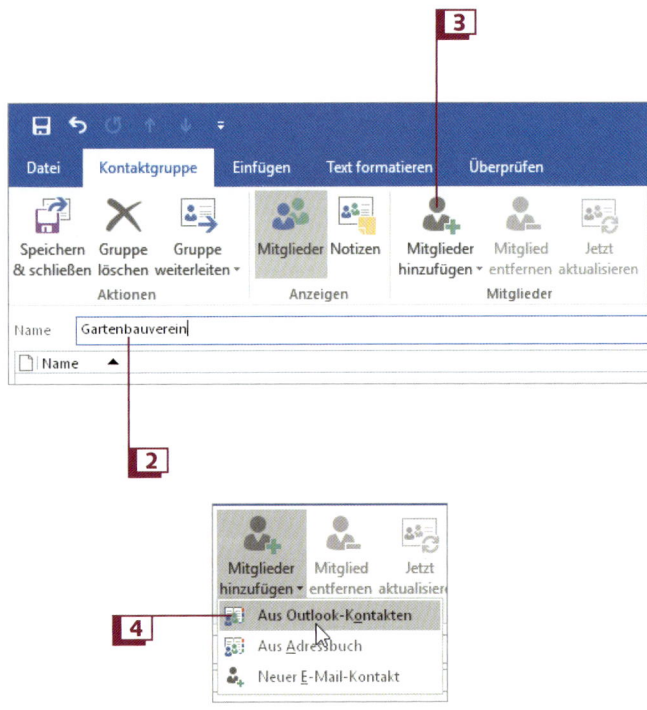

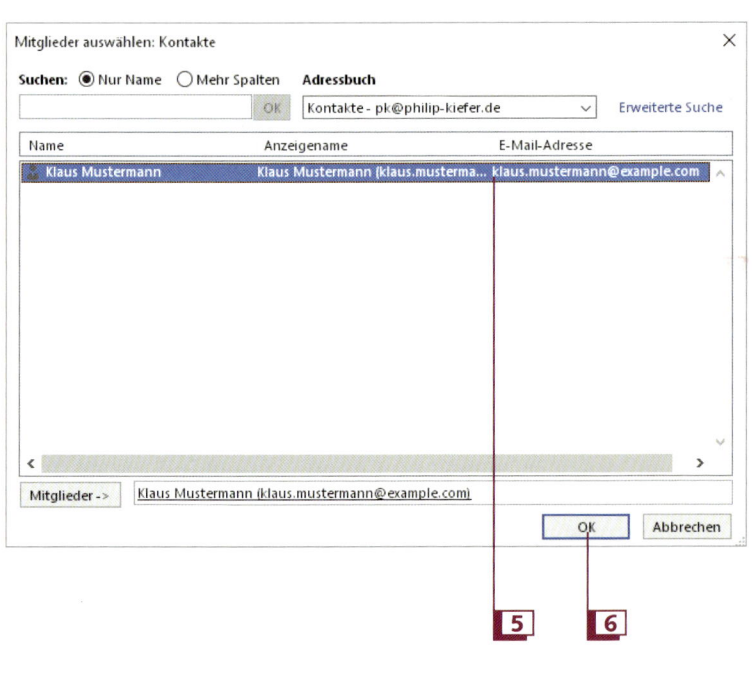

5 In diesem Fall greife ich auf die Outlook-Kontakte zu. Doppelklicken Sie auf die Kontakte, die Sie der Kontaktgruppe hinzufügen möchten.

6 Bestätigen Sie mit *OK*.

7 Bestätigen Sie das Erstellen der Kontaktgruppe mit *Speichern & schließen*.

Aufgabenplanung mit Outlook

Für die Planung Ihrer Aufgaben setzen Sie ebenfalls Outlook ein. Wenn Sie – wie bereits gezeigt – die Aufgabenleiste in Outlook einblenden, verlieren Sie über Ihre Aufgaben nie den Überblick. Das Erstellen neuer Aufgaben geht ganz leicht:

1 Klicken Sie – nachdem Sie sich im Navigationsbereich von Outlook 2016 für die Aufgaben-Funktion entschieden haben – in das Feld *Neue Aufgabe eingeben*.

2 Tippen Sie die Aufgabe ein und bestätigen Sie mit der ⏎-Taste, um die Aufgabe zu erstellen.

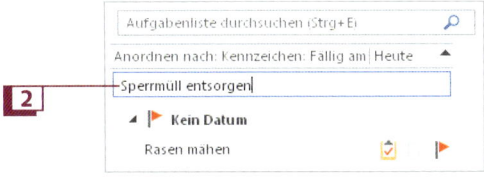

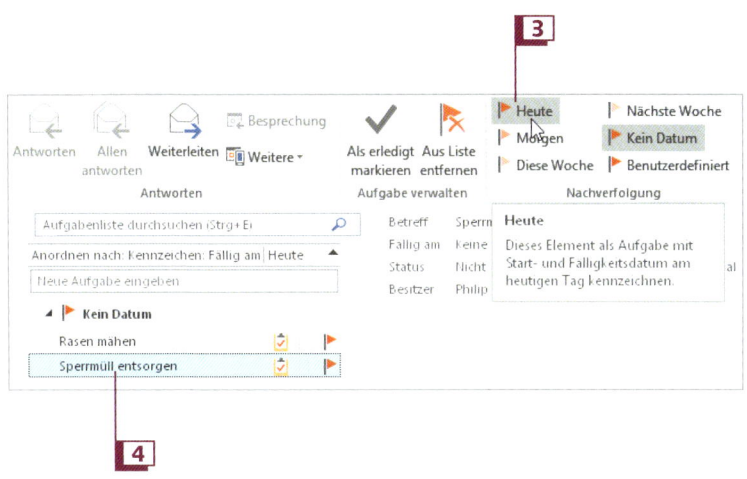

3 Mithilfe der im Menüband angebotenen Optionen können Sie eine Aufgabe nun noch mit einem Fälligkeitsdatum oder mit einem Wichtigkeitsvermerk versehen.

4 Um eine Aufgabe als erledigt zu markieren, klicken Sie einfach in das zugehörige Kontrollkästchen.

5 Für den Schnellzugriff auf Ihre Aufgaben bewegen Sie den Mauszeiger auf das Symbol 🗹 im Navigationsbereich.

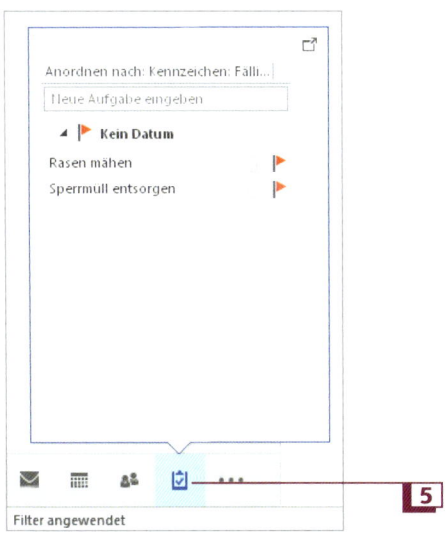

11

Notizen machen mit Outlook

Eine kleine, aber feine Funktion in Outlook ist das Anlegen von Notizzetteln, um auf die Schnelle Ideen zu notieren. Das ist ebenfalls alles andere als ein Hexenwerk, wie die folgende Anleitung beweist.

1 Klicken Sie im Navigationsbereich von Outlook 2016 auf das Symbol ●●●.

2 Wählen Sie im sich öffnenden Menü den Eintrag *Notizen*.

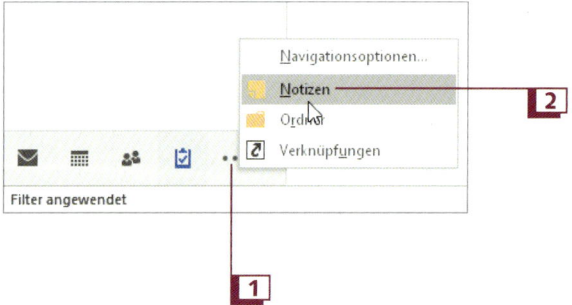

3 Doppelklicken Sie nun einfach in das große Feld, in dem die Notizzettel angelegt werden.

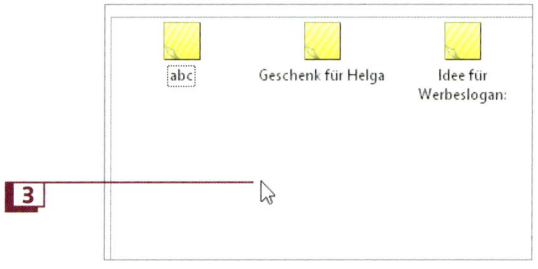

4 Tippen Sie auf den sich öffnenden Notizzettel Ihre Notiz.

5 Wenn Sie den Notizzettel vergrößern möchten, klicken Sie in die rechte untere Ecke und ziehen ihn bei gedrückter Maustaste größer.

> **TIPP** ➡ Doppelklicken Sie in die Titelleiste eines Notizzettels, um ihn auf den gesamten Bildschirm zu maximieren. Ein erneuter Doppelklick in die Titelleiste verkleinert ihn wieder.

6 Klicken Sie in die rechte obere Ecke des Notizzettels, um ihn zu schließen.

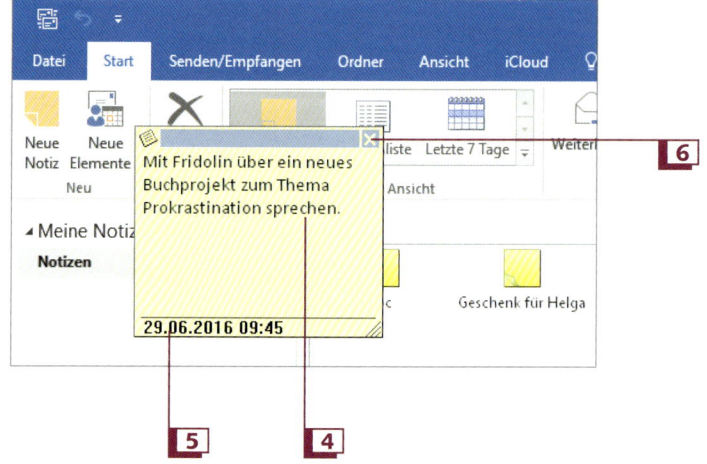

12

Das Kapitel im Überblick

- Notizbuch anlegen
- Notizbuch in Abschnitte gliedern
- Weitere Notizblätter einfügen
- So erstellen Sie eine elektronische Notiz
- Bilder und Co. einfügen
- Mit OneNote Skizzen anfertigen
- Schnelle Notizen

Das perfekte Tool für Ihre Notizen: OneNote 2016

Ein weiterer äußerst nützlicher Bestandteil von Office 2016 ist das Programm OneNote. Dieses Programm wurde erst 2003 eingeführt und dient dazu, Notizen aller Art zu sammeln – in elektronischen Notizbüchern bzw. den darin angelegten elektronischen Notizblättern.

Wie Sie mit OneNote 2016 Notizen erstellen, Texte erfassen, aber auch Bilder, Tabellen, Skizzen und weitere Inhalte in ein Notizblatt einfügen, erarbeiten Sie Schritt für Schritt in diesem Kapitel.

Notizbuch anlegen

Mit OneNote erstellen Sie beliebig viele elektronische Notizbücher für Recherchen, als Urlaubstagebuch usw. Gern zeige ich Ihnen zu Beginn, wie Sie ein neues Notizbuch anlegen.

1 Klicken Sie, nachdem Sie OneNote 2016 gestartet haben, mit der rechten Maustaste in die Notizbuch-Leiste links im Programm.

2 Wählen Sie im Kontextmenü den Eintrag *Neues Notizbuch*.

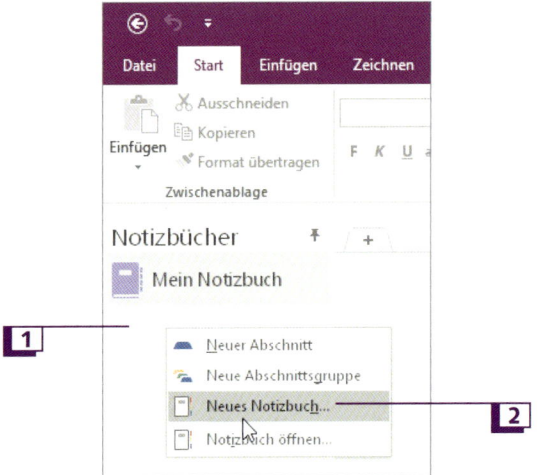

3 Wählen Sie den Speicherort für das Notizbuch aus bzw. übernehmen Sie die vorgeschlagene Speicherung im Internet.

4 Geben Sie dem Notizbuch eine sinnvolle Bezeichnung.

5 Klicken Sie auf die Schaltfläche *Notizbuch erstellen*, um das Notizbuch anzulegen.

WICHTIGE INFORMATION

OneNote gibt es auch als App für die verschiedensten Plattformen – auch für Smartphones und Tablet-PCs. Das Speichern im Internet ermöglicht es Ihnen, Ihre Notizbücher auch mit mobilen Geräten auszutauschen.

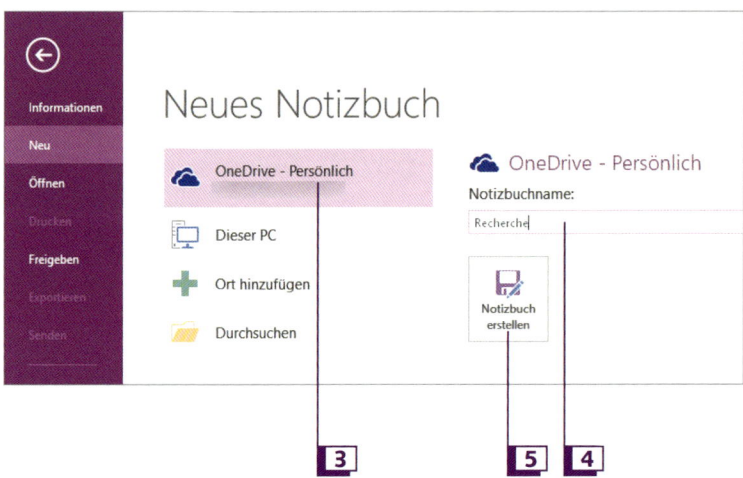

6 Beim Speichern im Internet wird Ihnen die Freigabe des Notizbuchs für andere Personen vorgeschlagen. Hier wähle ich *Jetzt nicht*.

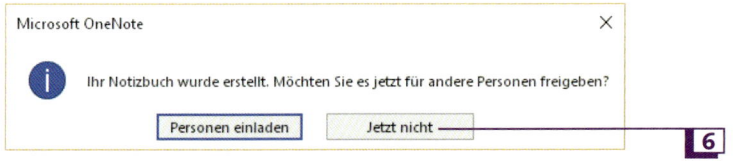

Notizbuch in Abschnitte gliedern

Wenn Sie planen, ein Notizbuch mit vielen Seiten zu füllen, ist eine Untergliederung in mehrere Abschnitte sinnvoll, um die Übersicht zu behalten. Wie Sie neue Abschnitte erstellen und benennen, lesen Sie hier:

1 Das neu angelegte Notizbuch lässt sich in der Leiste links aufrufen.

2 Ein Abschnitt steht im neuen Notizbuch bereits zur Verfügung. Die Auswahl eines Abschnitts erfolgt per Reiter.

3 Um einen neuen Abschnitt zu erstellen, klicken Sie auf den Reiter mit dem Pluszeichen.

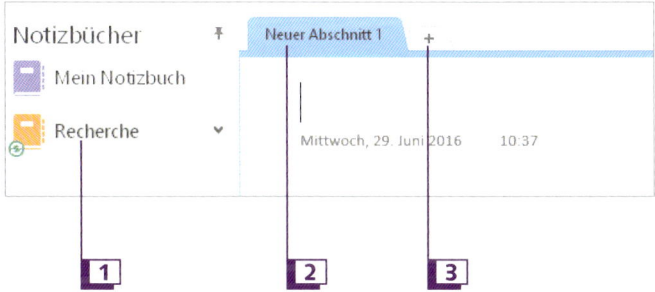

4 Der neue Abschnitt wird eingefügt.

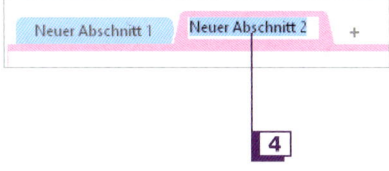

5 Tippen Sie eine sinnvolle Bezeichnung für den Abschnitt ein und bestätigen Sie mit der ⏎-Taste.

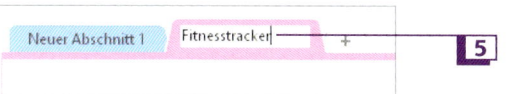

6 Um einen bereits vorhandenen Abschnitt umzubenennen, doppelklicken Sie darauf, geben die neue Bezeichnung ein und bestätigen mit der ⏎-Taste.

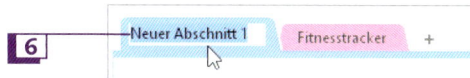

7 Möchten Sie die Gliederung im Notizbuch anpassen? Dazu müssen Sie den Reiter eines Abschnitts lediglich bei gedrückter Maustaste an eine andere Position ziehen.

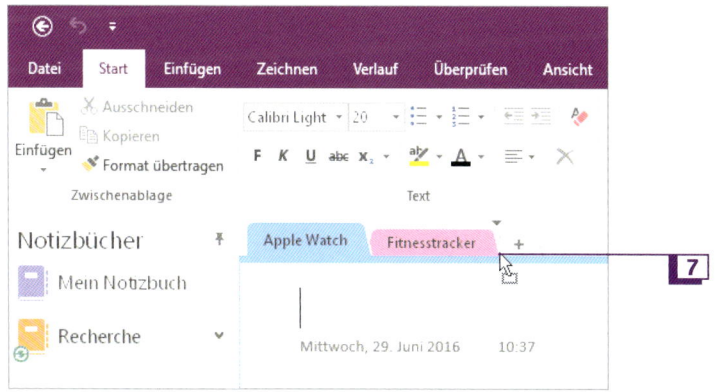

Weitere Notizblätter einfügen

Ihr Notizbuch können Sie mit so vielen Seiten füllen, wie Sie wollen und benötigen. Jede Seite lässt sich individuell benennen. Das Einfügen neuer Notizblätter funktioniert ganz einfach.

1 Entscheiden Sie sich gegebenenfalls zunächst für den Abschnitt, in den Sie ein neues Notizblatt einfügen möchten.

2 In der Leiste rechts sehen Sie die Seitenübersicht für den gewählten Abschnitt. Klicken Sie dort auf *Seite hinzufügen*.

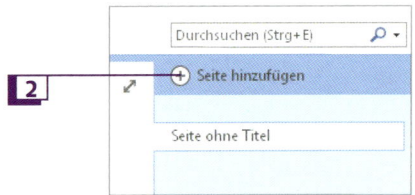

3 Um eine Seite zwischen zwei vorhandenen Seiten einzufügen, bewegen Sie den Mauszeiger zwischen diese Seiten und klicken dann auf die eingeblendete Schaltfläche mit dem Pluszeichen.

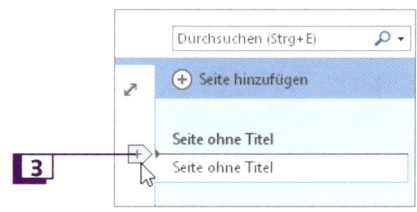

4 Das Benennen einer Seite erfolgt direkt auf dem Notizblatt. Tippen Sie dort einfach oben eine passende Bezeichnung ein, Datum und Uhrzeit werden automatisch eingefügt.

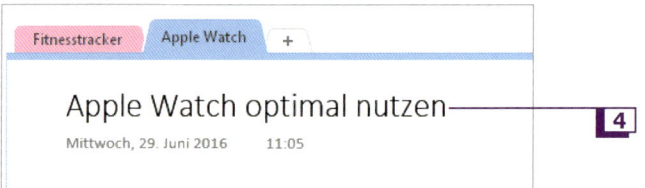

So erstellen Sie eine elektronische Notiz

OneNote 2016 bietet Ihnen eine Menge Freiheiten beim Einfügen von Inhalten. Am einfachsten ist das Einfügen von Text, wie ich es Ihnen im Folgenden vorstelle:

1 Klicken Sie mit der Maus auf diejenige Stelle eines Notizblatts, an der Sie ein Textfeld einfügen möchten.

> **TIPP** ➡ Wenn Sie nach der Eingabe des Seitennamens die ⏎-Taste drücken, wird der Cursor automatisch in die erste Zeile des Notizblatts gesetzt.

Das perfekte Tool für Ihre Notizen: OneNote 2016

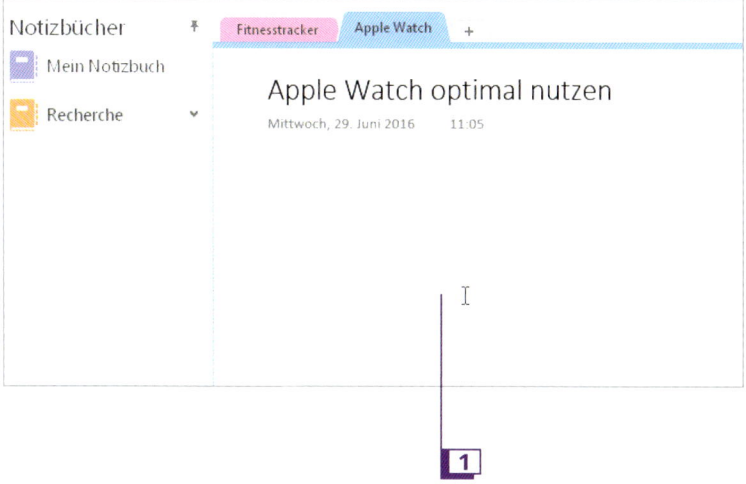

2 Tippen Sie nun einfach Ihren Text ein, das Textfeld wird dadurch automatisch erstellt.

3 Das Textfeld lässt sich in der Größe anpassen, indem Sie auf den Rand klicken und es bei gedrückter Maustaste größer oder kleiner ziehen.

4 Das Textfeld lässt sich in der Position verändern, indem Sie in die Titelleiste klicken und es bei gedrückter Maustaste in die gewünschte Position ziehen.

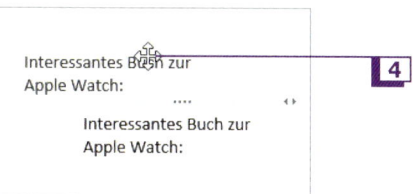

5 Schließlich lässt sich der Text auch noch formatieren, indem Sie diesen markieren und dann im Menüband die Formatierungsoptionen wählen.

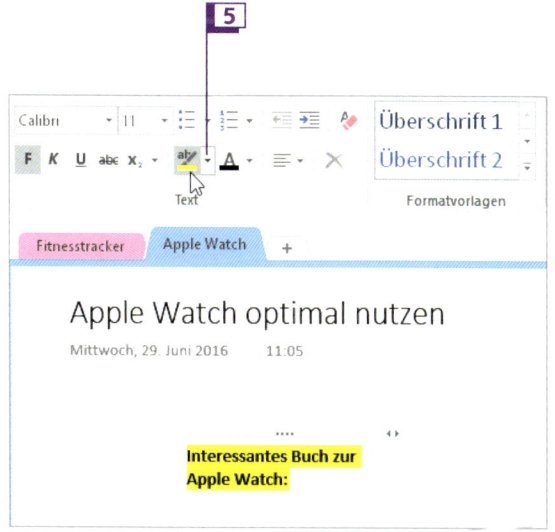

Bilder und Co. einfügen

Außer Text lassen sich verschiedene weitere Objekte in ein Notizblatt einfügen – Bilder, Tabellen, sogar Dateiausdrucke. Ich stelle Ihnen den Vorgang des Einfügens hier wieder am Beispiel eines Bildes vor:

1 Setzen Sie den Cursor an die Stelle, an der Sie das Bild einfügen möchten. In diesem Fall möchte ich das Bild in das zuvor erstellte Textfeld einfügen.

2 Wählen Sie im Menüband den Reiter *Einfügen*.

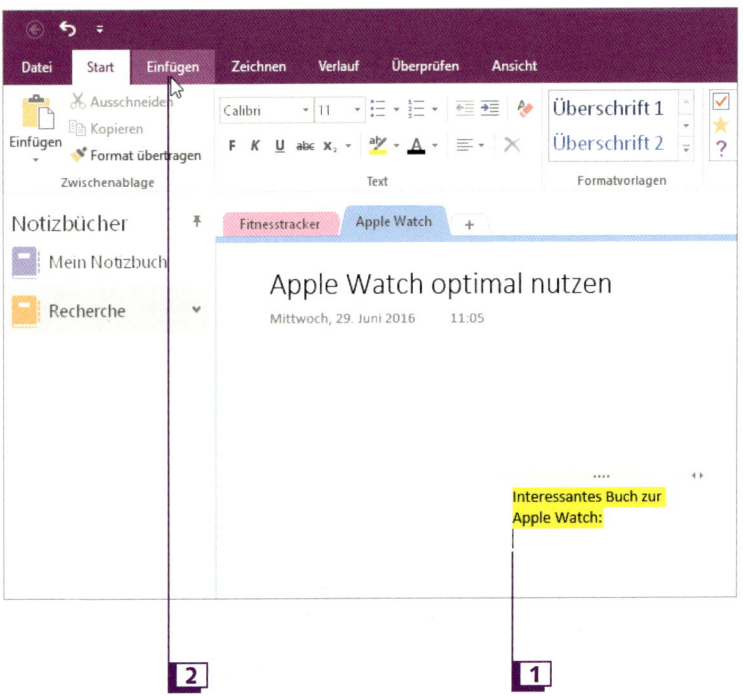

3 Verschaffen Sie sich im Menüband einen Überblick, was Sie so alles in ein Notizblatt einfügen können. Zum Einfügen eines Bildes wählen Sie in der Gruppe *Bilder* die Schaltfläche *Bilder*.

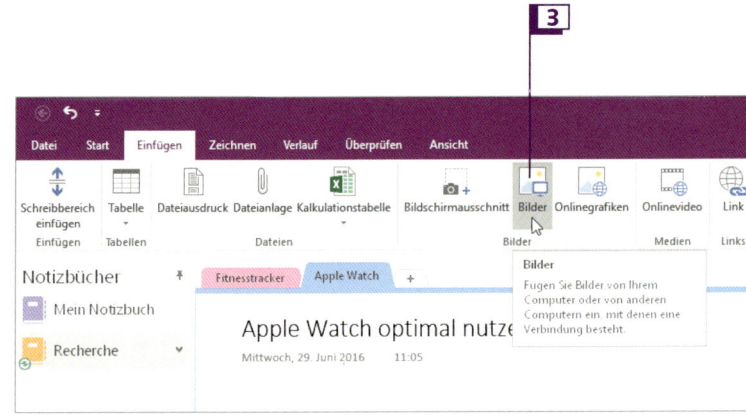

TIPP ➡ Bilder, Text und weitere Elemente lassen sich auch mit Copy-and-paste in ein Notizblatt übertragen. Klicken Sie dazu auf die Stelle, an der Sie ein Element aus der Zwischenablage einfügen möchten. Drücken Sie dann die Tastenkombination [Strg]+[V].

4 Wählen Sie im folgenden Fenster das Bild aus.

5 Bestätigen Sie mit der Schaltfläche *Einfügen*.

6 Das Bild steht nun im Notizblatt zur Verfügung. Sie können die Größe des ausgewählten Bildes anpassen, indem Sie in eine Ecke des Bildes klicken und es dann bei gedrückter Maustaste größer oder kleiner ziehen.

Das perfekte Tool für Ihre Notizen: OneNote 2016

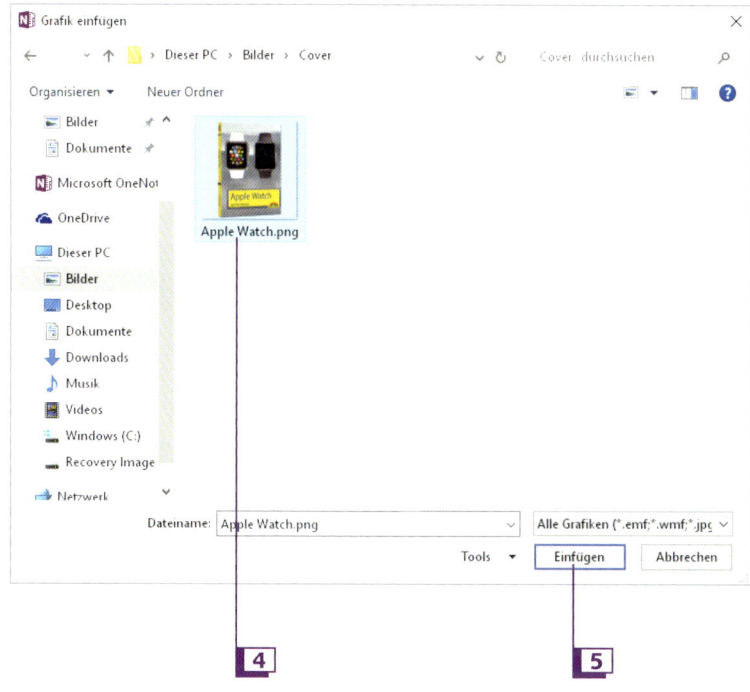

TIPP ➡ Auch die Position des Bildes lässt sich verändern, indem Sie es anklicken und dann bei gedrückter Maustaste verschieben. Das in ein Textfeld eingefügte Bild lässt sich auf diese Weise aus dem Textfeld herausziehen.

Mit OneNote Skizzen anfertigen

Sogar Zeichnen ist mit OneNote möglich. Wie Sie damit auf die Schnelle Skizzen anfertigen – etwa um die Idee für eine spannende Erfindung festzuhalten –, zeige ich Ihnen im Folgenden.

1 Klicken Sie im Menüband von OneNote 2016 auf den Reiter *Zeichnen*.

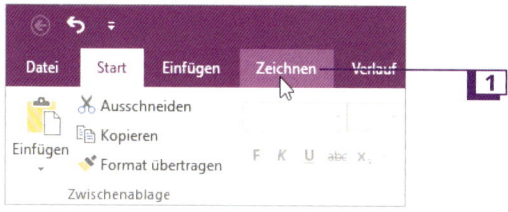

2 Klicken Sie einen Stift an, den Sie verwenden möchten.

3 Sie können unter der Schaltfläche *Farbe und Stärke* noch weitere Einstellungen zum Stift vornehmen.

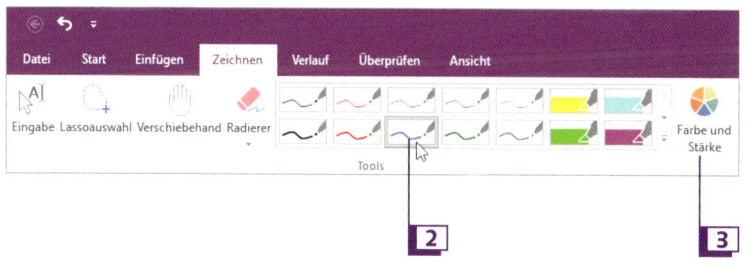

TIPP ➡ Sie vermissen in OneNote 2016 eine Funktion zum Speichern? Kein Wunder! Das Programm speichert alle Ihre Änderungen automatisch.

4 Klicken Sie dann in das Notizblatt und zeichnen Sie bei gedrückter Maustaste drauflos.

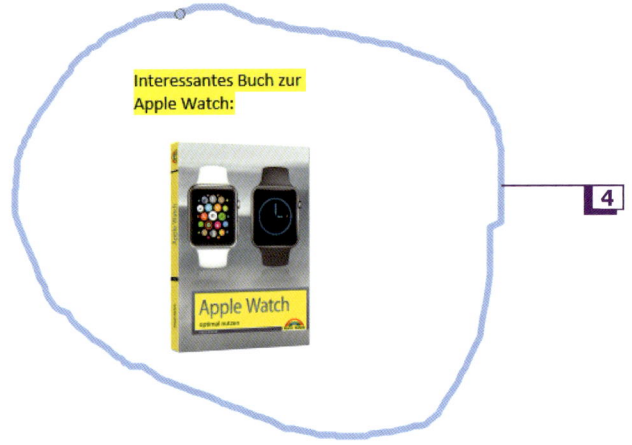

Schnelle Notizen

OneNote stellt im Infobereich eine Funktion für schnelle Notizen bereit – auch dann, wenn das Programm gerade nicht geöffnet ist. Wie Sie diese nützliche Funktion nutzen, erfahren Sie hier:

1 Klicken Sie das OneNote-Symbol im Infobereich an.

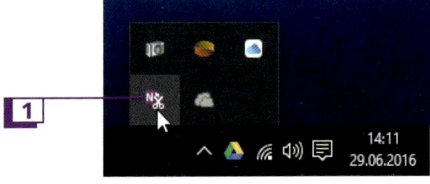

> **TIPP** ➡ Wird das OneNote-Symbol im Ausklappmenü angezeigt, können Sie es einfach bei gedrückter Maustaste in den Infobereich ziehen, um es direkt dort verfügbar zu machen.

2 Es öffnet sich ein Fenster mit grauem Hintergrund. Schreiben Sie in diesem Fenster Ihre Notizen oder fügen Sie diese mit [Strg]+[V] aus der Zwischenablage ein.

3 Klicken Sie rechts oben im Fenster auf das Kreuzsymbol ✕, um das Fenster wieder zu schließen.

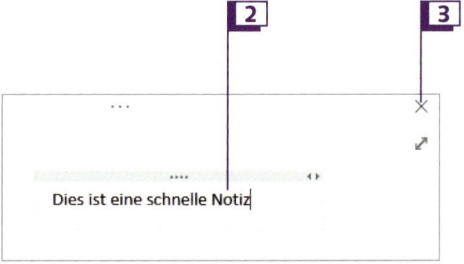

4 Klicken Sie in der Leiste mit den Notizbüchern unten auf *Schnelle Notizen*, um Ihre schnellen Notizen aufzurufen. Jede neue schnelle Notiz wird als zusätzliche Seite hinzugefügt.

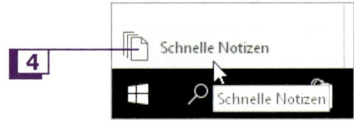

Das Kapitel im Überblick

- Rechtschreibung prüfen
- Korrekturen während der Eingabe
- AutoKorrektur-Optionen festlegen
- Suchen und Ersetzen
- Änderungen nachverfolgen
- Änderungen annehmen oder ablehnen
- Kommentare einfügen

Alle wichtigen Funktionen rund ums Korrigieren und Kommentieren

Hin und wieder können beim Erstellen von Office-Dateien Fehler gemacht werden oder Fragen auftauchen. Das ist kein Problem, denn Fehler lassen sich in Dokumenten, Arbeitsmappen, Präsentationen usw. jederzeit korrigieren. Machen Sie sich in diesem Kapitel mit den zugehörigen Funktionen vertraut: der Prüfung der Rechtschreibung, den AutoKorrektur-Optionen, dem Suchen und Ersetzen von Inhalten sowie dem Nachverfolgen von Änderungen.

Auch Kommentare lassen sich einfügen, die dann nicht Bestandteil der Dateiinhalte, sondern der Datei selbst sind. Machen Sie mithilfe der Kommentarfunktion eigene Notizen im Dokument oder nutzen Sie die Option, um anderen Bearbeitern Fragen zu erstellen oder Aufgaben zu erteilen. Wie es gemacht wird, lesen Sie ebenfalls in diesem Kapitel.

13

Rechtschreibung prüfen

Egal, ob in einem Dokument, in einer Tabelle, einer Präsentation oder E-Mail – Office 2016 ermöglicht Ihnen eine hilfreiche Rechtschreibprüfung, um insbesondere vor dem Weiterreichen einer Datei Fehler auszumerzen. Wie das Ganze funktioniert, erkläre ich Ihnen hier am Beispiel von Word 2016.

1 Entscheiden Sie sich im Menüband für den Reiter *Überprüfen*.

2 Klicken Sie in der Gruppe *Rechtschreibung* auf die Schaltfläche *Rechtschreibung und Grammatik*.

4 Bestätigen Sie mit *Ändern* bzw. *Alle ändern*, um die Korrektur für dieses Wort im gesamten Dokument durchzuführen.

5 Soll der Fehler ignoriert werden, klicken Sie auf *Ignorieren* bzw. *Alle ignorieren*.

6 Möchten Sie das Wort dem Wörterbuch hinzufügen, damit es auch in neuen Dokumenten nicht mehr als Fehler erkannt wird, wählen Sie *Hinzufügen*.

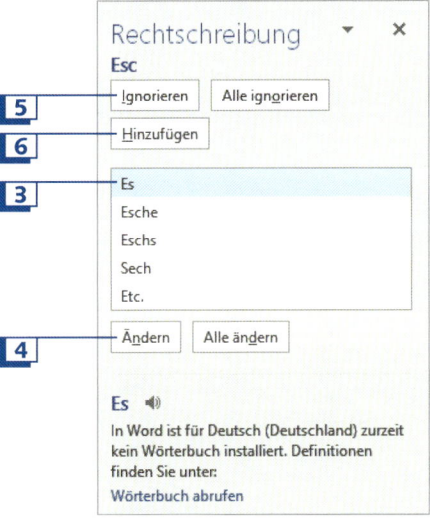

TIPP ➡ Die Rechtschreibprüfung lässt sich in den verschiedenen Office-Programmen auch durch Drücken der Taste F7 ausführen.

3 Wenn ein Wort nicht erkannt wurde, werden Ihnen in der Leiste *Rechtschreibung* Wortvorschläge gemacht. Wählen Sie den passenden Vorschlag aus.

TIPP ➡ Sie suchen nach Synonymen (anderen Wörtern mit gleicher Bedeutung), um in einem Text nicht immer das gleiche Wort zu verwenden? Öffnen Sie per Schaltfläche *Thesaurus* in der Gruppe *Rechtschreibung* eine Leiste, in der Sie sich alternative Begriffe vorschlagen lassen können.

Korrekturen während der Eingabe

Wenn Sie mit Word Texte verfassen, werden Sie sich vielleicht darüber wundern, dass einige Wörter rot oder ganze Sätze blau unterstrichen werden. Auch in diesem Fall sind die Korrekturhilfen des Programms am Werk.

1 Hier wurde ein Wort rot unterstrichen, was einen möglichen Rechtschreibfehler anzeigt. Führen Sie manuell die offensichtliche Korrektur durch. Alternativ klicken Sie das Wort mit der rechten Maustaste an.

2 Klicken Sie im Kontextmenü auf die passende Korrektur.

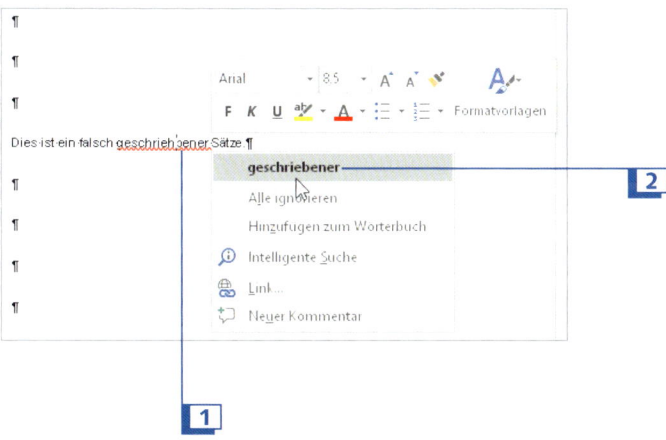

3 Nun ist Word aber immer noch nicht zufrieden, sondern unterstreicht mehrere Wörter blau. Die blaue Unterstreichung zeigt einen möglichen Grammatikfehler an. Wieder kann der offensichtliche Fehler manuell korrigiert werden oder Sie klicken die unterstrichenen Wörter mit der rechten Maustaste an.

4 Auch in diesem Fall lässt sich die passende Korrektur per Mausklick im Kontextmenü auswählen.

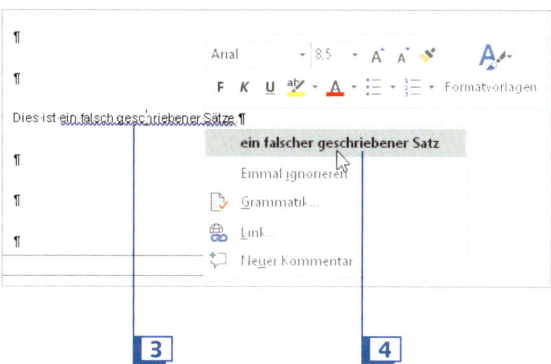

AutoKorrektur-Optionen festlegen

Viele häufige Fehler können Sie von den Office-Programmen automatisch korrigieren lassen. Ein Paradebeispiel hierfür sind zwei Großbuchstaben am Wortanfang. Doch es lassen sich bestimmte AutoKorrektur-Optionen auch deaktivieren. Wie Sie Ihre individuellen Einstellungen vornehmen, zeige ich Ihnen nun am Beispiel von Excel 2016.

1 Wählen Sie links oben in Excel den Reiter *Datei*. Entscheiden Sie sich im Backstage-Bereich für den Eintrag *Optionen*.

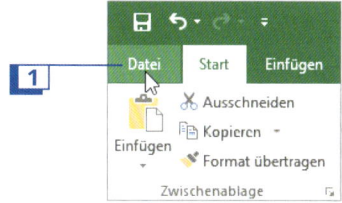

287

13

2 Entscheiden Sie sich links in den Optionen für den Eintrag *Dokumentprüfung*.

3 Legen Sie dann per Kontrollkästchen bestimmte Einstellungen fest, etwa um Wörter in Großbuchstaben, Internet- und Dateiadressen zu ignorieren.

4 Um die *AutoKorrektur-Optionen* anzupassen, klicken Sie auf die gleichlautende Schaltfläche.

6 Klicken Sie dann auf den Reiter *AutoFormat während der Eingabe*.

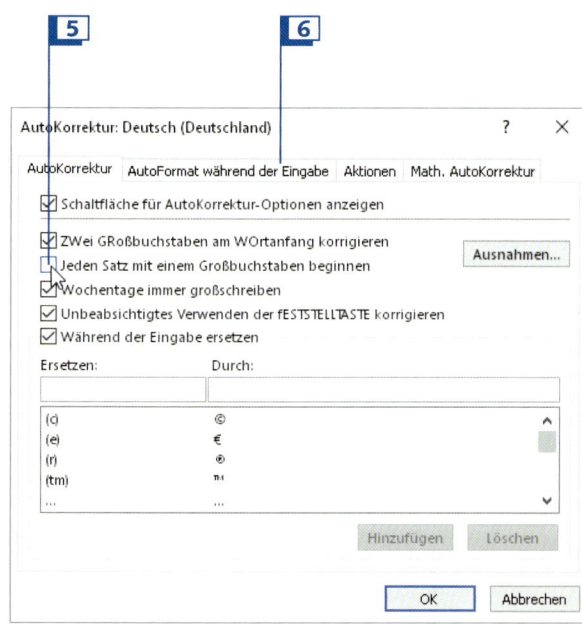

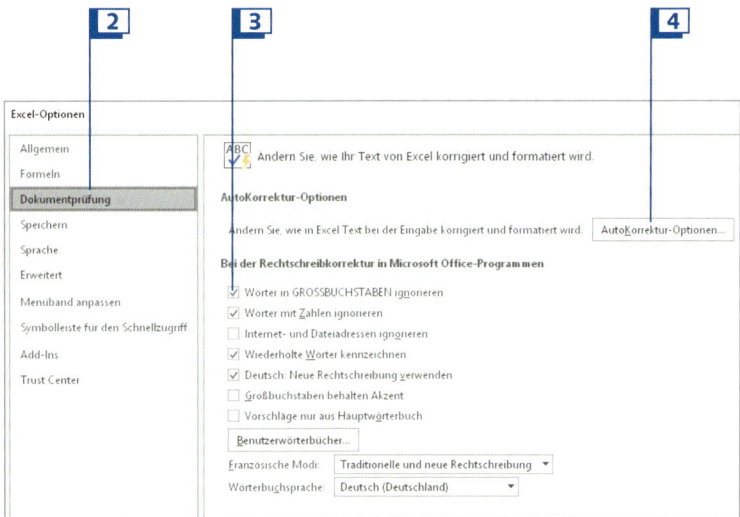

5 Nehmen Sie zunächst auf der standardmäßig geöffneten Registerkarte *AutoKorrektur* Ihre Einstellungen vor, etwa, dass nicht jeder Satz mit einem Großbuchstaben beginnen muss.

7 Legen Sie auch auf dieser Registerkarte Ihre Einstellungen fest, hier etwa, dass Internet- und Netzwerkpfade nicht automatisch durch Links ersetzt werden sollen.

8 Wählen Sie gegebenenfalls noch die weiteren Registerkarten für weitere Einstellungen.

9 Um den Vorgang abzuschließen, bestätigen Sie mit der Schaltfläche *OK*.

Suchen und Ersetzen

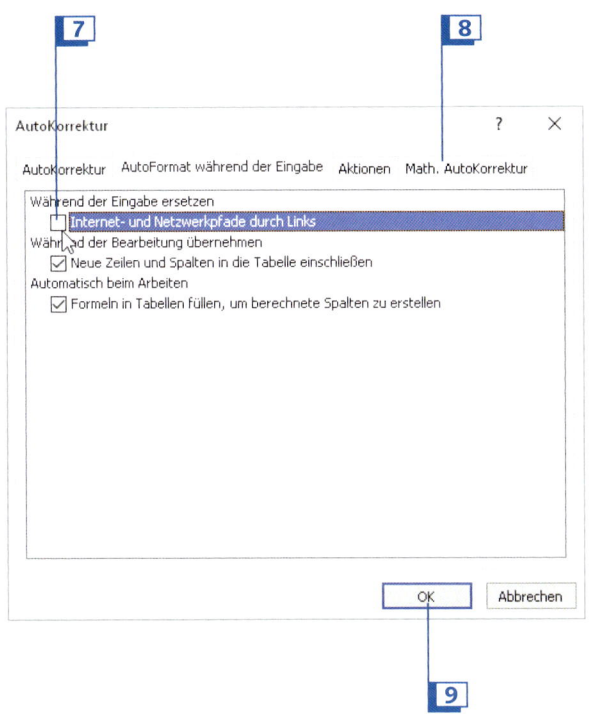

Oh, Schreck! Sie haben in einer Office-Datei den Namen Mayer immer »Maier« geschrieben. Also müssen Sie jetzt die ganze Datei durchgehen? Nein! Die Office-Programme bieten eine einfache Funktion zum Ersetzen an, die hier am Beispiel von PowerPoint 2016 gezeigt wird.

1 Klicken Sie im Menüband unter *Start* und dort in der Gruppe *Bearbeiten* auf die Schaltfläche *Ersetzen*.

2 Geben Sie in das Feld *Suchen nach* den Begriff ein, der ersetzt werden soll, in diesem Fall also den Namen *Maier*.

3 Anschließend geben Sie in das Feld *Ersetzen durch* den Begriff ein, durch den der gesuchte Begriff ersetzt werden soll, also hier *Mayer*.

4 Bestimmen Sie gegebenenfalls per Kontrollkästchen, dass die Groß-/Kleinschreibung beachtet werden soll.

5 Klicken Sie auf die Schaltfläche *Alle ersetzen*, um den falsch geschriebenen Namen in allen Fällen durch den richtig geschriebenen zu ersetzen.

10 Hier ein Vorher-Nachher-Bild: Während vorher die Webadresse www.mut.de in einen Link umgewandelt wurde, wird sie nach den Anpassungen in den AutoKorrektur-Optionen nur noch als Text dargestellt.

289

13

6 Zum Schluss wird Ihnen angezeigt, wie viele Ersetzungen vorgenommen wurden. Bestätigen Sie den Hinweis mit *OK*.

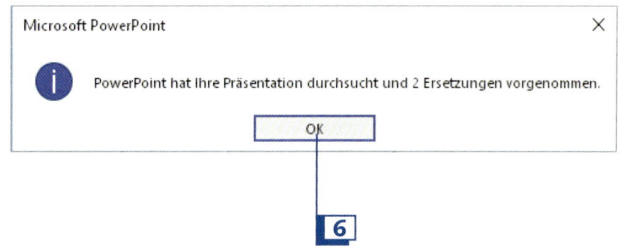

TIPP ➡ In Word 2016 lassen sich auch Formatierungen ersetzen. Dazu klicken Sie im dortigen Fenster *Suchen und Ersetzen* auf die Schaltfläche *Erweitern* und anschließend auf die Schaltfläche *Format*, um die zu ersetzenden Formatierungen festzulegen.

TIPP ➡ Am schnellsten rufen Sie das Fenster zum Ersetzen mit der Tastenkombination Strg+H auf.

Änderungen nachverfolgen

Wenn Sie ein Dokument für eine andere Person korrigieren, empfiehlt es sich, die Änderungen nachzuverfolgen, also alle durchgeführten Änderungen zu dokumentieren. Die andere Person kann danach entscheiden, welche Änderungen sie annehmen und welche sie ablehnen möchte. So einfach lassen sich Änderungen – hier in Word 2016 – nachverfolgen:

1 Entscheiden Sie sich im Menüband für den Reiter *Überprüfen*.

2 Klicken Sie in der Gruppe *Nachverfolgung* auf den oberen Teil der Schaltfläche *Änderungen nachverfolgen*.

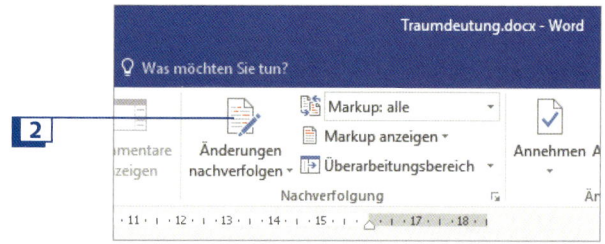

TIPP ➡ Um das Nachverfolgen von Änderungen per Tastenkombination zu aktivieren bzw. zu deaktivieren, drücken Sie die Tasten Strg+⇧+E.

Alle wichtigen Funktionen rund ums Korrigieren und Kommentieren

3 Änderungen werden ab sofort im Dokument angezeigt. Wenn Sie den Mauszeiger auf eine Korrektur bewegen, wird in einem Infofenster angezeigt, wer diese zu welchem Zeitpunkt durchgeführt hat.

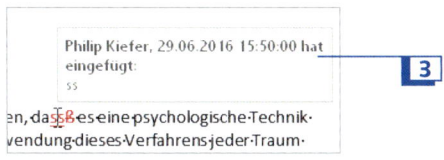

> **TIPP** ➡ Wie die Änderungen im Dokument dargestellt werden, bestimmen Sie im Menüband unter dem Reiter *Überprüfen* und dort in der Gruppe *Nachverfolgung* im Markup-Menü.

Änderungen annehmen oder ablehnen

Wie bereits erwähnt, kann ein Bearbeiter entscheiden, ob er eine nachverfolgte Änderung übernehmen möchte oder nicht. Dabei gehen Sie folgendermaßen vor:

1 Entscheiden Sie sich im Menüband für die Schaltfläche *Überprüfen*.

2 Um die nachverfolgten Änderungen eine nach der anderen anzunehmen, klicken Sie in der Gruppe *Änderungen* auf den oberen Teil der Schaltfläche *Annehmen*. (Zum Ablehnen von Änderungen entsprechend auf den oberen Teil der Schaltfläche *Ablehnen*.)

3 Möchten Sie, nachdem Sie das Dokument durchgesehen haben, alle Änderungen auf einmal annehmen? Dann klicken Sie auf den unteren Teil der Schaltfläche *Annehmen* (bzw. zum Ablehnen auf den unteren Teil der Schaltfläche *Ablehnen*.)

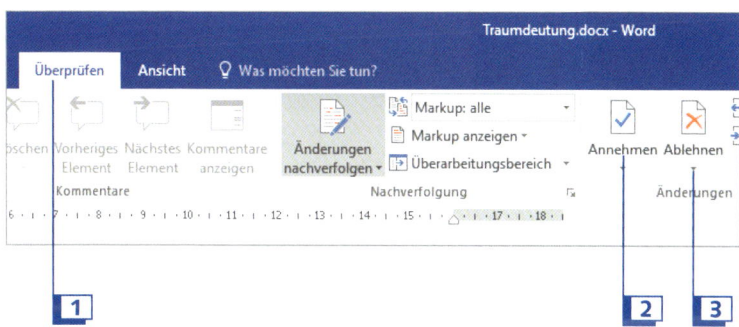

4 Wählen Sie im sich öffnenden Menü den Eintrag *Alle Änderungen annehmen* (bzw. *Alle Änderungen ablehnen*).

5 Um die Änderungen lediglich durchzusehen, ohne diese anzunehmen oder abzulehnen, verwenden Sie in der Gruppe *Änderungen* die Schaltflächen *Weiter* und *Zurück* – Sie springen damit jeweils zur nächsten bzw. vorherigen Änderung.

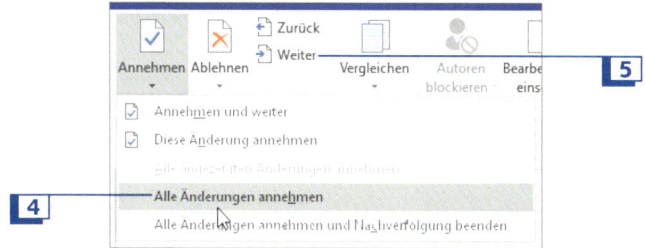

13

> **TIPP** ➡ Alternativ klicken Sie eine nachverfolgte Änderung direkt im Dokument mit der rechten Maustaste an und wählen im Kontextmenü, ob Sie die Änderung annehmen oder ablehnen möchten.

> **TIPP** ➡ Sie möchten ein von einer anderen Person bearbeitetes Dokument mit dem eigenen vergleichen oder zu einem Dokument zusammenfassen? Diese Option erhalten Sie unter dem Reiter *Überprüfen*, wenn Sie sich für die Schaltfläche *Vergleichen* entscheiden.

Kommentare einfügen

Statt ein Dokument direkt zu bearbeiten, lassen sich auch Kommentare mit Hinweisen einbauen, die dann nicht direkter Bestandteil des Dokuments sind.

1 Setzen Sie den Cursor an die Stelle, an der Sie einen Kommentar einfügen möchten, oder markieren Sie einen Inhalt, auf den sich der Kommentar beziehen soll.

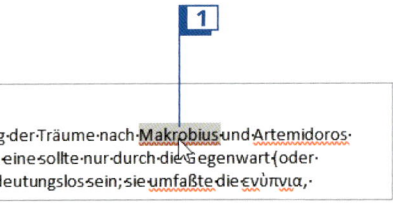

2 Wählen Sie im Menüband den Reiter *Überprüfen*.

3 Klicken Sie in der Gruppe *Kommentare* auf die Schaltfläche *Neuer Kommentar*.

4 Tippen Sie nun Ihren Kommentar ein.

5 Dass ein Kommentar eingefügt wurde, wird auch im Dokument angezeigt. Wenn Sie den Mauszeiger auf die Markierung bewegen, sehen Sie in einem Infofenster den Kommentar und die Zeit, wann dieser eingefügt wurde.

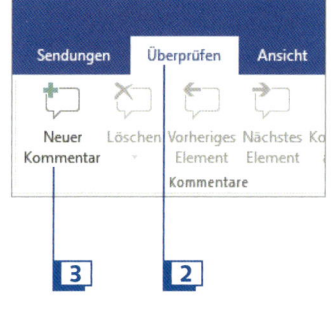
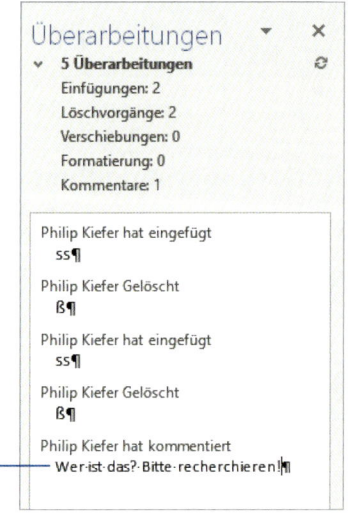
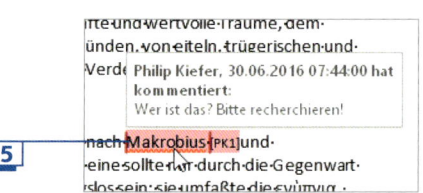

Das Kapitel im Überblick

- ▶ Übersetzung in andere Sprachen
- ▶ Office-Dateien im Netzwerk freigeben
- ▶ Office-Dateien im Internet freigeben
- ▶ Office-Dateien online bearbeiten
- ▶ Office-Dateien online erstellen
- ▶ Online vorführen
- ▶ Mehrere Dokumente zusammenfügen
- ▶ Austausch innerhalb des Office-Pakets
- ▶ In Word Bearbeitungen verbieten
- ▶ In Excel Zellen schützen

Office-Dateien austauschen und gemeinsam bearbeiten

In diesem Kapitel dreht sich alles um den Austausch und die gemeinsame Bearbeitung von Office-Dateien. Egal, ob Sie die Vereinssatzung mit anderen Vorstandsmitgliedern abstimmen möchten oder mehrere Mitarbeiter auf die gleiche Excel-Datei zugreifen sollen – via Netzwerk oder Internet lassen sich Office-Dateien für andere Personen freigeben. Lernen Sie in diesem Zusammenhang insbesondere Microsofts Cloud-Speicherdienst OneDrive kennen.

Auch der Datenaustausch innerhalb des Office-Pakets ist möglich. Machen Sie sich mit dem Einfügen von Dateiobjekten vertraut – so können Sie beispielsweise in ein Word-Dokument eine Excel-Datei einbauen oder in eine Excel-Datei eine PowerPoint-Präsentation. Auch das wird in diesem Kapitel dargestellt.

Übersetzung in andere Sprachen

Wenn Sie mit anderen Personen Dokumente in mehreren Sprachen austauschen, wird Ihnen die in Office 2016 angebotene Übersetzungsfunktion nützlich sein. Die automatischen Übersetzungen sind zwar alles andere als perfekt, aber sie verhelfen in den meisten Fällen doch zu einem grundlegenden Textverständnis. Gern zeige ich Ihnen hier, wie Sie in Word 2016 ein Dokument übersetzen.

1 Klicken Sie im Menüband auf den Reiter *Überprüfen*.

2 Wählen Sie in der Gruppe *Sprache* die Schaltfläche *Übersetzen*.

3 Im daraufhin aufklappenden Menü entscheiden Sie sich zunächst für den Eintrag *Sprache für die Übersetzung auswählen*.

4 Legen Sie per Menü die Übersetzungssprachen fest.

5 Bestätigen Sie mit *OK*.

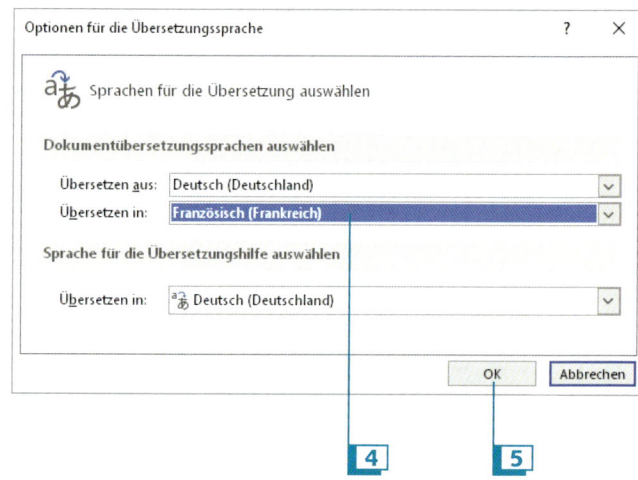

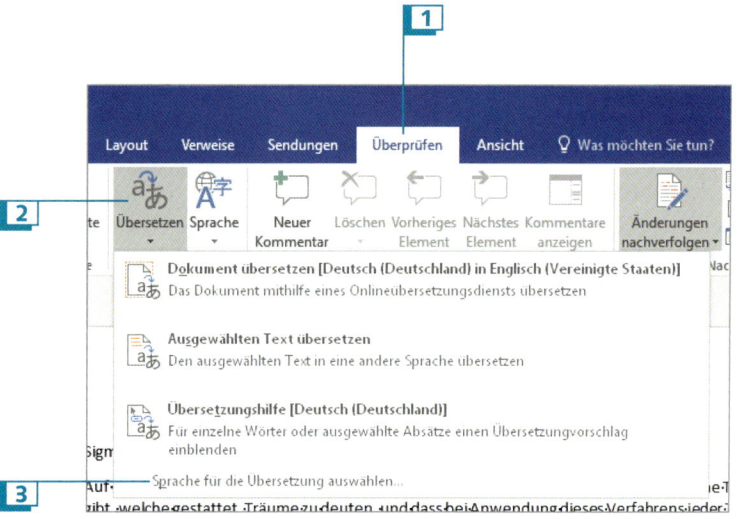

TIPP ➡ Möchten Sie den übersetzten Text in ein Word-Dokument transferieren? Dazu markieren Sie den Text auf der Webseite und drücken [Strg]+[C]. Anschließend klicken Sie mit der rechten Maustaste in das Dokument und wählen im Kontextmenü eine Einfügeoption aus. Bei Texten aus dem Internet empfehle ich das Einfügen als reinen Text, um keine ungewünschten Formatierungen zu übernehmen.

6 Klicken Sie in der Gruppe *Sprache* erneut auf die Schaltfläche *Übersetzen*.

Office-Dateien austauschen und gemeinsam bearbeiten

7 Wählen Sie diesmal den Menüeintrag *Dokument übersetzen*.

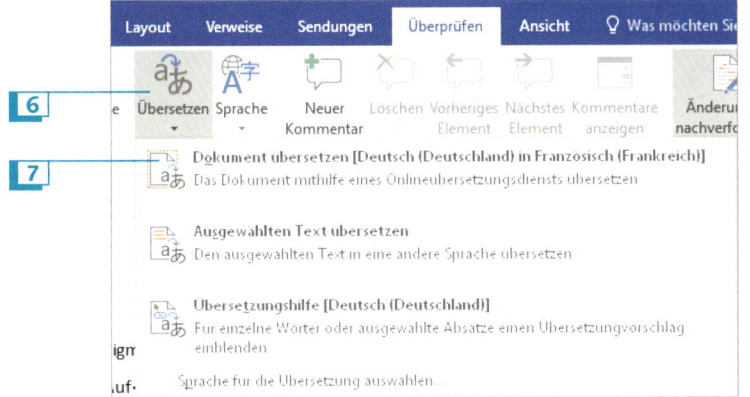

8 Es erscheint der Hinweis, dass das Dokument für die Übersetzung übers Internet verschickt wird. Bestätigen Sie diesen Hinweis mit *Ja*.

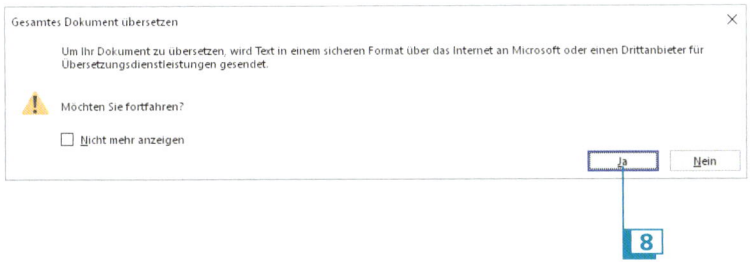

9 Die Übersetzung wird im Standard-Webbrowser geladen und kann dort in verschiedenen Ansichten angezeigt werden.

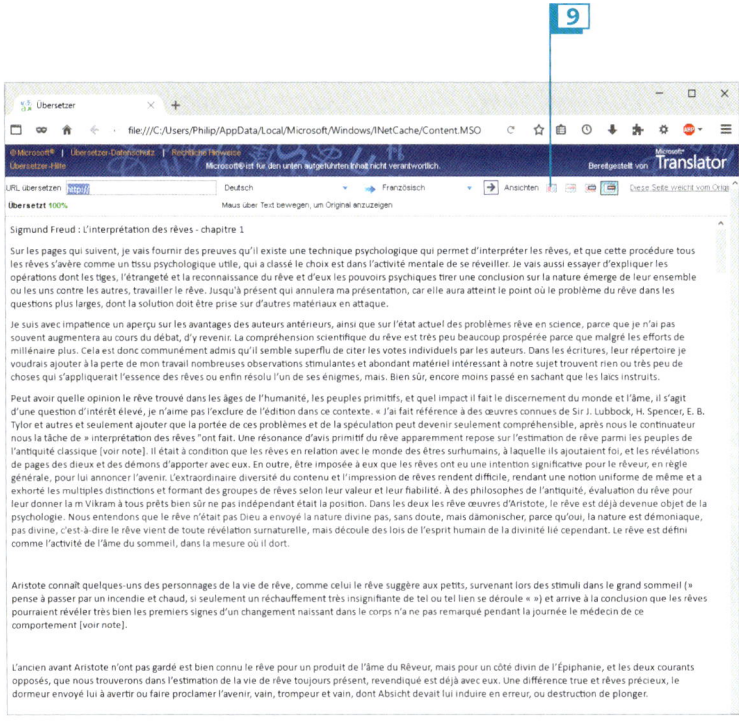

WICHTIGE INFORMATION

Statt ganzer Dokumente lassen sich auch einzelne Begriffe übersetzen. Dies erfolgt dann direkt in Office 2016. Die Vorgehensweise: Markieren Sie einen Begriff, wählen Sie im Menüband den Reiter *Überprüfen* und klicken Sie unter der Schaltfläche *Übersetzen* auf den Eintrag *Ausgewählten Text übersetzen*. Rechts wird daraufhin eine Leiste eingeblendet, in der die Übersetzung durchgeführt wird. Sie können sich direkt in der Leiste auch noch weitere Begriffe übersetzen lassen.

14

> **TIPP** ➡ Oder ist Ihnen ein Begriff unbekannt? Dann markieren Sie diesen und wählen unter dem Reiter *Überprüfen* die Schaltfläche *Intelligentes Nachschlagen*. In einer zusätzlichen Leiste werden Ihnen passende Begriffsdefinitionen angezeigt, etwa aus der Wikipedia.

Office-Dateien im Netzwerk freigeben

Wenn Sie anderen Benutzern in einem lokalen Netzwerk – daheim oder im Büro – den Zugriff auf eine Office-Datei ermöglichen möchten, nutzen Sie die von Ihrem Betriebssystem angebotene Freigabefunktion. Hier stelle ich die Freigabe am Beispiel einer PowerPoint-Datei unter Windows 10 vor.

1 Öffnen Sie den Datei-Explorer, beispielsweise per Mausklick auf das Symbol 📁 in der Taskleiste.

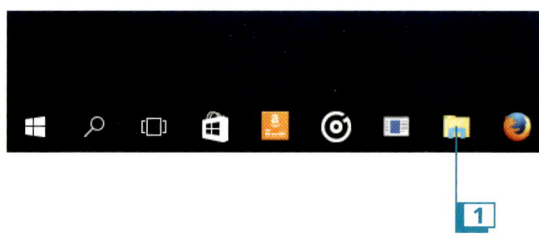

2 Klicken Sie die Datei, die Sie freigeben möchten, mit der rechten Maustaste an.

3 Bewegen Sie den Mauszeiger im Kontextmenü auf den Eintrag *Freigeben für*.

4 Im Ausklappmenü entscheiden Sie sich sodann für eine Freigabeoption, hier *Bestimmte Personen*.

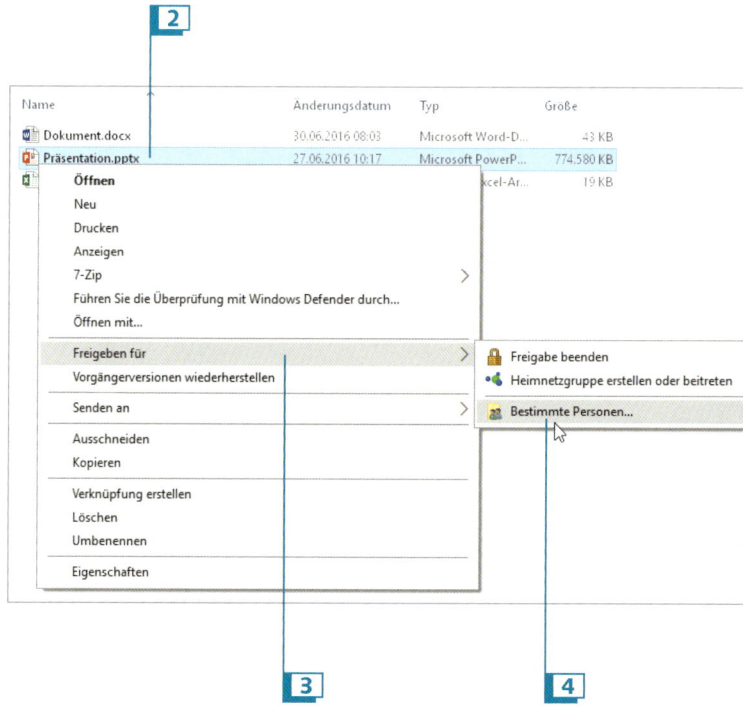

> **TIPP** ➡ Möchten Sie eine Freigabe später wieder beenden, klicken Sie im Kontextmenü unter *Freigeben für* auf den Eintrag *Freigabe beenden*.

5 Im nächsten Fenster geben Sie den Namen des Benutzers ein, für den die Datei freigegeben werden soll. Für eine Freigabe an alle Personen mit Netzwerkzugriff tippen Sie als Benutzername *Jeder* ein.

Office-Dateien austauschen und gemeinsam bearbeiten

6 Bestätigen Sie mit *Hinzufügen*.

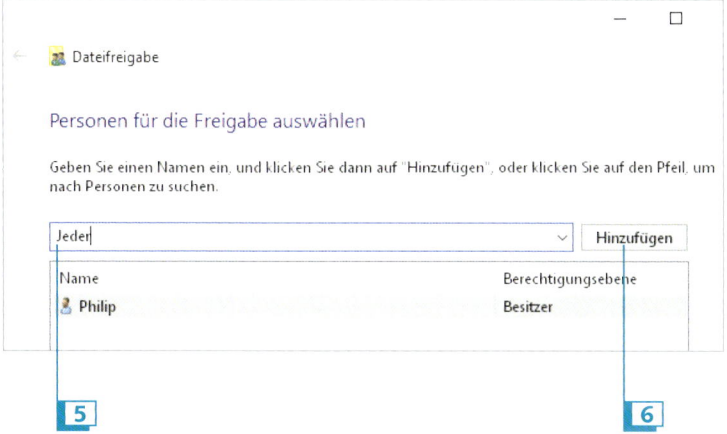

9 Bestätigen Sie Ihre Freigabeeinstellungen mit der Schaltfläche *Freigabe*.

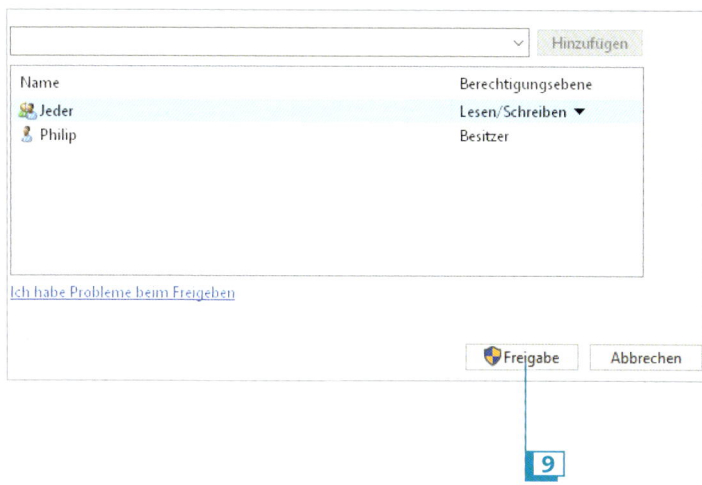

7 Soll die Person im Netzwerk die Datei nicht nur öffnen, sondern auch bearbeiten dürfen? Dann klicken Sie auf die Standard-Berechtigungsebene *Lesen*.

8 Wählen Sie im sich öffnenden Menü den Eintrag *Lesen/Schreiben*.

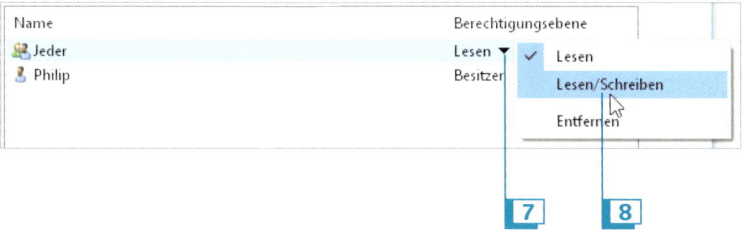

10 Klicken Sie anschließend auf *Weiter*.

11 Bestätigen Sie zum Schluss mit *Fertig*.

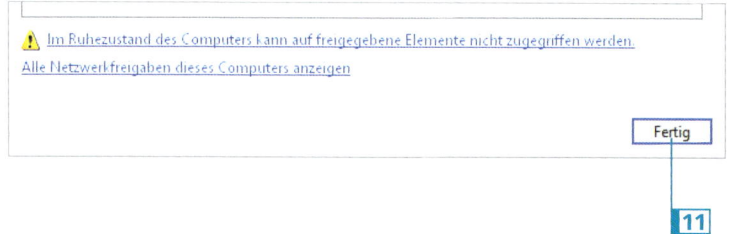

297

12 Der Zugriff auf freigegebene Dateien erfolgt ebenfalls im Datei-Explorer. Im Navigationsbereich unter *Netzwerk* werden die im Netzwerk verfügbaren Computer zur Auswahl angeboten.

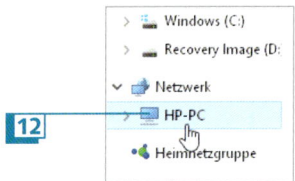

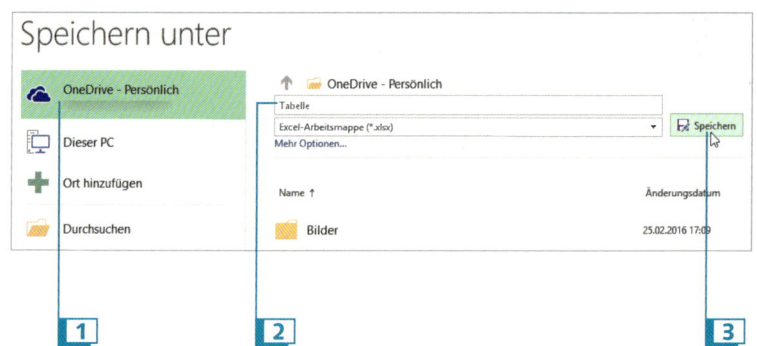

TIPP ➡ Grundlegende Netzwerkeinstellungen nehmen Sie unter Windows im *Netzwerk- und Freigabecenter* vor, das Sie beispielsweise in der *Systemsteuerung* unter *Netzwerk und Internet* aufrufen.

Office-Dateien im Internet freigeben

Wenn Sie sich dazu entschließen, eine Office-Datei im Internet zu speichern, können Sie diese an Personen weltweit für die gemeinsame Bearbeitung freigeben.

1 Sie wählen – wie ja bereits in Kapitel 2 beschrieben – OneDrive zum Speichern Ihrer Datei, in diesem Fall einer Excel-Datei, aus.

2 Vergeben Sie wie gewohnt einen Dateinamen und passen Sie gegebenenfalls das Dateiformat an.

3 Bestätigen Sie mit *Speichern*, um die Datei ins Internet hochzuladen.

4 Wählen Sie nun rechts oben *Freigeben*. (Für die Freigabe müssen Sie in Office 2016 mit Ihrem Microsoft-Konto angemeldet sein, vgl. dazu ebenfalls Kapitel 2.)

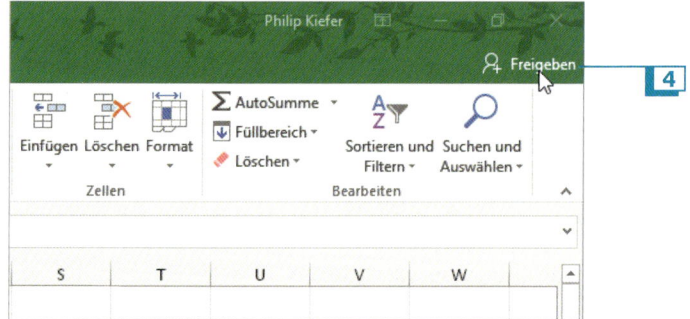

5 Geben Sie in der eingeblendeten Leiste eine oder mehrere Personen für die Freigabe an.

6 Bestimmen Sie per Menü die Berechtigungsebene.

7 Verfassen Sie – optional – einen Text, der in der Freigabe-E-Mail angezeigt wird.

Office-Dateien austauschen und gemeinsam bearbeiten

8 Bestätigen Sie mit der Schaltfläche *Freigeben*.

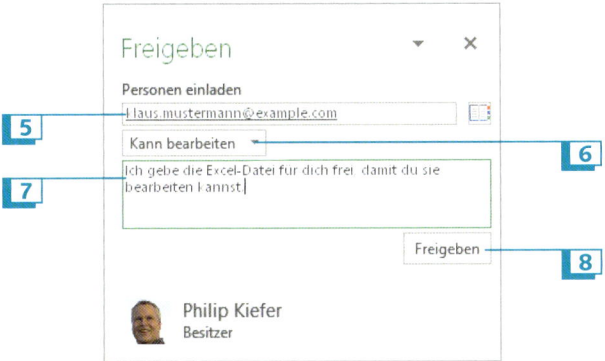

2 Auf der geöffneten Webseite wählen Sie *Anmelden*.

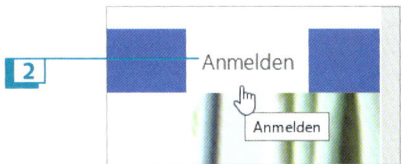

3 Geben Sie die zu Ihrem Microsoft-Konto gehörende E-Mail-Adresse ein.

4 Bestätigen Sie die Eingabe mit *Weiter*.

Office-Dateien online bearbeiten

Freigegebene Office-Dateien können online betrachtet und mit einem Microsoft-Konto sogar online bearbeitet werden. Natürlich können Sie auch selbst auf die hochgeladenen Dateien zugreifen, um diese beispielsweise im Urlaub auf dem Hotelcomputer zu bearbeiten.

1 Rufen Sie im Webbrowser die Adresse onedrive.live.com auf.

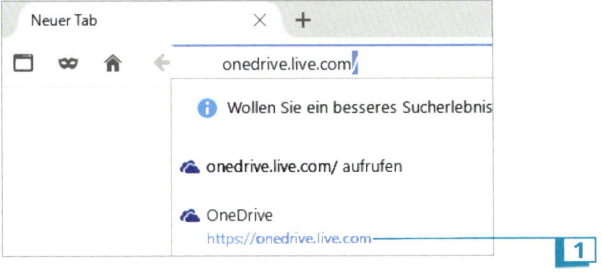

5 Geben Sie das zu Ihrem Microsoft-Konto gehörende Passwort ein.

6 Entscheiden Sie per Kontrollkästchen, ob Sie auf der Seite angemeldet bleiben wollen oder nicht.

14

7 Bestätigen Sie mit *Anmelden*.

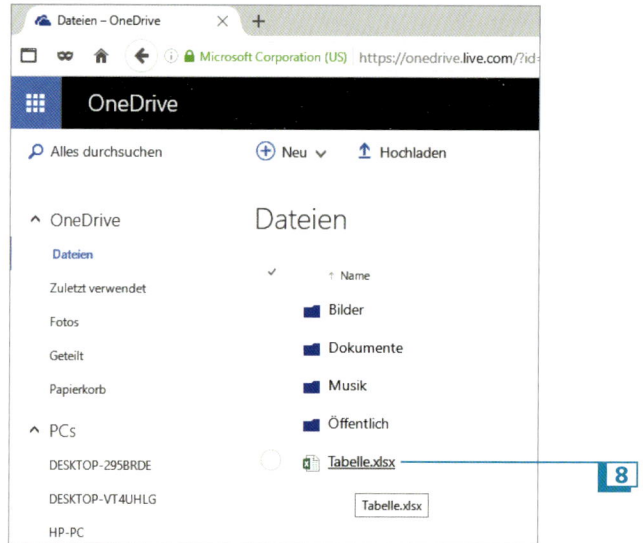

8 Wählen Sie per Mausklick die Datei aus, die Sie bearbeiten möchten.

9 Wie beim installierten Excel: Bearbeiten Sie im Arbeitsbereich Ihre Daten.

10 Verwenden Sie die Funktionen im Menüband für Formatierungen, Überprüfungen usw. In der Onlineversion von Excel stehen zwar nicht alle Funktionen zur Verfügung, auf die Sie im installierten Excel Zugriff haben, aber doch die wichtigsten.

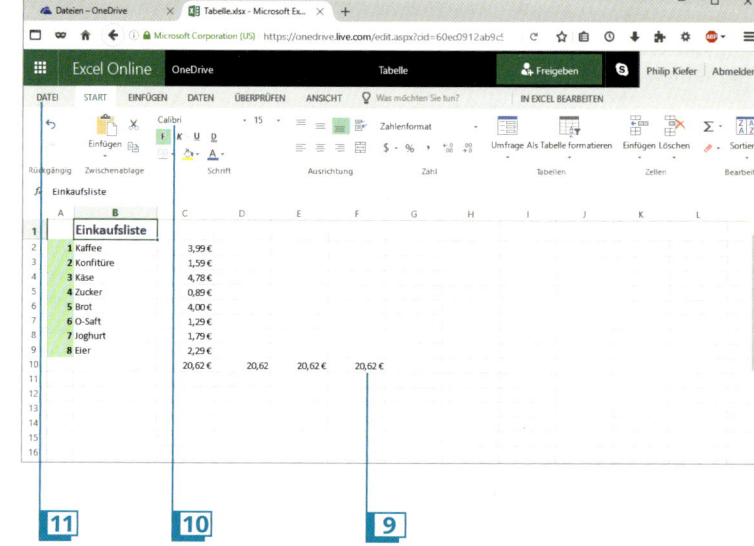

Office-Dateien austauschen und gemeinsam bearbeiten

11 Gespeichert werden die Änderungen automatisch. Sie können eine Datei jedoch auch auf den Computer herunterladen. Dazu klicken Sie im Menüband auf den Reiter *Datei*.

12 Wählen Sie dann unter *Speichern unter* eine Download-Variante aus.

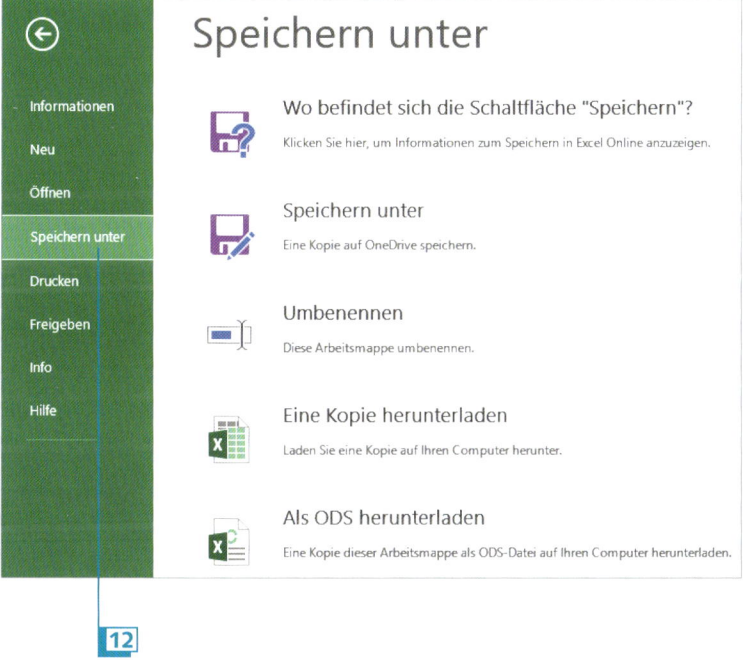

Office-Dateien online erstellen

Es lassen sich mit OneDrive nicht nur bereits vorhandene Office-Dateien bearbeiten, sondern Sie können auch neue Office-Dateien online erstellen.

1 Klicken Sie links oben auf der OneDrive-Seite (Sie sind bereits angemeldet) auf das App-Symbol.

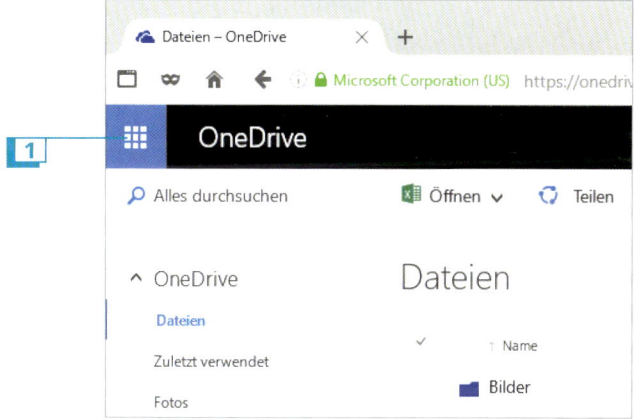

2 Wählen Sie im sich öffnenden Menü eine Office-App aus, z. B. *PowerPoint*.

3 Schon können Sie eine Vorlage für Ihre neue Office-Datei auswählen – die Vorgehensweise entspricht der in den installierten Office-Programmen.

301

14

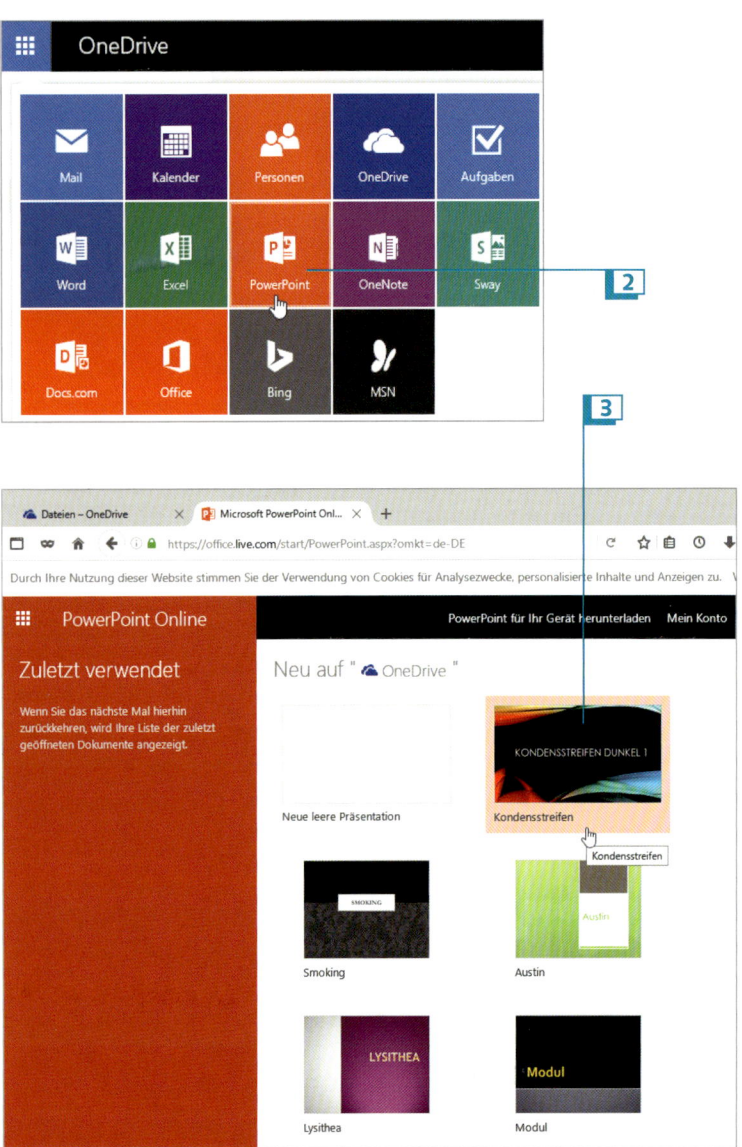

Online vorführen

Mit PowerPoint erstellte Präsentationen sowie Word-Dokumente können Sie anderen Personen auch online vorführen. Die Vorgehensweise wird hier anhand einer PowerPoint-Präsentation dargestellt.

1 Öffnen Sie die Datei, die Sie vorführen möchten, und klicken Sie im Menüband auf den Reiter *Datei*.

2 Wählen Sie im Backstage-Bereich den Eintrag *Freigeben*.

3 Klicken Sie als Nächstes auf die Freigabeoption *Online vorführen*.

Office-Dateien austauschen und gemeinsam bearbeiten

4 Legen Sie per Kontrollkästchen fest, ob die Beteiligten die vorgeführte Datei herunterladen dürfen oder nicht.

5 Klicken Sie dann auf die Schaltfläche *Online vorführen*.

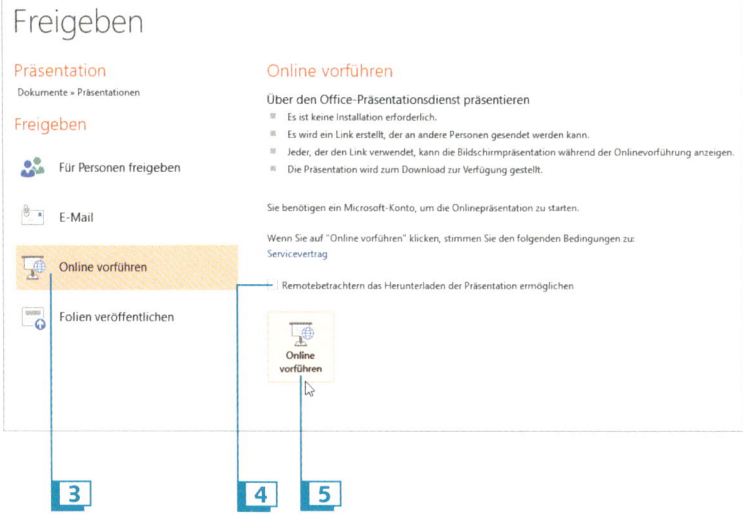

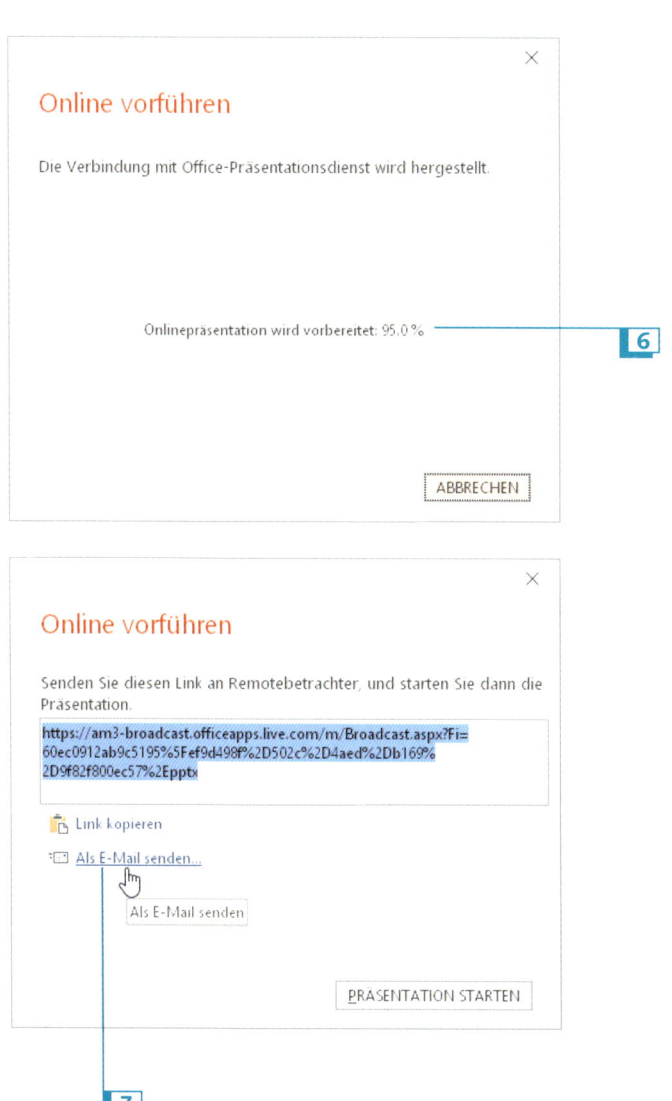

6 Die Onlinevorführung wird vorbereitet, was je nach Umfang der Datei einen Moment dauern kann. Der Status wird Ihnen jeweils in einem Fenster angezeigt.

7 Ihnen wird anschließend die Webadresse der Onlinevorführung angezeigt. Um diese per E-Mail zu verschicken, wählen Sie *Als E-Mail senden*.

303

14

8 Geben Sie die E-Mail-Adresse der einzuladenden Personen – durch einen Strichpunkt getrennt – in die *An*-Zeile des E-Mail-Fensters ein.

9 Klicken Sie auf *Senden*, um die Einladung loszuschicken.

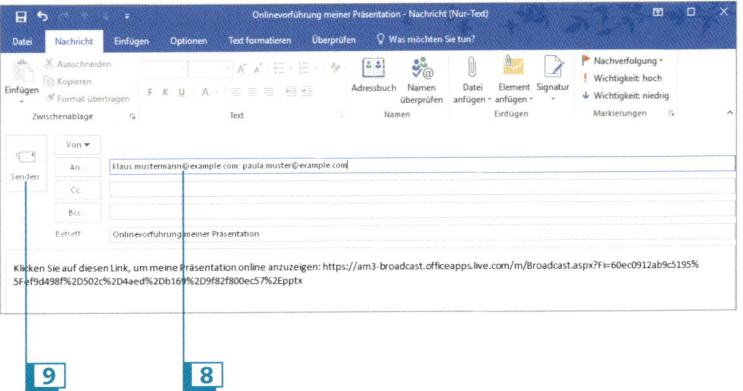

10 Bestätigen Sie mit *Präsentation starten*.

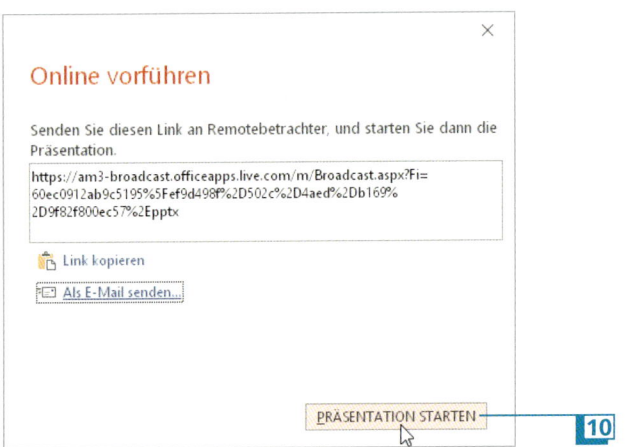

Mehrere Dokumente zusammenfügen

Auch das kann mal der Fall sein: Sie arbeiten mit anderen Personen an einem Dokument, wobei aber jeder einen anderen Teil davon erstellt. Zum Schluss möchten Sie die einzelnen Teile zu einem Gesamtdokument zusammenfügen. Hierzu gehen Sie folgendermaßen vor:

1 Öffnen Sie die Datei, die am Anfang des Gesamtdokuments stehen soll, und setzen Sie den Cursor mit [Strg]+[Ende] ans Ende des Dokumentteils. Fügen Sie am Ende des Dokumentteils gegebenenfalls noch einen Absatz oder einen Seitenwechsel ein.

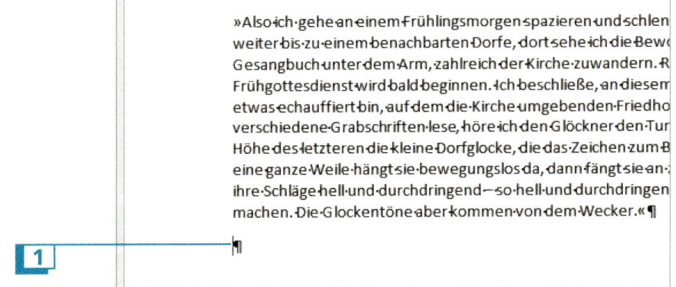

2 Entscheiden Sie sich im Menüband für den Reiter *Einfügen*.

3 Klicken Sie in der Gruppe *Text* auf den zur Schaltfläche *Objekt* gehörenden Pfeil.

4 Im aufklappenden Menü entscheiden Sie sich für die Option *Text aus Datei*.

Austausch innerhalb des Office-Pakets

Das Office-Paket bietet verschiedene Austauschmöglichkeiten unter den einzelnen Programmen. Das Beispiel der Verwendung von Outlook-Kontakten in Word kennen Sie bereits. Nun möchte ich Ihnen Schritt für Schritt erläutern, wie Sie eine Office-Datei als Dateiobjekt in eine andere Datei einfügen – hier ein Word-Dokument in eine Excel-Datei.

1 Bestimmen Sie im ersten Schritt, an welcher Stelle das Objekt eingefügt werden soll.

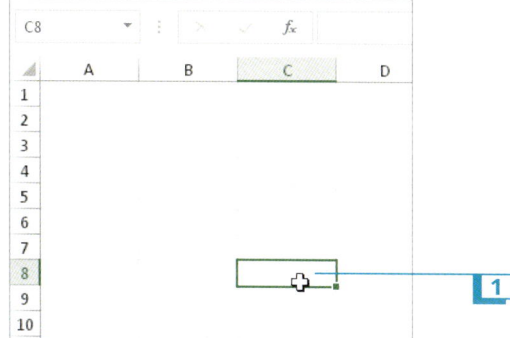

2 Wählen Sie dann im Menüband den Reiter *Einfügen*.

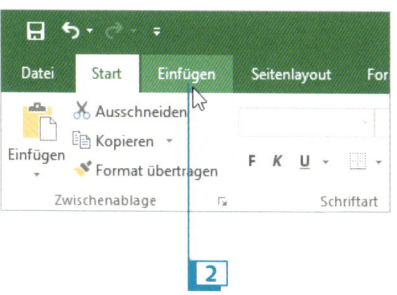

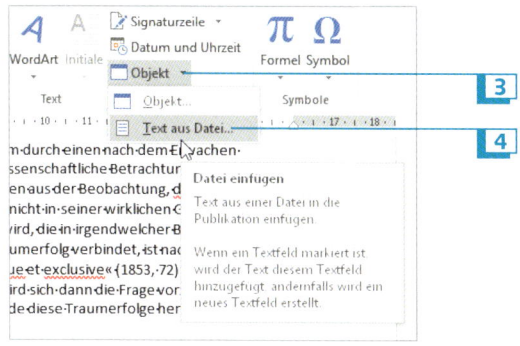

5 Wählen Sie den zweiten Dokumentteil aus.

6 Bestätigen Sie mit *Einfügen*. Wiederholen Sie die Schritte gegebenenfalls mit weiteren Dokumentteilen.

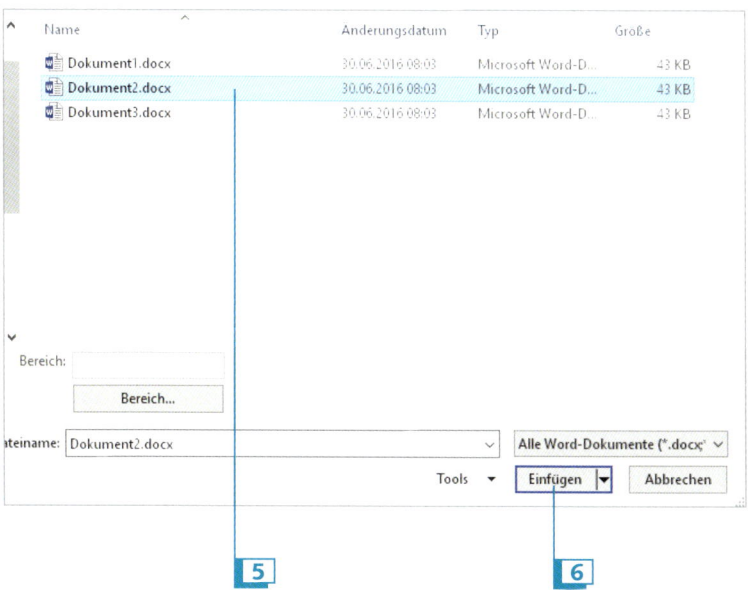

3 Klicken Sie in der Gruppe *Text* auf die Schaltfläche *Objekt*.

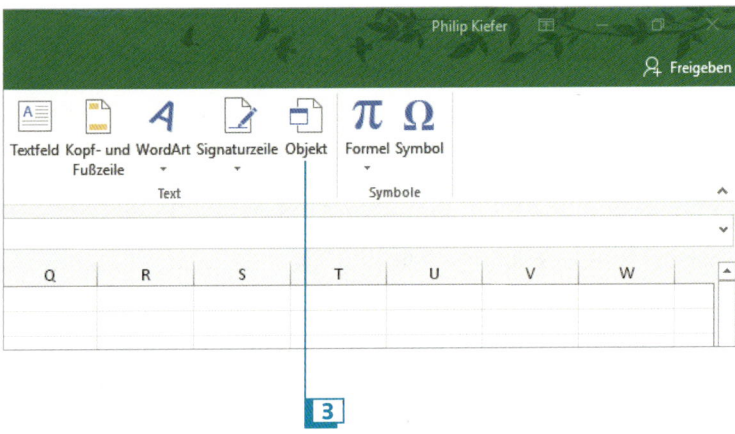

4 Scrollen Sie mithilfe der Bildlaufleiste zum gewünschten Eintrag.

5 Klicken Sie den Eintrag an – in diesem Fall *Microsoft Word Document*.

6 Oder möchten Sie eine bereits vorhandene Word-Datei einfügen? Diese würden Sie unter dem Reiter *Aus Datei erstellen* auswählen.

> **TIPP** ➡ Statt des Objekts selbst lediglich einen Dateilink einbauen: Wenn Sie diese Variante bevorzugen, aktivieren Sie im Fenster *Objekt* das Kontrollkästchen *Als Symbol*, bevor Sie mit *OK* bestätigen.

7 Bestätigen Sie Ihre Auswahl mit *OK*.

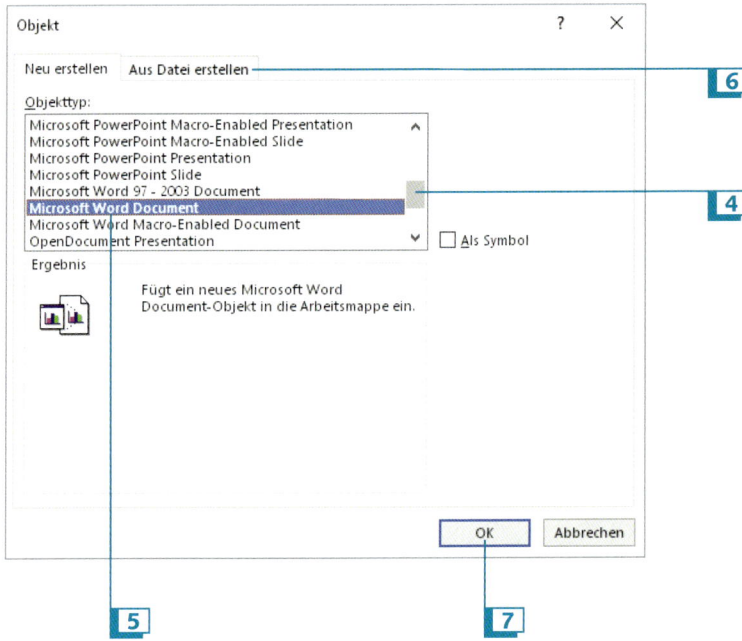

8 Klicken Sie auf den Rand des Objekts, um es bei gedrückter Maustaste auf die benötigte Größe zu ziehen.

9 Tippen Sie anschließend Ihren Text ein.

10 Bei aktivem Objekt wird das Word-Menüband angezeigt, in dem Sie Formatierungsoptionen und weitere Funktionen auswählen können.

11 Um wieder zu Excel zurückzukehren, klicken Sie auf eine Stelle außerhalb des Objekts.

Office-Dateien austauschen und gemeinsam bearbeiten

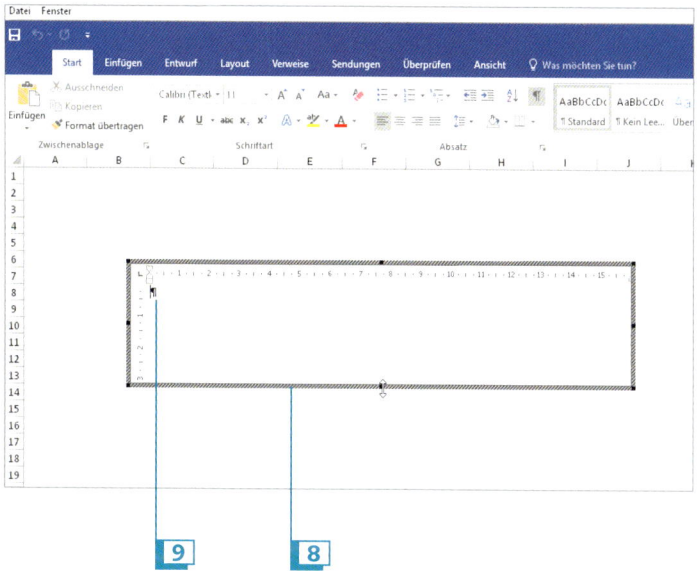

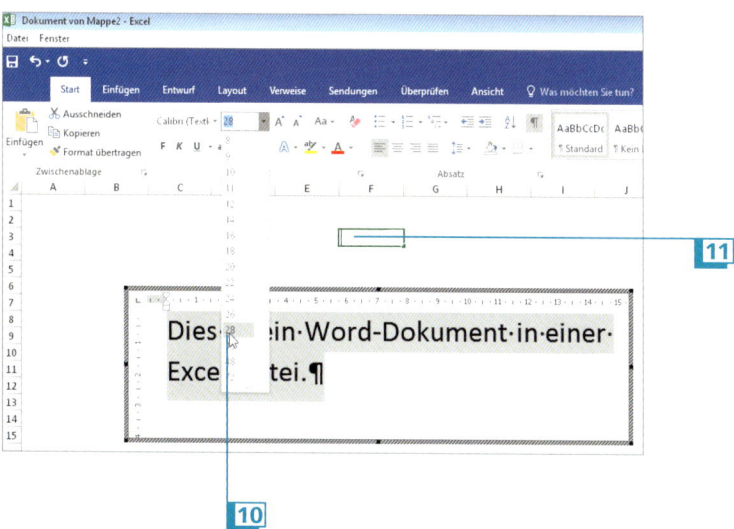

In Word Bearbeitungen verbieten

Möchten Sie zwar anderen Personen die Bearbeitung eines Word-Dokuments ermöglichen, jedoch bestimmte Bearbeitungen verbieten, so schützen Sie das Dokument auf folgende Weise:

1 Klicken Sie im Menüband auf den Reiter *Datei*.

2 Wählen Sie im Backstage-Bereich unter *Informationen* (wird automatisch angezeigt) die Schaltfläche *Dokument schützen*.

3 Klicken Sie im sich öffnenden Menü auf den Eintrag *Bearbeitung einschränken*.

4 Im Arbeitsbereich wird eine Leiste eingeblendet, in der Sie sich zunächst per Kontrollkästchen für die Art des Dokumentschutzes entscheiden.

> **TIPP** ➡ Wenn ein für andere Personen zur gemeinsamen Bearbeitung freigegebenes Dokument gar nicht mehr bearbeitet werden soll, entscheiden Sie sich im Menü aus Schritt 3 für den Eintrag *Als abgeschlossen kennzeichnen*.

14

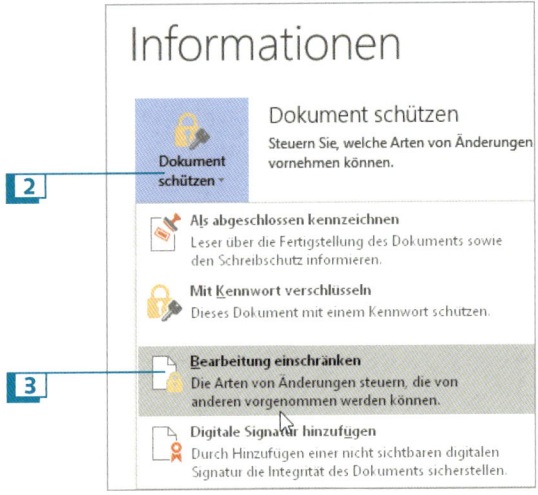

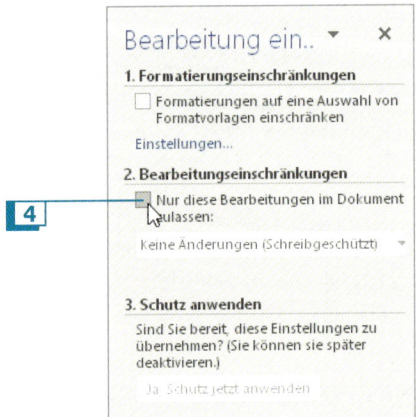

[7] Geben Sie zweimal ein Kennwort ein, das Sie benötigen werden, um den Schutz wieder aufzuheben.

[8] Bestätigen Sie die Kennworteingabe mit *OK*. Die Funktionen, die nicht mehr zur Verfügung stehen, werden im Menüband nur noch ausgegraut dargestellt.

[5] Machen Sie Ihre Angaben zum Dokumentschutz.

[6] Bestätigen Sie dann mit der Schaltfläche *Ja, Schutz jetzt anwenden*.

Office-Dateien austauschen und gemeinsam bearbeiten

TIPP ➡ Um den festgelegten Dokumentschutz wieder aufzuheben, klicken Sie in der Leiste auf die Schaltfläche *Schutz aufheben*, geben das Kennwort ein und bestätigen mit *OK*.

In Excel Zellen schützen

Wie zuvor im Zusammenhang mit Word gezeigt, lässt sich auch in Excel ein Schutz konfigurieren. Dieser bezieht sich auf die einzelnen Zellen einer Tabelle.

1 Sie können ein ganzes Blatt schützen. Um lediglich bestimmte Zellen zu schützen, müssen Sie Excel zunächst mitteilen, welche Zellen bei aktiviertem Blattschutz **nicht** geschützt werden sollen. Dazu markieren Sie auf dem Tabellenblatt diese Zellen, also alle Zellen, die keinen Schutz brauchen.

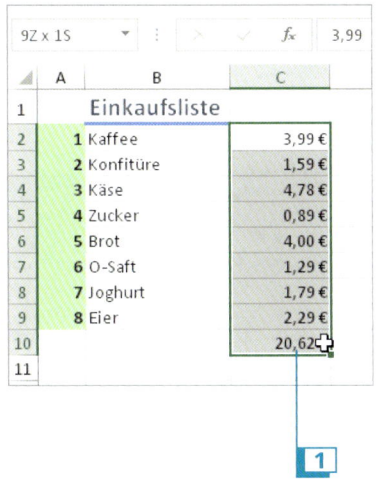

2 Klicken Sie die markierten Zellen mit der rechten Maustaste an.

3 Wählen Sie im Kontextmenü den Eintrag *Zellen formatieren*.

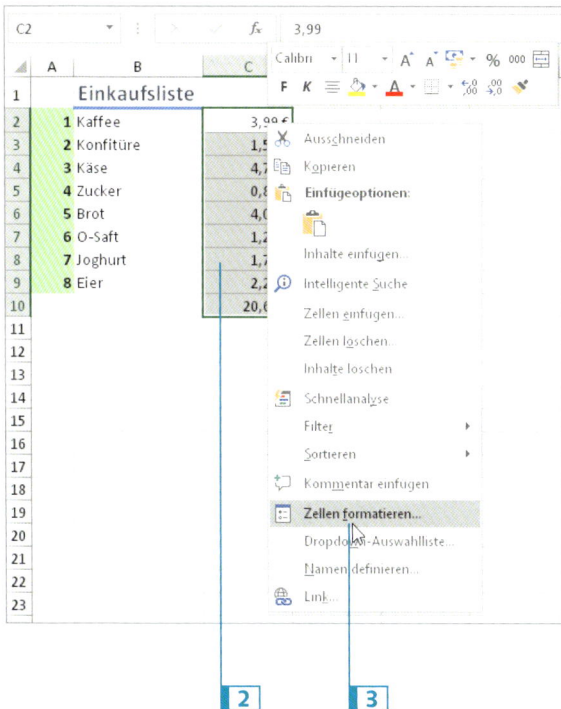

4 Im sich öffnenden Fenster klicken Sie auf den Reiter *Schutz*.

5 Deaktivieren Sie das Kontrollkästchen *Gesperrt* und bestätigen Sie mit *OK*.

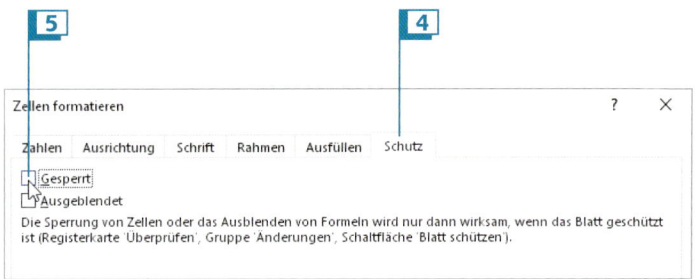

6 Wählen Sie jetzt im Menüband den Reiter *Überprüfen*.

7 Klicken Sie in der Gruppe *Änderungen* auf die Schaltfläche *Blatt schützen*.

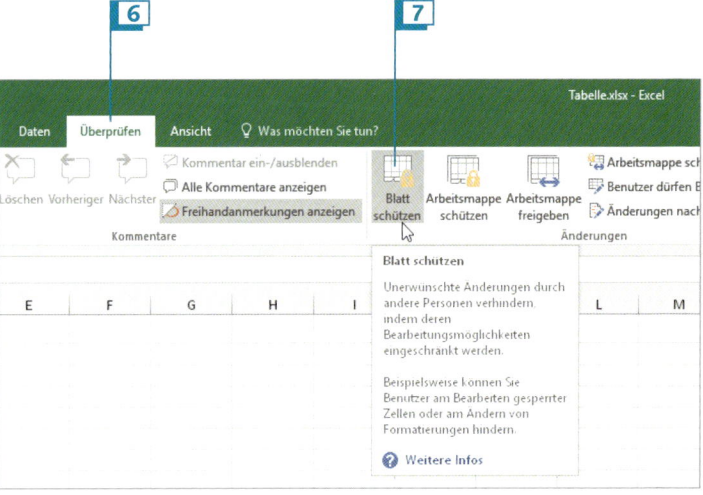

8 Geben Sie im sich öffnenden Fenster zunächst ein Kennwort ein, das zur Aufhebung des Blattschutzes erforderlich sein wird.

9 Bestimmen Sie dann per Kontrollkästchen, welche Aktionen ein Bearbeiter im Tabellenblatt durchführen darf und welche nicht.

10 Bestätigen Sie mit *OK*. Das Kennwort muss anschließend noch mal bestätigt werden. Dann ist der Blattschutz aktiv.

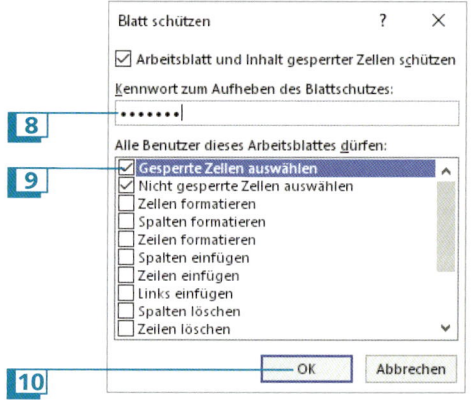

TIPP ➡ Um den Blattschutz wieder aufzuheben, klicken Sie auf die in der Gruppe *Änderungen* nun angezeigte Schaltfläche *Blattschutz aufheben*. Geben Sie das zuvor vergebene Kennwort ein und bestätigen Sie mit *OK*.

Tolle Tipps & Tricks rund um die Office-Programme

Das Kapitel im Überblick

- Office-Programme in die Taskleiste legen
- Menüband einrichten
- Symbolleiste einrichten
- Touchmodus aktivieren
- Eigene Word-Tastenkombinationen erstellen
- Schnellbausteine ersparen Tipparbeit
- Bildbearbeitung mit Office 2016
- Bilder freistellen mit Office 2016
- Prozesse mithilfe von Makros automatisieren
- Sicherheitseinstellungen im Trust Center
- Office-Apps auf Smartphone oder Tablet installieren
- Add-ins aus dem integrierten Store beziehen
- Externe Add-ins installieren
- Add-ins verwalten

In diesem Kapitel erhalten Sie noch eine Reihe pfiffiger Tipps und Tricks für die Office-Programme. Sie werden Ihnen dabei helfen, die Programme noch effizienter zu nutzen und sich beispielsweise eine Menge Tipparbeit bei der Eingabe von Texten und Daten zu ersparen.

Erstellen Sie Schnellbausteine, um Textelemente per Mausklick einzufügen, richten Sie die Menübänder der Office-Programme individuell ein, erstellen Sie eigene Word-Tastenkombinationen, verwenden Sie Office 2016 für die Bildbearbeitung, nehmen Sie im Trust Center Sicherheitseinstellungen vor – dies sind nur einige der Tipps und Tricks, die Sie auf den folgenden Seiten erwarten.

15

Office-Programme in die Taskleiste legen

Um die Office-Programme oder auch andere häufig benötigte Programme möglichst schnell öffnen zu können, heften Sie die Programmsymbole an die Taskleiste an. Zum Öffnen genügt dann ein einziger Mausklick. So einfach legen Sie unter Windows 10 ein Programmsymbol in die Taskleiste:

1 Klicken Sie das Programm im Startmenü mit der rechten Maustaste an.

2 Bewegen Sie den Mauszeiger im Kontextmenü auf den Eintrag *Mehr*.

3 Wählen Sie im Ausklappmenü den Eintrag *An Taskleiste anheften*.

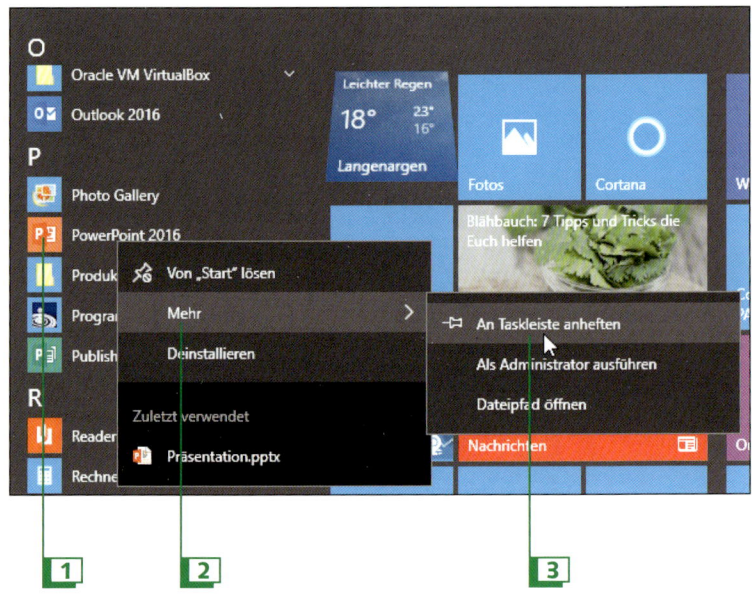

> **TIPP** ➡ Ist ein Programm geöffnet, geht es sogar noch einfacher: Klicken Sie das Programmsymbol dann in der Taskleiste mit der rechten Maustaste an und wählen Sie im Kontextmenü *An Taskleiste anheften*.

4 Klicken Sie das Programmsymbol – in diesem Fall [P] – an, um das Programm zu öffnen.

> **TIPP** ➡ Praktisch sind auch die Sprunglisten: Klicken Sie das Symbol eines Office-Programms mit der rechten Maustaste an, um in einem Kontextmenü auf die zuletzt verwendeten Dateien bzw. im Fall von Outlook 2016 auf häufig benötigte Funktionen zuzugreifen.

> **TIPP** ➡ Um ein Programmsymbol wieder aus der Taskleiste zu entfernen, klicken Sie es mit der rechten Maustaste an und wählen *Von Taskleiste lösen*.

Menüband einrichten

Die Menübänder in den einzelnen Office-Programmen lassen sich ganz den eigenen Bedürfnissen anpassen. Erstellen Sie beispielsweise eine neue Registerkarte, in die Sie alle Ihre Lieblingsfunktionen aufnehmen. Die Vorgehensweise ist rasch erklärt:

1 Klicken Sie mit der rechten Maustaste ins Menüband eines Office-Programms, hier Excel.

2 Wählen Sie im Kontextmenü den Eintrag *Menüband anpassen*.

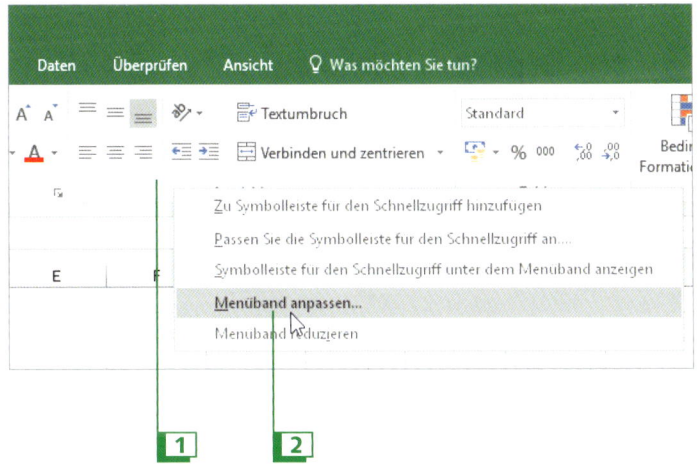

3 Die passenden Optionen des Office-Programms werden angezeigt. Klicken Sie im Bereich rechts unten im Fenster auf die Schaltfläche *Neue Registerkarte*, wenn Sie eine neue Registerkarte anlegen möchten.

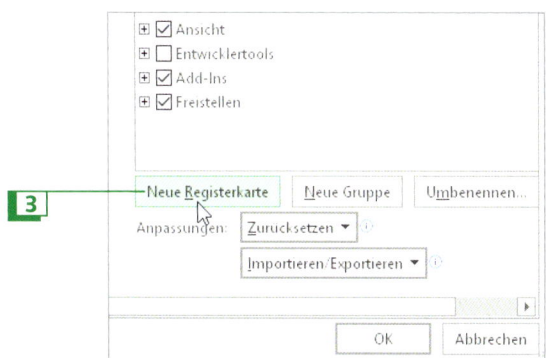

4 Klicken Sie die neue Registerkarte im Baummenü mit der rechten Maustaste an.

5 Wählen Sie im Kontextmenü *Umbenennen*.

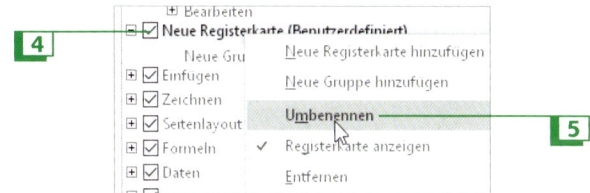

6 Geben Sie der Registerkarte eine sinnvolle und kurze Bezeichnung.

7 Bestätigen Sie mit *OK*.

8 Im Bereich links wählen Sie nun im Menü *Befehle auswählen* den Eintrag *Alle Befehle*, um sämtliche verfügbaren Befehle zur Auswahl angeboten zu bekommen.

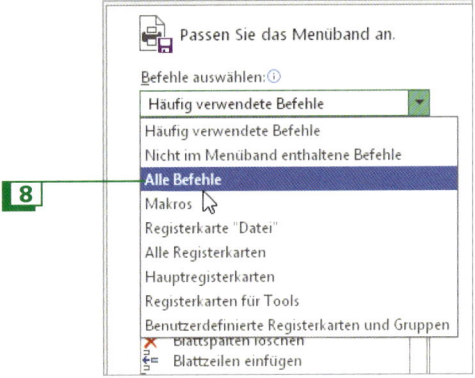

TIPP ➡ Die Gruppen werden auf die gleiche Weise umbenannt wie die Registerkarten. Weitere Gruppen fügen Sie mit der Schaltfläche *Neue Gruppe* hinzu.

9 Klicken Sie einen Befehl im Bereich links an.

10 Und ziehen Sie ihn bei gedrückter Maustaste auf eine Gruppe im Bereich rechts.

11 Wenn Sie fertig sind, bestätigen Sie mit *OK*, um die Anpassungen zu übernehmen.

TIPP ➡ Registerkarten, Gruppen und Befehle lassen sich im Baummenü durch Ziehen bei gedrückter Maustaste in der Position verändern.

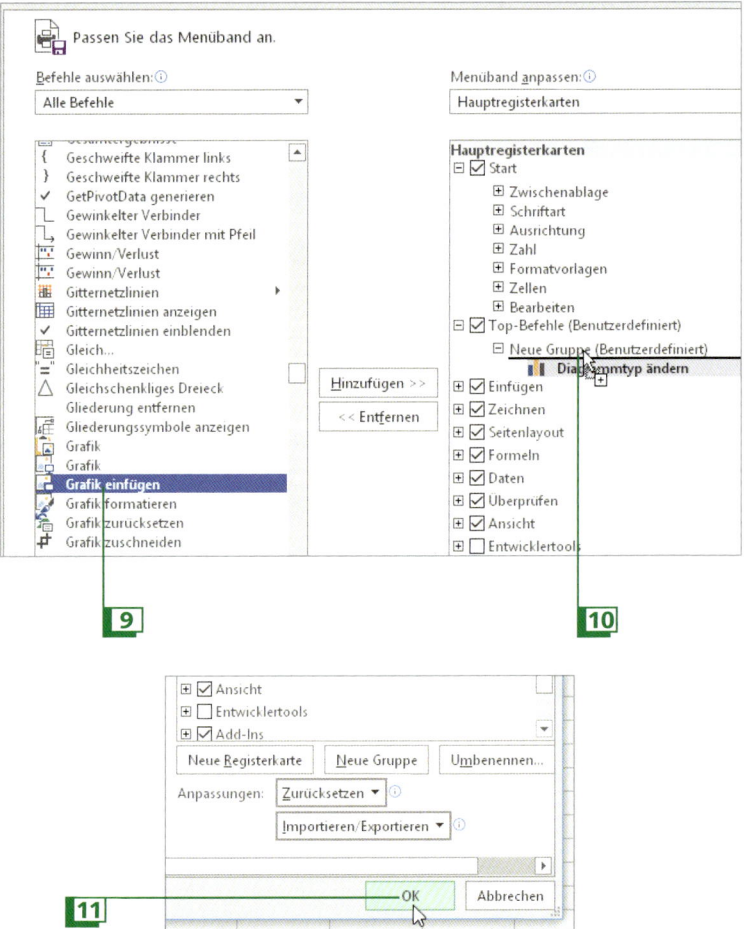

Symbolleiste einrichten

Auch die Symbolleiste für den Schnellzugriff links oben auf der Bedienoberfläche der Office-Programme lässt sich individuell anpassen, sodass besonders wichtige Funktionen jederzeit mit einem einfachen Mausklick erreichbar sind.

1 Klicken Sie rechts in der Symbolleiste für den Schnellzugriff auf das kleine Pfeilsymbol .

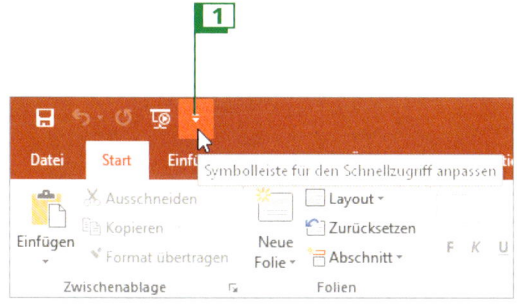

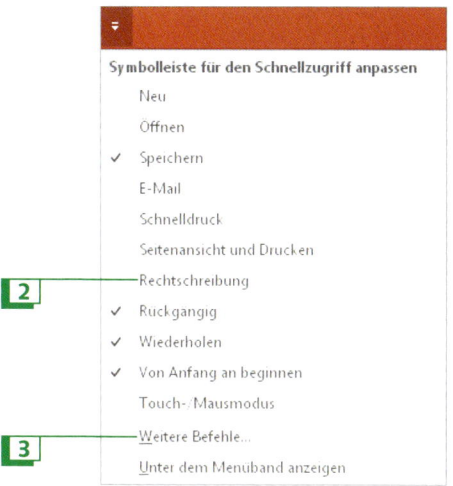

> **TIPP** ➡ **So geht's auch: Klicken Sie einen Befehl im Menüband mit der rechten Maustaste an. Entscheiden Sie sich dann im Kontextmenü für den Eintrag** *Zur Symbolleiste für den Schnellzugriff hinzufügen***.**

2 Im sich öffnenden Menü lassen sich besonders häufig benötigte Befehle per Mausklick auswählen (aber auch ausblenden, indem Sie bei einem Eintrag durch Anklicken das Häkchen entfernen).

3 Wird der gesuchte Befehl nicht angezeigt, klicken Sie auf den Eintrag *Weitere Befehle*.

4 Wie beim Anpassen des Menübands: Wählen Sie im Menü *Befehle auswählen* zunächst den Eintrag *Alle Befehle*.

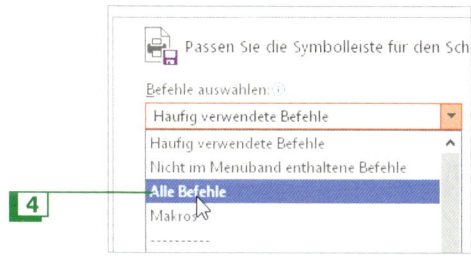

5 Um der Symbolleiste für den Schnellzugriff einen Befehl hinzuzufügen, klicken Sie diesen im Bereich links an.

6 Klicken Sie dann auf *Hinzufügen*.

15

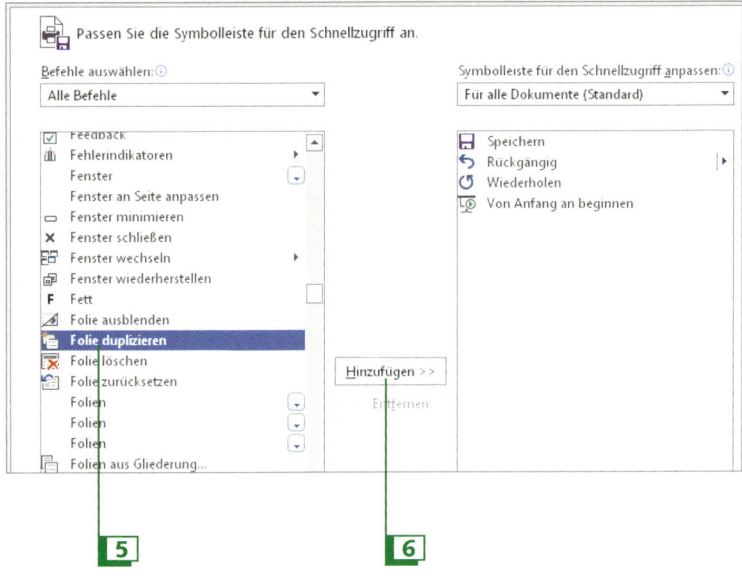

7 Passen Sie, wenn gewünscht, noch die Position des Symbols an.

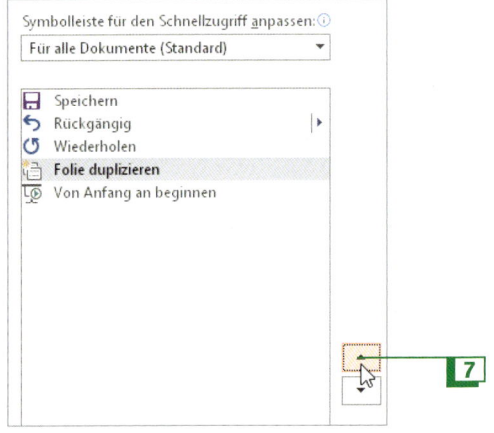

8 Bestätigen Sie mit *OK*.

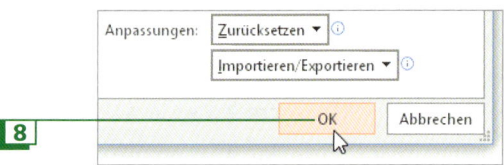

9 Ab sofort lässt sich die Funktion in der Symbolleiste für den Schnellzugriff aufrufen.

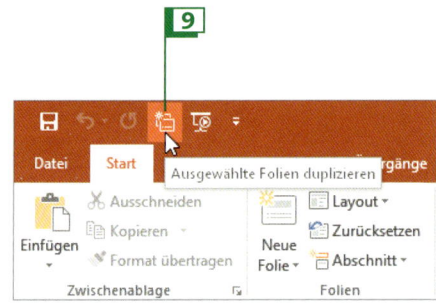

TIPP ➡ **Um eine Funktion wieder aus der Symbolleiste für den Schnellzugriff zu entfernen, klicken Sie das Symbol mit der rechten Maustaste an und wählen im Kontextmenü den Eintrag *Aus Symbolleiste für den Schnellzugriff entfernen*.**

Tolle Tipps & Tricks rund um die Office-Programme

Touchmodus aktivieren

Wenn Sie sich auf der Bedienoberfläche der Office-Programme größere Abstände zwischen den Funktionen wünschen, aktivieren Sie den Touchmodus. Dieser ist insbesondere für die Nutzung der Office-Programme auf Geräten mit Touchscreen gedacht, lässt sich jedoch auch auf Geräten mit Mausbedienung aktivieren. Der Touchmodus wird in diesem Beispiel im Programm Excel aktiviert, die Einstellung gilt jedoch auch für die anderen Office-Programme.

1 Klicken Sie auf den Pfeil ▾ rechts in der Symbolleiste für den Schnellzugriff.

2 Setzen Sie im sich öffnenden Menü per Mausklick ein Häkchen beim Eintrag *Touch-/Mausmodus*.

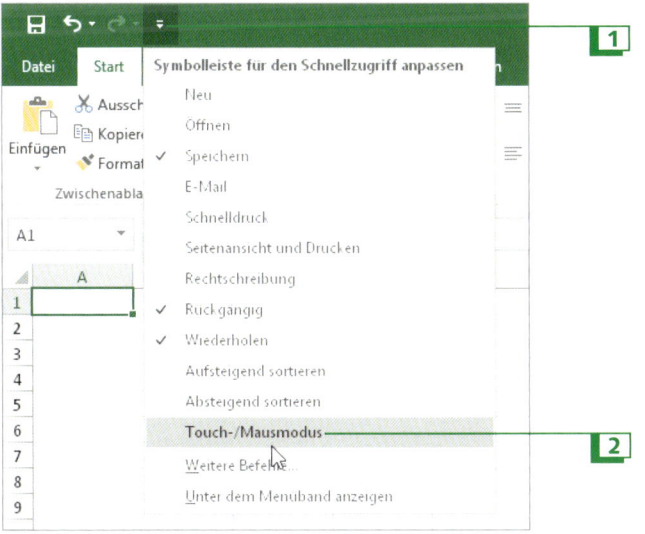

3 Klicken Sie in der Symbolleiste für den Schnellzugriff nun auf das eingeblendete Symbol ▾.

4 Wählen Sie im sich öffnenden Menü den Eintrag *Fingereingabe*.

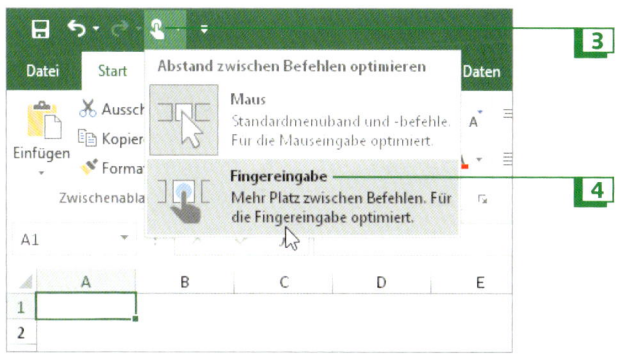

TIPP ➡ Schon gewusst? Funktionen im Menüband lassen sich auch per Tastatur aufrufen. Drücken Sie hierzu zunächst die [Alt]-Taste. Unter den Reitern im Menüband werden daraufhin Buchstaben angezeigt. Wählen Sie durch Drücken eines Buchstabens eine Registerkarte aus. Anschließend drücken Sie den bzw. die angezeigten Buchstaben der Funktion, die Sie verwenden möchten.

5 Sie bemerken sofort, dass für die Funktionen im Menüband nun deutlich mehr Platz zur Verfügung steht, während der Arbeitsbereich unverändert bleibt. Öffnen Sie weitere Office-Programme, um die gleichen Veränderungen auch dort festzustellen.

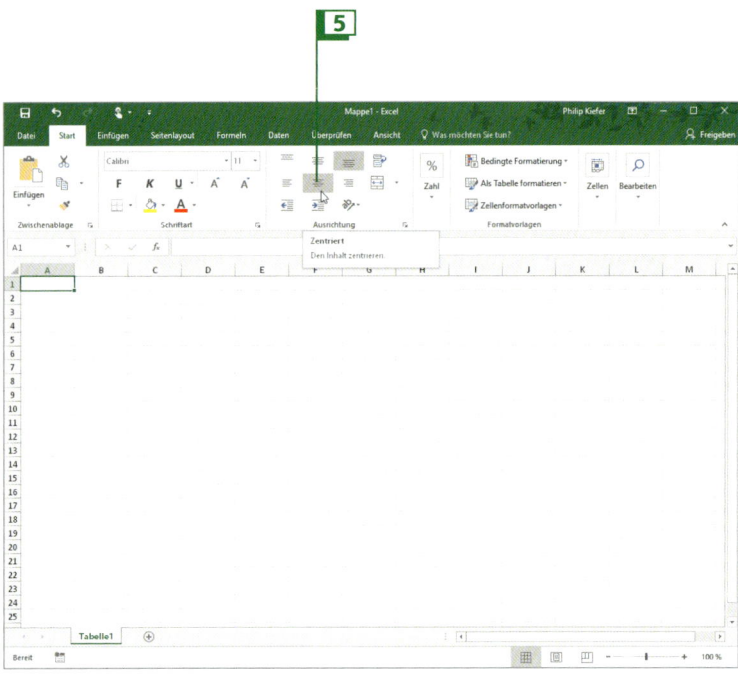

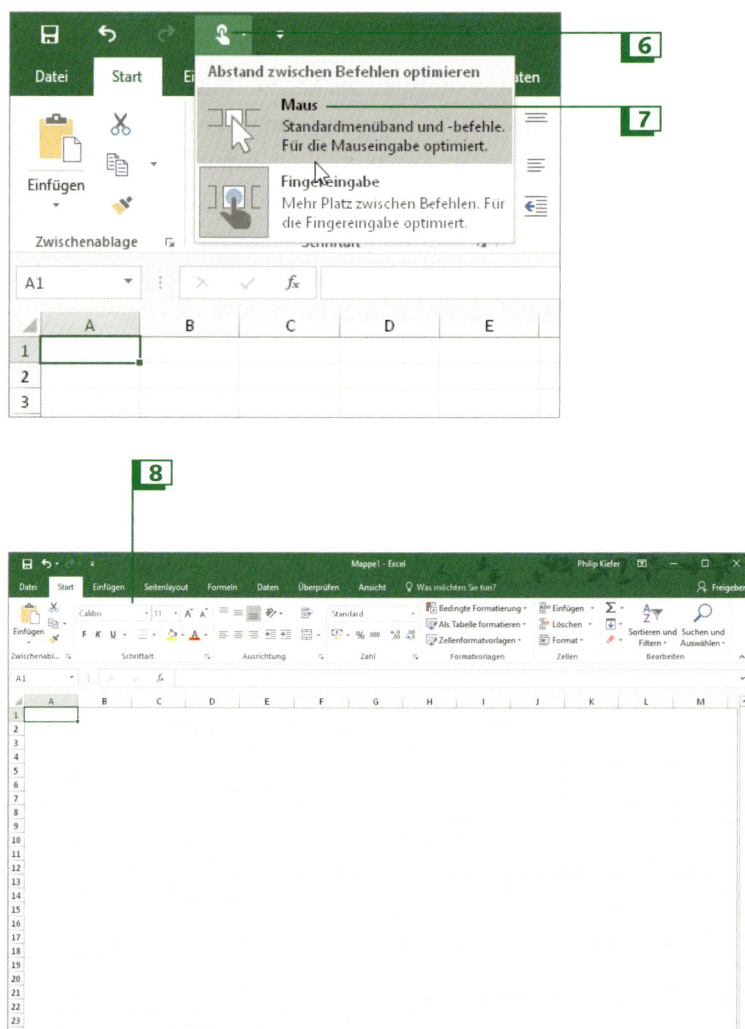

6 Um vom Touchmodus wieder zurück zum Mausmodus zu wechseln, klicken Sie in der Symbolleiste für den Schnellzugriff erneut auf das Symbol .

7 Wählen Sie im sich öffnenden Menü den Eintrag *Maus*.

8 Die Einstellung wird sofort in allen Office-Programmen übernommen.

Eigene Word-Tastenkombinationen erstellen

Sie haben in diesem Buch bereits zahlreiche Tastenkombinationen zum schnellen Aufrufen von Funktionen kennengelernt, eine umfangreiche Übersicht über weitere Tastenkombinationen finden Sie im Anhang dieses Buches. Speziell im Programm Word lassen sich aber auch ganz individuelle Tastenkombinationen festlegen.

1 Klicken Sie mit der rechten Maustaste in das Menüband von Word 2016.

2 Wählen Sie im Kontextmenü den Eintrag *Menüband anpassen*.

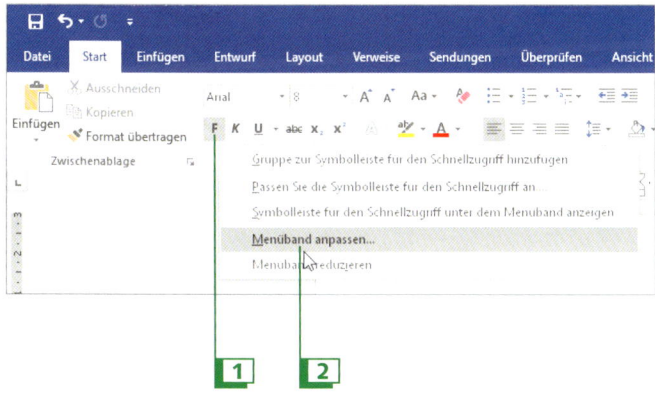

3 In den so geöffneten Word-Optionen entscheiden Sie sich unten für die Schaltfläche *Anpassen*.

4 Wählen Sie im folgenden Fenster eine Registerkarte aus.

5 Suchen Sie eine dieser Registerkarte zugeordnete Funktion aus.

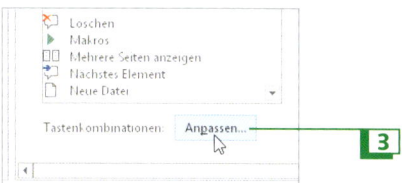

6 Klicken Sie in das Feld *Neue Tastenkombination* und drücken Sie die gewünschten Tasten. Falls die Tastenkombination bereits vergeben ist, wird Ihnen dies angezeigt; wählen Sie dann eine andere.

7 Klicken Sie auf *Zuordnen*. Wiederholen Sie den Vorgang gegebenenfalls mit weiteren Tastenkombinationen.

8 Klicken Sie zum Schluss auf *Schließen*.

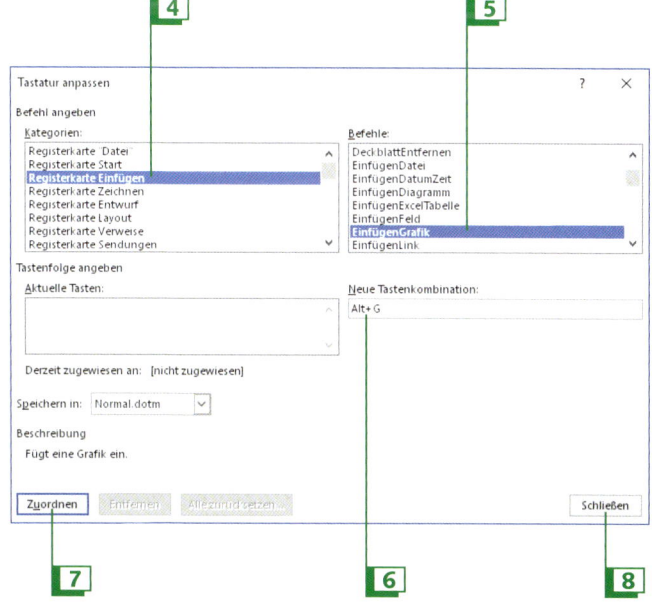

15

Schnellbausteine ersparen Tipparbeit

Ein praktischer Helfer beim Erstellen von Dokumenten sind die Schnellbausteine. Das sind häufig benötigte Texte, die sich dann mit wenigen Handgriffen einfügen lassen. Wie Sie einen Schnellbaustein erstellen und anwenden, erkläre ich im Folgenden.

1 Markieren Sie den Text, den Sie als Schnellbaustein verwenden möchten.

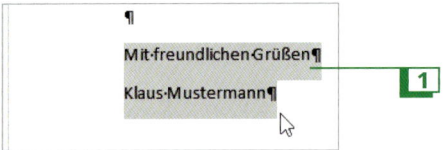

2 Klicken Sie im Menüband auf den Reiter *Einfügen*.

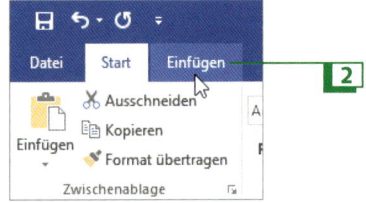

3 Klicken Sie in der Gruppe *Text* auf die Schaltfläche *Schnellbausteine*.

4 Bewegen Sie den Mauszeiger im sich öffnenden Menü auf den Eintrag *AutoText*.

5 Wählen Sie im Ausklappmenü *Auswahl im AutoText-Katalog speichern*.

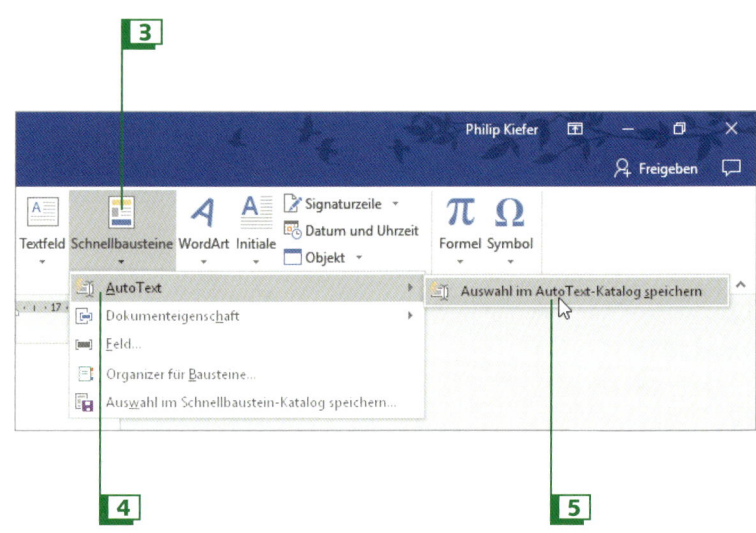

TIPP ➡ Wünschen Sie keinen AutoText (durch Eingabe der Bezeichnung und Drücken der ⏎-Taste), sondern wollen einen Schnellbaustein stets im Menü auswählen? Dann klicken Sie in Schritt 4 direkt auf den Menüeintrag *Auswahl im Schnellbaustein-Katalog speichern*.

TIPP ➡ Einen Schnellbaustein noch schneller erstellen: Markieren Sie dazu den Text und drücken Sie anschließend die Tastenkombination Alt + F3.

6 Im sich öffnenden Fenster können Sie noch ein paar Einstellungen zum Schnellbaustein vornehmen, z. B. die automatisch generierte Bezeichnung anpassen.

Tolle Tipps & Tricks rund um die Office-Programme

7 Bestätigen Sie das Erstellen des Schnellbausteins mit *OK*.

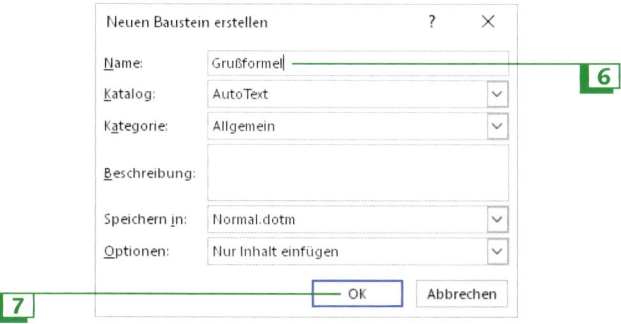

8 Um den Schnellbaustein zu verwenden, können Sie diesen manuell auswählen. Dazu klicken Sie in der Gruppe *Text* wieder auf die Schaltfläche *Schnellbausteine*.

9 Bewegen Sie den Mauszeiger auf den Menüeintrag *AutoText*.

10 Klicken Sie den Schnellbaustein im Ausklappmenü an, um ihn an der Cursorposition einzufügen.

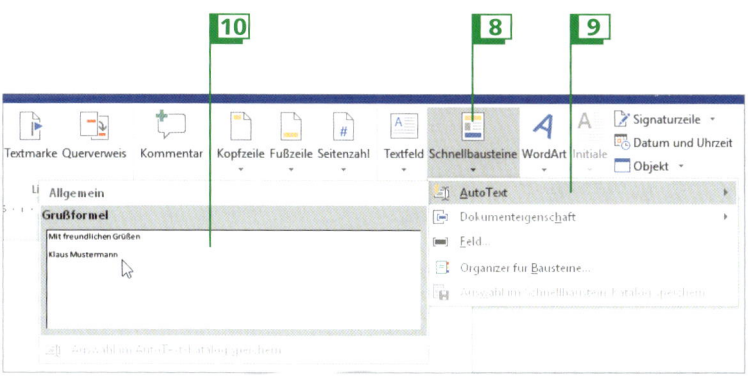

TIPP ➡ Verschiedene Dokumenteigenschaften, etwa der Autorennamen des Dokuments, lassen sich ebenfalls per Schnellbaustein einfügen. Dazu bewegen Sie den Mauszeiger in Schritt 8 auf den Menüeintrag *Dokumenteigenschaft* und nehmen wiederum im Ausklappmenü Ihre Auswahl vor.

11 Per AutoText geht es sogar noch einfacher: Tippen Sie einfach ins Dokument die Bezeichnung des Schnellbausteins ein. Bereits während der Eingabe wird der Schnellbaustein erkannt und Sie können diesen durch Drücken der ⏎-Taste einfügen.

12 Das Ergebnis: Der Schnellbaustein wurde eingefügt.

15

Bildbearbeitung mit Office 2016

Wie bereits an anderer Stelle erwähnt, lassen sich mit Office 2016 auch Bilder bearbeiten, die Sie in einem Office-Programm eingefügt haben. Lassen Sie mich Ihnen in diesem Zusammenhang einige wichtige Bildbearbeitungsfunktionen vorstellen, hier am Beispiel von PowerPoint 2016.

1 Bestimmen Sie zunächst per Mausklick das Bild, das Sie bearbeiten möchten.

2 Wählen Sie in den im Menüband eingeblendeten *Bildtools* den Reiter *Format*.

3 Entscheiden Sie sich nun beispielsweise in der Gruppe *Bildformatvorlagen* für eine ansprechende Vorlage, um das Bild mit einem Rahmen oder Effekten zu versehen.

4 Möchten Sie die Helligkeit des Bildes anpassen? Dazu klicken Sie in der Gruppe *Anpassen* auf die Schaltfläche *Korrekturen*.

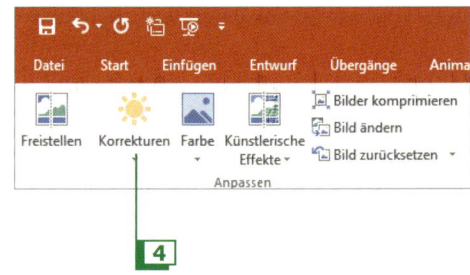

TIPP ➡ Die Vorgehensweise unter den Schaltflächen *Farbe* sowie *Künstlerische Effekte* ist ähnlich wie die unter der Schaltfläche *Korrekturen* – auch hier können Sie einen der Vorschläge auswählen oder die Leiste mit den Optionen einblenden.

5 Im sich öffnenden Menü können Sie nun einfach einen der Korrekturvorschläge auswählen, der dann sofort im Bild umgesetzt wird.

6 Bevorzugen Sie eigene Einstellungen, klicken Sie unten im Menü auf den Eintrag *Optionen für Bildkorrekturen*.

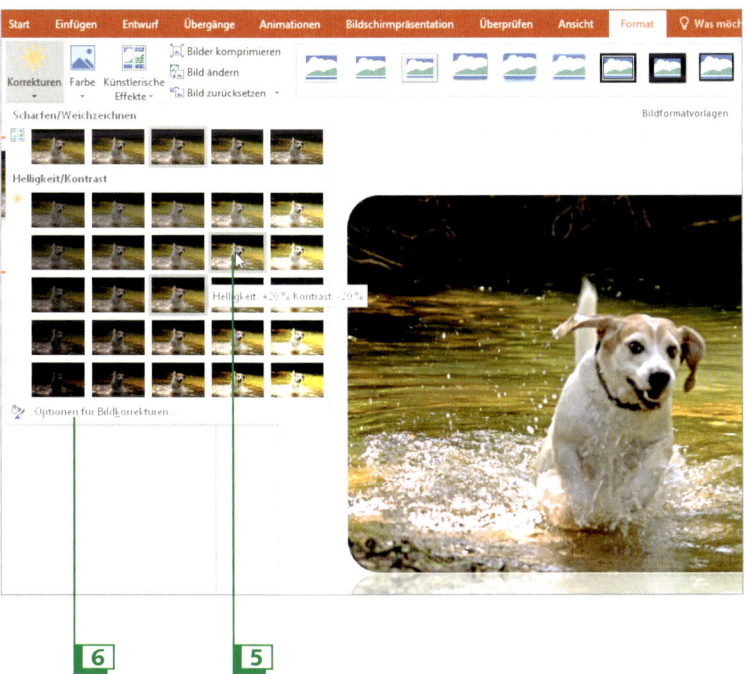

7 Die Optionen werden in einer zusätzlichen Leiste angezeigt und ermöglichen Ihnen diverse Feineinstellungen.

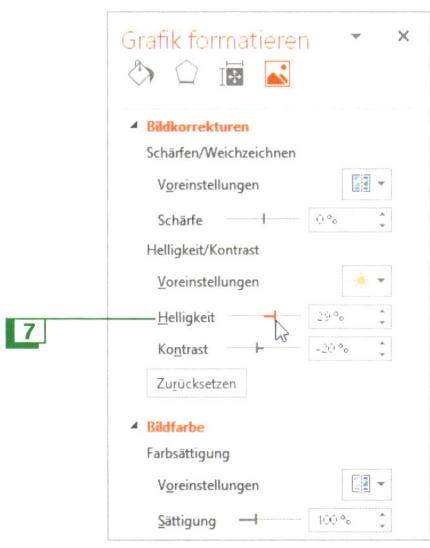

TIPP ➡ Sie sind mit der Bearbeitung nicht zufrieden? Dann klicken Sie in der Gruppe *Anpassen* auf die Schaltfläche *Zurücksetzen*, um sämtliche Bearbeitungsschritte rückgängig zu machen.

TIPP ➡ Auch das Zuschneiden eines eingefügten Bildes ist für Office 2016 kein Problem: Klicken Sie in der Gruppe *Größe* auf den oberen Teil der Schaltfläche *Zuschneiden*, um einen Zuschneiderahmen einzublenden. Klicken Sie auf den unteren Teil der Schaltfläche *Zuschneiden*, bieten sich Ihnen weitere Zuschneideoptionen, beispielsweise die Auswahl eines bestimmten Seitenverhältnisses.

15

Bilder freistellen mit Office 2016

Eine weitere pfiffige Funktion von Office 2016 ist das Freistellen von Bildern. Mit ein paar Handgriffen lassen sich störende Hintergründe entfernen, und Sie können das bearbeitete Bild anschließend auch als Datei speichern.

1 Wählen Sie das Bild aus, das Sie freistellen möchten.

2 Klicken Sie in den *Bildtools* und dort in der Gruppe *Anpassen* auf die Schaltfläche *Freistellen*.

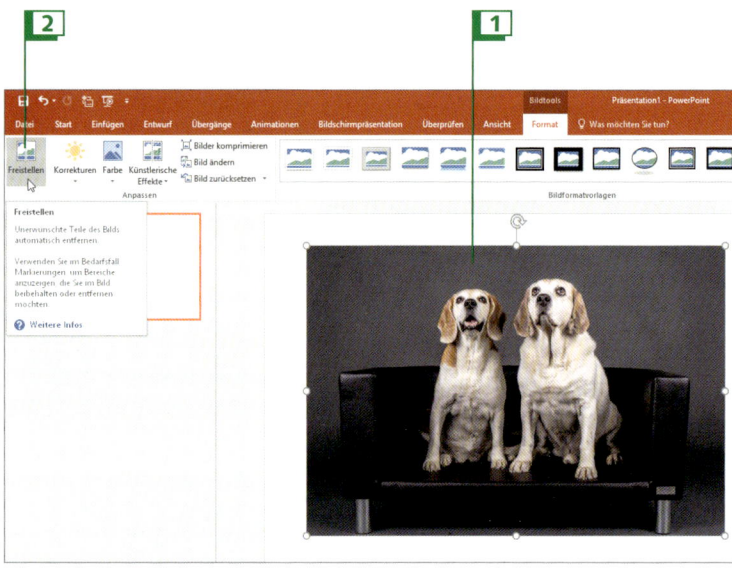

3 Passen Sie gegebenenfalls durch Ziehen bei gedrückter Maustaste die Größe des automatisch generierten Freistellungsrahmens an.

4 Alles lila Markierte wird später weggeschnitten. Um Elemente auf dem Bild als »zu behaltend« zu markieren, klicken Sie im Menüband auf die Schaltfläche *Zu behaltende Bereiche markieren*.

5 Nun ziehen Sie bei gedrückter Maustaste eine Linie auf das zu behaltende Element. Wiederholen Sie den Vorgang mit weiteren zu behaltenden Elementen.

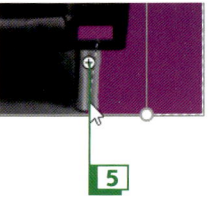

Tolle Tipps & Tricks rund um die Office-Programme

TIPP ➡ Statt zu behaltende Elemente können Sie auch zu entfernende Elemente auf dem Bild markieren. Klicken Sie dazu im Menüband auf die Schaltfläche *Zu entfernende Bereiche markieren* und gehen Sie zur Markierung vor wie bei den zu behaltenden Elementen.

6 Sind Sie mit dem Bearbeitungsergebnis zufrieden? Dann klicken Sie im Menüband auf die Schaltfläche *Änderungen beibehalten*.

8 Wählen Sie im Kontextmenü den Eintrag *Als Grafik speichern*.

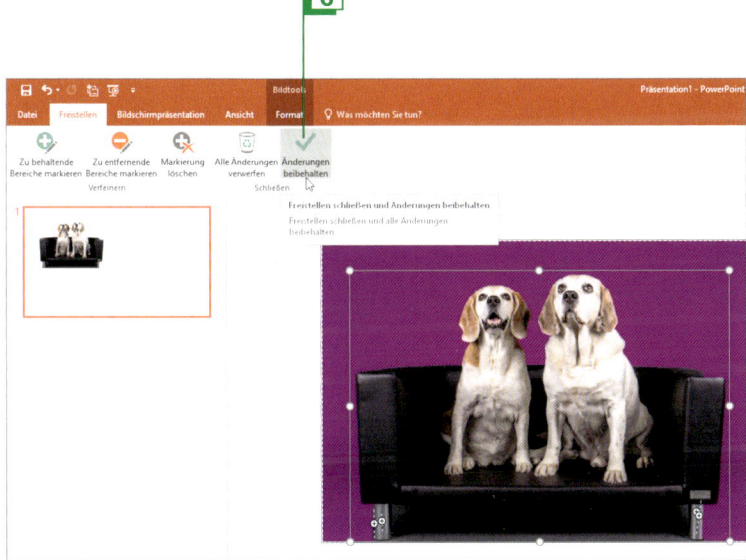

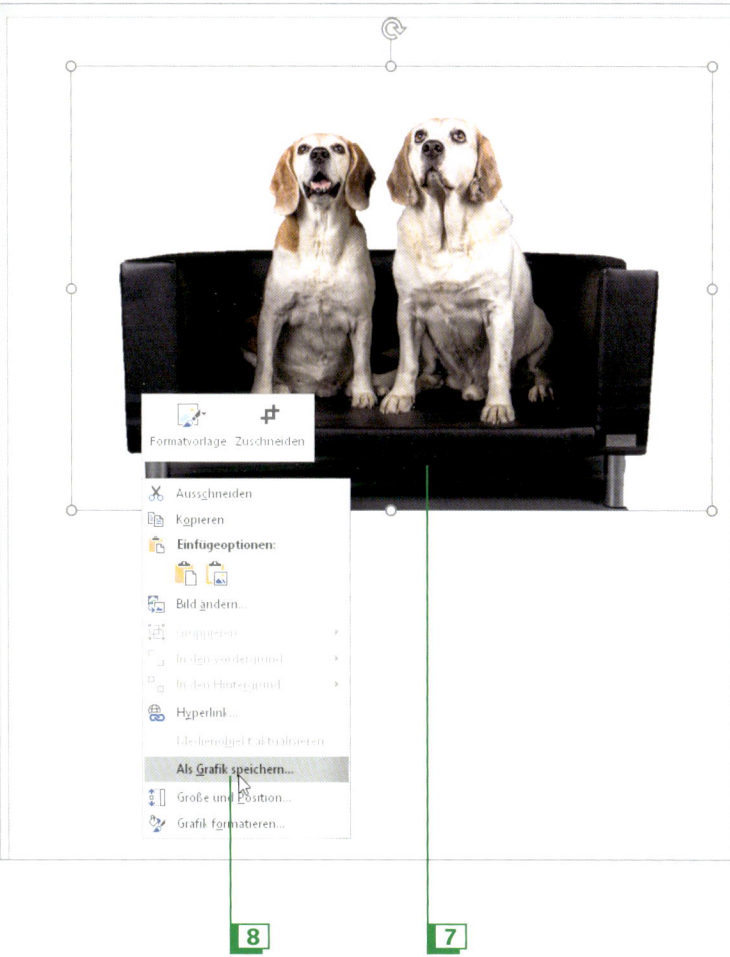

7 Wenn Sie das Bild nicht nur in Office 2016 einsetzen möchten, sondern dafür auch anderweitig Verwendung haben, klicken Sie es mit der rechten Maustaste an.

15

Prozesse mithilfe von Makros automatisieren

Sie haben in Office 2016 die Möglichkeit, mithilfe von Makros – kleiner interner Programme – verschiedene Prozesse zu automatisieren. Lassen Sie mich Ihnen das Ganze am Beispiel einer Absatzformatierung in Word vorführen. Der Vorteil gegenüber der herkömmlichen Formatübertragung besteht darin, dass das Makro auch in weiteren Dokumenten ausgeführt werden kann.

1 Markieren Sie im ersten Schritt den Absatz, den Sie formatieren möchten.

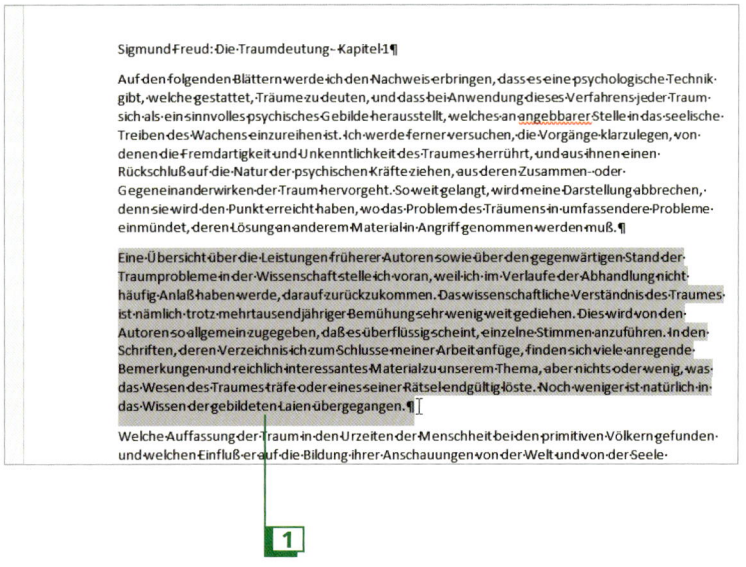

2 Entscheiden Sie sich im Menüband für den Reiter *Ansicht*.

3 Klicken Sie auf den unteren Teil der Schaltfläche *Makros*.

4 Wählen Sie im sich öffnenden Menü den Eintrag *Makro aufzeichnen*.

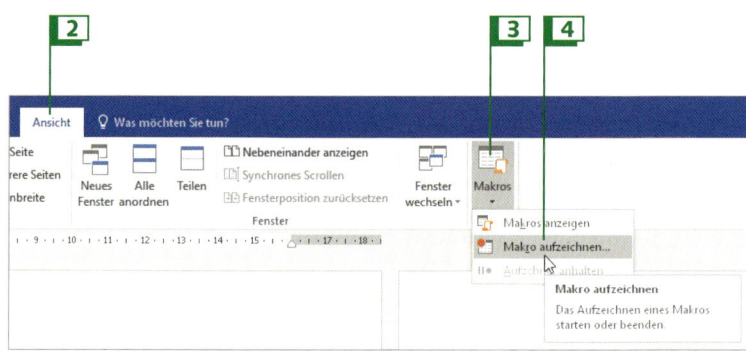

5 Geben Sie dem Makro im folgenden Fenster eine sinnvolle Bezeichnung.

6 Entscheiden Sie anschließend, ob Sie das Makro einer Schaltfläche oder einer Tastenkombination zuweisen möchten. Hier wähle ich die Option *Tastatur*.

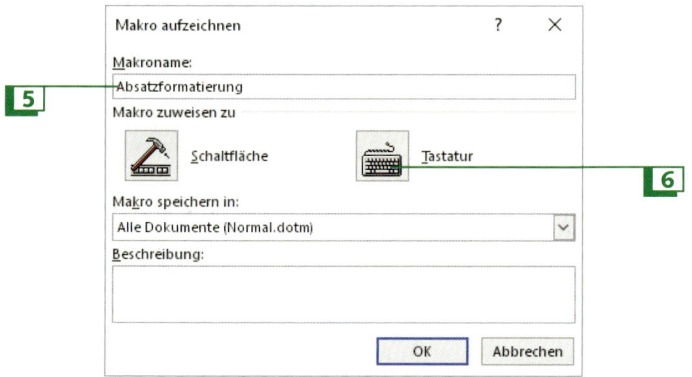

Tolle Tipps & Tricks rund um die Office-Programme

+++ INFO +++ INFO +++ INFO +++

Die Aufzeichnung der Makros erfolgt in der Programmiersprache VBA (**V**isual **B**asic for **A**pplications).

7 Bestimmen Sie die Tastenkombination. Achten Sie darauf, dass diese noch nicht vergeben ist!

8 Bestätigen Sie mit *Zuordnen*.

9 Danach bestätigen Sie mit *Schließen*.

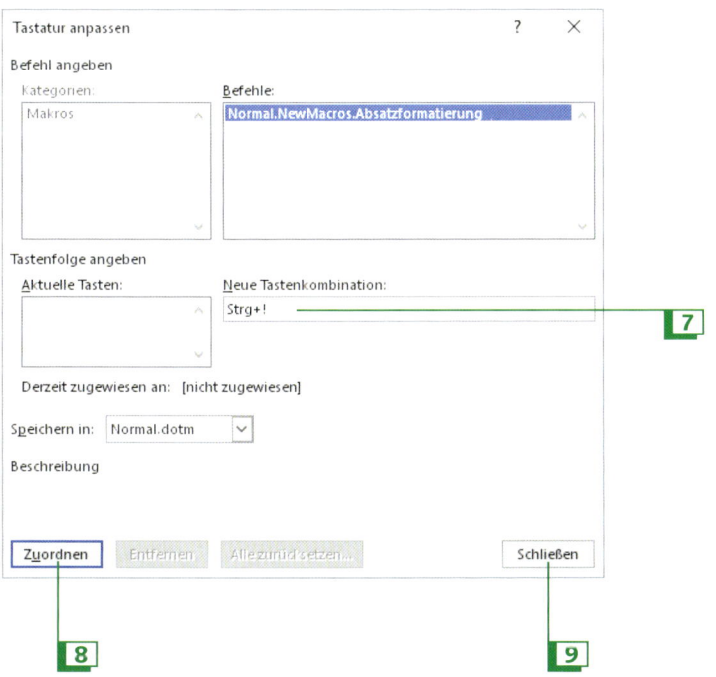

10 Die Aufzeichnung läuft. Nehmen Sie die gewünschten Formatierungsschritte vor.

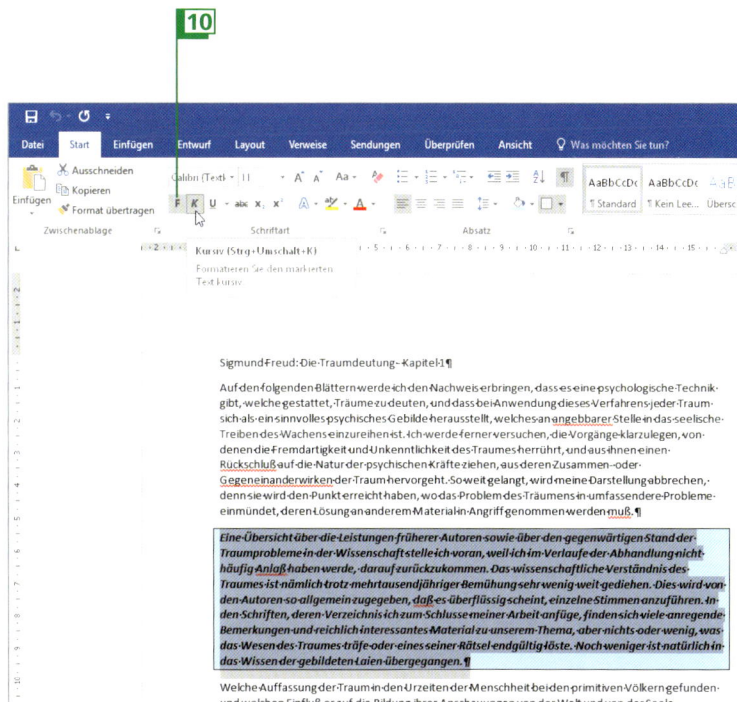

11 Wenn Sie fertig sind, klicken Sie unter dem Reiter *Ansicht* wieder auf den unteren Teil der Schaltfläche *Makros*.

12 Wählen Sie *Aufzeichnung beenden*. Das Makro kann mit der festgelegten Tastenkombination auf einen markierten Absatz angewendet, aber auch unter dem oberen Teil der Schaltfläche *Makros* ausgewählt werden.

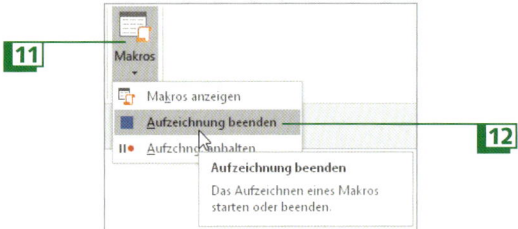

Sicherheitseinstellungen im Trust Center

Office 2016 bietet diverse Sicherheitseinstellungen an, die dabei helfen können, die Gefahren durch Schadsoftware zu verhindern, oder mit denen Sie den Datenschutz bei der Nutzung der einzelnen Office-Programme verbessern. Wie Sie Einstellungen im Trust Center vornehmen, zeige ich Ihnen nachfolgend:

1️⃣ Klicken Sie links oben in einem Office-Programm – hier Excel – auf den Reiter *Datei*.

2️⃣ Entscheiden Sie sich im Backstage-Bereich des Programms für den Eintrag *Optionen*.

3️⃣ Klicken Sie in den Optionen unten auf den Eintrag *Trust Center*.

4️⃣ Dann klicken Sie auf die Schaltfläche *Einstellungen für das Trust Center*.

5️⃣ Wählen Sie links eine Kategorie aus.

6️⃣ Rechts nehmen Sie die Einstellungen dazu vor, häufig durch Aktivieren bzw. Deaktivieren eines Kontrollkästchens.

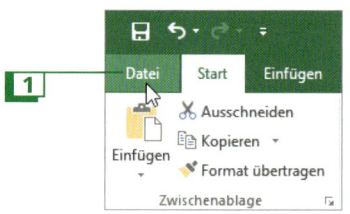
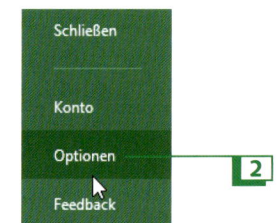
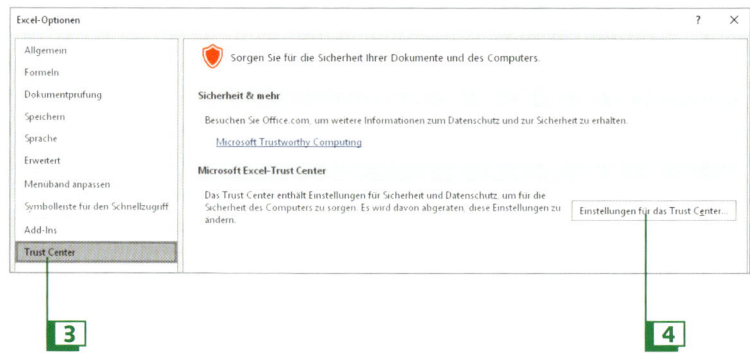
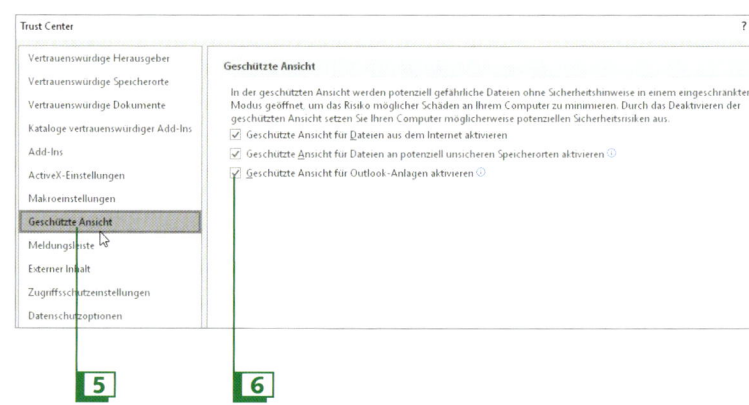

Tolle Tipps & Tricks rund um die Office-Programme

Office-Apps auf Smartphone oder Tablet installieren

Microsoft Office gibt es auch als Apps für Smartphones und Tablet-PCs, die Sie aus dem jeweiligen App Store laden. Gern gebe ich Ihnen einen kleinen Einblick in diese Funktion – am Beispiel der App *Microsoft Excel*, die ich auf einem iPhone installiere.

1 Suchen Sie im App Store nach dem Begriff *excel*.

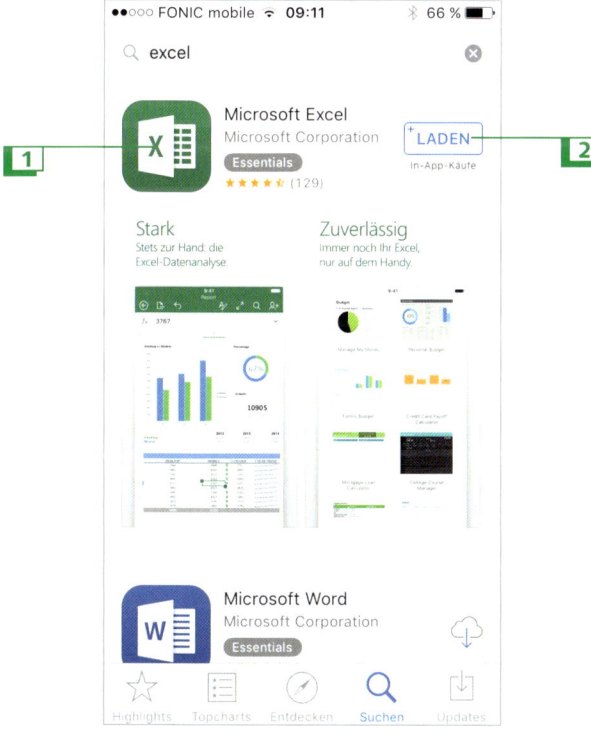

2 Starten Sie das Laden der App. (Auf dem iPhone ist dazu die Bestätigung mit der Apple-ID erforderlich.)

3 Nachdem die App installiert wurde, tippen Sie auf deren Symbol, um sie zu starten.

4 Bestätigen Sie beim ersten Start mit *Erstellen und bearbeiten*.

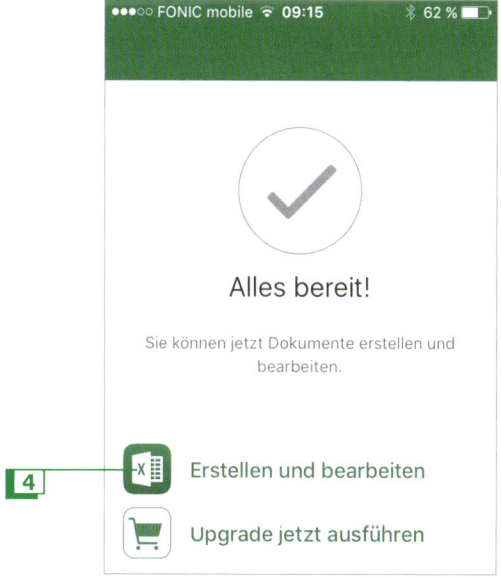

5 Erstellen Sie eine neue leere Arbeitsmappe bzw. wählen Sie eine der Vorlagen aus.

6 Später, wenn Sie bereits eine Datei erstellt haben, wählen Sie die Optionen unten in der App, um die Datei zu öffnen.

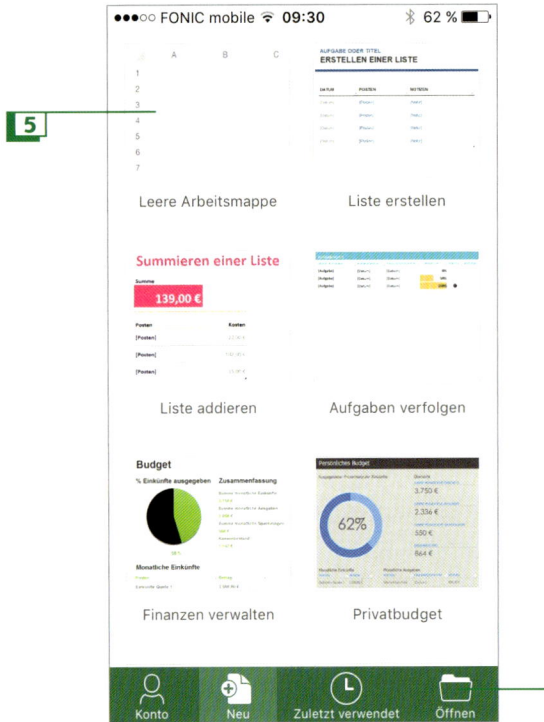

7 Doppelklicken Sie in ein Feld, um dieses zu aktivieren.

8 Geben Sie mithilfe der eingeblendeten Tastatur die gewünschten Inhalte ein.

9 Bestätigen Sie die Eingabe durch Antippen der Häkchenschaltfläche.

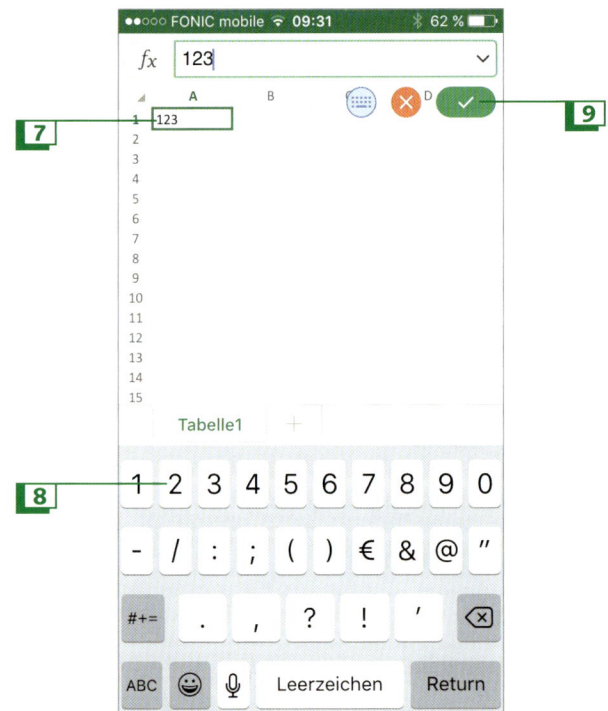

10 Funktionen zum Aufrufen der Formatierungsoptionen, zum Speichern usw. finden Sie in der Menüleiste oben in der App.

Tolle Tipps & Tricks rund um die Office-Programme

Add-ins aus dem integrierten Store beziehen

In Office 2016 ist ein Store integriert, aus dem Add-ins mit den unterschiedlichsten Funktionen bezogen werden können, viele davon sind kostenlos. Das Herunterladen eines Add-ins aus dem integrierten Store ist ganz einfach:

1 Entscheiden Sie sich im Menüband – hier beispielsweise im Office-Programm Excel – für den Reiter *Einfügen*.

2 Klicken Sie in der Gruppe *Add-Ins* auf die Schaltfläche *Store*.

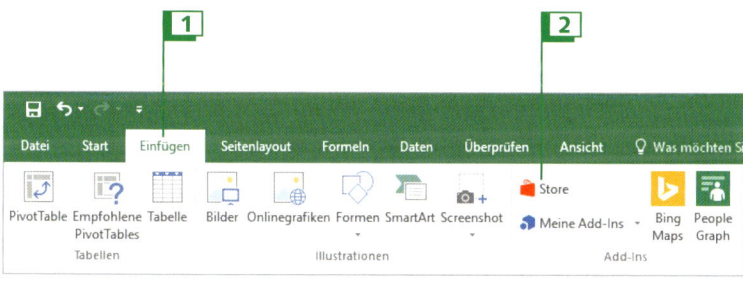

3 Im folgenden Fenster wählen Sie links eine Add-in-Kategorie aus.

4 Entscheiden Sie sich für ein Add-in, das Sie interessiert.

5 Lesen Sie sich die Infos zum Add-in durch und beachten Sie – sofern vorhanden – die Bewertung. Um das Add-in in Excel zu installieren, reicht es aus, auf die Schaltfläche *Vertrauen* zu klicken.

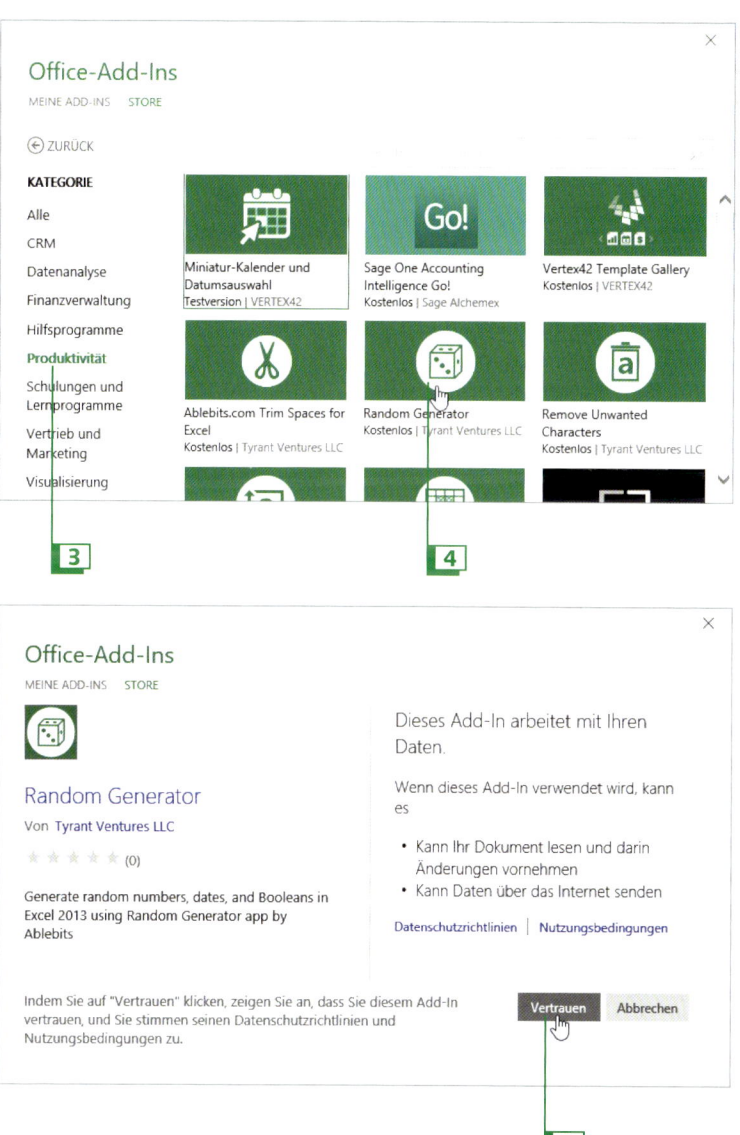

6 Das Add-in – in diesem Fall ein Zufallsgenerator, der in der ausgewählten Zelle eine Zufallszahl ausgibt – wird prompt geöffnet und kann angewendet werden.

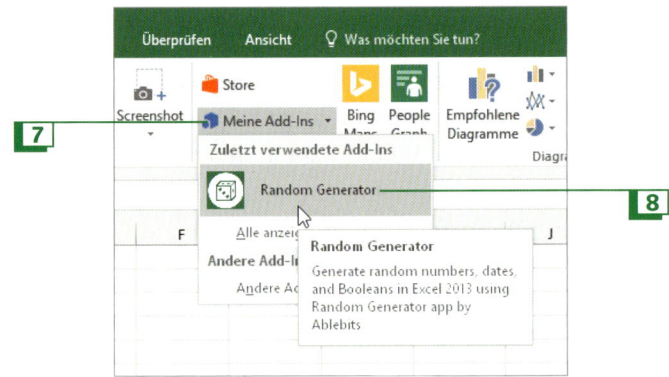

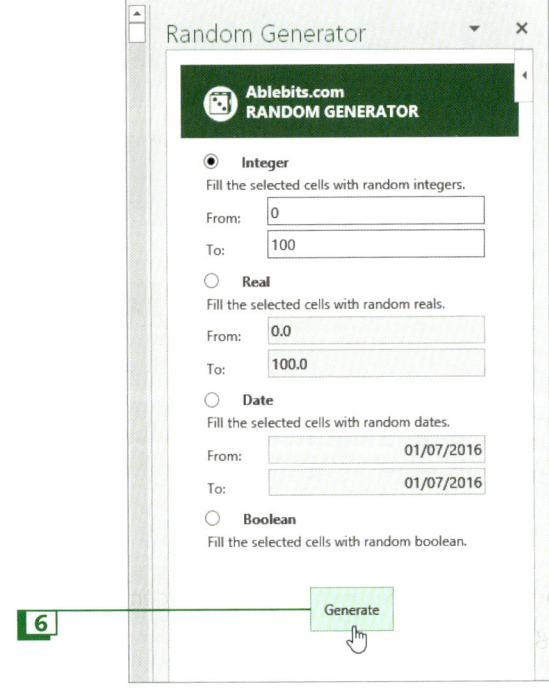

9 Für den Zugriff auf alle installierten Store-Add-ins klicken Sie direkt auf die Schaltfläche *Meine Add-Ins*.

10 Im folgenden Fenster können Sie ein Add-in per Doppelklick öffnen oder Optionen dazu aufrufen.

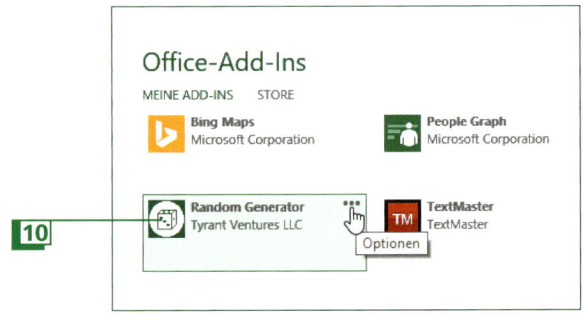

7 Haben Sie ein Add-in geschlossen und möchten es erneut öffnen, klicken Sie im Menüband unter *Einfügen* und dort in der Gruppe *Add-Ins* auf den zur Schaltfläche *Meine Add-Ins* gehörenden Pfeil.

8 Ihnen werden die zuletzt verwendeten Add-ins angezeigt, und Sie können ein Add-in per Mausklick öffnen.

Tolle Tipps & Tricks rund um die Office-Programme

Externe Add-ins installieren

Neben den Add-ins aus dem integrierten Store lassen sich im Internet eine Reihe externer Add-ins aufspüren, die auf andere Weise installiert werden. Achten Sie beim Herunterladen unbedingt auf vertrauenswürdige Quellen! Den Installationsvorgang möchte ich Ihnen hier am Beispiel des *SmartTools Briefassistenten 2016 für Word* vorstellen.

1 Der Download des Tools erfolgt unter der Webadresse www.add-in-world.com/katalog. Zum Herunterladen bei diesem Anbieter ist eine kostenlose Registrierung erforderlich. Gestatten Sie mir aber, an dieser Stelle lediglich den Download zu beschreiben.

2 Doppelklicken Sie auf die heruntergeladene Installationsdatei.

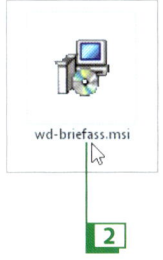

3 Sie werden durch den Installationsvorgang geführt, in dessen Verlauf Sie noch mal Ihre Registrierungsdaten eingeben müssen. Bestätigen Sie zum Schluss mit *Fertig stellen*.

4 Das Add-in steht nach der Installation unter dem Reiter *SmartTools* zur Verfügung.

15

Add-ins verwalten

Um Ihre externen Add-ins zu verwalten – etwa ein Add-in wieder zu entfernen –, gehen Sie in die Optionen des jeweiligen Office-Programms.

1 Klicken Sie im Menüband auf den Reiter *Einfügen*.

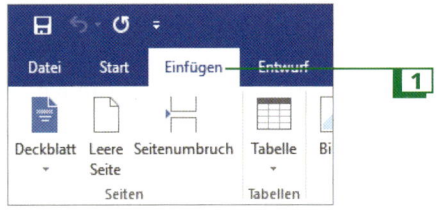

2 Klicken Sie in der Gruppe *Add-Ins* auf den zur Schaltfläche *Meine Add-Ins* gehörenden Pfeil.

3 Wählen Sie im aufklappenden Menü unten den Eintrag *Andere Add-Ins verwalten*.

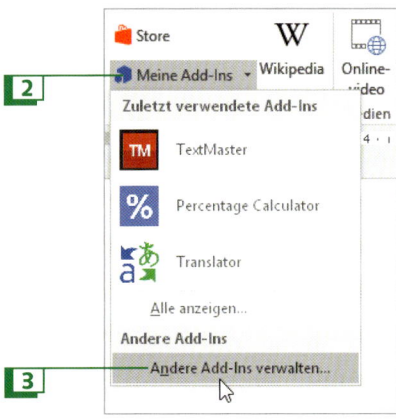

4 Klicken Sie im sich öffnenden Fenster unten auf *Los*.

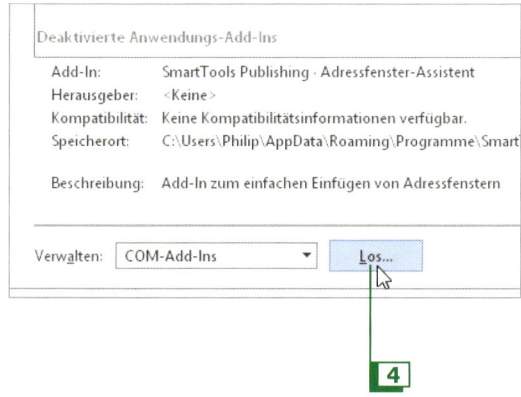

5 Das Deaktivieren eines Add-ins erfolgt per Kontrollkästchen.

6 Um ein Add-in zu entfernen, wählen Sie es aus und klicken auf die Schaltfläche *Entfernen*.

Der Anhang im Überblick

▶ Wichtige Dateiformate im Überblick
▶ Office-Tastenkombinationen zum schnellen Nachschlagen

Anhang

Zum Schluss möchte ich Ihnen im Anhang noch einen Überblick über wichtige Dateiformate geben, die Sie – im Zusammenhang mit Office 2016, aber auch allgemein – kennen sollten. Finden Sie außerdem eine Aufstellung von nützlichen Office-Tastenkombinationen zum schnellen Nachschlagen.

Sie sind damit am Ende dieses Buches angelangt und haben sich mit seiner Hilfe eine Menge nützlicher Funktionen des Office-Pakets erarbeitet. Dazu herzlichen Glückwunsch! Und noch ein Tipp: Bewahren Sie das Buch in der Nähe Ihres Computers auf, damit Sie bei Bedarf jederzeit eine Funktion nachlesen können, die Ihnen entfallen ist. Dies vertieft den Lerneffekt. Für weiterführende Lektüre verweise ich gern auf das Programm des Verlags Markt+Technik, insbesondere auf meine eigenen Werke zu Word, Outlook und Co.

Wichtige Dateiformate im Überblick

Mit Office 2016 lässt sich eine Vielzahl unterschiedlicher Formate verwenden. Dies kann durchaus Verwirrung stiften. Mit den folgenden Tabellen möchte ich ein wenig Ordnung ins Formatdickicht bringen.

Allgemeine Formate

Format	Details
.pdf	Das **P**ortable **D**ocument **F**ormat ermöglicht den plattformübergreifenden Austausch von Dokumenten. Standardprogramm zum Öffnen ist der Adobe Reader.
.xps	Dieses Format wurde von Microsoft vor einigen Jahren als Konkurrenzprodukt zum PDF eingeführt – bisher allerdings ohne einschneidenden Erfolg.
.mht	Ein Format zur Speicherung auch mehrerer Dateien in einem Webarchiv – insbesondere Webseiten können damit effizient archiviert werden.
.htm/.html	In diesem Format – HTML = **H**yper**T**ext **M**arkup **L**anguage – werden Webseiten gespeichert, die dann in einem Browser wie Microsoft Edge geöffnet werden können.
.jpg	Eines der gängigsten Grafikformate überhaupt – Grafiken in diesem Format lassen sich in alle in diesem Buch kennengelernten Office-Programme einfügen.
.bmp	Im Gegensatz zum JPEG-Format sind Grafikdateien dieses Formats entweder nicht oder nur verlustfrei komprimiert.

Format	Details
.png	**P**ortable **N**etwork **G**raphics ist ein weiteres wichtiges Grafikformat, das in den letzten Jahren zunehmend an Bedeutung gewonnen hat und vor allem für die speicherschonende Nutzung im Internet gedacht ist.
.gif	Das **G**raphics **I**nterchange **F**ormat ist ebenfalls ein immer noch häufig verwendetes Grafikformat für Bilder mit geringer Farbtiefe.
.xml	Die Abkürzung für **E**xtensible **M**arkup **L**anguage, was etwa so viel bedeutet wie »erweiterbare Auszeichnungssprache«. Ein weiteres Format, das sich durch seine Unabhängigkeit von einer bestimmten Plattform auszeichnet.
.lnk	Wenn Sie für ein Programm oder eine sonstige Datei eine Verknüpfung, z. B. auf dem Desktop erstellen, wird diese im LNK-Format gespeichert.

Formate für Dokumente

Format	Details
.docx	Dateiendung eines Word-Dokuments, das im Open-XML-Format erstellt wurde, das Microsoft entwickelte, um Dokumente, Tabellen sowie Präsentationen XML-basiert speichern zu können – dies ermöglicht unter anderem den Austausch zwischen verschiedenen Programmen.
.doc	DOC steht für Document – bis zur Einführung von *.docx* das Standardformat zur Speicherung von Word-Dokumenten.
.dotx	Dieses Format dient zur Speicherung von Word-Vorlagen – das t in der Dateiendung steht für **T**emplate – das englische Wort für Vorlage.

Format	Details
.odt	Das OpenDocument-Text-Format ist ein alternatives Format für Dokumente. Dieser quelloffene Standard kommt unter anderem bei OpenOffice.org zum Einsatz.
.rtf	Das **R**ich **T**ext **F**ormat kann zum Austausch zwischen mehreren Textverarbeitungsprogrammen dienen – allerdings können nur der reine Text sowie Basisformatierungen gespeichert werden.
.txt	Dokumente in diesem Format enthalten nur Text – ohne jegliche Formatierungen. Textdateien können Sie auf die Schnelle z. B. auch mit dem Windows-Zubehörprogramm Editor erstellen.

Formate für Tabellen

Format	Details
.xlsx	Dateiendung eines Excel-Dokuments, das im Open-XML-Format erstellt wurde, das Microsoft entwickelte, um Dokumente, Tabellen sowie Präsentationen XML-basiert speichern zu können – dies ermöglicht unter anderem den Austausch zwischen verschiedenen Programmen.
.xls	War bis zur Einführung von *.xlsx* der Standard zum Speichern von Excel-Tabellen. Der englische Buchstabe x wird ex gesprochen.
.xltx	Analog zum Format *.dotx* werden in diesem Format Excel-Vorlagen gespeichert, um daraus neue Arbeitsmappen zu erstellen.
.ods	Analog zum Format *.odt* handelt es sich hier um ein Format zum Speichern von Tabellen im OpenDocument-Format.

Format	Details
.csv	CSV steht für **C**omma-**s**eparated **V**alues – durch Komma getrennte Werte. Tabellen lassen sich in dieser Form einfach darstellen und in verschiedenen Tabellenkalkulationsprogrammen nutzen.
.dif	Auch das **D**ata **I**nterchange **F**ormat ist zum Austausch von Daten zwischen unterschiedlichen Tabellenkalkulationsprogrammen gedacht.

Formate für Präsentationen

Format	Funktion
.pptx	Dateiendung eines PowerPoint-Dokuments, das im Open-XML-Format erstellt wurde, das Microsoft entwickelte, um Dokumente, Tabellen sowie Präsentationen XML-basiert speichern zu können – dies ermöglicht unter anderem den Austausch zwischen verschiedenen Programmen.
.ppt	Das Standardformat für PowerPoint-Präsentationen, bevor das Open-XML-Format eingeführt wurde.
.pps	Ein weiteres Format, in dem PowerPoint-Präsentationen gespeichert werden können. Diese Dateien werden direkt im Präsentationsmodus geöffnet.
.potx	In diesem Format werden PowerPoint-Vorlagen gespeichert, um daraus neue Präsentationen erstellen zu können.
.odp	ODP steht für **O**pen**D**ocument **P**resentation – für Präsentationen im OpenDocument-Format, die z. B. mit OpenOffice.org erstellt sein können.

Format	Funktion
.mp4	MPEG-4-Video ist ein gängiger Videostandard. Speichern Sie Ihre Präsentationen in diesem Format, um sie für einen größeren Personenkreis nutzbar zu machen.
.wmv	Auch **W**indows **M**edia **V**ideo ist ein gängiger Videostandard und Sie können es ebenfalls nutzen, um Ihre Präsentation als Videodatei zu speichern.
.mp3	Eines der wichtigsten Formate für Audiodateien – Musikdateien werden dabei ohne hörbare Qualitätsverluste auf rund zehn Prozent der ursprünglichen Größe komprimiert. Ideal unter anderem, um eine Präsentation musikalisch zu untermalen.

Formate für E-Mail, Kalender & Kontakte

Format	Details
.pst	In Ihrem Personal Store werden alle mit einem Outlook-Konto erstellten Daten gespeichert, also E-Mails, Termine, Kontakte usw.
.msg	MSG ist das Kürzel für Message, also »Nachricht«. In diesem Format werden von Outlook E-Mails und andere Nachrichten gespeichert.
.oft	Auch für Outlook können Vorlagen erstellt und in diesem Format gespeichert werden.
.ics	Das Standardformat zum Austauschen von Kalenderinformationen. Im Internet veröffentlichte Kalender in diesem Format können Sie mit Outlook »abonnieren«.

Format	Details
.vcs	Hierbei handelt es sich um ein älteres Format zum Austauschen von Kalenderinformationen; auch dieses wird von Outlook unterstützt.
.vcf	Die vCard ist eine elektronische Visitenkarte mit Kontaktdaten, die in diesem Format gespeichert werden – auch von Outlook.
.rss	Mit Outlook können Sie auch RSS-Feeds empfangen – aktuelle Informationen zu einem bestimmten Thema mit der Dateiendung *.rss* oder *.xml*.

Office-Tastenkombinationen zum schnellen Nachschlagen

In den folgenden Tabellen finden Sie eine Übersicht über nützliche Tastenkombinationen, die Ihnen beim Umgang mit Office 2016 helfen können, viel Zeit zu sparen. Für noch viel mehr Tastenkombinationen würde ich Ihnen gern mein Buch »Tastenkombinationen für Windows & Office« ans Herz legen (erschienen bei Markt+Technik, ISBN 978-3-945384-03-9).

Word

Tastenkombination	Funktion
Strg+N	Neues Dokument erstellen
Strg+O	Datei öffnen
Strg+S	Datei speichern

Anhang

Tastenkombination	Funktion
[F12]	Datei speichern unter
[Strg]+[P]	Druckansicht öffnen und Datei drucken
[Strg]+[Alt]+[S]	Dokumentfenster teilen bzw. Teilung zurücknehmen
[Strg]+[W]	Dokument schließen; Word bleibt dabei geöffnet
[Strg]+[F1]	Menüband ein- bzw. ausblenden
[Strg]+[Alt]+[L]	Ansicht: Seitenlayout
[Strg]+[Alt]+[G]	Ansicht: Gliederung
[Strg]+[Alt]+[N]	Ansicht: Entwurf
[Esc]	Eine Aktion abbrechen
[Strg]+[Z]	Eine Aktion rückgängig machen
[Strg]+[Y]	Eine Aktion wiederholen bzw. rückgängig gemachte Aktion wiederherstellen
[F1]	Word-Hilfe aufrufen
[Pos 1]	Cursor zum Zeilenanfang bewegen
[Ende]	Cursor zum Zeilenende bewegen
[Strg]+[Pos 1]	Cursor zum Anfang des Dokuments bewegen
[Strg]+[Ende]	Cursor zum Ende des Dokuments bewegen
[Strg]+[A]	Gesamtes Dokument markieren
[⇧]+[←]	Zeichen links vom Cursor markieren
[⇧]+[→]	Zeichen rechts vom Cursor markieren

Tastenkombination	Funktion
[Strg]+[⇧]+[←]	Wort links vom Cursor markieren
[Strg]+[⇧]+[→]	Wort rechts vom Cursor markieren
[⇧]+[↑]	Zeile oberhalb des Cursors markieren
[⇧]+[↓]	Zeile unterhalb des Cursors markieren
[Strg]+[⇧]+[↑]	Absatz oberhalb des Cursors markieren
[Strg]+[⇧]+[↓]	Absatz unterhalb des Cursors markieren
[Strg]+[⇧]+[Pos 1]	Vom Cursor bis zum Anfang des Dokuments markieren
[Strg]+[⇧]+[Ende]	Vom Cursor bis zum Ende des Dokuments markieren
Klick	Links neben eine Zeile klicken, um sie zu markieren; [Strg]-Taste gedrückt halten, um mehrere Zeilen zu markieren
Doppelklick	Zweimal schnell hintereinander auf ein Wort klicken, um es zu markieren; [Strg]-Taste gedrückt halten, um mehrere Wörter zu markieren
Dreifachklick	Dreimal schnell hintereinander in einen Absatz klicken, um ihn zu markieren; [Strg]-Taste gedrückt halten, um mehrere Absätze zu markieren
[Strg] + Klick	Bei gedrückter [Strg]-Taste in einen Satz klicken, um ihn zu markieren
[⇧] + Klick	Markiert Text vom Cursor bis zum Mauspfeil
[F8]	Markierungsmodus aktivieren; durch weiteres Drücken der [F8]-Taste bestimmen Sie, was markiert werden soll

Tastenkombination	Funktion
`Esc`	Markierungsmodus deaktivieren
`⌫`	Zeichen links vom Cursor löschen
`Entf`	Zeichen rechts vom Cursor löschen
`Strg`+`⌫`	Wort links vom Cursor löschen
`Strg`+`Entf`	Wort rechts vom Cursor löschen
`Strg`+`C`	Markiertes Element in die Zwischenablage kopieren
`Strg`+`X`	Markiertes Element in die Zwischenablage ausschneiden
`Strg`+`V`	Element aus der Zwischenablage an Cursorposition einfügen
`Strg`+`F3`	Markiertes Element ausschneiden und Sammlung hinzufügen
`Strg`+`⇧`+`F3`	Aus Sammlung einfügen
`Strg`+`⇧`+`C`	Formatierung kopieren
`Strg`+`⇧`+`V`	Formatierung zuweisen
`↵`	Neuen Absatz (harten Zeilenumbruch) einfügen
`⇧`+`↵`	Zeilenwechsel (weichen Zeilenumbruch) einfügen
`⇥`	Tabstopp einfügen
`Strg`+`↵`	Seitenumbruch einfügen
`Strg`+`⇧`+`↵`	Spaltenumbruch einfügen
`Strg`+`Alt`+`V`	Sofern Zwischenablage nicht leer, das Dialogfenster *Inhalte einfügen* aufrufen

Tastenkombination	Funktion
`Strg`+`F9`	Feld einfügen
`Strg`+`⇧`+`F9`	Markiertes Feld löschen
`F9`	Felder aktualisieren
`Strg`+`F`	Suchleiste einblenden
`Strg`+`G`	Zu einer bestimmten Seite springen
`Strg`+`H`	Suchen und Ersetzen
`Strg`+`D`	Dialogfenster für die Schriftart aufrufen
`Strg`+`⇧`+`F`	Markierten Text fett formatieren
`Strg`+`⇧`+`K`	Markierten Text kursiv formatieren
`Strg`+`⇧`+`U`	Markierten Text unterstrichen formatieren
`Strg`+`⇧`+`D`	Markierten Text doppelt unterstrichen formatieren
`Strg`+`⇧`+`W`	Nur die Wörter des markierten Textes unterstrichen formatieren
`Strg`+`⇧`+`G`	Markierten Text ausschließlich in Großbuchstaben formatieren
`⇧`+`F3`	Wechseln zwischen Formatierung des markierten Textes ausschließlich in Großbuchstaben, ausschließlich in Kleinbuchstaben sowie großem Anfangsbuchstaben und folgenden Kleinbuchstaben
`Strg`+`⇧`+`Q`	Markierten Text als Kapitälchen formatieren
`Strg`+`#`	Markierten Text tiefgestellt formatieren
`Strg`+`+`	Markierten Text hochgestellt formatieren

Tastenkombination	Funktion
Strg+<	Schriftgrad des markierten Textes um die Stufen im Schriftgradmenü verringern
Strg+⇧+<	Schriftgrad des markierten Textes um die Stufen im Schriftgradmenü erhöhen
Strg+8	Schriftgrad des markierten Textes um einen Punkt verringern
Strg+9	Schriftgrad des markierten Textes um einen Punkt erhöhen
Strg+K	Markierten Text mit einem Link versehen
⇧+F1	Formatierungen in einer rechts eingeblendeten Leiste anzeigen
Strg+␣	Formatierungen aus markiertem Text entfernen
Strg+L	Absatz linksbündig ausrichten
Strg+R	Absatz rechtsbündig ausrichten
Strg+E	Absatz zentriert ausrichten
Strg+B	Absatz im Blocksatz ausrichten
Strg+0	Abstand vor Absatz hinzufügen bzw. wieder entfernen
Strg+1	Einfachen Zeilenabstand festlegen
Strg+5	1,5-fachen Zeilenabstand festlegen
Strg+2	Doppelten Zeilenabstand festlegen
Strg+M	Einzug vergrößern; erneutes Drücken der Taste M bewirkt weiteres Vergrößern des Einzugs

Tastenkombination	Funktion
Strg+⇧+M	Einzug verkleinern; erneutes Drücken der Taste M bewirkt weiteres Verkleinern des Einzugs
Strg+T	Hängenden Einzug erstellen; erneutes Drücken der Taste T bewirkt weiteres Vergrößern des hängenden Einzugs
Strg+⇧+T	Hängenden Einzug verkleinern; erneutes Drücken der Taste T bewirkt weiteres Verkleinern des hängenden Einzugs
Strg+Q	Absatzformatierungen entfernen
Strg+⇧++	Absatzmarkierungen und Formatierungssymbole ein- bzw. ausblenden
Strg+⇧+S	Formatvorlage übernehmen
Strg+Alt+⇧+S	Formatvorlagen aufrufen
Strg+⇧+N	Markiertem Text Formatvorlage Standard zuweisen
Alt+1	Markiertem Text Formatvorlage Überschrift 1 zuweisen
Alt+2	Markiertem Text Formatvorlage Überschrift 2 zuweisen
Alt+3	Markiertem Text Formatvorlage Überschrift 3 zuweisen
Strg+Alt+F	Fußnote (unten auf einer Seite) einfügen
Strg+Alt+D	Endnote (am Ende des Dokuments) einfügen
Strg+⇧+F5	Textmarke einfügen

Tastenkombination	Funktion
Alt + ⇧ + X	Ein markiertes Wort dem Index hinzufügen
Alt + ⇧ + I	Markierten Text als Zitat darstellen
Alt + ⇧ + O	Dem Inhaltsverzeichnis einen Eintrag hinzufügen
F7	Rechtschreibprüfung starten
Alt + F7	Vorschläge für nächstes zu korrigierendes Wort anzeigen
⇧ + F7	Alternative Wörter vorschlagen (Option *Thesaurus*)
Alt + Klick	Wort anklicken, um es nachzuschlagen (Option *Recherchieren*)
Strg + Alt + K	Neuen Kommentar einfügen
Strg + ⇧ + E	Modus *Änderungen nachverfolgen* aktivieren bzw. deaktivieren
Alt + F3	Baustein aus markiertem Element erstellen
Alt + F8	Dialogfenster *Makros* aufrufen
Alt + F11	Aufrufen des Fensters *Microsoft Visual Basic for Applications*

Excel

Tastenkombination	Funktion
Strg + N	Neue Arbeitsmappe erstellen
Alt + ⇧ + F1	Neues Tabellenblatt innerhalb einer Arbeitsmappe erstellen

Tastenkombination	Funktion
Strg + O	Datei öffnen
Strg + S	Datei speichern
F12	Datei speichern unter
Strg + P	Druckansicht öffnen und Datei drucken
Strg + W	Tabellenblatt schließen, Excel bleibt dabei geöffnet
Strg + F1	Menüband ein- bzw. ausblenden
Esc	Eine Aktion abbrechen
Strg + Z	Eine Aktion rückgängig machen
Strg + Y	Eine Aktion wiederholen bzw. rückgängig gemachte Aktion wiederherstellen
F1	Excel-Hilfe aufrufen
↵	Zur nächsten darunter befindlichen Zelle wechseln
⇧ + ↵	Zur nächsten darüber befindlichen Zelle wechseln
⇥	Zur nächsten rechts befindlichen Zelle wechseln
⇧ + ⇥	Zur nächsten links befindlichen Zelle wechseln
↓, ↑, ←, →	Zwischen den Zellen in die entsprechende Richtung wechseln bzw. in einer ausgewählten Zelle den Cursor in die entsprechende Richtung bewegen
Pos 1	Zum Anfang einer Zeile springen
Strg + Pos 1	Zum Anfang eines Tabellenblatts springen

Anhang

Tastenkombination	Funktion
[Strg]+[Ende]	Zum Ende eines Tabellenblatts springen
[Strg]+[F6]	Zwischen mehreren geöffneten Arbeitsmappen wechseln
[Strg]+[A]	Tabellenblatt markieren
[⇧]+[ ]	Zeile markieren
[Strg]+[ ]	Spalte markieren
[Strg]+[⇧]+[Pos 1]	Von der ausgewählten Zelle bis zum Anfang des Tabellenblatts markieren
[Strg]+[⇧]+[Ende]	Von der ausgewählten Zelle bis zum Ende des Tabellenblatts markieren
[F8]	Erweiterungsmodus aktivieren bzw. deaktivieren; das Markieren erfolgt entweder per Maus oder mit den Tasten [↓], [↑], [←], [→]
[Strg] + Klick	Mehrere nicht beieinanderliegende Zellen markieren
[⇧] + Klick	Mehrere beieinanderliegende Zellen markieren, wobei bei gedrückter [⇧]-Taste zunächst die Startzelle und dann die Endzelle angeklickt wird
Klick + Ziehen	Mehrere beieinanderliegende Zellen markieren, indem zunächst in die Startzelle geklickt und dann bei gedrückter Maustaste der Auswahlbereich erweitert wird
[Strg]+[9]	Markierte Zeilen ausblenden
[Strg]+[⇧]+[9]	Ausgeblendete Zeilen innerhalb der Markierung einblenden

Tastenkombination	Funktion
[Strg]+[8]	Markierte Spalten ausblenden
[Strg]+[⇧]+[8]	Ausgeblendete Spalten innerhalb der Markierung einblenden
[Entf]	Inhalt der ausgewählten Zelle löschen bzw. innerhalb einer Zelle Zeichen rechts vom Cursor löschen
[⌫]	Inhalt der ausgewählten Zelle löschen bzw. innerhalb einer Zelle Zeichen links vom Cursor löschen
[Strg]+[Entf]	Innerhalb einer Zelle alle Zeichen rechts vom Cursor löschen
[Strg]+[-]	Ausgewählte Zelle löschen (es öffnet sich ein Dialogfenster, in dem auch das Löschen der ganzen Zeile oder Spalte ausgewählt werden kann)
[Strg]+[+]	Zelle einfügen (es öffnet sich ein Dialogfenster, in dem auch das Einfügen einer ganzen Zeile oder Spalte ausgewählt werden kann)
[Alt]+[↵]	Zeilenumbruch innerhalb einer Zelle einfügen
[Strg]+[C]	Ausgewählte Zelle bzw. markierten Zellinhalt in die Zwischenablage kopieren
[Strg]+[X]	Ausgewählte Zelle bzw. markierten Zellinhalt in die Zwischenablage ausschneiden
[Strg]+[V]	Aus der Zwischenablage einfügen
[Strg]+[Alt]+[V]	Sofern Zwischenablage nicht leer, das Dialogfenster *Inhalte einfügen* aufrufen

Tastenkombination	Funktion
Strg+T	Dialogfenster *Tabelle erstellen* aufrufen
Strg+.	Datum einfügen
Strg+⇧+.	Uhrzeit einfügen
F2	Zellinhalt einer ausgewählten Zelle bearbeiten
Doppelklick	Auf eine Zelle doppelklicken, um Zellinhalt zu bearbeiten
Alt+⇧+#	Dialogfenster *Formatvorlage* aufrufen
Strg+1	Dialogfenster *Zellen formatieren* aufrufen
Strg+2	Markierten Text fett formatieren
Strg+3	Markierten Text kursiv formatieren
Strg+4	Markierten Text unterstrichen formatieren
Strg+5	Markierten Text durchgestrichen formatieren
Strg+K	Ausgewählte Zelle mit einem Link versehen
Strg+⇧+-	Ausgewählte Zelle mit einem Rahmen versehen
Strg+Alt+⇧+-	Rahmen um eine oder mehrere Zellen wieder entfernen
Strg+⇧+1	Als Zahl der Kategorie Zahl formatieren
Strg+⇧+2	Als Zahl der Kategorie Wissenschaft formatieren
Strg+⇧+4	Als Zahl der Kategorie Währung formatieren
Strg+⇧+5	Als Zahl der Kategorie Prozent formatieren
Strg+⇧+6	Als Zahl der Kategorie Standard formatieren

Tastenkombination	Funktion
Strg+^	Als Zahl der Kategorie Uhrzeit formatieren
Strg+#	Als Zahl der Kategorie Datum formatieren
Strg+F	Suchen
Strg+G	Gehe zu
Strg+H	Suchen und Ersetzen
Strg+F3	Namens-Manager aufrufen
Strg+⇧+F3	Namen aus Auswahl erstellen
Alt+⇧+0	AutoSumme einfügen
Strg+⇧+↵	Matrixformel eingeben
⇧+F3	Dialogfenster *Funktion einfügen* aufrufen
F9	Alle Tabellenblätter in allen geöffneten Arbeitsmappen berechnen
⇧+F9	Nur das aktuell geöffnete Tabellenblatt berechnen
Strg+Alt+F9	Alle Tabellenblätter in allen geöffneten Arbeitsmappen berechnen, auch wenn es seit der letzten Berechnung keine Änderungen gab
F11	Diagramm aus den ausgewählten Daten auf neuem Diagrammblatt erstellen
Alt+F1	Diagramm aus den ausgewählten Daten innerhalb des Tabellenblatts erstellen
F7	Rechtschreibprüfung starten
Alt + Klick	Wort anklicken, um es nachzuschlagen (Option *Recherchieren*)

Tastenkombination	Funktion
⇧ + F2	Neuer Kommentar
Strg + ⇧ + O	Alle Zellen markieren, die einen Kommentar enthalten
Strg + F11	Neues Tabellenblatt für Makros einfügen
Alt + F8	Dialogfenster *Makros* aufrufen
Alt + F11	Aufrufen des Fensters *Microsoft Visual Basic for Applications*

PowerPoint

Tastenkombination	Funktion
Strg + N	Neue Präsentation erstellen
Strg + M	Neue Folie erstellen
Strg + O	Datei öffnen
Strg + S	Datei speichern
F12	Datei speichern unter
Strg + P	Druckansicht öffnen und Datei drucken
Strg + W	Präsentation schließen, PowerPoint bleibt dabei geöffnet
Strg + F1	Menüband ein- bzw. ausblenden
Strg + ⇧ + ⇥	Zwischen der Ansicht Normal und der Gliederungsansicht wechseln
Alt + ⇧ + F9	Lineal ein- bzw. ausblenden

Tastenkombination	Funktion
⇧ + F9	Gitternetzlinien ein- bzw. ausblenden
Alt + F9	Führungslinien ein- bzw. ausblenden
Esc	Eine Aktion abbrechen
Strg + Z	Eine Aktion rückgängig machen
Strg + Y	Eine Aktion wiederholen bzw. rückgängig gemachte Aktion wiederherstellen
F1	PowerPoint-Hilfe aufrufen
⇥	Zwischen den Objekten auf einer Folie wechseln
⇧ + ⇥	Zwischen den Objekten auf einer Folie wechseln, und zwar in umgekehrter Reihenfolge
↑, ←	Eine Folie nach oben blättern (oder markiertes Objekt bewegen)
↓, →	Eine Folie nach unten blättern (oder markiertes Objekt bewegen)
Strg + ↵	In einer Folie zum nächsten Platzhalter springen; wenn auf der Folie kein Platzhalter mehr vorhanden ist, wird eine neue Folie erstellt
Strg + A	Den gesamten Text in einem Textfeld markieren bzw. alle Folien im Navigationsbereich auswählen
↵	Den gesamten Text in einem Textfeld markieren, wenn das Textfeld selbst ausgewählt ist
⌫	Ausgewähltes Objekt löschen, Inhalt eines ausgewählten Platzhalters löschen, in einem Textfeld Zeichen links vom Cursor löschen

Tastenkombination	Funktion
[Entf]	Ausgewähltes Objekt löschen, Inhalt eines ausgewählten Platzhalters löschen, in einem Textfeld Zeichen rechts vom Cursor löschen
[Strg]+[D]	Ausgewählte Folie duplizieren
[Strg]+[C]	Markierten Text bzw. ausgewähltes Objekt in die Zwischenablage kopieren
[Strg]+[X]	Markierten Text bzw. ausgewähltes Objekt in die Zwischenablage ausschneiden
[Strg]+[V]	Aus der Zwischenablage einfügen
[Strg]+[⇧]+[C]	Formatierung kopieren
[Strg]+[⇧]+[V]	Formatierung zuweisen
[Strg]+[Alt]+[V]	Sofern Zwischenablage nicht leer, das Dialogfenster *Inhalte einfügen* aufrufen
[Strg]+[T]	Dialogfenster *Schriftart* aufrufen
[Strg]+[⇧]+[F]	Markierten Text in einem Textfeld fett formatieren
[Strg]+[⇧]+[K]	Markierten Text in einem Textfeld kursiv formatieren
[Strg]+[U]	Markierten Text in einem Textfeld unterstrichen formatieren
[Strg]+[⇧]+[+]	Markierten Text in einem Textfeld hochgestellt formatieren
[Strg]+[+]	Markierten Text in einem Textfeld tiefgestellt formatieren
[Strg]+[⇧]+[,]	Schriftgrad erhöhen

Tastenkombination	Funktion
[Strg]+[⇧]+[.]	Schriftgrad verringern
[⇧]+[F3]	Wechseln zwischen Formatierung des markierten Textes ausschließlich in Großbuchstaben, ausschließlich in Kleinbuchstaben sowie großem Anfangsbuchstaben und folgenden Kleinbuchstaben
[Strg]+[L]	Absatz in einem Textfeld linksbündig ausrichten
[Strg]+[R]	Absatz in einem Textfeld rechtsbündig ausrichten
[Strg]+[E]	Absatz in einem Textfeld zentriert ausrichten
[Strg]+[J]	Absatz in einem Textfeld im Blocksatz ausrichten
[Strg]+[K]	Link einfügen
[Strg]+[Leertaste]	Formatierungen aus markiertem Text entfernen
[Strg]+[F]	Präsentation durchsuchen
[Strg]+[H]	Suchen und Ersetzen
[F7]	Rechtschreibprüfung starten
[⇧]+[F7]	Alternative Wörter vorschlagen (Option *Thesaurus*)
[Alt] + Klick	Wort anklicken, um es nachzuschlagen (Option *Recherchieren*)
[F5]	Präsentation von Beginn an starten
[⇧]+[F5]	Präsentation ab der aktuellen Folie starten
[N]	Nächste Folie bzw. Animation anzeigen (ebenfalls möglich: [Leertaste], [↵], [↓], [→], [Bild↓], Klick)

Tastenkombination	Funktion
P	Vorherige Folie bzw. Animation anzeigen (ebenfalls möglich: ⌫, ↑, ←, Bild↑)
H	Zur nächsten Folie wechseln, falls diese ausgeblendet ist
B	Eine leere schwarze Folie anzeigen; mit einer beliebigen Taste wird die Präsentation fortgesetzt
.	Ebenfalls eine leere schwarze Folie anzeigen; mit einer beliebigen Taste wird die Präsentation fortgesetzt
W	Eine leere weiße Folie anzeigen; mit einer beliebigen Taste wird die Präsentation fortgesetzt
,	Ebenfalls eine leere weiße Folie anzeigen; mit einer beliebigen Taste wird die Präsentation fortgesetzt
Foliennummer	Foliennummer eingeben und mit der ↵-Taste bestätigen, um die entsprechende Folie aufzurufen
Strg+-	Folie verkleinern bzw. alle Folien anzeigen
Strg++	Folie vergrößern
Strg+S	Dialogfenster *Alle Folien* aufrufen
Strg+T	Während der Präsentation Taskleiste einblenden
Strg+A	Zeiger als Pfeil verwenden
Strg+E	Zeiger als Radierer verwenden
Strg+I	Zeiger als Textmarker verwenden
Strg+L	Zeiger als Laserpointer verwenden

Tastenkombination	Funktion
Strg+P	Zeiger als Stift verwenden
Strg+M	Freihandmarkierungen aus- bzw. wieder einblenden
L	Zeichnung auf dem Bildschirm löschen
Strg+H	Pfeil ausblenden
Strg+U	Pfeil einblenden
↵	Ausgewählten Link öffnen
Esc	Präsentation beenden
Alt+F8	Dialogfenster *Makros* aufrufen
Alt+F11	Aufrufen des Fensters *Microsoft Visual Basic for Applications*

Outlook

Tastenkombination	Funktion
Strg+N	Je nach gewähltem Bereich neue E-Mail, neuen Termin, neuen Kontakt, neue Aufgabe oder neue Notiz erstellen
Strg+O	Ausgewähltes Element in neuem Fenster öffnen
Strg+S	E-Mail, Termin, Kontakt, Aufgabe oder Notiz speichern, wenn in Fenster geöffnet
Alt+S	Entspricht Mausklick auf die Schaltfläche *Speichern & schließen* beim Erstellen bzw. Bearbeiten von Terminen, Kontakten oder Aufgaben

Tastenkombination	Funktion
F12	E-Mail, Termin, Kontakt, Aufgabe oder Notiz speichern unter (als Datei)
Esc	Ein geöffnetes Fenster schließen
Strg+P	Ausgewähltes Element drucken
Alt+F1	Ordnerleiste minimieren, minimierte Ordnerleiste ausblenden bzw. ausgeblendete Ordnerleiste wieder einblenden
Alt+F2	Aufgabenleiste minimieren, minimierte Aufgabenleiste ausblenden bzw. ausgeblendete Aufgabenleiste wieder einblenden
Strg+1	Den Bereich *E-Mail* einblenden
Strg+2	Den Bereich *Kalender* einblenden
Strg+3	Den Bereich *Kontakte* einblenden
Strg+4	Den Bereich *Aufgaben* einblenden
Strg+5	Den Bereich *Notizen* einblenden
Strg+6	Den Bereich *Ordner* einblenden
Strg+7	Den Bereich *Verknüpfungen* einblenden
Strg+8	Den Bereich *Meine Journale* einblenden
Alt+↵	Eigenschaften eines ausgewählten Elements anzeigen
F9	Alle Ordner synchronisieren (entspricht Mausklick auf die Schaltfläche *Alle Ordner senden/empfangen*)

Tastenkombination	Funktion
⇧+F9	Nur den aktuell geöffneten Ordner synchronisieren (entspricht Mausklick auf die Schaltfläche *Ordner aktualisieren*)
F1	Outlook-Hilfe aufrufen
Strg+⇧+E	Neuen Ordner erstellen
Strg+⇧+P	Neuen Suchordner erstellen
F2	Ausgewählten Ordner umbenennen
Strg+Y	Dialogfenster *Wechseln zu Ordner* aufrufen
Strg+⇧+Y	Dialogfenster *Elemente kopieren* aufrufen
Strg+⇧+V	Dialogfenster *Elemente verschieben* aufrufen
Strg+D	Ausgewähltes Element löschen bzw. in den Ordner *Gelöschte Elemente* verschieben
Strg+⇧+P	In einem Textfenster den Dialog *Schriftart* aufrufen
Strg+⇧+S	Formatvorlage übernehmen
Strg+⇧+F	Markierten Text fett formatieren
Strg+⇧+K	Markierten Text kursiv formatieren
Strg+U	Markierten Text unterstrichen formatieren
Strg++	Markierten Text hochgestellt formatieren
Strg+#	Markierten Text tiefgestellt formatieren

Anhang

Tastenkombination	Funktion
⇧+F3	Wechseln zwischen Formatierung des markierten Textes ausschließlich in Großbuchstaben, ausschließlich in Kleinbuchstaben sowie großem Anfangsbuchstaben und folgenden Kleinbuchstaben
Strg+<	Schriftgrad verringern
Strg+⇧+<	Schriftgrad erhöhen
Strg+␣	Formatierungen aus markiertem Text entfernen
Strg+K	Link einfügen
Strg+⇧+*	Absatzmarkierungen ein- bzw. ausblenden
Strg+L	Text links ausrichten
Strg+R	Text rechts ausrichten
Strg+E	Text zentrieren
Strg+⇧+J	Text im Blocksatz ausrichten
Strg+T	Einzug erhöhen
Strg+⇧+T	Einzug verringern
⇆	Hängenden Einzug erstellen
⇧+⇆	Hängenden Einzug verringern
Strg+⇧+L	Absatz als Aufzählung formatieren
Strg+Q	Absatzformatierungen entfernen
F3	Suchfeld aktivieren
Strg+Alt+Z	Unterordner in die Suche einbeziehen

Tastenkombination	Funktion
Strg+Alt+K	Suche auf den aktuell geöffneten Ordner beschränken
Strg+⇧+F	Fenster *Erweiterte Suche* öffnen
Strg+Alt+A	Alle Elemente des angezeigten Bereichs durchsuchen (E-Mails, Kalender, Kontakte, Aufgaben, Notizen)
F4	Innerhalb eines Fensters suchen
⇧+F4	Weitersuchen
F5	Innerhalb eines Fensters suchen und ersetzen
F11	Unabhängig vom gerade angezeigten Bereich Kontakt suchen
Strg+⇧+M	Neue E-Mail unabhängig vom gerade angezeigten Bereich erstellen
Alt+S	E-Mail senden
Strg+⇧+I	Posteingang anzeigen
Strg+⇧+O	Postausgang anzeigen
Strg+R	E-Mail beantworten
Strg+⇧+R	Allen antworten
Strg+Alt+R	Mit Besprechungsanfrage antworten
Strg+F	Weiterleiten
Strg+Alt+F	E-Mail als Dateianhang weiterleiten
Strg+Q	E-Mail als gelesen markieren

349

Tastenkombination	Funktion
Strg+U	E-Mail als ungelesen markieren
Strg+⇧+C	Neuen Kontakt unabhängig vom gerade angezeigten Bereich erstellen
Strg+⇧+L	Kontaktgruppe erstellen
Strg+⇧+B	Unabhängig vom gerade angezeigten Bereich das Adressbuch öffnen
⇧+A(–Z)	Zu Kontakten mit dem entsprechenden Anfangsbuchstaben springen
Strg+⇧+A	Neuen Termin unabhängig vom gerade angezeigten Bereich erstellen
Strg+⇧+Q	Neue Besprechung unabhängig vom gerade angezeigten Bereich erstellen
Strg+Alt+1	Im Kalender zur Tagesansicht wechseln
Strg+Alt+2	Im Kalender zur Arbeitswochenansicht wechseln
Strg+Alt+3	Im Kalender zur Wochenansicht wechseln
Strg+Alt+4	Im Kalender zur Monatsansicht wechseln
Strg+Alt+5	Im Kalender zur Planungsansicht wechseln
Strg+←	Im Kalender einen Tag zurückblättern
Strg+→	Im Kalender einen Tag vorblättern
Alt+↑	Im Kalender eine Woche zurückblättern
Alt+↓	Im Kalender eine Woche vorblättern
Alt+Bild↑	Im Kalender einen Monat zurückblättern

Tastenkombination	Funktion
Alt+Bild↓	Im Kalender einen Monat vorblättern
Pos 1	Im Kalender zum ersten Feld des Arbeitstags springen
Ende	Im Kalender zum letzten Feld des Arbeitstags springen
Strg+G	Im Kalender zu einem bestimmten Tag springen; bei Erstellung oder Bearbeitung eines Termins Terminserie erstellen
Strg+.	Termine im Kalender durchblättern
Strg+,	Termine im Kalender durchblättern, und zwar in umgekehrter Reihenfolge
Strg+⇧+K	Neue Aufgabe unabhängig vom gerade angezeigten Bereich erstellen
Strg+Alt+⇧+U	Neue Aufgabe erstellen und senden
Einfg	Ausgewähltes Element zur Nachverfolgung kennzeichnen und Aufgabe erstellen bzw. Aufgabe als erledigt kennzeichnen
Strg+⇧+G	Ausgewähltes Element zur Nachverfolgung kennzeichnen und benutzerdefinierte Aufgabe erstellen
Strg+⇧+N	Neue Notiz unabhängig vom gerade angezeigten Bereich erstellen
F7	In einem Fenster Rechtschreibprüfung starten
⇧+F7	In einem Fenster alternative Wörter vorschlagen (Option *Thesaurus*)

Anhang

Tastenkombination	Funktion
Alt + Klick	In einem Fenster Wort anklicken, um es nachzuschlagen (Option *Recherchieren*)
Strg + ⇧ + H	Dialogfenster *Neues Microsoft Office-Dokument* aufrufen, um Word-, Excel- oder PowerPoint-Datei zu erstellen
Alt + F8	Dialogfenster *Makros* aufrufen
Alt + F11	Aufrufen des Fensters *Microsoft Visual Basic for Applications*

OneNote

Tastenkombination	Funktion
Strg + O	Notizbuch öffnen
Strg + Alt + ⇧ + O	Abschnitt in einem Notizbuch öffnen
Strg + N	Neue Seite am Ende eines Abschnitts erstellen
Strg + Alt + N	Neue Seite auf der gleichen Ebene erstellen
Strg + Alt + ⇧ + N	Neue Unterseite erstellen
Strg + ⇧ + T	Titel der Seite ändern
Strg + T	Neuen Abschnitt im Notizbuch erstellen
Strg + M	Neues OneNote-Fenster öffnen
Strg + ⇧ + M	Neues Fenster für schnelle Notiz öffnen
Strg + Alt + D	OneNote-Fenster rechts auf dem Bildschirm andocken

Tastenkombination	Funktion
Strg + ⇧ + R	Hilfslinien ein- bzw. ausblenden
Strg + P	Datei drucken
Strg + F1	Menüband ein- bzw. ausblenden
F11	Vollbildmodus aktivieren bzw. deaktivieren
Strg + Alt + ⇧ + +	Ansicht vergrößern
Strg + Alt + ⇧ + -	Ansicht verkleinern
Esc	Eine Aktion abbrechen
Strg + Z	Eine Aktion rückgängig machen
Strg + Y	Eine Aktion wiederholen bzw. rückgängig gemachte Aktion wiederherstellen
F1	OneNote-Hilfe aufrufen
Alt + ←	Eine Seite zurückblättern
Alt + →	Eine Seite vorblättern
Strg + G	In die Notizbuch-Leiste wechseln
Strg + ⇧ + G	In das Abschnittsregister wechseln
Strg + Alt + G	In die Seitenliste wechseln
Strg + Tab	Zwischen den Abschnitten wechseln
Strg + ⇧ + Tab	Zwischen den Abschnitten wechseln, und zwar in umgekehrter Reihenfolge
Strg + ⇧ + D	Seite markieren
Strg + A	Auf einer Seite alles auswählen bzw. alle Seiten auswählen

351

Tastenkombination	Funktion
⌫	Ausgewähltes Objekt löschen, Inhalt einer ausgewählten Notiz löschen, in einem Textfeld Zeichen links vom Cursor löschen
Entf	Ausgewähltes Objekt löschen, Inhalt einer ausgewählten Notiz löschen, in einem Textfeld Zeichen rechts vom Cursor löschen
Alt+⇧+D	Aktuelles Datum in eine Notiz einfügen
Alt+⇧+T	Aktuelle Uhrzeit in eine Notiz einfügen
Alt+⇧+F	Aktuelles Datum und aktuelle Uhrzeit in eine Notiz einfügen
⇥	Tabelle erstellen, indem zunächst der Text der ersten Spalte eingegeben wird; durch Drücken der ⇥-Taste wird dann die Tabelle erstellt
Strg+Alt+E	Neue Tabellenspalte links von der aktuellen Spalte erstellen
Strg+Alt+R	Neue Tabellenspalte rechts von der aktuellen Spalte erstellen
↵	Wenn die ↵-Taste in der letzten Zelle der letzten Tabellenzeile gedrückt wird, wird eine neue Zeile unten erzeugt; bei Drücken der ↵-Taste am Anfang einer Tabellenzeile wird eine neue Zeile oberhalb erzeugt
Strg+↵	Neue Tabellenzeile unterhalb der aktuellen Zeile erstellen
Entf	Wird die Entf-Taste in der ersten Zelle einer leeren Zeile gedrückt (sie darf nicht einmal einen leeren Absatz enthalten), wird die Tabellenzeile gelöscht

Tastenkombination	Funktion
Strg+1	Feld der Kategorie *Aufgaben* einfügen
Strg+2	Feld der Kategorie *Wichtig* einfügen
Strg+3	Feld der Kategorie *Frage* einfügen
Strg+4	Feld der Kategorie *Für später vormerken* einfügen
Strg+5	Feld der Kategorie *Definition* einfügen
Strg+6	Feld der Kategorie *Hervorheben* einfügen
Strg+7	Feld der Kategorie *Kontakt* einfügen
Strg+8	Feld der Kategorie *Adresse* einfügen
Strg+9	Feld der Kategorie *Telefonnummer* einfügen
Strg+0	Kategorisierung des ausgewählten Feldes löschen
Strg+⇧+.	Schriftgrad erhöhen
Strg+⇧+,	Schriftgrad verringern
Strg+⇧+F	Markierten Text fett formatieren
Strg+⇧+K	Markierten Text kursiv formatieren
Strg+⇧+U	Markierten Text unterstrichen formatieren
Strg+-	Markierten Text durchgestrichen formatieren
Strg++	Markierten Text hochgestellt formatieren
Strg+#	Markierten Text tiefgestellt formatieren
Strg+⇧+H	Markierten Text hervorheben
Strg+Alt+1	Markierten Text als Überschrift 1 formatieren
Strg+Alt+2	Markierten Text als Überschrift 2 formatieren

Tastenkombination	Funktion
Strg+Alt+3	Markierten Text als Überschrift 3 formatieren
Strg+Alt+4	Markierten Text als Überschrift 4 formatieren
Strg+Alt+5	Markierten Text als Überschrift 5 formatieren
Strg+Alt+6	Markierten Text als Überschrift 6 formatieren
Strg+⇧+N	Formatierungen aus markiertem Text entfernen
Strg+K	Link einfügen
Strg+L	Absatz links ausrichten
Strg+R	Absatz rechts ausrichten
Strg+.	Aktuellen Absatz als Aufzählung formatieren; erneutes Drücken der .-Taste entfernt das Aufzählungszeichen
Strg+/	Aktuellen Absatz als nummerierte Aufzählung formatieren; erneutes Drücken der /-Taste entfernt die Nummerierung
Strg+⇧+L	Neue Notiz als Aufzählung einfügen
Tab	Innerhalb einer Notiz Einzug (Gliederungsebene) erhöhen
⇧+Tab	Innerhalb einer Notiz Einzug (Gliederungsebene) verringern
Strg+Alt+P	Wiedergabe von Audio- oder Videoaufnahmen starten bzw. pausieren
Strg+Alt+S	Wiedergabe von Audio- oder Videoaufnahmen beenden
Strg+Alt+U	Zehn Sekunden vorspulen

Tastenkombination	Funktion
Strg+Alt+Y	Zehn Sekunden zurückspulen
Strg+⇧+S	Suchleiste einblenden
Strg+F	Auf der aktuell geöffneten Seite suchen
Strg+E	Alle Notizbücher durchsuchen
↑	Beim Durchsuchen aller Notizbücher Seite nach oben auswählen und Vorschau einblenden
↓	Beim Durchsuchen aller Notizbücher Seite nach unten auswählen und Vorschau einblenden
F3	Beim Durchsuchen einer Seite nächstes Suchergebnis anzeigen
⇧+F3	Beim Durchsuchen einer Seite vorheriges Suchergebnis anzeigen
Esc	Suche beenden
F7	Rechtschreibprüfung
⇧+F7	Alternative Wörter vorschlagen (Option *Thesaurus*)
Alt + Klick	Wort anklicken, um es nachzuschlagen (Option *Recherchieren*)
Strg+⇧+E	Seite per E-Mail versenden
F9	Alle Notizbücher synchronisieren
⇧+9	Nur das aktuell geöffnete Notizbuch synchronisieren
Strg+⇧+E	Seite per E-Mail versenden
Strg+⇧+K	Einer Notiz eine Outlook-Aufgabe zuweisen (Benutzerdefiniert)

Index

3D-Kreis 184
.docx 336
.pptx 337
.xlsx 337

A

Abbildungsverzeichnis 112
Abo 24
Absatz 65
Absatzabstand 90
Absatz ausrichten 88
Absatzmarkierung 66
Abschnitt 122
Abstände 90
Add-in 331
    extern 333
    verwalten 334
Addition 197
Adressblock 157
Adressfeld 100
Adressliste 155
Allen antworten 256
Als abgeschlossen kennzeichnen 307
Als Grafik speichern 325
Als Symbol 306
Alt-Code 67
Ältere Programmversionen 45
Änderungen in Echtzeit teilen 17
Änderungen nachverfolgen 290

Android-Tablet 16
Anheften 312
Animation 220
Anmeldung 29
Annehmen/Ablehnen von Änderungen ... 291
Ansichtsoptionen 26, 74
An Taskleiste anheften 312
Anzeigedauer 223
App 329
Apple-Gerät 254
Arbeitsbereich 25
Arbeitsmappe 160
    schützen 60
    Tabellenblatt einfügen 178
Audiodateien 338
Aufgaben 236, 275
Aufgabenleiste 239
Auf Probleme überprüfen 58
Aufzählung 92
Aufzeichnung 327
Ausblenden 171
Ausdrucken 131
Ausdrucken einer Excel-Tabelle 179
Ausrichtung 88, 123
Ausschneiden 72
AutoFormat 288
AutoKorrektur-Optionen 287
Automatisieren 326
Autorenname 45, 57

AutoSumme 194
AutoText 320
AutoWiederherstellen 52

ß

Backstage-Bereich 27
Balkendiagramm 182
Beamer 209
Bearbeitung einschränken 307
Bearbeitungsleiste 160
Bearbeitungssprache 53
Bedienoberfläche 25
Bedingte Formatierung 169
Bedingungen 199
Benutzername 33
Berechtigungsebene 297, 298
Besprechung 266
Betreff 240
Bezüge 197
Bildbearbeitung 322
Bilder
    beschriften 112
    drehen 112
    einfügen 110
    freistellen 324
    in E-Mail einfügen 247
    zuschneiden 323
Bildformatvorlagen 112, 322
Bildkorrekturen 323

Bildlaufleiste 22	Datei-Explorer 49, 296	Dokumenteigenschaften 58
Bildschirmlupe 39	Dateiformate 336	Doppelklick 339
Bildschirmpräsentation 229	Dateiname... 44	Doppelpunkt 199
Bildschirmtastatur................................... 65	Dateiobjekt.. 305	Dreifachklick.. 339
Bildtools 112	Dateityp 44	Druckbereich 179
Bildwasserzeichen 128	Daten anpassen....................................... 186	Drucken..131
Blatt schützen... 310	Datenbeschriftungen 186	Excel-Tabelle................................. 179
Blindkopie 240	Datenschutz 328	mehrere Exemplare 131
Blitzvorschau 164	Datenüberprüfung 204	Duplizieren..211
Blocksatz 89	Datum.. 168	Durchstreichen 78
Brief mit Word 100	Deckblatt... 153	Durchsuchen 44
Briefpapier... 243	Design... 14, 82	
Briefpapier, eigenes 245	Designideen.. 209	**E**
	Desktop... 22	Ebenen 95
C	Diagramm 109, 181	Effektoptionen... 223
Calibri.. 76	anpassen 186	Eigenschaften 57
Client 236	formatieren 188	Einblendzeit.. 223
Cloud 48	Diagrammblatt 182	Einfügen 72
Copy-and-paste... 72	Diagrammformatvorlage....................... 188	Einfügeoption 72
CSV 337	Diagrammtitel 186	Eingabefehler 40
Cursor 40, 64	Diagrammtools.. 185	Eingabemarkierung 64
	Diagrammtypen 15, 184	Eingabemeldung 205
D	DIN 5008... 100	Einrahmen 95
Datei 27	DIN A4...124	Einzug 89
neue 42	Dividieren... 197	E-Mail-Adresse 240
online bearbeiten 299	Dokument 63	E-Mail-Design... 242
Dateianhang... 249	als Vorlage speichern 129	E-Mail-Funktion....................................... 236
Dateianhang speichern 250	prüfen 58	E-Mail-Größe 248
Dateieigenschaften 57	schützen...........................60, 307	E-Mail-Konto.. 234

Index

E-Mail-Ordner 258
E-Mail-Regeln 262
E-Mails 240
    beantworten 256
    suchen 260
    verschieben 259
E-Mail-Server 236
Entwurf 75
Erinnerung 267
Ersetzen 289
Eurozeichen 168
Excel 23, 159
Exportieren 46

F

Farben 14, 80
Farbpalette 80
Farbverlauf 103
Fehler 285
Fehlermeldung 205
Felder 340
Fenster 34
    nebeneinander anzeigen 36
    wechseln 35
Fensterfunktionen 26
Fett 78
Filtern 176
Fingereingabe 317
Fixieren 172

Folien 209
    animieren 220
    ausblenden 231
    Neue Folie 210
Foliengröße 209
Folienmaster 226
Foliensortierung 224
Folienwechsel 222
Formate 44, 336
Formatierung 63, 78
Formatinspektor 86
Format übertragen 87
Formatvorlagen 83
Formatvorlagen erstellen 85
Formeln 68, 196
Formen einfügen 104
Formkontur 215
Fragen 285
Freigabe 16
    im Internet 298
    im lokalen Netzwerk 296
Freihandgleichung 69
Freistellen 324
Füllbereich 164
Fülleffekt 102
Funktion einfügen 202
Funktionen 198
Funktionsargumente 202
Fußnoten 145
Fußzeile 139

G

Geschäftsbrief 100
Gesperrt 309
Gitternetzlinien 180
Gleichheitszeichen 196
Gliederung 195
Gliederungsansicht 75
Grafikformate 336
Grammatikfehler 287
Großbuchstaben 79
Gruppe 29
Gruppieren 196
Grußzeile 158

H

Handzettel 231
Hauptregisterkarten 28
Hierarchien 116
Hilfe 203
Hintergrundfarbe 97, 126
Histogramm 15
Hochformat 123
Hochgestellt 78
HSL-Wert 81
HTML 246

I

iCloud 254
Illustrationen 104, 191
IMAP 236

Index 152	Kopieren 72	Matrixformel 344
Infobereich 65	Korrekturhilfen 56, 287	Mausmodus.. 318
Inhaltsverzeichnis 147	Künstlerische Effekte 323	Mehrere Seiten 38
Initialen 34	Kursiv 78	Menüband 25, 28
Intelligentes Nachschlagen 15, 41	Kürzel 34	Menüband anpassen 313
Internet 236		Menüleiste 239
iPad 254	**L**	Metadaten... 57
iPhone 16, 254, 329	Laserpointerfarbe 230	Microsoft Edge 336
	Layout 120	Microsoft-Konto 29
K	Layoutoptionen 102	Minisymbolleiste 78
Kalender.. 266	Leere Datei 42	Mit Datei verknüpfen 111
abonnieren................................. 271	Leseansicht 224	MPEG4-Video.................................... 229
neuer 269	Lesebereich....................................... 238	Multiplizieren 197
verwalten 270	Lesebestätigung................................ 251	Muster... 163
Kalenderfunktion............................... 236	Lesemodus 74	
Kapitälchen 340	Linksbündig 88	**N**
Kastengrafik 15	Liste 50, 94	Nachverfolgung 290
Kategorie... 267	Liste mit Ebenen 95	Namen 203
Kaufversion 24	Listeneinzug 93	Namens-Manager 204
Kennwortschutz 60	Literaturverzeichnis 149, 151	Navigationsleiste 136
Klick 339		Navigationsoptionen......................... 236
Kommentare...................................... 292	**M**	Netzwerk... 296
Kontakte.................................... 236, 272	Mac 254	Netzwerk- und Freigabecenter 298
Kontaktgruppe 273	Makros 326	Neue Datei 42
Kontextmenü 15	Markern 80	Normalansicht 75
Konto 29	Markieren 70	Notizbuch.. 278
Kontoeinstellungen 265	Markierungen 45	in Abschnitte gliedern 279
Koordinaten...................................... 203	Marktanteil Office 23	Notizblätter einfügen 280
Kopfzeile 139	Markup 291	Notizen..................................... 236, 276
Kopie 240	Masteransichten 226	Nummerierte Liste 94

Index

O

Objekte 99, 305
Office 365 24
Office 2016 13
Office-App 301
Office-Apps 16
Office-Design 31
Office-Hintergrund 32
Office-Vorlagen 129
Öffnen von Dateien 45, 50
OneDrive 16, 48, 298
OneNote 25, 277
Onlinegrafiken 113
Onlinevideo 114
Online vorführen 302
Optionen 52
Ordnerbereich 238
Organizer 233
Organizerprogramm 17
Outlook 24, 233

P

Papiergröße einstellen 124
Paretodiagramm 15
PDF 46
PDF bearbeiten 135
Persönliche Informationen 58
Pivot-Tabelle 177
Plug-in 114
Pop-up-Fenster 239

Posteingang 256
PowerPoint 24, 207
PowerPoint-Vorlage 228
Präsentation 208
    in Abschnitte gliedern 212
    starten 229
Präsentationsansichten 225
Präsentationsprogramm 17
Probleme 58
Programmfenster anordnen 34
Programmverknüpfung 22
Prozesse 116
Punkt-vor-Strich-Regel 197

Q

Quellformatierung 72
Querformat 123
Querverweis 144

R

Rahmen 95
Rahmen und Schattierung 96
Recherchieren 342
Rechtsbündig 89
Rechtschreibung prüfen 286
Referentenansicht 230
Regeln 169, 170
Registerfarbe 178
Registerkarten 28
Registerleiste 178

Registrieren 30
Reiter 28
RGB-Wert 80
RSS-Feeds 264
RTF 247
Rückgängig machen 40

S

Schadsoftware 328
Schattierung 97
Schnellbausteine 320
Schnelle Notizen 284
Schnelltabellen 107
Schnellzugriff 25
Schriftart einstellen 76
Schriftgröße 77
Schutz 309
Seite 122
Seitenfarbe 126
Seitenlayout 74
Seitenränder einrichten 125
Seitenumbruch 122
Seitenverhältnis 323
Seitenzahl 134, 141
Senden 241
Serienbrief 155, 157
    Adressblock 157
    Empfänger 155
    Sendungen 155
Server 236

358

Serverdaten	235
Sicherheitseinstellungen	328
Signatur	252
Silbentrennung	97
Skizzen	283
SmartArt-Grafiken	116
Smartphone	329
Sonderformat	139
Sonderzeichen	66
Sortieren	174
Soundeffekt	223
Spalte	120, 160
ausblenden	171
fixieren	172
Spaltenbreite	162
Spaltenüberschrift	161
Sparklines	190
Speichern	44
als Vorlage	129
im Internet	48
Speicherort	44
Sprache	53, 294
Sprache für Korrekturhilfen	56
Standarddiagramm	182
Standarderinnerungen	267
Standardschriftart	76
Startmenü	22
Statusleiste	26
Statusleiste einrichten	39
Stichwortverzeichnis	152
Stift	283
Store	331
Strg-Schaltfläche	73
Strichpunkt	199
Subtraktion	197
Suchassistent	14, 41
Suche	136
Suche, erweiterte	137
Suchfeld	41
Suchordner	261
Summe	194
SUMME	198
Symbole	66
Symbolleiste	25
Symbolleiste anpassen	315

T

Tabelle	106
Tabelle formatieren	108
Tabellenblatt	160
Tabellenblatt einfügen	178
Tabellenformatvorlagen	109
Tabellenkalkulation	17, 23
Tabellentools	108
Tablet-PC	329
Taskleiste	50, 312
Tastatur	64
Tastaturlayout	54
Tastenkombinationen	68, 338
Tastenkombinationen, eigene erstellen	319
Teilen	35
Teilergebnisse berechnen	195
Termine	266
Terminserie	268
Text aus Datei	304
Textdatei	247
Texte	63
Texteingabe	64
Texte markieren	70
Textfeld	100
formatieren	102
in PowerPoint	213
Textfüllung	189
Textmarke	143
Textumbruch	166
Textverarbeitungsprogramm	17, 23
Thesaurus	286
Tiefgestellt	78
Titelleiste	25
Tools	28
Touchmodus	317
Touchscreen	317
Treemap	15
Trennlinie	121
Trennstrich	97
Trichterdiagramm	15
Trigger	222
Trust Center	328

Index

U

Übergänge	222
Übermittlungsbestätigung	252
Überprüfen	286
Überschrift	83
Übersetzung	294
Umbrüche	122
Umschlag	158
Umschlagformate	124
Unterstreichen	78

V

Varianten	209
VBA	327
Vergleichen	292
Vergrößern	37
Verknüpfung	111, 336
Verschieben	183
Verschlüsseln	60
Versionen von Office	24
Verweis	144
Videodateien	218
Videoformat	229
Videotools	219
Vollbildmodus	230
Vorlage	42
Vorlage speichern	129
Vorschau	224

W

Währung	168
Was möchten Sie tun?	41
Wasserfalldiagramm	15
Wasserzeichen	127
Webarchiv	336
Webbrowser	75, 299
Webdings	66
Weblayout	74
Weiterleiten von E-Mails	257
WENN-Funktion	199
Wichtigkeitsvermerk	267
Wiedergabe	220
Wiederherstellen	40
Wikipedia	296
Windows 10	22, 296
Windows-Logo	22
Wingdings	66
Word	23, 63
Word-Vorlage	129
Wörter zählen	134

X

XPS	46

Y

YouTube	114

Z

Zahl	167
Zeichentools	102
Zeichnen	283
Zeile	160
ausblenden	171
fixieren	172
Zeilenabstand	90
Zeilenhöhe	162
Zeilennummern	142
Zeilenüberschrift	161
Zeilenwechsel	65
Zelle	160
einfügen	161
formatieren	167
löschen	161
Zellinhalt formatieren	165
Zellnamen	203
Zentriert	88
Zitieren	149
Zoomfunktion	26, 37
Zoomstufe	39
Zusammenfügen von Dateien	304
Zweitbelegung	64
Zwischenablage	72
Zwischenablage, Inhalte sammeln	73
Zyklen	116